Joseph Kèurschner

Deutsche National Litteratur

Historisch kritische Ausgabe

Joseph Kèurschner

Deutsche National Litteratur
Historisch kritische Ausgabe

ISBN/EAN: 9783744623476

Hergestellt in Europa, USA, Kanada, Australien, Japan

Cover: Foto ©ninafisch / pixelio.de

Weitere Bücher finden Sie auf **www.hansebooks.com**

Das
deutsche Heldenbuch

Auswahl

mit verbindender Erzählung

herausgegeben

von

Emil Henrici

Berlin und Stuttgart,
Verlag von W. Spemann

Druck von B. G. Teubner in Leipzig

Deutsche

National-Litteratur

Deutsche
National-Litteratur

Historisch kritische Ausgabe

Unter Mitwirkung

von

Dr. Arnold, Dr. O. Walke, Prof. Dr. K. Bartsch, Prof. Dr. R. Bechstein,
Prof. Dr. O. Behaghel, Prof. Dr. Birlinger, Prof. Dr. H. Blümner, Dr. F. Bobertag,
Dr. K. Borberger, Dr. W. Creizenach, Dr. Joh. Crüger, Prof. Dr. H. Düntzer,
Prof. Dr. A. Frey, L. Fulda, Prof. Dr. L. Geiger, Dr. K. Hamel, Dr. E. Henrici,
Dr. M. Koch, Prof. Dr. H. Lambel, Dr. K. Frhr. v. Liliencron, Dr. G. Milchsack,
Prof. Dr. J. Minor, Dr. F. Muncker, Dr. P. Merrlich, Dr. H. Oesterley, Prof. Dr. H. Palm,
Prof. Dr. P. Piper, Dr. H. Pröhle, Dr. Adolf Rosenberg, Dr. A. Sauer, Prof. Dr.
K. J. Schröer, K. Steiner, Prof. Dr. A. Stern, Prof. Dr. F. Vetter,
Dr. E. Wendeler, Dr. Th. Zolling u. a.

herausgegeben

von

Joseph Kürschner

—

7. Band

Das deutsche Heldenbuch

——◆——

Berlin und Stuttgart,
Verlag von W. Spemann

Inhalt.

— —

Einleitung.

--

$\mathfrak{W}$enn die Größe eines geschichtlichen Ereignisses gemessen werden darf nicht nur an seinen thatsächlichen Folgen, welche sich doch mehr oder weniger einer sicheren Feststellung entziehen, sondern ebensowohl an dem Wiederhall, den es im Bewußtsein der Zeitgenossen, und dem Nachklang, den es noch lange bei den später Lebenden gefunden hat, dann dürfte sich in der Geschichte Europas, soweit wir sie zurück verfolgen können, keine Begebenheit finden, welche an Bedeutung derjenigen Umwälzung gleich= kommt, die nach altem Brauche mit dem Namen Völkerwanderung belegt wird: einer Bezeichnung, welche zwar keineswegs nach allen Richtungen den Thatsachen gerecht wird, sondern nur von äußeren Kennzeichen her= genommen ist und wesentliche Merkmale geradezu übergeht, die aber doch heute nun einmal so allgemein gebraucht wird, daß wir sie nicht mehr entfernen können.

Was man über diese Zeit weiß oder zu wissen glaubt, ist den Be= richten der Geschichtschreiber, gleichzeitigen und späteren, römischen und germanischen entnommen; aber unabhängig von dieser Quelle fließt eine andere: die lebendige Sage und Dichtung, welche im Volke und seinen Dichtern fortwährend erhalten blieb und ohne gelehrte Hilfeleistung sich

Das deutsche Heldenbuch.

selbst noch bis in die Zeiten des Buchdrucks behauptete, länger als ein Jahrtausend.

Als die Wanderzüge der Deutschen langsam ein Ende nahmen und an die Stelle des alten Römerstaates neue lebenskräftige Germanenreiche gesetzt hatten, dauerte unter den Teilnehmern an diesem Werke und ebenso unter ihren Nachkommen die Erinnerung an diese Zeit ohne Aufhören fort. Groß war die Zeit gewesen, gewaltig und folgenschwer: erhaben und schön aber schuf sie erst die dichtende Kraft des Volkes.

Dem Geschichtsforscher wird in den meisten Fällen die Sage nicht als eine lautere Quelle für seine Darstellung der Vergangenheit gelten, aber mit Unrecht, denn in der Volksüberlieferung, wie man die Sage besser nennen würde, ist ein wichtiger Teil der Geschichte enthalten, nämlich der Eindruck, welchen die Ereignisse in ihrer Zeit und auch später auf die Menschen machten, eine Seite also, welcher die absichtliche Geschichts= überlieferung selten Raum gewährt, die aber doch, eben weil sie unab= sichtlich ist, zwar nicht die einzelnen Thatsachen aber häufig den Gesamt= eindruck eines großen Ereignisses richtiger wiedergiebt. Auch ist es ja kein Geheimnis, daß die sogenannten Quellen der Historiker zu einem sehr bedeutenden Teile selbst aus der Sage hervorgegangen sind und daß die Münchhausensche Fähigkeit, sich selbst am Zopfe aus dem Sumpfe zu ziehen, nötig wäre, um auch nur annähernd aus den Geschichtschreibern des Mittelalters die sagenhaften Bestandteile auszuscheiden Ist es doch er= wiesen, daß ein Geschichtschreiber noch des 13. Jahrhunderts die Lücken seiner Darstellung dadurch füllte, daß er die Romane seiner Zeit einfach ausschrieb: er fand damit Glauben nicht nur bei den Mitlebenden, sondern nicht minder bei den scharfsichtigen Forschern unserer Tage.*)

Obgleich es mir fern liegt, hier eine Kritik unserer Geschichtsforschung anzustellen, so scheint mir doch nötig noch das hervorzuheben, daß wir keineswegs in allen Fällen, in denen die Geschichte der Sage widerspricht, der letzteren allen Wert versagen müssen; wir haben es vielmehr oft auch in der Sage mit einer guten Überlieferung zu thun, die, wenn zu nichts anderem, doch auf jeden Fall dazu dient den grauen Thatsachen der Ge= schichte die grüne Farbe des Lebens zu verleihen, häufig aber überhaupt eine Kenntnis von Dingen und Ereignissen vermittelt, über welche sonst durchaus keine Berichte vorhanden sind.

Das ist, vielleicht mit Ausnahme der unmittelbaren Gegenwart, für jede Zeit zutreffend und in ganz hervorragender Weise für die Völker= wanderung. Denn wie fern standen die Geschichtschreiber in Rom, Byzanz oder einer andern großen Stadt des alten Reiches den Ereignissen, welche sich an der Donau oder am Ebro, am Atlas oder auf den Karpaten abspielten! Schöpften sie nicht selbst schon aus unsicheren Nachrichten? Welche Mittel standen ihnen zu Gebote, die Wahrheit zu erfahren, und

---

*) Ottokar in der Steirischen Chronik, wie ich Ztschr. f. deutsches Altertum 30, 195—204 nachwies.

wenn ſie das Richtige wußten, wer bürgt dafür, daß ſie dasſelbe ſagen wollten?

Zu dieſen Erwägungen kommt noch das unzweifelhafte Zeugnis der alten Hiſtoriker ſelbſt.

Caſſiodor, ein Römer, im ſechſten Jahrhundert und wenig nach ihm Jordanes, ein Gote, bezeugen, daß es Heldengedichte der Goten aus der Wanderzeit gegeben und daß ſie ſelbſt aus dieſen Gedichten ihre Kenntnis von der Vergangenheit des Volkes ſchöpften; ähnlich berichten auch ſpätere Chroniſten des Mittelalters. Alſo gab es eine volksmäßige Geſchichts= überlieferung, auf welche ſich ſchon die älteren Hiſtoriker ſtützten.

Erhalten hat ſich aus dieſer Zeit nichts, aber die ſpäter in großer Menge auftretenden Heldengedichte zeigen nach Inhalt und Auffaſſung eine ſolche Verwandtſchaft mit den von Caſſiodor erwähnten, daß ſie un= zweifelhaft auf dieſe in gerader Linie zurückgehen: dieſelben Namen, welche Jordanes nennt, finden ſich in Volksliedern des ſechzehnten Jahrhunderts wieder, ja ſogar manche Geſtalt, die noch bis heute im Volksbewußtſein erhalten blieb, war genau in derſelben Verfaſſung ſchon unſeren Vorfahren bekannt, ehe die Schrift bei ihnen üblich war.

Die erſte ſchriftliche Aufzeichnung eines Heldengedichtes in Deutſchland, welche ſich bis heute in deutſcher Sprache erhalten hat, ſtammt aus der erſten Regierungszeit Karls des Großen*); daß es aber um dieſe Zeit noch andere ſolche Lieder ſchriftlich und ſogar in umfangreichen Samm= lungen gegeben hat, bezeugt Einhard**), des Kaiſers Beamter, welcher überdies noch angiebt, daß ſein eigener Herr der Begründer ſolcher Samm= lungen war.

Dem zehnten Jahrhundert gehört der Waltarius manufortis***) an, zwar lateiniſch, aber in Deutſchland nach deutſchen Quellen verfaßt. Erſt mit dem Ausgange des zwölften Jahrhunderts beginnt eine aus= gedehnte Bearbeitung und Aufzeichnung deutſcher Heldengedichte, welche bis in das ſechzehnte Jahrhundert ungeſtört fortdauerte und ſeit dem fünf= zehnten auch in Drucken aufbewahrt wurde.

Wo lebte der Sagenſtoff während der langen Zwiſchenräume?

Wenn man auch hierauf ohne weiteres antworten kann, daß er im Volke fortlebte, ſo bedarf dieſe Angabe doch einer ſchärferen Faſſung.

Gewohnheiten, Sitten und Gebräuche vermögen ſich unbewußt und ohne Zuthun ihrer Träger zu vererben; nicht ebenſo iſt es mit Sagen und Gedichten. Wenn dieſe erhalten bleiben ſollten, mußte die Abſicht beſtehen, ſie zu bewahren, es mußten Leute vorhanden ſein, welche den Willen und, was nicht weniger wichtig iſt, auch das Geſchick hatten, kür= zere oder umfangreiche Heldengedichte anderen mündlich mitzuteilen; ſonſt

---

*) Das alte Hildebrandslied, Deutſche Nat.=Litt. I, 145 f.
**) Vita Caroli Magni (Mon. Germ. script. 2, 433), wo über den Kaiſer mitgeteilt wird: Item barbara et antiquissima carmina, quibus veterum regum actus et bella canebantur, scripsit memoriaeque mandavit.
***) Walther von Aquitanien, unten Nr. III.

hätte solchen Gegenständen nicht ein Leben von vielen Jahrhunderten gesichert werden können. Es wird deshalb nötig sein anzunehmen, daß zu jeder Zeit die Beschäftigung mit dieser Dichtung von bestimmten Leuten gewerbsmäßig betrieben wurde, wenngleich diese darum noch nicht die Dichtung zu ihrem einzigen Berufe gemacht zu haben brauchen.

Das Vorhandensein solcher Sänger beweisen für die ältere Zeit Zeugnisse der Geschichtschreiber, für das zwölfte und die folgenden Jahrhunderte aber die Gedichte selbst, welche sich ausdrücklich darauf berufen.*) Daß sich aber die Dichter nicht als Eigentümer des Stoffes, welchen sie bearbeiteten, ansahen, geht aus der gewiß höchst auffälligen Thatsache hervor, daß sie bis auf wenige Ausnahmen samt und sonders ihre Namen verschwiegen, während die gleichzeitigen Verfasser höfischer Gedichte die Gelegenheit ihre Namen der Nachwelt zu übergeben selten versäumt haben. Nur zwei Namen von Dichtern lassen sich in der ganzen großen Heldendichtung mit Sicherheit nachweisen: Heinrich der Vogler, welcher sich so in Dietrichs Flucht nennt**), und Albrecht von Kemenaten***), der den Goldemar und vielleicht auch anderes dichtete. Sonst hat sich nur etwa ein Volkssänger den Scherz erlaubt, sein Gedicht einem berühmten Manne, Wolfram von Eschenbach†), zuzuschreiben, genau so, wie man in unserer Zeit den von Kürnberg oder Heinrich von Ofterdingen für die Nibelungen gewinnen wollte. Noch öfter wurde der Name der Quelle, aus welcher die Späteren schöpften, erfunden: in der Nibelungen Klage der Schreiber Konrad samt seinem Herrn, dem Bischof Pilgrim von Passau††), im Ortnit das Buch, welches die Heiden zu Tyrus vergraben hatten.†††)

Etwas mehr Glauben verdient vielleicht die Angabe, welche in der Handschrift C des Wolfdietrich über das Geschick und die Verbreitung der Dichtung gemacht wird*†):

> Hie mügent ir gerne hœren singen unde sagen
> von kluoger âventiure, so müezent ir gedagen.
> ez wart ein buoch funden, daz sage ich iu für wâr
> ze Tagemunt in dem klôster. dâ lac ez manic jâr.
> sît wart ez gesendet ûf in Beierlant,
> dem bischove von Eistet wart daz buoch bekant.
> er kurzte im drabe die wîle wol sibenzehen jâr:
> dâ vant er âventiure, daz sage ich iu für wâr.

---

*) Ich verweise hierfür auf die Sammlungen der betreffenden Stellen: W. Grimm, Die deutsche Heldensage, 2. Auflage, 1867, und Müllenhoff, Zeugnisse und Exkurse zur deutschen Heldensage, Ztschr. f. deutsches Altertum XII. Auf beide Arbeiten wird auch im folgenden häufig Bezug genommen.
**) Nr. XI.
***) S. 203 Z. 15.
†) Nr. II.
††) Lachmann 2145. 2155.
†††) S. 1 Z. 1 f.
*†) Müllenhoffs Heldenbuch IV, S. 13.

alsô verdrôz den fürsten, daz buoch er überlas.
manec seltsæne wunder daran geschriben was.
er kurzte im drabe die wîle, unz er sîn ende nam.
dar nâch über zehen jâr dô vant ez sîn capellân.
    dô er daz buoch überlas, an den arm er ez genam,
er truoc ez in daz klôster für die frouwen wol getân,
daz ze sante Walburc ze Eistete stât.
merkt von dem guoten buoche wie ez sich zerspreitet hât.
    diu eptissin was schœne, alsô uns ist gesaget.
sie sach daz buoch gerne, wan ez ir wol behaget.
sie sazt für sich zwên meister, die lêrtenz durch hübscheit:
daz sie dran funden geschriben, daz brâhtens in die kristenheit.
    nâhen unde verre fuoren sie in diu lant.
sie sungen unde seiten, dâ von wart ez bekant.
die seltsæne aventiure wolten sie niht verdagen.
êrst mügent ir gerne hœren von einem rîchen künege sagen.

Die Thätigkeit der einzelnen Volkssänger beschränkte sich nicht immer, wie in dem vorstehenden Falle, auf einen Teil der Sagenstoffe, sondern erstreckte sich meistens auf sehr große Gebiete, auf mehr, als nach unserer Auffassungsweise ein Mensch beherrschen kann. Das geht neben den anderen bei Grimm angeführten Belegen besonders hervor aus einer Stelle des Marners, welcher am Ausgang des breizehnten Jahrhunderts schrieb*):

Singe ich den liuten mîniu liet,
sô wil der êrste daz,
wie Dietrîch von Berne schiet,
der ander, wâ künic Ruther saz,
der dritte wil der Riuzen sturm,
sô wil der vierde Eckehartes nôt,
der fünfte, wen Kriemhilt verriet,
dem sehsten tete baz,
war komen sî der Wilzen diet,
der sibende wolde eteswaz
Heimen ald heren Witchen sturm,
Sigfrides ald heren Ecken tôt,
sô wil der ahtode dâ bî niht wan hübschen minnesang,
dem niunden ist diu wîle bî den allen lang,
der zehende enweiz wie,
nu sust, nu sô, nu dan, nu dar;
nu hin, nu her, nu dort, nu hie.
dâ bî hete manger gerne der Nibelunge hort.

*) Grimm, Heldensage Nr. 60. Müllenhoff, Zeugn. u. Erl. 47, 4. Nur ein Teil der folgenden Anspielungen bezieht sich auf die Heldensage.

Das beste Bild eines solchen Volkssängers der späteren Zeit bietet Kaspar von der Rön, ein Mann, welcher gegen das Ende des fünfzehnten Jahrhunderts ältere Gedichte in die Sprache seiner Zeit umsetzte und seinem Geschmacke entsprechend veränderte oder verkürzte; wenn er auch nicht, wie man wohl angenommen hat, ein gemeiner Bänkelsänger war, sondern einige Bildung besaß, so entspricht seine Dichtungsweise doch dem Volkstone und sein ganzes ziemlich umfangreiches Werk*) ist ein Beweis für die Beliebtheit des Gegenstandes in dieser Zeit.

Bei dieser Art der Überlieferung konnte es nicht ausbleiben, daß jede neue Bearbeitung auch manches veränderte: am wenigsten wohl im Inhalte, welcher als heilig und unantastbar galt, wie denn die Dichter oftmals hoch und teuer beschwören, daß sie alles so wiedergeben, wie es ihnen von der Quelle, dem Märe, dem Buch, das sie gelesen, mitgeteilt ist; viel leichter konnte dagegen in der Farbe und den Anschauungen ge-ändert werden. Denn die Sänger dieser Gattung waren weder geschickt noch geneigt sich in die Verhältnisse einer grauen Vergangenheit hinein-zuleben; sie gaben deshalb ihrer Geschichte den Anstrich, als ob sie zu ihrer Zeit geschehen wäre, und bemühten sich durchaus nicht, wie etwa heute Verfasser historischer Romane thun, ihnen das Kostüm vergangener Zeiten anzulegen. Für die Gegenwart dichteten sie, in der Gegenwart mußten ihre Gestalten Leben und Wärme haben. So ist denn der Held in einem Werke des dreizehnten Jahrhunderts ein Ritter nach dem Ge-schmacke dieser Zeit, er denkt und fühlt wie ein solcher, er ist höfisch und gebildet — von dem wilden Recken der Völkerwanderung ist nur selten noch eine Spur.

Die wichtigste Veränderung in dieser Beziehung haben die Stoffe der Heldensage durch den Untergang der Gemeinfreiheit und die Aus-bildung der Feudalherrschaft, des Lehnswesens, erfahren. Was früher freie Männer waren, die ihrem Könige nur folgten, wenn es der Nutzen des Landes gebot, das wurden jetzt zur Heeresfolge verpflichtete Lehns-leute, welche ihren freien Willen gegen den des Herrn nicht geltend machen dürfen. Der König, früher nur das gesetzliche Oberhaupt der Gemeinschaft, welcher er Rechenschaft über sein Thun und Lassen schuldet, wurde jetzt ein unumschränkter Gebieter in Krieg und Frieden, der so hoch über den Seinen steht, daß er nicht einmal, ohne sich zu erniedrigen, eine Tochter seines Landes zur Gemahlin nehmen darf: nur eine fremde Fürstin, eine Königstochter ist ihm ebenbürtig.

Das Ausreiten auf Abenteuer, die Turniere und Ritterspiele, die Hoffeste mit ihrer Kleiderpracht gehören gleichfalls zu den späteren Zu-thaten.

Am wenigsten litt unter diesen Einflüssen die Auffassung des Ver-hältnisses von Mann und Weib: mit einigen Ausnahmen besteht noch

---

*) Gedruckt in v. d. Hagens und Primissers Heldenbuch 1820.

die alte germanifche Anfchauung, nach welcher das Weib ein unter=
geordnetes zum Gehorfam verpflichtetes Wefen ift, dem zwar ftets Achtung
und Liebe aber nie ein girrender Minnedienft zu teil werden foll; ver=
einzelte Spuren des letteren finden fich nur in fpäten untergefchobenen
Stücken, auch die Virginal macht keine Ausnahme: nur das Hofleben
fchildert fie, nicht die Minne.

Ein Bild der Zeiten, in welchen die Gefchichten fpielen, darf man
alfo in diefen Werken des fpäteren Mittelalters nicht fuchen: achthundert
bis taufend Jahre von den Ereigniffen entfernt tragen fie das Gewand
der Zeit, in welcher fie entftanden find.

Ebenfo fetzen fie auch, foweit dies mit der Sage vereinbar ift, die
beftehenden politifchen Verhältniffe des Mittelalters voraus: ein römifches
Kaiferreich deutfcher Nation, die Muhammedaner im Befitz von Syrien
und Paläftina, die Chriften im Kampfe mit ihnen wegen diefer Länder.
Die letztere Vorftellung ift offenbar erft im zwölften Jahrhundert in=
folge der Kreuzzüge aufgenommen worden, aber es ift auch der einzige
Zug, welchen diefe Dichtung den Kreuzfahrten entlehnte, und noch dazu
ift er ganz äußerlich angefügt in nur fehr wenigen Werken, im Ortnit
und Wolfdietrich. Eine Umgeftaltung der deutfchen Heldenfage durch die
Paläftinafahrten hat nicht ftattgefunden; nur ein geringer Teil der fonft
im Abendlande allgemein wahrgenommenen Veränderungen, welche aus
diefer Quelle hergeleitet werden, läßt fich in der Volksepik mit Sicherheit
erkennen: im übrigen bewahrt diefelbe, wie die Deutfchen überhaupt thaten,
eine kühl ablehnende Haltung gegen dies Erzeugnis des welfchen Geiftes.*)

Drei große Kreife von Sagen erhielten fich im Volksbewußtfein der
fpäteren Zeit: an die Fahrten der Seevölker auf der Oft= und Nordfee
fchließt die Gudrun an, der Rhein ift der Hauptfchauplatz der Nibelungen,
die Lombardei und Ungarn gehören dem gotifch=hunnifchen Sagenkreife.

Der Mittelpunkt diefes dritten, des größten, Kreifes ift Etzel, der
Attila der Gefchichte, um welchen fich die anderen großen Geftalten fcharen
und denkwürdige Thaten vollbringen, während er felbft ruhig in feinem
Herrfcherfitze, der Etzelnburg**), an der Donau weilt. Er gilt auch der
Sage als ein fremder Heide, nicht als ein Deutfcher, aber zahllofe deutfche
Fürften weilen an feinem Hofe; feine Gemahlin Helche hat gezwungen
den Chriftenglauben verlaffen müffen.

Die Helden feines Gefolges find teils unterworfene Fürften anderer
Länder teils Recken d. h. Verbannte, die wegen irgend einer Urfache die
Heimat meiden und in der Fremde einem mächtigen Herrn dienen mußten.
Zu den letzteren gehört auch Dietrich, der Theoderich der Gefchichte, welcher
fein Erbreich in Italien famt feiner Hauptftadt Bern (Verona) durch die
Gewalt feines Oheims Ermenrich verloren und fich gegen feine Feinde

---

*) Vgl. meine Schrift „Zur Gefchichte der mittelhochdeutfchen Lyrik" S. 47 f.
**) Budapeft.

nur mit hunnischer Hilfe behaupten konnte: dafür mußte er auch später dem Hunnenkönige Dienste leisten. Mit ihm waren viele andere berühmte Kämpfer gezogen, besonders sein Waffenmeister Hildebrand.

Die gewaltigen Thaten dieses Dietrich von Bern und seiner Genossen bilden den Inhalt der meisten Gedichte der vorliegenden Sammlung.

Es war schon den Geschichtschreibern des Mittelalters kein Ge= heimniß, daß es aller Zeitrechnung widerspricht, wenn Ermenrich (um 375), Attila (gestorben 453) und Theoderich (493—526) zu Zeitgenossen ge= macht werden. Dies bemerkte schon im zwölften Jahrhundert besonders Eckehard im Chronicon Urspergense*): eine Stelle, welche auch im übrigen für die Gestalt und Verbreitung der Sage von höchster Be= deutung ist und deshalb hier unverkürzt aufgenommen werden soll:

Haec Jordanis quidam grammaticus, ex eorundem stirpe Gothorum progenitus, de Getarum origine et Amalorum nobilitate non omnia, quae de eis scribuntur et referuntur, ut ipse dicit, complexus exaravit, sed brevius pro rerum notitia huic opusculo inseruimus. his perlectis diligenterque perspectis perpendat, qui discernere noverit, quomodo illud ratum teneatur, quod non solum vulgari fabulatione et cantilenarum modulatione usitatur, verum etiam in quibusdam chronicis annotatur; scilicet quod Ermenricus tempore Marciani**) principis super omnes Gothos regnaverit, et Theodericum Dietmari filium, patruelem suum, ut dicunt, instimulante Odoacare item ut aiunt, patruele suo de Verona pulsum, apud Attilam Hunorum regem exulare coegerit, cum historiographus narret, Ermenricum regem Gothorum multis regibus dominantem tempore Valentiniani et Valentis fratrum***) regnasse et a duobus fratribus Saro et Ammio, quos coniicimus eos fuisse, qui vulgariter Sarelo et Hamidiech dicuntur, vulneratum in primordio egressionis Hunorum per Meotidem paludem, quibus rex fuit Valamber, tam vulneris quam Hunorum irruptionis dolore defunctum fuisse, Attilam vero postea ultra LXX annos sub Marciano **) et Valentiniano†) cum Romanis et Wisigothis††) Aecioque duce Romanorum pugnasse et sub eisdem principibus regno vitaque decessisse. — hinc rerum diligens inspector perpendat, quomodo Ermenricus Theodericum Dietmari filium apud Attilam exulare coegerit, cum iuxta hunc historiographum contemporalis eius non fuit. igitur aut hic falsa conscripsit, aut vulgaris opinio fallitur et fallit, aut alius Ermenricus et alius Theodericus dandi sunt Attilae contemporanei, in quibus huius modi rerum convenientia rata possit haberi. hic enim Ermenricus longe ante Attilam legitur defunctus.

---

*) Grimm, Heldensage Nr. 23. Mon. Germ. script. 7, 130.
**) Flavius Marcianus, byzantinischer Kaiser, 450—457.
***) Valentinian I. 364—375, Valens 364—378.
†) Valentinian III. 425—455.
††) Westgoten.

Außer dieser auch bei anderen Historikern vorkommenden Bemerkung
über den chronologischen Widerspruch giebt die vorliegende Stelle aber den
unbestreitbaren Beweis, daß in der Volksmeinung des zwölften Jahrhunderts
Dietrich von Bern für den großen Theoderich und Etzel für Attila galt.

Abweichend von dieser unter anderen auch durch Wackernagel und
Scherer vertretenen Ansicht hat W. Grimm darauf hingewiesen, daß in
aller Heldensage auch ein gutes Stück Mythologie und religiöser Volks=
glaube enthalten sei: Es ist unverkennbar, daß Dietrich eine sehr große
Ähnlichkeit mit dem Donnergotte, dem Donar der Deutschen und Thorr der
nordischen Völker, hat: wie dieser kämpft auch Dietrich fortwährend mit den
Elementarkräften (den Riesen und Drachen); dem Blitze entsprechend strömt
Feuer aus seinem Munde.   Auch bei einigen anderen Gestalten, wie Iring
und Rüdeger, dürfte mythologische Grundlage anzunehmen sein: aber
über dies wenige kommt man nicht hinaus, und besonders ist es in keiner
Weise ratsam an dem Etzel der gotisch=hunnischen Sage mythologische
Erklärungsversuche vorzunehmen.   Das Verhältnis in den Nibelungen
muß ich hier zwar unberührt lassen, glaube aber, daß auch in diesem
Gedichte Etzel leichter aus der deutschen Dietrichsdichtung als aus der
nordischen Gestalt des Atli erklärt werden kann.

Wenn W. Grimm soweit ging die geschichtlichen Grundlagen unserer
Heldensage nur für zufällige Namensähnlichkeiten zu erklären, so leitete
ihn zu dieser Auffassung mit Notwendigkeit die Beschaffenheit derjenigen
Denkmale, welche damals als die ältesten Urkunden unserer deutschen
Heldensage galten: die Heldenlieder der nordischen fälschlich sog. älteren
Edda.   Die Hauptteile derselben wurden früher in das achte Jahrhundert
gesetzt, während sie auf jeden Fall erheblich jünger sind und vielleicht erst
dem breizehnten Jahrhundert angehören.*)   Dann haben wir aber in der
deutschen Überlieferung, wie sie im alten Hildebrandslied**), im Walther
von Aquitanien***) und in zerstreuten Nachrichten vorliegt, eine ältere
einheimische Quelle, deren Berichtigung durch eine jüngere und fremde
ohne zwingende Gründe nicht wird annehmbar sein.

Daß Dietrich von Bern der Theoderich der Geschichte sei, ist eine Be=

---

*) Die Handschriften der sog. älteren (Sämunds=)Edda gehören nach Bugge dem
13. und 14. Jahrhundert an, die Sammlung entstand 1240.   Aber auch die Abfassung der
eddischen Heldenlieder und zwar nicht nur ihre schriftliche, sondern ihre wirkliche Ent=
stehung ist nach Jessen in das 11. und 12. Jahrhundert zu setzen, vielleicht erst in den
Anfang des 13., „obgleich einige Bruchstücke älter sein werden“.   Es wird hier also genau
dasselbe, was Müllenhoff (Litteraturzeitung II, 1224 f.) über die nordische Mythologie
sagte, auch von der Heldensage gelten: die wissenschaftliche deutsche Heldensage ist die un=
umgängliche notwendige Vorbedingung der historisch=wissenschaftlichen nordischen Helden=
sage. — Es heißt demnach am verkehrten Ende anfangen, wenn man jetzt noch fortwährend
die Eddaberichte als die Grundlage ansieht, von der aus wir die deutschen Berichte be=
trachten sollen.   Die nordischen Berichte sind in ihrer Abfassung den mittelhochdeutschen
Gedichten gleichzeitig, und es wäre noch fraglich, ob nicht gar vorhandene mittelhochdeutsche
Gedichte den Verfassern der Edda vorgelegen haben.   Auf jeden Fall liegt ihnen späte
mündliche Überlieferung zu Grunde, etwa wie der Thidrekssaga.
**) Nr. XVI, 1 und Deutsche Nat.=Litt. I, 145 f.
***) Nr. III.

hauptung, gegen die Wesentliches nicht eingewendet werden kann. Freilich
darf man nicht auf einzelne Ereignisse die Übereinstimmung ausdehnen
wollen: nur der allgemeine Eindruck ist geblieben, aber zum größten Teil
in überraschender Treue. Dietrich, der gewaltige Held, ist trotz aller Stärke
stets zum Frieden geneigt — wer sollte darin die großartige Friedensliebe
Theoderichs verkennen?*) Aber in diesem Punkte, in der Nachgiebigkeit
gegen den Gegner, ist Theoderich nicht nur eine Person, sondern ein Typus.

Als die Germanen, der Not gehorchend nicht dem eignen Triebe, an
die Pforten des Römerreiches pochten, stand es täglich in ihrer Macht,
dem vermoderten Staate ein Ende zu machen: aber sie schonten ihn lange,
wie Dietrich den Riesen Ecke Nur ein bescheidenes Plätzchen begehrten sie,
um doch leben zu können, nachdem mächtigere Bedränger ihnen die eigenen
Wohnsitze entrissen hatten. Hundertmal wurden Verträge über Land, Nahrung
und Geld abgeschlossen, aber ebenso oft brachen die Römer den Bund und
ebenso oft zwangen sie den Germanen die Waffe in die Hand, bis endlich
die Geduld zu Ende und damit das Geschick des Römerreiches erfüllt war.

Aus diesem trügerischen Spiel gingen die beiden Hauptpersonen in das
Volksbewußtsein über: der trügende Kaiser und der immer wieder betrogene
Germanenfürst. In den Wolfdietrichgedichten ist Ostrom noch der Schauplatz
der Handlung: von ihm wurde Theoderich ja auch oft genug betrogen.**)

In den Gedichten des Dietrichskreises ist Westrom in den Vordergrund
getreten. In beiden Sagen sind die betrügerischen Herrscher von Konstan-
tinopel und Rom als nahe Verwandte der betrogenen Germanenfürsten
dargestellt: so nahm die Volkssage die Thatsache in sich auf, daß Theoderich
des Kaisers Zeno Adoptivsohn war. Daß die Imperatoren zu Byzanz und
Rom nicht dem Germanenvolke angehörten, dafür fehlt das Verständnis in
einer Zeit, welche die Reihe der deutschen Kaiser mit dem Römer Cäsar beginnt.

Aber noch mehr einzelne Züge hat die Sage der Geschichte entlehnt.
So die Thatsache, daß Theoderich sich keiner ehelichen Geburt rühmen
konnte: wir finden sie in Wolfdietrich wieder. Auch das fortwährende
Schwanken des Glückes in Dietrichs Kriegen mit dem Herrscher Roms
möchte man in dem sehr wechselvollen Kampfe Theoderichs gegen Odoaker
wiederfinden. Freilich hat Theoderich nie fliehend Italien verlassen; aber
für diesen Zug ist das Vorbild der Rugierfürst Friedrich, welcher vor
Odoaker floh, um den Ostgoten Theoderich herbeizuholen, und dann in
der Geschichte verschwindet: hier floß im Volksbewußtsein der Vertriebene
mit seinem späteren Rächer zu einer Person zusammen, eine Personen-
verwechselung, die in aller Sagenbildung nachweisbar ist.

Für das Verhältnis Dietrichs zu Attila als seinem Lehnsherrn ist
wohl die Stellung Theoderichs zu Zeno gleichfalls entscheidend gewesen:
Scherer nimmt Verwechselung mit Theoderichs Vater Theodemer an.***)

---

*) Dahn, Urgeschichte I, 243. 44.
**) Dahn I, 235 f.
***) Litteraturgeschichte S. 25.

Je ferner die Gedichte den Ereignissen in der Zeit standen, desto mehr verschoben sich die Vorstellungen, desto häufiger wurden Personen vertauscht und verwechselt. Das alte Hildebrandslied hat noch den wirk= lichen Gegner Theoderichs in Italien gekannt: Odoaker; die spätere Über= lieferung, ersetzt ihn durch Ermenrich.

Aus dem Jahrhunderte fließenden breiten Strome der Heldensage haben sich in Deutschland zahlreiche Gedichte, ganz oder in Bruchstücken, erhalten. Da dieselben sich zeitlich und örtlich fern stehen, stimmen sie keineswegs in allen Angaben überein, sondern widersprechen sich oft genug geradezu, so daß es unmöglich wäre eine Sagenharmonie zu schaffen d. h. eine Darstellung, welche alle Erzählungen in historischer Folge umfaßt. Weil es jedoch ratsam ist, wenigstens annähernd eine Reihenfolge der Ereignisse aufzustellen, habe ich in der folgenden Tabelle den Inhalt aller selbständigen deutschen Werke verglichen und zeitlich geordnet: die erste Spalte enthält die Nibelungen (nach Lachmann), die zweite den Dietrichs= kreis; in der dritten stehen Werke, welche sich mit den beiden ersten nahe berühren ohne notwendig dazu zu gehören; ganz fortgelassen ist die Gudrun. Die Citate, außer bei den Nibelungen, sind nach der vor= liegenden Ausgabe.

Nibelungen.	Dietrichskreis.	Einzeln stehende.
	Ortnit I. Hugdietrich II. Wolfdietrich II. Dietrichs Ahnen XI, S. 221—228.	
		Walther von Aquitanien III. Biterolf u. Dietleib kommen zu Etzel IV, S. 92—109.
Sigfrid kommt nach Worms 72 f.		
Sigfrid heiratet Kriemhild 562 f.	Großer Rosengarten V.	
		Biterolf und Dietleib gegen Worms IV, S. 109—141. Biterolf u. Dietleib wohnen in Steier IV, S. 141—143.
	Virginal VII. Goldemar VIII. Sigenot IX. Laurin und Walberan VI. Dietrichs Flucht XI, S. 228 f. Alphart XII. Rabenschlacht XIII. Ermenrichs Tod XIV. Wenezlan XV. Etzels Hofhaltung XV.	
Sigfrids Tod 859 f.		
Kriemhild heiratet Etzel 1083 f. Untergang der Burgunden 1447 f. Der Nibelungen Klage.	Ecke X. Hildebrandslied XVI.	

Von dieser Reihenfolge bin ich einige Male aus zwingenden Gründen abgewichen: zunächst habe ich weder das Gedicht von Dietrichs Flucht (XI) noch den Biterolf (IV) zerlegen wollen; dem Rosengarten (V) neben dem Biterolf eine Stelle anzuweisen ist überhaupt unmöglich; den Laurin (VI) habe ich der inneren Verwandtschaft wegen zum Rosengarten (V) gesetzt; für Ermenrichs Tod (XIV), Wenezlan (XV) und Etzels Hofhaltung (XV) läßt sich auch kein sicherer Platz auffinden; der Ecke endlich gehört zwar, da er auf die Rabenschlacht und Sigfrids Tod anspielt, an die ihm in der Tabelle zugewiesene Stelle, seinen übrigen Voraussetzungen nach aber hinter den Sigenot (IX), wohin ich ihn schon setzen mußte, wenn ich nicht ohne Not die Dichtungen Albrechts von Kemenaten auseinander= reißen wollte.

Die Gedichte der vorliegenden Sammlung sind mit wenigen Aus= nahmen mittelhochdeutsch d. h. in der Schriftsprache des dreizehnten Jahr= hunderts überliefert, teils in kurzen Reimpaaren teils in Strophen; was über die Dichter bekannt ist, findet sich oben S. IV.

Der Titel der Ausgabe „Das deutsche Heldenbuch" ist nach dem Vorgange ähnlicher Sammlungen gewählt: so der älteren, welche Kaiser Maximilian I. herstellen ließ, und verschiedener neuerer, welche durch v. d. Hagen, Simrock, Müllenhoff u. a. besorgt sind. Man versteht darunter im allgemeinen eine Sammlung der deutschen Heldengedichte, meistens unter Ausschluß von Nibelungen und Gudrun.

Der Text ist zunächst eine Auswahl aus den bezeichneten deutschen Gedichten; eine solche konnte es nur werden, weil die Gesamtheit der vorhandenen Gedichte, selbst ohne Anmerkungen und Erläuterungen, etwa acht Bände der Nationallitteratur umfassen würde. In der Wahl der ausgehobenen Stücke ist der Grundsatz befolgt, nicht allein das zu geben, was an sich dichterisch schön und im allgemeinen anziehend ist, sondern vornehmlich auch solche Darstellungen, welche für die Eigenart eines Dichters oder eines Werkes besonders belehrend und wichtig sind. Die Texte sind, soweit nicht anderes unter den Vorbemerkungen zu den ein= zelnen Gedichten angegeben ist, aus Müllenhoffs Heldenbuch*) entnommen und mit der Originalzählung versehen.

Soweit die Dichtungen der wirklichen lebendigen Sage angehören oder für dieselbe hervorragend wichtig sind, ist den ausgehobenen Stücken eine vollständige Übersetzung beigefügt aus folgendem Grunde. Wenn das Buch als Hauptzweck die Verbreitung der Kenntnis der deutschen Heldensage verfolgt, darf es nicht dem Zufall überlassen werden, ob der Leser den altdeutschen Ausdruck gerade versteht oder nicht, sondern es muß stets dafür gesorgt sein, daß auch ohne weitere Hilfsmittel das glatte Verständnis des Gedichts keine Schwierigkeiten macht, damit nicht erhebliche Lücken in der Kenntnis der gesamten Sage bleiben. Durch

---

*) Deutsches Heldenbuch. 5 Bände. Berlin 1866—1870.

sprachliche Erläuterungen oder Verweisung auf Grammatik und Wörter=
buch wäre manches zu erreichen bei dem Werke eines einzelnen Dichters,
gar nichts bei einem so wenig gleichförmigen Texte, in welchem man etwa
zwanzig dichterische Persönlichkeiten von sehr verschiedener Ausdrucksweise
unterscheiden kann: die Erläuterungen würden schließlich mehr Raum er=
fordern als die vollständige Übersetzung.

Wer unbekümmert um die Gestalt der Gedichte nur ihren Inhalt
kennen lernen will, wird sich zunächst begnügen können die Übersetzung
allein ohne den altdeutschen Text zu lesen; das ist besonders denen zu
empfehlen, welche noch gar kein Mittelhochdeutsch gelesen haben. Dennoch
soll die Übertragung nicht an die Stelle des Urtextes treten sondern nur
zu seinem Verständnis beitragen; ich habe deshalb auch nicht den Versuch
gemacht eine Übersetzung von selbständigem Werte und poetischer Schön=
heit zu geben sondern, soweit dies möglich ist, eine Zeilenübertragung.
Das ist ja keinem wirklich Kundigen verborgen, daß keine Übersetzung
auch nur annähernd die Größe des mittelhochdeutschen Ausdrucks wieder=
zugeben vermag und daß im besonderen alle vorhandenen weit davon
entfernt sind in dieser Beziehung zu genügen und ein Bild des Originals
zu geben. Denn schließen sie sich eng dem alten Ausdruck an, so klingen
sie fremd und kauderwelsch und tragen nur dazu bei, den Wert der alten
Dichtungen in der Achtung der Jetztlebenden herabzusetzen: ein Vorwurf,
von dem auch Simrock nicht freizusprechen ist; bemüht sich aber der Über=
setzer ein auch nach unserm Geschmacke anziehendes dichterisches Werk zu
schaffen und deshalb, was allerdings notwendig ist, den Ausdruck des
Originals und seine metrische Form zu verlassen, dann gerät er in Ge=
fahr ein neuhochdeutsches Gedicht zu verfassen, welches dem alten Werke
nichts als ein paar Namen und Thatsachen abgeborgt hat aber in allem
übrigen modern ist und kein Bild der ursprünglichen Dichtung geben kann,
wie die neuesten Versuche solcher Art bei den Nibelungen zur Genüge beweisen.

Ein der Lösung würdiges Problem wäre es gewiß, mittelhochdeutsche
Gedichte zu übertragen nicht etwa, wie ein Dichter des neunzehnten
Jahrhunderts den gegebenen Stoff zu behandeln pflegt, sondern vielmehr
so, wie ein Dichter des zwölften oder dreizehnten gethan hätte, wenn
ihm statt seiner Sprache das Neuhochdeutsche geläufig gewesen wäre und
er darin seine Anschauungen, seine Empfindungen hätte zum Ausdruck
bringen sollen. Solange jedoch die vielleicht mögliche Lösung nicht ge=
funden ist, wird für eine Auswahl nur der in der vorliegenden Samm=
lung eingeschlagene Weg übrig bleiben.

Den Inhalt der nicht im Original mitgeteilten Stücke habe ich durch
eine verbindende Erzählung ersetzt, welche sich, soweit dies möglich ist,
dem Geiste und der Ausdrucksweise jeder einzelnen Dichtung anschließen
sollte und deshalb auch keineswegs in Ton und Farbe gleichmäßig werden
konnte: die Unebenheiten des Ausdrucks kommen also auf Rechnung der
Dichter.

Einzelne Stücke nötigten zum Abweichen von dieſen Grundſätzen: Walther von Aquitanien iſt ohne Originalſtellen nur erzählt, die Einleitung in Scheffels Überſetzung, weil das Gedicht lateiniſch iſt, für das vorliegende Werk alſo nur durch den Inhalt wichtig wird. Dasſelbe iſt bei Ermenrichs Tod der Fall, welcher nur in einem ſpäten niederdeutſchen Gedichte, einem Druck des ſechzehnten Jahrhunderts, erhalten iſt, und bei Etzels Hofhaltung, die in der verdorbenen Form des Kaſpar von der Rön wenig genießbar erſcheint. Die beiden jüngeren Hildebrandslieder, in leiblichem Neuhochdeutſch, bedurften keiner Überſetzung, da ſie mit einigen ſprachlichen Erklärungen ausreichend verſtändlich ſein werden. Der Virginal fehlt die Übertragung aus einem anderen Grunde. Dies umfangreiche Gedicht von mehr als 14 000 Zeilen iſt weſentlich nur ein Roman, frei erfunden von dem Dichter, welcher der Heldenſage nur die Namen einiger Haupthelden entnommen hat. Für die Heldenſage iſt es deshalb ohne Bedeutung, auch der dichteriſche Wert iſt nicht allzu groß, nämlich wenn die Anlage des Ganzen und die poetiſche Erfindung in Betracht gezogen werden. Dagegen iſt es ziemlich geſchickt in der Schilderung von Zuſtänden und Nebendingen, ein Muſterſtück gemütlich-breiter Erzählungsweiſe, eine Reihenfolge einzelner Idylle, die man nicht gerne miſſen möchte, wenn die Gedichte der Heldenſage bei einander ſind, deren Genuß man aber auch wieder dem überlaſſen will, der Neigung hat ſich mit der Sprache dieſer Zeit zu beſchäftigen. Überdies iſt die Sprache ſo lyriſch, daß ſie in proſaiſcher Wiedergabe geſchmacklos erſcheinen und wie ein vorgeleſenes Tonſtück klingen möchte.

Was ich in den Anmerkungen zur ſachlichen Erklärung gethan habe, beſchränkt ſich auf das Notwendigſte, um nicht den Text durch Noten und Citate zu unterdrücken: einige Bekanntſchaft mit dem deutſchen Mittelalter und ſeiner Litteratur wird unter allen Umſtänden vorausgeſetzt.

Den Gang der Handlung willkürlich zu ändern glaubte ich kein Recht zu haben; wo alſo Widerſprüche und Ungereimtheiten in der Darſtellung vorkommen, ſind ſolche auf Rechnung der Dichter oder der Handſchriften zu ſetzen. Ebenſo war es nicht ratſam in den Fällen, wo wie z. B. im Laurin, Roſengarten und Ecke derſelbe Gegenſtand in verſchiedenen ſehr abweichenden Überlieferungen vorhanden iſt, aus allen herauszuſuchen, was etwa anſprechend klang. Nur der Wolfdietrich mußte aus den vorhandenen Darſtellungen erſt zuſammengeſetzt werden, weil kein Bericht ihn auch nur annähernd in abgeſchloſſener Form enthält, und im Biterolf iſt die Fahrt des Vaters nach dem Hunnenlande nicht an den Anfang geſetzt ſondern hinter die Reiſe des Sohnes, weil ſie unzweifelhaft dem Gedichte urſprünglich fremd war und ſich zur Not nur an dieſer Stelle einfügen läßt.

Zugeſetzt habe ich nichts, abgeſehen von einigen einleitenden Redensarten oder Übergängen ohne ſachlichen Gehalt. Ich bemerke dies nur deshalb, weil leider mancher geglaubt hat, den Inhalt unſerer Sagen

nach seinem Geschmacke ergänzen zu dürfen. Fortgelassen habe ich dagegen
manches, besonders überflüssige Zuthaten der breiten Erzählungsweise des
dreizehnten und vierzehnten Jahrhunderts, welche der alten Dichtung
fremd und unserm Geschmacke zuwider sind, jedoch nur soweit keine
wesentlichen Teile der echten Sage dadurch verloren gingen.

Außer demjenigen, was deutsche Dichtung überliefert hat, giebt es
noch zahlreiche an Größe und Wert sehr verschiedene Quellen für die
Kenntnis der deutschen Heldensage, welche alle heranzuziehen wären, wenn
man, wie Grimm schon vor mehr als fünfzig Jahren versuchte*), eine
Geschichte der deutschen Heldensage schreiben wollte. Eine solche zu geben
liegt aber weder in dem Plane dieser Ausgabe noch ist sie bei dem augen=
blicklichen Stande der Forschung auf diesem Gebiete überhaupt möglich.
Es bleibt mir daher nur übrig hier die Beschaffenheit dieser Quellen
kurz anzugeben. Gesammelt ist das Ganze hauptsächlich von Grimm und
Müllenhoff, wie schon oben bemerkt wurde.**)

In Deutschland enthalten lateinisch geschriebene Geschichtswerke und
deutsche Gedichte der verschiedensten Art Bemerkungen und Erwähnungen
von Personen und Ereignissen der Sage, auch Abbildungen aus derselben
sind vorhanden; eine deutsche Prosabearbeitung der Heldensage ist schon
aus dem fünfzehnten Jahrhundert vorhanden.***)

Unbedeutend sind vereinzelte Angaben bei slavischen und romanischen
Völkern; die wichtigste betrifft Walther von Aquitanien.†)

Mehrere altenglische (angelsächsische) Gedichte haben ihren Inhalt
teils vollständig teils in einzelnen Thatsachen der deutschen Sage entlehnt.
Ihr hoher Wert beruht hauptsächlich darin, daß sie erheblich älter sind
als die ältesten deutschen Gedichte. Außer dem bei Nr. III zu behandeln=
den Walther†) kommt zunächst der Beovulf in Betracht, welcher nicht
allein selbst der deutschen Sage entsprossen ist, sondern auch zahlreiche
Anspielungen auf dieselbe enthält. Dasselbe ist bei dem „Wanderer" der
Fall††): ein fahrender Mann erwähnt unter den berühmten Männern, die
er kennen gelernt haben will, auch mehrere der deutschen Sage wohl=
bekannte Helden.

Am reichsten an Zahl sind die Berichte und Überlieferungen der
nordischen Völker; ein gut Teil der deutschen Heldensage ist litterarisches
Besitztum oder gar Gemeingut der Dänen, Schweden, Norweger und
Isländer geworden und von ihnen in umfangreichen Sammlungen ge=
rettet. Aber der größte Teil dieser Berichte bezieht sich entweder auf den
Nibelungenkreis oder auf Sagen, von denen sonst die deutsche Litteratur
überhaupt nichts weiß. Das ist der Fall mit den beiden Sammlungen,
welche nach hergebrachter Weise Edda genannt werden, den meisten der

---

*) 1829.
**) S. IV.
***) Die Handschrift war in Straßburg; gedruckt in v. d. Hagens Heldenbuch (1855) I.
†) Vgl. unten S. 89—91.
††) The Traveller's Song oder Vidsith.

fog. Saga, den faröischen Liedern und einer Anzahl der dänischen Volks-
lieder (Kempeviser). Nur ein Teil der Thidrekssaga (d. h. Dietrichsage)
und wenige andere zerstreute Stücke betreffen den Dietrichskreis und die
übrigen im Heldenbuch zusammengestellten Stücke.

Die Thidrekssaga ist, wie ein ausführlicher Prologus angiebt, nordisch,
im dreizehnten Jahrhundert aufgezeichnet nach den Berichten und Liedern,
welche von deutschen Männern in die nordischen Länder gebracht wurden.
Obgleich der Verfasser behauptet, daß er nur nach solchen deutschen Be-
richten und Liedern seine Darstellung gemacht habe, fehlt es uns jetzt an
jedem Mittel die Richtigkeit dieser Angabe zu untersuchen; aber selbst wenn
erhebliche Zweifel an der Zuverlässigkeit des Verfassers nicht beständen,
würde das doch immer noch kein zureichender Grund sein diese nordischen
Berichte für besser oder reiner als die deutschen zu halten und etwa
gar nach ihnen unsere einheimischen Überlieferungen zu ändern. Denn
abgesehen von allen weiteren Bedenken steht doch das eine fest, daß die
Berichte der Thidrekssaga wie fast alle anderen nordischen Darstellungen
sich wesentlich auf norddeutsche Bearbeitungen stützen, während unsere
deutschen Epen sämtlich im Süden, an der Donau, am Oberrhein und
noch südlicher entstanden. Ebenso nun wie die Oberdeutschen aus den
Heldengestalten der Vorzeit Ritter und höfische Männer machten, genau
so schufen die Niederdeutschen daraus grobe Bauern, Pferdeknechte und
Schmiedegesellen: jeder behandelte die Sage nach seinem Geschmack; da
aber bekanntlich über den Geschmack zu streiten seine Bedenken hat, so
müssen wir es auch hier dem einzelnen überlassen, ob er lieber in Sigfrid
den schmutzigen Genossen eines betrügerischen Schmiedes oder das lichte
herrliche Königskind von den Niederlanden sehen will; ob es ansprechender
ist, wenn Kriemhild aus Liebe heiratet, oder weil ihre Mutter den Bräu-
tigam betrog.

Außer diesem Herabziehen der Helden in das Rohe und Gemeine trifft
die Saga aber noch der Vorwurf, daß sie die erzählten Geschichten sämt-
lich in Norddeutschland lokalisiert, an die Weser, nach Soest und noch
weiter nach Norden verlegte, ja sogar verschiedene der Haupthelden zu
Dänen machte. Es unterliegt gar keinem Zweifel, daß die Saga hier
mit den Thatsachen ganz willkürlich schaltete und daß sie so auch ander-
wärts verfuhr. Zu solchen fremden oder nichtdeutschen Bestandteilen
rechne ich auch die große Sorgfalt, welche die Saga auf die Herkunft von
Waffen und Pferden verwendet: eine Neigung, welche der deutschen Über-
lieferung fast ganz fremd ist.

Aber selbst wenn die Saga bei vielen oder allen Erzählungen das
Richtigere und Ältere hätte, durfte dies für die vorliegende Bearbeitung
des Heldenbuches von keinem Einfluß sein: es handelt sich hier um wich-
tige und große Erzeugnisse der deutschen Litteratur, erst in zweiter Reihe
um die Geschichte ihres Stoffes. Deshalb mußte es mir unter allen
Umständen ganz fern bleiben die deutschen Dichtungen mit den in fremder

Sprache überkommenen meist prosaischen Sagen zu vermischen.*) Doch habe ich auf diese, soweit es nötig schien, in der Einleitung und den Anmerkungen verwiesen. Gern hätte ich eine ausführliche Inhaltsangabe der Thidrekssaga beigefügt; aber diese würde fast die Hälfte des mir überhaupt zu Gebote stehenden Raumes verschlungen haben, weil die Erzählungen der Saga selbst schon so kurz gefaßt sind, daß eine erhebliche Verminderung ihres Umfangs ohne Schädigung ihres Inhalts kaum ausführbar ist.**)

Wir kommen nunmehr zu den einzelnen Werken der deutschen Heldensage.

I. Ortnit. Ortnit, der König von Lamparten d. h. der Lombardei erwirbt mit Gewalt die Königstochter Sibrat (später Liebgard genannt). Ihr Vater, der Sarazenenkönig Machorel zu Muntabur d. h. Berg Tabor, sendet aus Rache zwei Dracheneier in Ortnits Land. Aus diesen entstehen Lindwürmer, welche den König töten; seine Witwe bleibt, bedrängt von den Großen des Reichs, zu Garda, ihrer Hauptstadt. —

Auf dem Taborberge war 1212 eine feste Burg erbaut, welche 1217 von den Abendländern belagert wurde. Da man annehmen darf, daß diese Ereignisse dem Abendlande bekannt sein mußten, wenn ein Dichter auf den Gedanken kommen sollte hierher den Schauplatz eines Kampfes zu verlegen, so ist es wahrscheinlich, daß das Gedicht nach 1217 verfaßt wurde; jedoch nicht allzulange danach, denn die Burg Tabor wurde schon 1218 geschleift.

Durch diese zeitliche Bestimmung des Gedichtes ist jedoch keineswegs etwas über das Alter des Stoffes selbst und der Ortnitsage ausgemacht. Alte Zeugnisse für dieselben fehlen ganz; aber die Erzählung von der gewaltsamen Entführung einer Königstochter war bereits im zwölften Jahrhundert ein in Deutschland beliebter Gegenstand, für dessen Schauplatz Italien und das Morgenland auch sonst galt, wie der König Rother beweist Die Verknüpfung ferner mit der vornehmlich in Tirol heimischen Zwergensage, als deren Vertreter hier Alberich auftritt, beweist, daß der Dichter sich im allgemeinen innerhalb der Grenzen der bekannten Sagen hält; der dritte gemeinsame Gegenstand ist der Drachenkampf. Ob die Verknüpfung dieser Bestandteile schon alt oder erst Werk eines Dichters im dreizehnten Jahrhundert ist, läßt sich nicht mehr entscheiden; aber die maßvolle Behandlung der Sagenstoffe, die Fernhaltung aller unmäßigen Ausschmückung und Breite lassen darauf schließen, daß der Dichter sich an einen gegebenen Stoff gebunden fühlte, zu dessen willkürlicher Veränderung er sich nicht berechtigt glaubte.***)

---

*) Dies that Martin in seiner Bearbeitung der Thidreksaga, um ihre auffälligsten Mängel zu beseitigen.

**) Die sorgfältigen Studien Holthausens in Paul und Braunes Beiträgen 9, 451—503 konnte ich leider nicht mehr verwerten.

***) F. Neumann, Germania 27, 191—219 hat den Gegenstand zuletzt ausführlich behandelt.

Das deutsche Heldenbuch.   b

Daß wir es in diesem Gedichte mit einer greifbaren dichterischen Persön=
lichkeit zu thun haben, geht aus den sorgfältigen Angaben über Zeit, Ort
und Nebenumstände hervor, besonders aber aus der übermütigen Laune,
welcher derselbe bisweilen die Zügel schießen läßt: die Art, wie Alberich
sowohl gegen Ortnits Leute als gegen die Sarazenen sich als Gottheit
aufspielt, geht fast an die Grenzen dessen, was man für das dreizehnte
Jahrhundert als möglich ansehen kann.

Das Gedicht ist in der seit dem zwölften Jahrhundert viel benutzten
Nibelungenstrophe verfaßt und enthält gegen 600 Strophen; es ist planmäßig
in Abschnitte, Aventüren (Fitzen), geteilt, welche stets durch eine Schluß=
zeile bezeichnet werden. Handschriften desselben gab es eine große Zahl,
von denen sich mehrere ganz, andere in Bruchstücken erhalten haben. Aber
außerdem ist die Geschichte Ortnits auch in einen Teil der Handschriften
des Wolfdietrich eingefügt, wie sich weiter unten zeigen wird. Der Gegen=
stand war also später, und mit Recht, allgemein beliebt, denn wir haben
es hier in der That mit einer der ansprechendsten Erzählungen des
deutschen Altertums zu thun.

II. Wolfdietrich. Wolfdietrich, der Sohn des Königs Hugdietrich
von Konstantinopel, verliert sein Erbe durch die Gewalt seiner Brüder,
welche ihn für einen unechten Sohn erklären. Nach mannigfachen Aben=
teuern kommt er nach Garda, erschlägt die Drachen, denen Ortnit zum
Raube wurde, und heiratet Ortnits Witwe. Dann erobert er sein väter=
liches Reich wieder. —

Dieser Kern der Sage ist vielfach erweitert und verändert, so daß
er jetzt in mehreren sehr abweichenden Überlieferungen vorliegt. Dieselben
unterscheiden sich besonders in folgenden Angaben.

Nach der einen Darstellung (A) ist Wolfdietrich der dritte Sohn
seiner Eltern und wird enterbt, weil sein Vater Hugdietrich von bösen
Verleumbern zu dem Glauben verleitet wird, seine Gemahlin habe ihm
in seiner Abwesenheit die Treue gebrochen. Nach des Vaters Tode ver=
stoßen die beiden älteren Brüder nicht nur den jüngeren sondern auch
die Mutter. Nach einem vergeblichen Versuche die gewaltthätigen Brüder
zu besiegen geht Wolfdietrich nach Garda, um Hilfe zu suchen bei dem
berühmten Könige Ortnit, den er bisher nur dem Namen nach kennt.

Diese Fassung setzt den Ortnit voraus und ist wie dieser in bestimmt
abgeschlossene Fitzen zerlegt; doch ist sie darum noch nicht demselben Dichter
zuzuschreiben.

Die zweite Überlieferung (B) erzählt wie Hugdietrich als Mädchen
verkleidet nach Salnecke (Salonichi, Thessalonike) zieht und dort heimlich
die Liebe der Königstochter erwirbt; diese gebiert in Salnecke einen Sohn,
Wolfdietrich, wird Hugdietrichs Gemahlin und hat mit ihm noch zwei
Söhne. Nach des Vaters Tode wird Wolfdietrich von den jüngeren Brü=
dern als Bastard behandelt und muß nach vergeblichem Kampfe fliehen.
Er wird der Gemahl der rauhen Else (Sigminne) und später Ortnits

Freund. Nach dem Tode seiner Frau sucht er den Ortnit wieder auf, den aber währenddessen die Drachen getötet haben.

Nach dieser Erzählung waren also Ortnit und Wolfdietrich schon lange einander bekannt; das Gedicht von Ortnit wird nicht vorausgesetzt, der Wurmkampf Ortnits wird vielmehr im Wolfdietrich B mit etwa sechzig Strophen beschrieben.

Eine Entscheidung, welche von beiden Nachrichten über die Herkunft des Helden die echtere ist, kann nicht getroffen werden; ich habe daher beide Jugendgeschichten neben einander in den Text gesetzt und zwar ohne den Versuch sie zu vereinigen.

Eine dritte Fassung (C) knüpft die ganze Sage nicht an Konstanti= nopel sondern an Athen; doch ist sie nur in sehr geringen Bruchstücken erhalten.

Das vierte, sehr umfangreiche Gedicht (D) stimmt im Anfang wesent= lich zu B, hat aber eine Fülle von Abenteuern, welche allen übrigen fehlen. Eine frühere Bekanntschaft mit Ortnit wird nicht vorausgesetzt, ebenso= wenig die Ehe mit Sigminne. Am Schlusse enthält das Gedicht aus= führliche Angaben über Wolfdietrichs Nachkommen. Vollständig ist dies Gedicht in keiner Handschrift.

Die einzelnen in dieser Überlieferung erhaltenen Sagen habe ich mit B verschmolzen; gegen das Ende sind alle drei Überlieferungen (ABD) in einander gearbeitet, da sie sich leicht vereinigen lassen und ich ohne Not Doppelberichte nicht aufnehmen wollte.

Was über Strophenform, Handschriften, Alter und Sage bei Ortnit gesagt ist, gilt auch für den Wolfdietrich; nur scheint dieser noch mehr sagenhafte Bestandteile, welche ihm ursprünglich fremd waren, aufgenommen zu haben. Den Dichter kennen wir von keinem der verschiedenen Werke; denn wenn sich der Verfasser von D als Wolfram von Eschenbach bezeichnet, so ist das nichts als eine Täuschung.

Ortnit und Wolfdietrich sind mit den Gedichten der Dietrichsage nur durch die auch in Dietrichs Flucht erhaltene Hinweisung verknüpft, daß Ortnits Witwe und Wolfdietrich die Ahnen des Berner Dietrich, und daß Berchtung, Wolfdietrichs Erzieher, der Vorfahr des Meister Hildebrand ist; ihre Zugehörigkeit zur Heldensage überhaupt ist bestritten. Aber sie sind ohne Zweifel keine willkürlichen Erfindungen sondern, in ihrer Grund= lage wenigstens, demselben Boden entsprossen, welchem die übrigen Ge= dichte angehören: den Wanderzügen der Deutschen.*)

Daß Wolfdietrich von der Balkanhalbinsel stammt, aus Konstantinopel, Athen oder Salonichi, und Italien in Besitz nimmt, mag eine Erinne= rung daran sein, daß die ersten Germanen in der That von diesen Gegen= den aus über die Alpen zogen; und wenn Wolfdietrich vier Generationen vor Dietrich angesetzt wird, so darf es kaum als Zufall gelten, daß dies

*) Vgl. oben S. X.

mit der Thatsache zeitlich übereinstimmt, daß Alarich etwa hundert Jahre vor Theoderich die ersten Germanenheere nach Italien führte.

Es liegt mir fern, Alarich etwa in Wolfdietrich zu finden, eher würde er dem Ortnit gleichen; aber wenn man von seinem Todesjahre 410 an die in Dietrichs Flucht nach Wolfdietrich genannten Könige mit je dreißig Regierungsjahren annähme, was doch wohl dem Durchschnitt entspräche, dann erhielte man: Hugdietrich bis 440, Amelung bis 470, Dietmar bis 500; Dietrich also seit 500, was allerdings mit Theoderich (seit 493) eine wenigstens merkwürdige Übereinstimmung giebt. Die Verbindung der Ortnit-Wolfdietrichsage mit Dietrich von Bern ist also auf jeden Fall chronologisch sehr geschickt hergestellt.*)

Wenn Ortnits Reich, das später Wolfdietrich gehört, Lamparten d. h. Lombardei also Land der Langobarden genannt wird, so widerspricht das allerdings aller Zeitrechnung und ist den im dreizehnten Jahrhundert bestehenden Bezeichnungen entlehnt, denn die Langobarden (seit 568) waren nicht die Vorläufer sondern die Nachfolger des 555 zerstörten Gotenreiches in Italien. Wichtig ist aber diese Anknüpfung für die geschichtliche Ab= leitung der Heldensage: sie beweist, daß die Langobardenherrschaft, als das letzte Germanenreich in Italien, ununterbrochen in lebendiger Erinne= rung blieb; denn sie trieb nicht nur in der Ortnit=Wolfdietrichsage und im Rother fortwährend neue Blüten sondern hatte auch schon früh einen dichterischen Schimmer geworfen auf das Geschick der ersten Langobarden= königin, Alboins Gemahlin, jener Gepidenfürstin, welche aus dem Schädel ihres eigenen Vaters trinken mußte und dafür den Gatten erschlug: eine That, die bald ihr und ihren Helfern den Untergang bereitete.

Bemerkenswert ist noch, daß die Thidrekssaga (C. 416 f.) fast genau dieselbe Geschichte wie Wolfdietrichs Drachenkampf und Heirat der Witwe eines erschlagenen Königs von Dietrich selbst erzählt: der von dem Drachen Getötete heißt dort Hertnib, die Frau Isold; der letztere Name zeigt, daß hier schon Einfluß der romanischen Dichtung vorliegt.

III. Walther von Aquitanien. Etzel hatte an seinem Hofe drei Fürstenkinder als Geiseln; eins derselben, Hagen von Worms, entfloh; dasselbe thaten später Walther von Aquitanien und Hildgund aus Burgundenland, welche von Jugend auf verlobt gewesen waren. Als sie durch den Wasgenwald ritten, wurden sie von Gunther von Worms und seinen Mannen, unter denen auch Hagen war, überfallen. Nachdem die andern alle getötet, Walther, Hagen und Gunther aber verwundet sind, versöhnen sie sich.

Die Überlieferung dieser Geschichte ist vollständig nur in dem durch V. Scheffel**) genug bekannten lateinischen Gedichte des zehnten Jahr= hunderts erhalten, welches unmittelbar auf Volksüberlieferung zurückgeht.

---

*) Müllenhoff sah in der Ortnit=Wolfdietrichsage Thatsachen aus der Merowinger= geschichte. Scherer, Litteraturgeschichte S. 129 f.
**) Im Ekkehart und in besonderer Ausgabe, Stuttgart 1874.

Daß der Gegenstand aber in Deutschland noch lange lebendig blieb und auch dichterische Bearbeitung fand, lehren nicht nur die mehrfachen Erwähnungen der Sache in anderen Werken sondern auch die Bruchstücke eines mittelhochdeutschen Gedichtes*) aus dem dreizehnten Jahrhundert, welche in einer eigenen danach Walther= und Hildgundstrophe benannten Form, einer Abart der Nibelungenstrophe, verfaßt sind.

Auch außerhalb Deutschlands verbreitete sich die Sage und hat sich in Polen, allerdings mit anderen Bestandteilen gemischt, erhalten; ob sie hierher aber schon in der Völkerwanderung kam, wie behauptet wurde**), das möchte doch fraglich sein, und wohl eher die Vermutung gelten, daß der Verkehr mit dem Norden, im besonderen die Wilkinasaga, die Bekannt= schaft vermittelte.***)

Von unendlich größerem Werte sind die Bruchstücke eines altenglischen (angelsächsischen) Gedichts†) in einer Handschrift des neunten Jahr= hunderts, welche eine Stelle aus dem Kampfe im Wasgenwalde enthalten. Sie beweisen, daß in früher Zeit, und zwar vor der Abfassung des latei= nischen Walther, die Sage bereits nach England gekommen war.

Nach der Auffassung eines Teiles dieser Überlieferungen hat Walther auf der Flucht nicht mit den Wormser Helden sondern mit den Hunnen gekämpft und viele derselben erschlagen: ausdrücklich sagen das die beut= schen Bruchstücke (S. 87. 88) und die Thidreksaga.

Im Biterolf und in den Nibelungen wird oft der Flucht des Braut= paares Erwähnung gethan; merkwürdiger sind die beiden Stellen in Ge= dichten, welche der Heldensage nicht angehören, die erste im „Übeln Weibe"††); ein Mann klagt über die schlechte Behandlung, welche er von seiner Frau erdulden muß:

> lanc, breit ist ir swinge
> und ist hagenbüechîn:
> die sleht si durch daz houbet mîn,
> daz selbe tet si hiure.
> so getâne âventiure
> wârn hêrren Walthern unkunt,
> dô er und mîn frou Hildegunt
> fuoren durch diu rîche
> also behagenlîche.

Angenehmer vermochte sich Walther von der Vogelweide der schönen Sage zu erinnern; denn als ihn die Leute drängten, den Namen seiner Geliebten auszusprechen, den er doch nach gutem höfischem Brauch ver=

---

*) Zeitschr. f. deutsches Altertum 2, 216 f.; 12, 280 f.
**) R. Riszka, Verhältnis der polnischen Sage von Walgierz Wdaly zu den deutschen Sagen von Walther v. Aquitanien. 1879.
***) W. Nehring, im polnischen Athenäum 1883, 3(2) 349—377.
†) Waldere S. 89—91. Text nach Grein, Beovulf S. 76—78.
††) Ausgabe von Haupt. Leipzig 1871.

schweigen mußte, antwortete er 74, 18 mit Anspielung auf seinen eigenen
Namen:

> mînes herzen tiefiu wunde
> diu muoz iemer offen stên, sin werde heil von Hiltegunde

IV. Biterolf und Dietleib. Biterolf, der König von Toledo
in Spanien, verläßt heimlich sein Land und geht nach der Etzelnburg, um
zu erfahren, ob der Hunnenkönig wirklich der erhabenste aller Herrscher ist.
Um den verlorenen Vater aufzusuchen, kommt sein Sohn Dietleib auch
dorthin, erkennt ihn aber erst nach längerer Zeit. Wegen einer Beleidi=
gung, welche dem Sohne durch König Gunther zugefügt war, unternehmen
Vater und Sohn mit Hilfe der Hunnen und Berner einen Zug gegen
Worms, der nach hartem Kampfe mit allgemeiner Versöhnung endet.
Später wohnen beide in dem ihnen von Etzel geschenkten Steiermark. —
Das Gedicht mit diesem Inhalt ist nur in einer Handschrift vorhanden,
der Ambraser, welche für Kaiser Maximilian im Anfange des sechzehnten
Jahrhunderts verfaßt wurde. Die beiden Haupthelden spielen in den Ge=
dichten der Dietrichsage eine hervorragende Rolle: im Laurin, Dietrichs
Flucht, Virginal u. a.

In dieser Geschichte sind zwei verschiedene Stoffe zusammengefügt:
das Wiederfinden des Vaters und des Sohnes bildet den ersten Teil,
der Kampf vor Worms den zweiten, beide sind alt und der Sage wohl=
bekannt. Die Angabe, daß Toledo der Sitz eines germanischen Königs
ist, darf keineswegs als Erfindung des Dichters hingestellt werden, sondern
ist eine zweifellose Erinnerung an das Westgotenreich in Spanien, welches
hier seine Hauptstadt hatte (507—711); daß auch der Kampf der hunnisch=
gotischen Helden gegen die Wormser nicht erst eine der übrigen Sage
widersprechende Ausspinnung des dreizehnten Jahrhunderts ist, geht aus dem
Rosengarten (Nr. V) hervor, welcher denselben Gegenstand ohne jede Kennt=
nis von Biterolfs und Dietleibs Zug behandelt: umgekehrt kannte dies
letztere Gedicht auch nicht den Rosengarten.

Mehr als das Bestehen zweier solcher Sagen setzt aber das vor=
liegende Gedicht schwerlich voraus; die Verknüpfung beider und der weitere
Verlauf des Kampfes sind Erfindung eines Dichters, vielleicht desselben,
der das Werk von der Nibelungen Klage verfaßte. Es widerspricht aller=
dings sowohl im Biterolf wie im Rosengarten der reinen Sagenüberliefe=
rung, wenn überall die Wormser Recken, unter denen auch Hagen und
sogar Sigfrid weilt, den Bernern im Kampfe unterliegen; ebenso ist auch
der furchtbare Kampf, in welchem nur ganz unbekannte Leute fallen, obgleich
alle berühmten Helden auftreten, weder der Sage nach möglich noch auch
poetisch ansprechend.

Das Gedicht hat seinen Hauptwert in der überaus reichen Erwähnung
von Thatsachen der Sage und beweist, daß der Dichter mit derselben wohl
vertraut war; hervorzuheben ist ferner das ganz bedeutende Geschick, mit
dem er einen großen verwickelten Kampf zu schildern versteht.

V. Der große Rosengarten. Kriemhild äußert den Wunsch die Berner Helden einmal in Worms zu sehen und ladet deshalb Dietrich mit seinen Genossen zu einem Besuche in dem Rosengarten ein, welchen sie nahe bei der Stadt angelegt: dort sollten sie Rosen pflücken — wenn die Wormser Recken es erlauben, also eine Herausforderung zum Kampfe. Dietrich leistet der Einladung Folge und die Berner kämpfen paarweise mit den Wormsern.

Das Gedicht ist in einer Form verfaßt, die etwa eine halbe Nibelungen= strophe genannt werden kann; doch sind auch Teile in der wirklichen Nibelungenstrophe gedichtet. Eine große Zahl von Handschriften ist vor= handen, die vielfach von einander abweichen. Da eine genügende Aus= gabe noch nicht hergestellt ist und mir für das vorliegende Unternehmen textkritische Untersuchungen fern liegen, habe ich mich an die Ausgabe von W. Grimm*) gehalten und nur die Gestalt des Gedichtes benutzt, welche hier gegeben ist.

Daß die Sage mit der des zweiten Teils des Biterolf wesentlich übereinstimmt, ist oben bemerkt; einen anderen Zug, nämlich den Kampf auf dem mit einer kostbaren Borte verschlossenen Rosengarten, hat das Gedicht mit dem Laurin gemein. Die Vorstellung von solchen Rosen= gärten, in denen Versammlungen und Wettkämpfe stattfanden, ist alt und keineswegs nur sagenhaft sondern durch die Geschichte wohl bezeugt; es ist sogar mit gutem Grunde vermutet, daß die Sache schon den frühesten Zeiten des deutschen Altertums bekannt war und daß die Rosengärten ursprünglich nichts anderes waren als altgermanische Begräbnisstätten.**)

Unter diesen Umständen wird es kaum angehn, das Gedicht für eine Erfindung seines Verfassers zu halten; aus dem Biterolf ist es auch nicht geflossen***), denn es steht zu demselben in einem unlösbaren Widerspruche: nach dem Rosengarten ist Dietleib unter Dietrichs Genossen im Kampfe gegen Worms zu einer Zeit, in der Gibich, Kriemhilds Vater, noch zu Worms herrscht und Kriemhild selbst unvermählt wenn auch schon mit Siegfried verlobt ist; in dem Biterolf dagegen weilt Dietleib zu dieser Zeit noch in Toledo und kommt nach Osten erst nach Gibichs Tode; der Kampf vor Worms findet statt, als Kriemhild schon verheiratet war.

VI. Laurin. Als Dietrich zu Bern von dem Rosengarten des Zwergkönigs Laurin in Tirol gehört hatte, zog er dorthin und überwand den starken Zwerg. Mit seinen Genossen zieht er in des Besiegten unter= irdisches Reich, wird aber treulos gefangen und von Dietleibs Schwester befreit, welche Laurin kurz vorher geraubt hatte. Nun bezwingt Dietrich das ganze Zwergenreich und führt den König gefangen nach Bern.

*) Göttingen 1836. — Der Gegenstand ist ausführlich erörtert von B. Philipp Zum Rosengarten. 1879.
**) Vgl. besonders W. Kolbe, Heidnische Altertümer in Oberhessen. 1881.
***) Das nahm O. Jänicke, Deutsches Heldenbuch I, an; es ist die auch sonst herrschende Ansicht.

Die Dichtung, eine der anmutigsten in der Heldensage, verbindet zwei Stoffe: die schon oben behandelte Vorstellung vom Rosengarten und die Zwergensage, welche hier in ihrer Heimat auftritt, in Tirol. Der Gegenstand war sehr beliebt, wie die zahlreichen Handschriften beweisen, welche aber zum Teil im Inhalte sehr auseinandergehen.

Eine Fortsetzung erzählt, wie Walberan, ein Verwandter Laurins, aus fernen Landen herbeizieht, um ihn zu befreien, aber durch Laurin selbst zum Frieden mit Dietrich bewogen wird. Bemerkenswert ist dies Stück durch die Erwähnung Alberichs und Ortnits.

Eine andere Überlieferung*), nämlich in Strophen des Wartburg= krieges, meldet, daß Dietrich mit Laurin, der sein Genosse geworden, später zum Zwergkönig Sinnels am östlichen Lebermeer wanderte. Zur Täuschung des Römervolkes hatte Dietrich aber einen feurigen Berg auf= richten lassen, hinter dem er verschwand. Es ist dies ein Anklang an die katholische Sage, daß der Arianer Theoberich lebendig zur Hölle fuhr.

Über Dietrichs Ende giebt es noch sonst verschiedene Nachrichten, die aber alle darin übereinstimmen, daß er lebendig verschwand, und meistens auch, daß er auf einem schwarzen Pferde, dem Teufel, davonritt. Die Sage vom wilden Jäger ist wohl mit gutem Grunde hieraus herzuleiten.

VII. Virginal. Das Gedicht, welches sonst unter den Namen Dietrichs Drachenkämpfe oder Dietrich und seine Gesellen oder Dietrichs erste Ausfahrt bekannt ist, umfaßt nicht weniger als 1097 Strophen zu je dreizehn Zeilen, dem sog. Berner Ton; es hat also fast den Umfang der Nibelungen. Auf eine alte Sage gründet es sich nicht, sondern scheint frei erfunden zu sein von seinem Verfasser, für den Albrecht von Keme= naten gilt, der zwar ausdrücklich nur im Goldemar als Verfasser ge= nannt wird, aber auch wohl den Sigenot und Ecke dichtete, alle vier um 1250.

Der Inhalt ist gering: Dietrich zieht als ganz junger Mann auf Abenteuer und kommt nach vielen Gefahren in das Reich der in den Bergen herrschenden Königin Virginal. Die Größe des Werkes liegt in der geschickten Beschreibung und Schilderung, in der behaglichen Breite, mit welcher der Dichter den sehr kleinen Inhalt auszuspinnen weiß. Daß er damit dem Geschmacke seiner Zeitgenossen völlig entsprach, be= weisen die zahlreichen Handschriften, von denen allerdings nur eine voll= ständig überliefert ist. — Es ist ein billiges Vergnügen auf dasjenige, was unsern Vorfahren anziehend und unterhaltend schien, vornehm herab= zusehen; verzichten darauf wird aber derjenige, welcher gewohnt ist an die Werke der Vergangenheit den Maßstab ihrer Zeit zu legen und des= halb auch weiß, daß es mit dem Geschmacke unserer Zeit nicht anders bestellt ist und in der Zukunft nicht anders gehen wird.

Wenn man den ganzen Verlauf des Gedichtes überblickt, verfällt

---

*) Müllenhoff, Deutsches Heldenbuch I, LXI f.

man unwillkürlich auf die Frage, was denn Dietrich bei der Virginal will: er zieht gleich wieder von ihr, sobald die Feste in ihrem Reiche beendet sind. Ein Romanschreiber unserer Zeit müßte als Schluß eine Heirat der Hauptpersonen haben; das fühlten auch schon frühere Bearbeiter, so Kaspar von der Rön, und ließen deshalb den Dietrich die Virginal heiraten. Aber dieser Abschluß ist dem ursprünglichen Werke schon deshalb unmöglich gewesen, weil einem Dichter im dreizehnten Jahrhundert solch freies Schalten mit der Sage noch nicht einfallen durfte; mit einer Anzahl Riesen und Drachen konnte er wohl die Abenteuer des Helden vermehren, eine Frau ihm zu geben lag außer seiner Macht. — Die Thidrekssaga kennt übrigens nach der Herrab noch eine Frau Dietrichs*), und ebenso auch vorher eine, Gudilinda. Die deutsche Dichtung erwähnt im Golde= mar (und Sigenot) die erste, häufiger die zweite Frau, aber nur die letztere, Herrab, stimmt zu den nordischen Nachrichten.

VIII. Goldemar. Auf einer seiner Fahrten geriet Dietrich in Kampf mit einem Zwergkönig Goldemar, der eine Jungfrau geraubt hatte.

So erzählt das Bruchstück eines nur in einer Handschrift erhaltenen Gedichtes des Albrecht von Kemenaten, im Berner Ton. Die alte Vor= rebe des Heldenbuches**) aber berichtet: des Berners erste wip hiez Hertelin, die was des kinges dohter von Portugal. er was gar ein biderwer king: er vaht al wegen an die heiden und wart ouch von den heiden erslagen. also kam king Goldemar und stal im sin dohter, daz die alt kinginne von leid starp. do kam der Berner und nam si Goldemar widerumb mit grozer arbeit. doch bleip si luter und rein von Goldemar. also do diz erste wip ge= starp, do nam er daz ander wip, die hiez Herrot. — Eine Stelle im Reinfried von Braunschweig (1290—1300) lautet:

> in mohten sicherlîch
> nicht gelîchen sunder vâr
> die risen, mit den Goldemâr
> daz rîch keiserlîch getwerc
> den walt vervalte und den berc
> hie vor den Wülfingen.

Endlich wird im Sigenot und wahrscheinlich auch in der Virginal eine Frau Dietrichs erwähnt. Aus diesen Berichten läßt sich der Fort= gang des Goldemar dahin ergänzen, daß Dietrich das befreite Mädchen heiratet.

Obgleich von dem weiteren Verlaufe des Gedichtes nur diese wenigen Andeutungen bekannt sind, so darf doch schon aus diesen geschlossen werden, daß dasselbe eine große Ähnlichkeit mit dem Laurin hatte. Die Be= freiung einer Jungfrau durch Dietrich findet sich außer diesen beiden

---

*) Vgl. oben S. XX.
**) In v. d. Hagens Heldenbuch (1855) I, CXXII. Vgl. oben S. XV.

Geschichten noch in zwei Erzählungen als wesentlicher Bestandteil: im
Ecke und in Etzels Hofhaltung, so daß es wohl möglich ist hier eine alte
in verschiedenen Überlieferungen erhaltene Sage anzunehmen.

IX. Sigenot. Dietrich wird von einem Riesen Sigenot gefangen,
weil er einen Verwandten desselben erschlagen; Hildebrand befreit ihn
mit eigener Lebensgefahr. —

Dies Gedicht Albrechts von Kemenaten, im Berner Ton, ist in
mehreren Handschriften und alten Drucken vorhanden; die in demselben
erwähnte Sage von einem Riesen Grin und seinem Weibe Hilde, welche
Dietrich früher erschlagen, ist nichts anderes als eine Deutung von
Dietrichs Helm Hildegrin.*) Die Sage ist in Deutschland nur Albrecht
von Kemenaten bekannt und schwerlich alt. Auch der Sigenot ist der
älteren Gestalt der Dietrichssage fremd.

X. Edenlied. Drei Fürstinnen am Rheine senden den jungen
Riesen Ecke aus, um ihnen den berühmten Berner mit Güte oder Gewalt
an den Hof zu bringen; Ecke wird aber erschlagen und ebenso sein Bruder
Fasolt mit anderen seiner Verwandten. —

Auch diese Sage hat Albrecht von Kemenaten im Berner Ton be-
arbeitet und mit einer Schlußbemerkung im Sigenot als eine Art Fort-
setzung desselben bezeichnet. Die zahlreichen Handschriften und alten
Drucke des Gedichtes weichen besonders in den Ereignissen nach Eckes
Tode so erheblich von einander ab, daß ich in der unten folgenden Dar-
stellung eine Auswahl unter den Abenteuern treffen mußte.

Mit diesem Gedichte betreten wir wieder den Boden der alten Sage,
welche hier sogar wahrscheinlich einen Mythus voraussetzt: den Kampf
des Donar (Thorr) mit den Elementen; aber weiter wird man mit der
Deutung nicht gehen dürfen.

Der Stoff war noch lange sehr bekannt und beliebt, wie die zahl-
reichen Erwähnungen in anderen Werken beweisen; sogar bildliche Dar-
stellungen gab es davon.

XI. Dietrichs Flucht. Dietrich von Bern, der Nachkomme einer
langen Reihe ruhmreicher Könige, wird von seinem Oheim Ermenrich
mit List und Gewalt aus dem Reiche vertrieben. Mit Hilfe des Hunnen-
königs, zu dem er geflohen, erobert er sein Land nach mehrfachen Kämpfen
ohne jedoch den Gegner völlig zu überwinden. —

Diese der echten alten Sage angehörende Geschichte hat im letzten
Viertel des dreizehnten Jahrhunderts ein Mann Namens Heinrich der
Vogler in einem umfangreichen Gedichte von mehr als zehntausend Versen
bearbeitet; dasselbe ist in vier Handschriften überliefert und zwar immer
zusammen mit dem unten zu behandelnden Werke von der Rabenschlacht;
doch folgt mit Sicherheit weder hieraus noch aus anderen Gründen, daß
Heinrich auch das letztere Gedicht verfaßt habe.

*) Vgl. die Anmerkung S. 206.

Die Einleitung des Buches von Bern, wie Dietrichs Flucht ur-
sprünglich hieß, erzählt von den Vorfahren des Helden: Dietwart, Sige-
her, Ortnit-Wolfdietrich, Hugdietrich, Amelung, Dietmar. Letzterer hatte
noch zwei Brüder: Diether, der Vater der Harlunge und Ermenrich, über
den das Nähere bei Nr. XIV folgt. Den genannten Königen wird meist
eine übermäßige Lebensdauer beigelegt, etwa je 400 Jahre, und dies so-
wie manche Erzählung von denselben wird wohl als Zutat des Dichters
zu betrachten sein: die Namen selbst fand er als überliefert vor. Auch
die Einzelheiten der Ausführung sind freie Erfindung, während der Kern,
die Vertreibung Dietrichs, echt und alt ist. Wie im Biterolf und Rosen-
garten treten auch hier sehr viele Helden auf, besonders die vom Rhein,
welche der reinen Sage ganz fremd gewesen und deshalb auch in meiner
Darstellung nicht erwähnt sind.

XII. Alpharts Tod.*) Als Ermenrich gegen Dietrich den Krieg
begann, wagte ein junger Berner, Alphart, allein einen Kampf gegen
Witege und Heime, wobei er den Tod fand. —

Diese in der Nibelungenstrophe bearbeitete Erzählung ist nur in
einer jetzt wahrscheinlich auch verlorenen Handschrift und durch viele
störende Zusätze vergrößert bekannt gewesen. Obgleich der Gegenstand
der Dietrichsage vollständig entsprechend behandelt ist, weicht die Dar-
stellung doch von allen anderen und besonders von Dietrichs Flucht
wesentlich ab, so daß der Versuch, das Gedicht als Episode in den ganzen
Krieg einzufügen, mißlingen muß.

Der eigentümliche Wert des Stückes liegt darin, daß in ihm ein
Werk erhalten ist, welches eine einzelne Thatsache losgelöst von den übrigen
behandelt, also eins der Lieder, welche wir als die Vorläufer und Grund-
lagen der großen Epen anzunehmen pflegen. Damit soll zwar nicht das
Gedicht in das zwölfte Jahrhundert versetzt werden, aber viel nach dem
Jahre 1200 wird es nicht entstanden sein, es gehört also zu den ältesten
der Dietrichsage d. h. in seiner ursprünglichen Gestalt und ohne die er-
wähnten Zusätze, welche ich auch aus meiner Darstellung entfernt habe.

Von Alpharts Tod durch Witege weiß sonst nur noch eine Hand-
schrift des Rosengartens; nach dem Gedichte von Dietrichs Flucht fällt
er durch Biterung und bald darauf noch einmal durch Reinher. Daraus
geht hervor, daß dies Ereignis der Sage wohlbekannt war und daß
darüber verschiedene Ansichten herrschten: eine von diesen, ich glaube die
älteste, haben wir in unserm Gedicht.

Auch über die Herkunft des Haupthelden sind verschiedene Nachrichten
vorhanden; im vorliegenden Gedichte gilt Alphart als ein Bruder Wolf-
harts und Neffe Hildebrands, also als Wülfing.

XIII. Die Rabenschlacht. Nach kurzem Aufenthalte bei Etzel
machte Dietrich den Versuch, seinen Oheim Ermenrich völlig zu besiegen.

---

*) Alp=hart.

Während einer gewaltigen Schlacht bei Raben (Ravenna) wird ſein Bruder Diether nebſt Etzels Söhnen, welche dem Heere ohne Erlaubnis gefolgt waren, von Witege erſchlagen, der nun, von Dietrich verfolgt, ſein Ende im Meere findet. —

Über Verfaſſer und Überlieferung des in ſechszeiligen Strophen ge- ſchriebenen Gedichtes iſt ſchon bei Dietrichs Flucht gehandelt, als deſſen Fortſetzung ſich dasſelbe deutlich bezeichnet.

Von den drei Jünglingen, deren Tod den Hauptinhalt bildet, iſt Diether als Bruder Dietrichs auch ſonſt der Sage bekannt. Die Söhne Etzels und der Helche, welche hier Ort und Scharf heißen, kommen auch im Biterolf vor, nur daß der zweite dort Erpf genannt wird, was dem Erpr in der Edda entſpräche, der aber ein Sohn der Gudrun (Kriemhild) iſt und nebſt ſeinem Bruder Eitil von der Mutter ſelbſt ermordet wird. In der Thidrekſſaga heißen ſie Ortvin und Erp. Von dem Tode eines dritten Sohnes Ortlieb, der Kriemhild Sohn, erzählen die Nibelungen.

Der Tod aller Söhne Etzels und das Geſchick Dietrichs, welcher zwei- mal vermählt doch keinen Erben ſeines Reiches hatte, entſprechen den Thatſachen der Geſchichte: des Attila wie des Theoderich Reich verfiel bald nach ihrem Tode, weil beide keinen der Herrſchaft gewachſenen Nach- folger hatten. Die Sage macht ſie deshalb kinderlos.

Von Anſpielungen auf die Rabenſchlacht ſind beſonders zwei erwähnens- wert; im Ecke erwidert Faſolt auf Dietrichs Behauptung, daß Eckes Herz in Faſolt gefahren ſei, daß er alſo zwei Herzen habe:

> waz wilt du mit zwein herzen mir?
> sô ist Diethêres herze in dir,
> dîns bruoder wunderküene:
> den unde dich gebar ein wîp.
> dô vuor sîn kraft in dînen lîp,
> dô in sluoc ûf der grüene
> von Rabene Witege, der küene man.
> doch muose er dir entrinnen,
> dô du mit zorne in woltest slân
> und du begundest brinnen.
> er vlôch vor dir in einen sê:
> daz was dem helde küene
> dâ vor geschehen nie mê.

Wernher der Gärtner im Meier Helmbrecht (um 1240) erwähnt unter den geſtickten Bildern an des jungen Helmbrecht Haube auch eins (76 f.)

> von frouwen Helchen kinden,
> wie die wîlen vor Raben
> den lîp in sturme verloren haben,
> dô si sluoc her Witege,
> der küene und der unsitege
> und Diethern von Berne.

XIV. **Ermenrichs Tod.** Ein niederdeutsches Gedicht in der Nibelungenstrophe, gedruckt um 1560, berichtet von dem Tode des ungetreuesten aller Männer. Es ist nur in einem Exemplar vorhanden*) und führt den Titel

Twe lede volgen, Dat Erste Van Dirick   van dem Berne,
wo he sülff twölffte,   den Köninck van Armentriken mit
veerde   halff Hundert Man, vp synem e-   gen Slate, vmme-
gebracht   hefft.

Ich habe das Stück hier eingefügt, obgleich es wohl kaum unmittelbar hinter die Rabenschlacht gehört; überhaupt aufgenommen habe ich es, weil es das einzige selbständige Gedicht über Ermenrich ist und außerdem ein sehr spätes Zeugnis für das Fortleben der Heldenlieder. Sonst erscheint Ermenrich, wie wir schon gesehen haben, als die treibende Kraft in Dietrichs Kämpfen um sein Reich, wo er jedoch immer, seiner Natur als Oberkönig entsprechend, außerhalb der eigentlichen Handlung bleibt.

Von einem Gotenkönige Ermanaricus berichten die Historiker, zuerst Jordanes; aber was hier mitgeteilt wird, trägt auch schon das Gepräge der Sage, so daß von einem geschichtlichen Könige dieses Namens eigentlich nicht mehr bekannt ist, als daß er gelebt hat, und zwar am Ende des vierten Jahrhunderts.

Über das Ende dieses Mannes wird nun in der angegebenen Quelle berichtet, daß er von zwei Brüdern schwer verwundet sei, weil er ihre Schwester hatte von Pferden zertreten lassen, und daß er dann in sehr hohem Alter von den Wunden und den Angriffen der Hunnen bedrückt gestorben. Die umgebrachte Frau wird dabei als die Gattin eines ungetreuen Unterthanen bezeichnet, ihr Tod als Strafe für die Treulosigkeit des Mannes. In der nordischen Überlieferung (Edda und Völsungasaga) heißt sie Schwanhild und sollte Ermenrichs Gattin werden; sie wird getötet, weil sie dem alten Könige seinen eigenen Sohn vorgezogen hat; ähnlich bei Saxo Grammaticus. Nach der Thidrekssaga ist gleichfalls ein Weib die Ursache von Ermenrichs Unglück: die Gattin seines Ratgebers Siffa (Sibecke), welche von Ermenrich entehrt, ihren Gemahl zur Rache anstachelt. Siffa (Sibecke) verleitet nun den König alle seine Verwandten umzubringen oder zu vertreiben; das entspricht wieder vollkommen den deutschen Berichten.

So wird Ermenrich in allen Darstellungen als gewaltthätig, grausam und auch wohl als hinterlistig geschildert, ohne daß es möglich ist aus geschichtlichen Zeugnissen die Berechtigung zu diesem Urteil zu beweisen.

XV. **Etzels Hofhaltung.** Während Dietrich bei Etzel weilte, errettete er eine fremde Jungfrau, welche vor einem Menschenfresser geflohen war.

---

*) Ausgabe von Goedeke 1851; die Zwischenräume in dem Titel bezeichnen den Anfang einer neuen Zeile.

Das Gedicht ist vollständig nur in der späten Bearbeitung des Kaspar von der Rön*) erhalten, ein Bruchstück noch in einem alten Druck**), welcher die Strophenform die „Heunenweise" nennt: sonst heißt sie der Hildebrandston. Außerdem giebt es noch eine unvollständige Bearbeitung in Reimpaaren***) und ein Drama†): Ein Spiel von dem Perner und Wundrer. Eine dieser vier Darstellungen, wenn nicht gar eine fünfte kannte C. Spangenberg (1528—1604)††): „Und diese leut haben etliche der alten helden thaten reimweise, doch wunderbarlich verblümet, beschrieben, wie denn davon noch vorhanden das heldenbuch, der groß und kleine Rosengarten, der Hürnen Sigfrid, der Hildebrand, vnd Dietherich von Bern, von könig Etzel vnd dem Wunderer."

Wie schon bei Goldemar (oben S. XXV) bemerkt wurde, ist die Befreiung einer Jungfrau ein der Dietrichsage wohlbekannter Gegenstand; aber in dem vorliegenden Gedichte handelt es sich gar nicht um ein irdisches Wesen, denn der Name des Mädchens, Sälbe (d. h. Glück), und ihre wunderbaren Eigenschaften, ihr Erscheinen und Verschwinden, alles dies beweist, daß Dietrich hier mit einer überirdischen Erscheinung, der Personifikation eines Begriffs, zusammengeführt wird, wie Ähnliches sich auch sonst in der Dichtung findet. So führt Hartmann im Iwein ein Gespräch mit der Minne, Wirnt von Grafenberg mit der Welt in Konrads von Würzburg Gedicht Der Welt Lohn.

Das alles sind aber Vorstellungen der höfischen Zeit und dem Volksepos ursprünglich fremd; und da auch Etzels Hofhalt eine offenbare Nachahmung von Artus' Tafelrunde ist, so darf für diese Dichtung eine alte Vorlage nicht angenommen werden, abgesehen davon, daß sie auch sonst mit der Sage in Widerspruch gerät, wenn sie den Dietrich an Etzels Hof kommen läßt schon in einer Zeit, als noch sein Vater lebte und König war.

XVI. Das Hildebrandslied. Nachdem Hildebrand lange Zeit, dreißig oder zweiunddreißig Jahre, im Hunnenlande geweilt, begegnet ihm bei der Rückkehr in die Heimat sein eigener Sohn, der ihn angreift, weil er in ihm einen Hunnen zu erkennen glaubt. —

Von diesem Ereignis giebt es verschiedene Berichte, welche zeitlich fast tausend Jahre auseinanderliegen und den besten Beweis von dem zähen unzerstörbaren Leben der Heldensage geben.

Das erste Gedicht†††), aus dem achten Jahrhundert und in der ältesten Form der deutschen Dichtung, dem Stabreim (Allitteration) verfaßt, ist sehr verstümmelt und ohne Schluß; es fehlt der Ausgang des Kampfes, den man jedoch nach der ganzen Anlage nur als einen traurigen vermuten

---

*) v. d. Hagens Heldenbuch (1820) S. 55 f.
**) v. d. Hagens Heldenbuch (1855) II, 531 f.
***) Kellers Altdeutsche Erzählungen 1 f.
†) Kellers Fastnachtspiele 2, 547.
††) Adelspiegel 2, 172.
†††) Deutsche Nat.-Litt. I, 112—148.

darf: einer der beiden Kämpfer fällt; welcher, das wird sich bei den Be=
merkungen über das Ende aller Helden zeigen.

In einer Bearbeitung des Kaspar von der Rön*) liegt die zweite
Gestalt der Sage vor, wie sie im fünfzehnten Jahrhundert bekannt war: hier
versöhnen sich beide Kämpfer und ziehen selbander zu Hildebrands Burg,
in der ihn seine Gemahlin Ute seit manchem Jahr erwartet. Das Ge=
dicht ist in derjenigen Umgestaltung der Nibelungenstrophe verfaßt, welche
nach ihm der Hildebrandston heißt.**) Eine Unterschrift giebt als seinen
Titel an: Der Vater mit dem Sohn.

Im wesentlichen denselben Inhalt hat das in mehreren Drucken des
sechzehnten Jahrhunderts erhaltene Volkslied***), aber die Form ist noch
die echte Nibelungenstrophe, wenn auch sehr verwildert: ein Beweis, daß
dies Gedicht nicht auf Kaspar von der Rön, sondern auf eine erheblich
ältere Fassung zurückgeht.

Über den Helden dieser Geschichte ist aus dem Wolfdietrich und
Dietrichs Flucht bekannt, daß er ein Nachkomme Berchtungs und Dietrichs
Erzieher war, dem er in allen Gefahren treu zur Seite stand. Er war
und blieb noch lange nach dem Erlöschen der Heldensage ein beliebter
Volksheld, der im siebzehnten Jahrhundert sogar im Puppenspiel auf=
treten mußte.

So sind wir denn bei dem letzten Kampfe des Heldentums angelangt
und es bliebe nun noch übrig kurz das zusammenzufassen, was wir über
das Ende der Haupthelden wissen.

Den Tod der meisten, Burgunder, Hunnen und Goten, melden die
Nibelungen; den letzten großen Kampf überleben nur Etzel, Dietrich und
Hildebrand.

Von Etzels Ende weiß die deutsche Dichtung nichts Bestimmtes, was
zwei Handschriften von der Nibelungen Klage ausdrücklich†) bemerken.
Die sagenhafte Überlieferung, daß er durch einen Blutsturz starb, hat
schon Jordanes aufgenommen, wo er von Attila redet. Der nordische
Atli fällt durch die Hand seiner Gemahlin.

Über Witeges Verschwinden berichtet die Rabenschlacht. Heime fällt
nach der Thidreksaga durch einen Riesen, aber erst als er wieder mit
Dietrich versöhnt in dessen Gefolge war; sein Grab wurde noch spät im
Kloster Wilten bei Innsbruck gezeigt: es maß neun oder nach anderen
Angaben dreizehn Fuß.††)

Wo Dietrich blieb ist in den Vorbemerkungen zum Laurin gesagt;
nur von seinem alten Meister weiß keiner zu sagen, wo und wie er
endete: denn die Angabe der Thidreksaga, daß er vor Dietrich auf dem
Krankenlager starb, ist eine ebenso schlechte Erfindung wie die Nachricht

---

*) Mein Text ist aus Wackernagels Lesebuch I, 1421 f.
**) Vgl. oben S. XXX, wo auch der Name Heunenweise dafür vorkommt.
***) Deutsche Nat.=Litt. Bd. 13, S. 84 ff.
†) Grimm, Heldensage S. 122.
††) Ebenda S. 156.

am Schlusse der mehrfach erwähnten Prosadarstellung der Heldensage, nach welcher er im Kampfe mit Gunther vor Bern den Tod fand, gleichfalls, als Dietrich noch lebte.

Eine naheliegende Vermutung wäre es, daß er im Streite von dem eigenen Sohne erschlagen und daß so das alte Lied geendet; allein nach den Worten, welche der Alte dort braucht und nach der ganzen Art, wie er sonst in der Heldensage als überaus kampfgeübt und listig geschildert wird, ist eher zu schließen, daß das alte Lied mit dem Tode des Sohnes endete und den grauen Hildebrand übrig bleiben läßt von allen Genossen seiner Jugend wie seines Alters: dann war er der letzte Held, wie er der erste gewesen war im Kreise des großen Dietrich; von seinem Tode weiß dann deshalb niemand etwas, weil nach ihm keiner mehr lebte, der, wie er selbst gethan hatte, den Jüngeren von den Thaten und vom Ende der früheren Helden erzählen konnte.

So schließt unsere Heldensage mit einem Mißklang: die Harfe wurde zertrümmert, ehe das letzte Lied ausgeklungen. Mit dem gemischten Gefühle der Freude über das Gerettete und der Trauer um das Verlorene, dessen leider sehr viel ist, sammeln wir die weit zerstreuten Trümmer und versuchen, ob wir ihnen nicht Klänge entlocken können, denen ähnlich, welche einst das Herz unserer Vorfahren höher schlagen machten und ihren Mut zu großen Thaten begeisterten.

Ist aber auch unser Ohr noch richtig gestimmt, um solchen Klängen lauschen zu können?*)

                                                    Emil Henrici.

---

*) Die Einleitung zum Heldenbuche war 1883 geschrieben, ehe Scherers Litteraturgeschichte erschien, und würde anders beschaffen sein, wenn diese schon vorgelegen hätte. Der Notwendigkeit einer neuen Bearbeitung wäre ich nicht ausgewichen, wenn nicht gerade in den Tagen, als ich die ersten Blätter dieses Bandes im Drucke vor mir sah, die Gefährtin meines Lebens und Schaffens für immer von mir geschieden wäre. Mit Jugendfrische und Begeisterung für unsere alte Heldendichtung hatte sie noch in ihrer Weise Anteil an der Entstehung dieses Werkes gehabt, an welchem ich nun, als an einem teuren Vermächtnis, keine Zerstörungen vornehmen mag. So habe ich denn nur Zusätze und Litteraturverweise aufgenommen.   D. V.

I. Ortnit.

1. Ortnits Jugend.

1 Ez wart ein buoch funden ze Suders in der stat,
   daz het geschrift wunder, dar an lac manic blat.
   die heiden durch ir erge die heten daz begraben.
   nu sul wir von dem buoche guote kurzwîle haben.
2 swer in freuden welle und in kurzwîle wesen,   5
   der lâze im von dem buoche singen unde lesen
   von einem künicrîche, daz hât Lamparten namen.
   daz endarf vor allen krônen sich des namen niht enschamen.
3 ez wuohs in Lamparten ein gewalteger künic rîch,
   dem was bî den zîten dehein künec gelîch   10
   über elliu lant ze Walhen. daz bezeichente daz,
   die wîle und daz er lebte daz er gewalticlîchen saz.

Es wurde ein Buch aufgefunden in der Stadt Tyrus, das
hatte einen wunderbaren Inhalt, es bestand aus vielen Blättern.
Die Heiden hatten es aus Bosheit vergraben. Jetzt werden wir
an dem Buche gute Unterhaltung haben. [5] Wer in Freude und
Fröhlichkeit leben will, der lasse sich aus dem Buche vorlesen von
einem Königreiche, welches Longobardenland hieß. Das braucht
sich vor keiner andern Krone seines Namens zu schämen. Es er=
wuchs im Longobardenland ein gewaltiger mächtiger König,
[10] dem zu seiner Zeit kein König gleich war im ganzen Welsch=
land. Das erkennt man daran, daß er, solange er lebte, gewaltig
herrschte. Alle mußten den König und sein Heer fürchten. Die

---

3. heiden heißt immer Muhamedaner. — 7. Lamparten ist die Lombardei.

4 si muosten alle fürhten den künec und ouch sin her.
   diu lant het er betwungen von dem birge unz an daz mer:
   den zins si im muosten bringen. die bî im sâzen dô,
   die muosten alle fürhten sîn gebot und ouch sîn drô.
5   durch künicliche wirde gap man im den prîs.   5
   geheizen was er Ortnît, ze sturme was er wîs.
   Brissen unde Berne was im undertân.
   im diente ûf Garte tegelîch zwên und sibenzic dienstman.
6 nâch rehter küniges wirde in sîner jugende er ranc.
   im hulfen ouch die sîne, daz er diu lant betwanc.   10
   zwelf manne sterke het der wunderküene man.
   im diente mit gewalte Rôme unde Laterân.
7   alsô der degen edele gebanket het den lîp,
   dô rieten im die sîne, daz er im næme ein wîp,
   diu im ze habene zæme und frouwe möhte sîn   15
   und ouch mit êren hieze über Lamparten ein künigîn.
8   dô sprach der künic edele 'nu râtet, mâge unt man,
   als ichs in mînem lande aller tiuriste hân,

Länder hatte er bezwungen vom Gebirge bis zum Meer. Zins
mußte man ihm zahlen. Die, welche in seiner Nähe wohnten,
mußten alle seine Gebote und Befehle erfüllen. [5] Wegen seiner
königlichen Hoheit ehrte man ihn vor allen. Er hieß Ortnit, im
Kriege war er erfahren. Brissen und Bern gehorchten ihm. Ihm
dienten zu Garda täglich zweiundsiebzig Lehnsmannen. Rechter
königlicher Würde befliß er sich in seiner Jugend. [10] Ihm
halfen auch die Seinen, daß er die Länder bezwang. Zwölf
Männer Stärke hatte der überaus kühne Mann. Ihm gehorchte
und leistete Heeresfolge Rom und Lateran. Nachdem der edle
Degen durch Kampfübungen ein rüstiger Mann geworden war,
rieten ihm die Seinen, daß er ein Weib nähme, [15] welches ihm
angemessen wäre und Herrin sein könnte und auch mit Ansehen
über das Longobardenland Königin heißen dürfte. Darauf sprach
der edle König: „Jetzt ratet mir, Verwandte und Lehnsmannen,
ihr Vornehmsten, die ich in meinem Lande habe, wo ich eine

---

2. Das Gebirge sind die Alpen. — 7. Bern, die deutsche Bezeichnung für Verona,
ist auch in den folgenden Erzählungen beibehalten. — 8. zweiundsiebzig ist die typische
Zahl, welche alle Länder der Erde bezeichnet, z. B. im Traugemundslied; die 72 Sprachen
sollen bei der babylonischen Verwirrung entstanden sein, vgl. Genesis (Fundgruben) 29, 38.
— 12. Der Lateran, eine sehr alte römische Kirche, in welcher mehrere Konzilien ge-
halten wurden, gilt den Dichtungen dieses Sagenkreises als eine eigene Stadt.

wâ ich ein frouwen vinde, diu mir genôzsam sì,
daz ich von ir geslehte der schame belîbe frî?'
10   dô sprach der margrâve Helmnôt von Tuscân
'swaz künege uns sint gesezzen, die sint dir undertân.
wir kunnen ninder vinden dishalp mers übr elliu lant,   5
dâ ist kein künec sô rîche, er müeze dienen dîner hant.'
11   dô sprach von den Riuzen der künic Yljas,
wan er dâ nâch Ortnîden der tiweriste was
'ich weiz eine frouwen schœne und wol geborn,
der gebat nie man, er hiete daz houbet sîn verlorn.'   10
12   dô sprach der künic Ortnît 'nu sage mir fürbaz,
Yljas lieber œheim, wâ von mac wesen daz?
wer ist ir geslehte? wer mac diu frouwe sîn?
mac si mit êren heizen über Lamparten künigîn?'
13   'ir vater wil ich dir nennen, der heizet Machorel,   15
geborn von Muntabûre: sîn lîp hât môren vel.
im dienet heiden mêre, dan dir kristenheit.
ze Jerusalêm der hêrre die küneges krône treit.

Dame finde, die mir ebenbürtig ist, so daß ihre Abkunft mir zur
Ehre gereicht." Darauf sprach der Markgraf Helmnod von Tos=
kana: „Die Könige, welche in unserer Nähe wohnen, sind dir
unterthan. [5] Wir können keine andern finden diesseit des
Meeres in allen Ländern; da ist kein König so mächtig, daß er
nicht dir dienen müßte." Da sagte Yljas, der König der Russen,
welcher dort nach Ortnit der Vornehmste war: „Ich kenne eine
Dame, schön und von edler Abkunft, [10] um die hat noch kein
Mann geworben, der nicht dafür sein Haupt verloren hat."
Darauf sprach der König Ortnit: „Dann sage mir weiter, lieber
Vetter Yljas, wie geht das zu? Welches ist ihre Familie? Wer
ist die Dame? Würde sie in Ehren Königin über das Longo=
bardenland sein können?" [15] „Ihren Vater will ich dir nennen,
er heißt Machorel, gebürtig aus Montabaur; er hat der Mauren
Hautfarbe. Ihm dienen mehr Heiden als dir Christen. Zu
Jerusalem trägt der Herr die Königskrone. Tyrus in Syrien ist

5. Des mittelländischen. — 12. Oheim und Neffe heißt gewöhnlich Vetter, doch drückt
es oft entferntere Verwandtschaftsgrade aus. — 16. Muntabûr, der Berg Tabor in
Palästina. — Mohren (schwarze) und Mauren werden im Abendlande oft verwechselt, so
daß Booth wohl berechtigt ist, den Othello als Mauren zu spielen. Auch Machorel ist hier
so aufgefaßt; anders z. B. die Belakane im Parzival.

14 Suders in Sürie daz ist sin houbetstat.
swer in botscheften der frouwen ie gebat,
der muoste den lip verliesen durch die künigin.
waz wil du mer ze fragen? si wirt nimmer din.
15 si liuht ûz allen frouwen, als daz schœne golt   5
tuot neben krankem blie: daz du gelouben solt.
si liuht ûz allen wiben reht als diu rôse tuot.
ez wart nie kint sô schœne, man seit si sî ouch guot.'
16 dô sprach von Lamparten der künic Ortnit
'nu bringet mich des inne, ob ir mir wæge sît.   10
ich wil mich getrœsten des künicrîches mîn,
ich muoz den lip verliesen, mir enwerd diu künigin.
18 swer mir daz widerrætet, dem wirde ich nimmer holt.
ich hân geheien lange silber unde golt:
den hort wil ich nu bieten, ich gewinne ein kreftic her.   15
ez ergê mir swie got welle, ich muoz nâch ir hin über mer.'

seine Hauptstadt. Wer je als Gesandter um die Jungfrau gebeten
hat, der mußte das Leben verlieren wegen der Prinzessin. Was
willst du weiter fragen? Sie wird nimmer die deine. [5] Sie
glänzt vor allen Frauen wie das schöne Gold neben geringem
Blei, das kannst du glauben. Sie glänzt vor allen Frauen recht
wie eine Rose. Es wurde nie ein Mädchen so schön, man sagt,
sie sei auch tugendhaft." Nun sagte der König Ortnit von der
Lombardei: [10] „Jetzt laßt mich erkennen, ob ihr mir wohlgesinnt
seid. Ich will mich eher meines Königreiches entschlagen, ja ich
will das Leben verlieren, wenn mir die Fürstin nicht zu teil wird.
Wer mir das widerrät, dem werde ich nie gnädig. Ich habe
lange Silber und Gold gespart: [15] den Schatz werde ich jetzt
bieten, damit ich ein starkes Heer aufbringe. Es gehe mir, wie
Gott es will: ich muß hin zu ihr über das Meer."

Als Ortnits getreue Mannen das hörten, wurden sie sehr
betrübt; besonders reute es den König Yljas, voreilig von der
schönen Heidenfürstin erzählt zu haben. Nun versuchte er, freilich
zu spät, seinen Vetter Ortnit zu warnen. „Der alte Heiden= 20
könig," sagte er, „giebt keinem seine Tochter, denn er hat sich in
den Kopf gesetzt, sie selbst zur Gemahlin zu nehmen, wenn ihre
Mutter gestorben ist. Schon mancher hat um sie angehalten, aber

alle haben den Verſuch ſchwer gebüßt; ſogar den Geſandten, die
für ihre Herren warben, hat er die Köpfe abſchlagen laſſen. Geht
hin nach Montabaur, da könnt Ihr ſie auf den Zinnen der Stadt
ſehen."

Mit den Worten erreichte er das Gegenteil von dem, was 5
er gewollt hatte, denn nur um ſo ſtärker wurde des jungen
Königs Begier entflammt, die unbekannte Schönheit zu ſehen und
ſein eigen zu nennen. Deshalb forderte er jetzt von ſeinen Lehns=
mannen Heeresfolge, die ihm auch nicht verweigert wurde. Viele
gingen freiwillig mit, weil große Kampfluſt ihre Herzen füllte, 10
andere bewog des Königs Gold, das ſie in reichem Maße er=
halten ſollten. Aber auch die Widerwilligen entſchloſſen ſich zur
Mitfahrt, denn ſie fürchteten ihres Herren Ungnade, und ſelbſt
Iljas wollte nicht daheim bleiben, wenn ſein Vetter in Gefahren
zog. Nur jetzt, meinte er, ſei es noch nicht Zeit, denn es ginge 15
an den Winter, wo die Schiffahrt viele Gefahren böte. Zum
Frühjahr ſollten ſie ausziehen, dann wollte auch er wiederkommen,
wenn er vorher noch einmal ſein Weib und ſeine Kinder daheim
im Ruſſenlande geſehen hätte.

Ortnit war's zufrieden und beſtimmte, daß alle zum Mai 20
gerüſtet in Garda eintreffen ſollten; dann wollten ſie nach Meſſina
ziehen, wo der Herrſcher von Apulien indeſſen eine Flotte ſegel=
fertig machen ſollte.

Das iſt von Ortnit die erſte Geſchichte

2. Alberich.

Als ſeine Mutter das Vorhaben erfuhr, bat ſie ihn davon 25
abzuſtehen; doch er erwiderte, daß er nicht bleiben würde, auch
wenn tauſend Mütter ihn darum bäten. Da ſah ſie wohl, daß
ſie nichts ausrichten könnte, und wünſchte ihm Glück und Heil zu
der Fahrt.

In ſeinem Innern wogte die Unruhe, und die Begier nach 30
dem Weibe verzehrte ihn. Deshalb begann er eines Tages zu
ſeiner Mutter: „Zu lange ſchon raſte ich daheim; ich werde von

---

24. Die mittelalterlichen Werke ſetzen Unterſchriften (Titel und Inhalt), wo wir Über-
ſchriften anwenden.

Tag zu Tag träger und zaghafter. Hinaus muß ich zu kühnem
Wagen, um mir Mut zu schaffen für das gefahrvolle Unterfangen."
„Du wirst nicht eher ruhen, als bis dein Leben dahin ist," er=
widerte die Mutter; „doch willst du von bannen, so weiß ich
wohl, daß ich dich nicht zurückhalten kann. Nimm deshalb hier 5
diesen Ring und bewahre ihn sorgsam: er kann dir in mancher
Sache nützen. Willst du aber Wunder kennen lernen, so reit aus
von Garda ins Gebirge, die hohe Steinwand entlang, bis du zu
einer großen Linde kommst; da wirst du Abenteuer finden."

Fort trieb ihn das ungestüme Sehnen, Feld und Thal ver= 10
ließ er, bald war er am Gardasee in einsamer Bergwildnis. Dort
fand er in den Felsenklüften eine schöne Stätte: Blumen und
Klee sprossen auf der Heide, die Vögel sangen lieblich und durch
die Wiese führte ein schmaler Pfad, der ihn zu einem klaren
Quell leitete. Den Quell beschattete eine Linde, groß, breit, und 15
von starken Ästen. „Hei," dachte er, „das ist ja der Ort, wie
ihn die Mutter mir beschrieb; doch Abenteuer, die find' ich nicht."

Während er so zu sich sprach, gewahrte er eine Menschen=
gestalt am Boden schlafend, die nur eines Kindes Größe hatte;
herrlich war das kleine Wesen gekleidet und mit schönen Edel= 20
steinen geziert. „Soll das etwa ein Abenteuer sein?" rief er.
„Nun, finde ich nichts Besseres, so mag auch das genügen."
Damit ergriff er den Kleinen und wollte ihn zum Rosse tragen;
doch der erwachte und gab ihm einen Schlag, daß dem starken
Ortnit der Atem verging. „Gemach," sagte der Longobarde, 25
„woher kommt dir so große Stärke? Hörst du nicht gleich mit
deinen Schlägen auf, dann sollst du mein Schwert kosten." „Steck
ein die Waffe," rief der Kleine, „was für eine Ehre wäre es dir,
wenn du mich erschlügest? Mehr Ruhm erwürbest du noch, wenn
du ein Weib tötetest. Besser wäre dir, du fingest mich." „Dich 30
fangen?" lachte Ortnit. „Da sollten mich wohl die Leute ver=
höhnen, wenn ich solch Gewächs mitbrächte!"

Da fing der Zwerg an zu flehen um sein Leben und ver=
sprach ihm eine gute Rüstung samt Schwert und Helm als Löse=
geld. Doch Ortnit schüttelte den Kopf und sagte, daß nur eins 35
ihn retten könnte: wenn er ihm helfen wollte ein schönes Mädchen

---

9. Die Linde ist in deutscher Dichtung und Sage immer der Wunderbaum; berühmt
ist die Zauberlinde im Iwein. — Abenteuer ist ein fremder, der romanischen Dichtung
entlehnter Begriff und Ausdruck.

zu erwerben. Als Alberich, so nannte sich der Kleine, auch das versprochen hatte, mußte er noch mit schweren Eiden versichern, daß er alles erfüllen würde.

Als der König den Zwerg losgelassen hatte, begann dieser listig über den Ring zu reden, den die Mutter ihm an den Finger 5 gesteckt hatte. „Um den Ring würde ich dir für immer Treue schwören und dir ewig dienstbar sein," sagte Alberich. Doch Ortnit verweigerte ihm diesen, weil er ihn von seiner Mutter empfangen. Da verhöhnte ihn der Zwerg und sagte, daß seine gestrenge Mutter ihn wohl gar dafür mit der Rute schlagen würde; als aber Ortnit 10 durch solchen Spott nicht gerührt wurde, begehrte der Kleine nur ihn näher zu besehen. Das gewährte der Longobarde, doch kaum hatte er ihm die Hand hingereicht, da verschwand der Ring vom Finger und mit ihm der Zwerg vor seinen Augen. „Ein Narr bist du gewesen und wirst es bleiben," tönte ihm des Unsichtbaren 15 Stimme entgegen, „der Ring gab die Kraft mich zu sehen; jetzt geh hin und hole dir die Strafe deiner Mutter. Wer ist auch so thöricht, daß er ein gewonnenes Spiel aus der Hand giebt?"

Da half kein Bitten; schon wandte sich Ortnit, um davon= zureiten, als ihm der Zwerg nachrief: „Um einen Preis gäbe ich 20 dir den Goldreif wieder; wenn du mich sagen ließest über deine Mutter, was ich will." „Nur Gutes mag ich über meine Mutter hören; willst du das, dann kannst du es sagen!" „Nein," erwiderte der Zwerg," „alles muß mir freistehen, das mußt du beschwören." „So mag es sein," sagte Ortnit, „gieb her den Ring und rede." 25

Kaum hatte er aber den Ring am Finger und sah den Kleinen vor sich, da ergriff er ihn am Halse und schrie ihn an: „Jetzt hab' ich dich in meiner Gewalt, nun rede, doch wenn dir das Leben lieb ist, wage nicht meine Mutter zu beschimpfen!" Das Messer hatte er gezogen und wollte den wehrlosen Zwerg erstechen, doch 30 der begann ruhig: „Willst du mich töten, so mordet ein Sohn den Vater." Da ließ Ortnit die Waffe sinken und sagte vor Zorn bebend: „Du mein Vater? Sprich, welch Rätsel ist das?"

„Nun," fuhr der Zwerg fort, „wenn du mich anhören willst, so sollst du die Wahrheit wissen. Dein Vater und deine Mutter 35

---

1. Alberich heißt auch der Zwerg in den Nibelungen, dessen Tarnkappe Siegfrid raubt. Der hier auftretende Alberich wird im Walberan als Freund Laurins genannt, siehe unten S. 159. — 14 ff. Zauberringe kommen oft vor: im Iwein einer, der unsichtbar macht; im Laurin einer, welcher große Kraft verleiht. Im Trojanerkrieg vermag einer beides.

lebten schon lange in der Ehe und hatten Glück und Frieden; aber
ein Wunsch blieb ihnen unerfüllt: es fehlte ihnen der Sohn, der
ihres Reiches Erbe werden sollte. Eines Tages saß die Königin
auf ihrem Ruhebette und klagte wieder über ihr Geschick; da trat
ich in ihr Gemach, und gewährte sie des, um welches sie so lange 5
flehte — —"

Ortnit saß schweigend in Nachdenken versunken; nach einer
Weile nahm Alberich wieder das Wort: „Soll ich dir jetzt die
Rüstung bringen, die ich dir verhieß?" Als der andere auch hierauf
nicht antwortete, ging der Zwerg davon und brachte den Panzer, 10
der wie zugemessen auf des Königs Leib paßte; dann holte er
Helm, Schild und Schwert.

Ortnit hatte alle Stücke der Rüstung angelegt und war aufs
Roß gesprungen; stumm ritt er von dannen in finsteren Gedanken,
sein Herz sehnte sich nach Kampf und Streit. Weiter und immer 15
weiter trieb ihn der finstre Unmut, aber den begehrten Kampf fand
er nicht.

Nach manchem Tage wandte er um und kam wieder vor
Garda an das Burgthor; der Wächter rief ihn an, doch nannte
er sich nicht, sondern sagte grimmig: „Ich bin ein fremder Recke 20
und habe deinen Herrn erschlagen." Da erschraken alle in der
Burg, die treuen Lehnsmänner und besonders die liebende Mutter;
der Burggraf aber waffnete sich und ritt hinaus über die Brücke,
den argen Frevel zu strafen. Nieder fiel er bald von Ortnits
Hand und durch das Thor stürmte der wilde Sieger. Doch als 25
er vor die Mutter kam und auch die andern Helden in Waffen
sah, da lichtete sich die Finsternis seines Geistes und er bereute
das angestiftete Unheil.

So endet von Ortnits Erlebnissen das zweite.

***

3. Die Seefahrt.

Als der Frühling kam und Freude in aller Menschen Herzen 30
brachte, erhob sich König Ortnit mit seinen Scharen und zog
gen Messina. Da stand im Hafen die stattliche Flotte, wohl be-
laden mit allem Vorrat, der für eine lange Reise nötig ist.

4 ff. Übernatürliche Abkunft wird auch anderen Helden zugeschrieben, z. B. Hagen,
Dietrich. — 27. Zeitweise Geistesnacht ist ein häufiges Motiv der älteren Dichtung, so
im Parzival.

Zwölf Tage währte die Seefahrt, kein Wind störte ihren
Weg. Da rief eines Morgens der Steuermann: „Herr, ich sehe
die Zinnen von Tyrus; doch hütet Euch näher zu fahren, denn
schlimme Raubschiffe giebt's dort in Menge, denen wir nicht ge=
wachsen sind." „Soll ich auf dem Meere bleiben?" erwiderte 5
Ortnit. „Dazu bin ich doch von Garda nicht weggezogen. Wie
schade, daß mir der jetzt fehlt, der mir seine Hilfe und seinen
Rat versprach!"

Da stand der Ersehnte plötzlich vor ihm, Alberich, der ver=
borgen die Fahrt mitgemacht hatte. „Sei mir willkommen," rief 10
der König, „nun rate, was zu thun ist." „Fahr zu Lande," sagte
der Zwerg, „und wenn des Hafens Wächter kommen, so sag, du
seist ein Kaufmann und bringest reiche Ware. Die Krieger aber
verbirg im Raum der Schiffe."

„Mit wem redest du?" fragte der Russen König Yljas. „Ich 15
sehe dich allein und höre doch eines andern Stimme." Da gab
ihm Ortnit den Ring, der ihm den Zwerg sichtbar machte; doch
der lange Recke lachte über die Maßen, denn er meinte, solch
kleiner Kerl könnte wenig nützen. Ortnit wußte es besser und
that wohl, des Zwerges Rat zu befolgen, denn der Sarazenen 20
Flotte, die jetzt heranruderte, war gewaltig stark und wohl bewehrt.

Als Kaufmann zog er zu Tyrus in den schönen Hafen, der
Oberste der Stadt selbst geleitete ihn, damit ihm keiner schadete.

Als der Abend einbrach, beriet er mit den Seinen und mit
Alberich, was zu beginnen sei. „Das Thor steht offen," sagte er, 25
„wir können die Stadt erobern und dann zu des alten Heiden=
königs Feste ziehen." „Wer hat dich solche Dinge gelehrt?" rief
da der Zwerg. „Ein edler König greift keinen an, dem er nicht
den Krieg erklärt hat." „Das wird hier nicht angehn," erwiderte
der König, „wen sollte ich dorthin senden, da der schändliche Sarazene 30
alle Gesandten hängen läßt?"

In dieser Verlegenheit erbot sich Alberich, selbst zu gehen,
und kam auch bald zu Montabaur vor das Thor. Noch war es
Nacht; er setzte sich auf einen Stein vor der Stadt, um den
Morgen zu erwarten. Doch das Glück war ihm günstig, denn 35
der König war gerade auf der Mauer, um sich nach des Tages

1 ff. Ausführliche deutsche Beschreibungen einer Seefahrt von Italien nach Palästina
waren schon früh vorhanden und das Ganze ein beliebter Gegenstand; vgl. Ernst Henrici,
Beschreibung einer Seereise von Venedig nach Beirut im Jahre 1434, in der Zeitschr. für
deutsches Altertum 25, 59 f.

Sonnenhitze in der kühlen Luft zu ergehen. Jetzt rief ihn Alberich
an; er stutzte und fragte: „Wer ist, der zu mir redet, den ich
doch nicht sehe?" „Ich bin eines Königs Bote," rief der Zwerg,
„und komme, um deine Tochter für meinen Herrn zu freien. Willst
du sie ihm aber nicht geben, dann kündet er dir Krieg und schweren 5
Kampf."

Da fing der Sarazene an in wildem Zorne zu toben, daß
alles in der Burg zusammenlief: die Kriegsmänner, sein Weib,
seine Tochter. „Weh mir," schrie er, „daß mir solche Schmach ge=
boten wird, daß mir einer offen die Tochter abfordern und mir 10
mit Krieg drohen darf, ohne daß ich ihn strafen kann. Lauft
hinaus, alle meine Treuen, und fangt den Missethäter." Doch
der war ihnen entwichen und höhnte noch über den machtlosen
Grimm des Heiden, der so furchtbar wütete, daß man ihn mit
Gewalt davon führen mußte. 15

Von Ortnits Geschichten ist wieder eine zu Ende.

---

4. Die Eroberung von Tyrus.

Auf den Schiffen weilten die Longobarden noch, als Alberich
die Nachricht brachte, daß nur Kampf und Sieg die Königstochter
in Ortnits Gewalt bringen könnte. „Nun wohlauf," rief dieser,
„so wollen wir den Streit beginnen!" Alberich holte viele Barken 20
herbei, deren Hüter er getäuscht hatte, und damit fuhren die Krieger
an das Land. Dann brachen sie in die wehrlose Stadt und
schlugen nieder, was ihnen entgegentrat. Allen voran wütete der
Russe Yljas, der Ortnits Fahne tragen mußte; doch sammelten
sich auch streitbare Sarazenen, ihnen den Kampfplatz streitig zu 25
machen. Eine Schar von diesen drang zum Thore hinaus dem
Hafen zu, um der Angreifer Schiffe zu verbrennen. Das sah
Alberich und sagte es dem Könige, der eilend umwandte und dem
Verderben wehrte. Doch kaum war er von des Russen Seite ge=
wichen, da wandte sich hier das Glück und alle Mannen wurden 30
diesem erschlagen, er selbst sank betäubt zu Boden. Ortnit rettete
ihn und brachte ihn wieder in den Kampf, der immer härter
tobte. Denn den Russenkönig hatte der Verlust der Seinen so
wütend gemacht, daß er bald keines Feindes mehr schonte: Mann
und Weib fiel unter seinen Streichen, und als er nichts mehr zu 35

morden fand, da fiel er über der Heiden Götter her und schlug
sie in Stücke.

So endet das vierte Ereignis.

---

5. Die Erwerbung der Braut.

Die Stadt ward besetzt und wohl behütet in der Nacht; als
der Morgen graute, hatte Ortnit keine Ruhe mehr und drängte 5
zum Aufbruch. Vorwärts zogen da die Recken, bis sie des Feindes
Hauptfeste vor sich sahen; voran ritt ihnen der kleine Alberich,
bei dessen Anblick die Christenhelden besorgte Gesichter machten.
„Fürchtet euch nicht," scherzte Ortnit, „es ist ein Engel Gottes, der
die zum Himmel führen will, welche hier den Tod finden." 10
Als die Sarazenen in der Burg des starken Feindesheeres
ansichtig wurden, ergriff sie großer Schrecken; doch besetzten sie
eilig Thor, Turm und Mauern. Plötzlich verschwanden aber vor
ihren Augen die Waffen, welche sie dort niedergelegt hatten, und
da war es mit ihrem Mut vorbei. Alberich hatte es gethan, der 15
unsichtbar auf die Mauer geschlichen war. Jetzt stürmten die
Sarazenen zu ihrem Könige und baten ihn, dem Feinde seinen
Willen zu thun, auch die Königin riet, die Tochter lieber fort-
zugeben, als Land und Leute zu verlieren; aber der alte Heide
wurde darüber so wütend, daß er seiner eigenen Gemahlin in das 20
Gesicht schlug.
So galt es denn zu kämpfen; bald drangen die Longobarden
von allen Seiten gegen die Mauern vor; nur mühsam wehrten
die Heiden den Angriff ab. Im Saale des Königs aber lag
samt ihrer Mutter die junge Fürstin, um welche der Streit sich 25
erhoben hatte, vor den Göttern ihres Volkes auf den Knieen
und betete um Rettung für die treuen Krieger, um Rettung
auch für ihren Vater, welcher doch Schändliches gegen sie im
Sinne hatte. So erblickte sie Alberich, der wieder heimlich herein-
geschlichen war. 30

1 f. Daß die Muhamedaner Götzendiener seien und viele Götter anbeteten, war
allgemeiner Glaube der abendländischen Christen; in den Heldengedichten werden von
solchen Göttern besonders genannt: Apollo, Jupiter, Muhamed (Machmet), Medelbolt,
Tervian, der Tod. Umgekehrt sollen nach der Angabe Ulrichs v. Türheim die Muhame-
daner den Christen Vielgötterei vorgeworfen haben, nämlich die Dreieinigkeit.

385 vor ir abgötern beiden sprach si ir gebet.
si vlêgte harte dicke Apollen und Mahmet.
daz hâr ir von dem nacke gie nider für den fuoz,
zeroufet und verworren. jæmerliche was ir gruoz.
386 dô schein ir durch die zöpfe ir hals alsam der snê.   5
dô tet Alberîchen der meide jâmer wê.
swâ durch ir schœne zöpfe daz näckelîn erschein,
daz bran als ez wære ein karfunkelstein.
387 ir munt bran als ein rôse und als ein rubîn.
gelîch dem vollen mânen lûht ir beider ougen schîn.   10
ir wengel mit ir trähenen wârn beidenthalp bestreut,
reht als ez berle wæren: diu meit was ungefreut.
389 dô wart der meide jâmer harte grœzlîchen starc.
si vlêgten ir göter beide und vielen für den sarc.
sich krazte unde roufte diu frouwe minneclîch: 15
dô huop ir die hende der lützel Alberîch.
390 ir hende minneclîchen er in sîn hende gevie.
diu frouwe sprach zir muoter 'wer ist bî mir hie?
wer ist der mich dâ væhet und mich sô vaste hât?
er tuot unhovelîchen, daz er mich niht enlât.'   20

    Vor ihren beiden Göttern sprach sie ihr Gebet. Sie betete
inbrünstig zu Apollo und Muhamed. Das Haar fiel ihr vom
Nacken herab vor die Füße, zerrauft und verwirrt. Jämmerlich
war ihre Sprache. [5] Durch ihre Zöpfe glänzte ihr Hals weiß
wie Schnee. Dem Alberich war des Mädchens Jammer schmerzlich.
Wo durch ihre schönen Zöpfe der Nacken sichtbar wurde, leuchtete
er, als ob er ein Karfunkel wäre. Ihr Mund brannte wie eine
Rose und ein Rubin. [10] Gleich dem Vollmond leuchtete ihrer
beiden Augen Schein. Ihre Wangen waren von ihren Thränen auf
beiden Seiten besät, gleich als ob es Perlen wären; das Mädchen
war wenig froh. Darauf wurde des Mädchens Jammern immer
größer. Sie flehten beide ihre Götter an und fielen vor dem
Schreine nieder. [15] Es kratzte und raufte sich die liebliche Jung-
frau: da hob ihre Hände der kleine Alberich in die Höhe. Ihre
Hände ergriff er liebevoll mit den seinen. Die Jungfrau sprach
zu ihrer Mutter: „Wer ist hier bei mir? Wer ist das, der mich
anfaßt und so fest hält? [20] Er handelt unartig, daß er mich
nicht gewähren läßt.“

391   dô sprach diu maget schône 'lâ mich durch mîne bet.
weder bistuz Apolle oder Mahmet?
hilf mir ûz den sorgen, bistuz mîn abgot.'
'nein ich' sprach der kleine, 'ich binz von himel ein bot.'
393   'nu sage mir waz du werbest' sprach diu schœne meit.   5
mit zühten sprach der kleine 'ez wirt dir wol geseit.
mîn meister von den himelen hât mich zuo dir gesant,
du solt küniginne werden über elliu Walhen lant.'
394   dô sprach diu maget edele 'an der rede bist du betrogen.
ich bin in der heidenschefte geborn und gezogen.   10
dâ muoz ich inne ersterben' sprach diu künigin,
ich wil bî mîner muoter und bî mînem vater sîn.'
398   dô half in vil lützel swaz er si mêre gebat.
den strît wolte er schouwen: an daz venster er getrat.
dâ warte er welch ez bezzer an dem strîte möhte haben: 15
die kristen triben die heiden vaste über den graben.
401   dô sprach ze der juncfrouwen der lützel Alberich
'wil du den strît schouwen, küniginne rîch?
swaz dir mîn got gebiutet, læst du des niht geschehen,
sô muost in disem strîte dînen vater tôten sehen.'   20

Darauf sprach das Mädchen sanft: „Laß mich los, ich
bitte dich. Bist du etwa Apollo oder Muhamed? Hilf mir
aus der Not, wenn du mein Gott bist." „Nein," sagte der
Kleine, „ich bin ein Bote vom Himmel." [5] „Dann sage mir,
was du wünschest," sprach das schöne Mädchen. Höflich antwortete
der Kleine: „Es wird dir wohl gesagt. Mein Herr hat vom
Himmel mich zu dir gesandt, du sollst Königin über ganz Welschland
werden." Da erwiderte das edle Mädchen: „Darin täuschest du
dich, [10] ich bin in der Heidenschaft geboren und erzogen; in ihr
soll ich auch sterben," sagte die Fürstin, „ich will bei meiner Mutter
und bei meinem Vater bleiben." Nun half ihm nichts, was er
auch weiter bat. Den Kampf wollte er ansehen, er trat an das
Fenster. [15] Dort beobachtete er, welche Seite im Vorteil war:
die Christen trieben die Heiden mächtig über den Burggraben.
Darauf sprach zu der Jungfrau der kleine Alberich: „Willst
du den Streit schauen, mächtige Fürstin? Was dir mein Gott
gebietet, wenn du das nicht geschehen lässest, [20] dann mußt
du in diesem Streite deinen Vater tot sehen." Hierauf sagte die

402   dô sprach diu juncfrouwe 'der heiden ist doch vil.'
'sô hilfe ich mînen gesellen alles des ich wil.'
diu junge und diu alte trâten zuo im dô:
dô si den strît ersâhen, si wurden beide unfrô.

403   'sihstu' sprach der kleine 'mînes gotes zorn?   5
verkêrst du dich nicht schiere, sô ist dîn vâter verlorn.
du möhtest den Lamparten gerne kiesen zeinem man,
ê daz hiute an iu allen grœzer schade wurde getân.'

404   dô sprach diu meit in zühten 'man? waz ist ouch daz?
ich gelobe dirs nimmer, du bescheidest mich sîn baz.'   10
'du gelernest harte schiere' sprach diu muoter 'mannes site.
ê dan dîn vater sterbe, sô tuo des er dich bite.'

405   mit zühten sprach der kleine 'vil guot ist mannes lîp.
wil du den mannen volgen, sô muost du werdn ein wîp.
gewonst dus eine wîle, die naht unz an den tac,   15
ez mac dir alsô lieben, daz dirz niemen erleiden mac.'

406   'nu sî mir weder ez welle, liep oder leit,
ich wil mich doch niht kêren an dîn kunterfeit.
ich geleiste nimmer dîn bete noch dîn gebot,
ich sehe dan ob du mügest sîn sterker dan mîn got.   20

Jungfrau: „Der Heiden sind doch viel." „Dann helfe ich meinen Genossen, soviel ich will." Die Junge und die Alte traten darauf zu ihm; als sie den Streit sahen, wurden sie beide betrübt. [5] „Siehst du," sprach der Kleine, „meines Gottes Zorn? Bekehrst du dich nicht bald, so ist dein Vater verloren. Du würdest den Longobarden besser zum Manne wählen, als daß heute euch allen großer Schade zugefügt wird." Nun sagte das Mädchen züchtig: „Zum Mann? Was ist das? [10] Ich verspreche dir's nimmer, wenn du mir es nicht besser erklärst." „Das lernst du bald," sagte die Mutter, „was es mit dem Manne auf sich hat. Ehe dein Vater stirbt, thu lieber, um was er dich bittet."

Höflich sagte der Kleine: „Etwas Edles sind die Männer. Willst du den Männern nachgeben, so mußt du ein Weib werden. [15] Bist du es eine Weile gewöhnt, die Nacht hindurch bis zum Tage, dann wird es dir so angenehm, daß es dir keiner leid machen kann."

„Mag es sein, wie es wolle, angenehm oder unangenehm, ich will mich doch nicht an deine Trügerei kehren. Ich erfülle nimmer deine Bitte noch deine Forderung, [20] ich sehe denn vorher, ob du

407   nu gesach ich dich hiute sô kreftic noch sô starc,
      daz du mîne gote rüerest oder iren sarc.'
      vil schiere het der kleine die sarke ûf erhaben:
      er sluoc si umb die mûre und warf si in den graben.
408   'wartâ' sprach der Riuze, 'der strît ist wünneclich,   5
      den dâ strîtet ûf der mûre der lützel Alberich.
      ich enweiz wer im helfe: er hât den strît erhaben:
      der heiden apgöter ligent alle in dem graben.'
409   nu was der heiden harte wênic hie vor.
      dô triben si die kristen unz an daz bürgetor.   10
      dô sprach diu juncfrouwe 'nu wis sîn frideschilt,
      daz ich den vater iht vliese: ich tuon allez daz du wilt.'
410   mit witzen sprach der kleine 'des solt du dich niht wern,
      wilt du die heiden mit dînem vater nern.
      wil du daz ich ez lâze mit guotem fride sîn,   15
      den künic soltu kiesen, sent im dîn vingerlîn.'
411   'ich hân ez im geheizen, nu muoz ez ouch geschehen.
      sol ich sîn ze friunde muoten, sô lâz mich in êrste sehen.'

stärker bist als meine Götter. Ich sah dich heute weder so kräftig
noch so stark, daß du meine Götter anrührtest oder ihren Schrein."
Schnell hatte der Kleine die Schreine aufgehoben, zerschmetterte
sie an der Mauer und warf sie in den Graben.

[5] „Schaut," sagte der Russe, „das ist ein lustiger Streit,
den dort auf der Mauer der kleine Alberich ausficht. Ich weiß
nicht, wer ihm hilft, er hat den Streit angefangen: der Heiden
Götter liegen alle in dem Graben."

Jetzt war von den Heiden wenig mehr draußen. [10] Nun
trieben die Christen sie schon bis an das Burgthor. Da sagte die
Jungfrau: „Jetzt sei mein Schützer, daß ich den Vater nicht verliere;
ich thue alles, was du willst." Mit Klugheit sagte der Kleine:
„Dagegen sollst du dich nicht sträuben, wenn du die Heiden samt
deinem Vater retten willst. [15] Willst du, daß ich Frieden sein
lasse, so sollst du den König erwählen, sende ihm deinen Ring."

„Ich habe es versprochen, jetzt muß es auch geschehen; soll
ich ihn zum Geliebten begehren, so laß mich ihn vorher sehen."

_____

3. Die Vorstellung der Götzenschreine ist offenbar von den christlichen Reliquienkasten
hergenommen.

dô sprach aber der kleine 'sihstu, wer dort stât?
jener der sô vil der heiden für sich geslagen hât.
412   ûz allen halspergen sô liuhtet sîn gewant,
sam in vinsterm hûse ein kerze wære enzant.
er vihtet vor in allen, bluotic ist sîn swert.'   5
'entriuwen' sprach diu muoter, 'er ist eins biderben wîbes wert.'
413   dô sprach diu juncfrouwe 'nu bring im hin mîn golt.
sage dem Lamparten, ich bin im mit triuwen holt,
bit in daz er entwîche von der burc mit sîne her.
ich tuon swaz er gebiutet, daz er mir den vater ner.'   10
414   dô wart der kleine biderbe der rede harte frô.
daz vingerlîn er griphte, ze dem künege gie er dô
'ô wol dich dirre mære, künic Ortnît,
daz schiere ein schœniu juncfrou an dînem arme lît.'

Da sagte wieder der Kleine: „Siehst du, wer dort steht? Jener,
der so viel der Heiden vor sich niedergeschlagen hat. Vor allen
Panzern glänzt sein Gewand, gleich als wäre in einem finstern
Hause eine Kerze angezündet. [5] Er ficht vor allen andern, blutig
ist sein Schwert." „Wahrlich," sprach die Mutter, „er ist eines
edlen Weibes wert." Hierauf sagte die Jungfrau: „Nun bring
ihm hin meinen Goldreif. Sag dem Longobarden, ich bin ihm
treulich hold. Bitte ihn, daß er von der Burg mit seinem Heere
sich zurückziehe. [10] Ich thue, was er fordert, damit er mir den
Vater rettet."

Der getreue Zwerg wurde dieser Rede sehr froh. Den
Ring ergriff er, zum Könige ging er darauf. „Wohl dir, König
Ortnit, ob dieser Kunde, daß bald eine schöne Jungfrau in deinen
Armen liegt."

Wie Ortnit die Botschaft vernahm, daß die junge Fürstin 15
ohne Streit die seine werden wollte, befahl er vom Kampfe ab=
zulassen. Das gefiel dem zornigen Russen wenig, denn er meinte,
sie müßten erst alle Sarazenen samt ihrem Herrn in der Burg
erschlagen haben, ehe an Frieden zu denken wäre. Doch Alberich
fuhr ihn heftig an: „Glaubst du etwa, das schöne Weib könnte 20
je in Freuden mit dem zusammen leben, der ihren Vater er=
schlagen hat? Ortnit wird thun, was seine Braut fordert." Da
mußte Iljas mit schwerem Herzen abziehen; die Sarazenen waren

aber nicht wenig erstaunt, daß die Chriſten freiwillig den Sieg aus der Hand gaben.

Mit Frieden ſollte der Longobardenkönig ſein Weib holen; deshalb führte Alberich das Heer fern von der Feſte an einen abgelegenen Ort, doch hieß er Yljas ſtets kampfbereit ſein, denn 5 leicht könnte es zu neuem Streite kommen.

Er ſelbſt kehrte zur Nacht zurück mit Ortnit an den Burg= graben und ſchlich wieder ungeſehen in des Königs Palaſt. Hier fragte er die Jungfrau, ob ſie noch willens ſei, ſeinem Könige das Verſprechen zu halten. Als ſie ja ſagte, gab er ihr einen 10 liſtigen Rat: „Bittet Euern Vater, daß er Euch erlaubt, vor das Thor zu gehen, um die heruntergeworfenen Götzen zu holen; ſagt, daß ſie Euch erſchienen ſind und das von Euch fordern"

Das Mädchen folgte dem Zwerge und war bald draußen in finſtrer Nacht demjenigen gegenüber, dem ſie nun gehören ſollte. 15 Doch Ortnit war nach dem langen Kampfe müde auf den Sattel= bogen gelehnt eingeſchlafen. „Wacht auf," rief Alberich, „ich bringe Euch Euer Weib." Da erwachte er, ſchloß ſie in ſeine Arme und küßte ſie. Doch Alberich trieb zur Eile, und während ſie davon ritten, die Jungfrau vor dem Manne auf dem Roſſe, trug er 20 ſelbſt einen der Götzen in die Burg und rief den Sarazenen zu, daß ſie ihn anbeten ſollten. Das hörte auch der alte Heidenkönig, aber er ahnte nichts Gutes, als ſeine Tochter nicht mit zur Burg hineingekommen war. „Auf zu Roſſe!" rief er laut „Meine Tochter iſt dahin und wir ſind ſchändlich betrogen!" 25

Ortnit ritt über die Heide, als Alberich zu ihm kam mit der Kunde, daß die Sarazenen ihm auf der Ferſe folgten. Was ſollte er da anfangen mit ſeinem müden ſchwerbeladenen Tiere gegen die zahlloſen Feinde auf friſchen ſtarken Roſſen? Doch wußte der Zwerg einen Ausweg, der wenigſtens noch einige Zeit 30 ſein Leben retten konnte, bis andere Hilfe kam.

In der Nähe floß ein Bach durch einen tiefen Sumpf, über den kein Roß hinwegkommen konnte; durch den trug Ortnit die Jungfrau und ſtellte ſich ſelbſt kampfbereit an des Baches Rand. Nur langſam und einzeln konnten die Feinde hinüberkommen, ſo daß er ſie einen nach 35 dem andern erſchlug. Doch bald war es mit ſeiner Kraft zu Ende und der Heidenkönig trieb immer neue Kämpfer zu der gefährlichen Stelle, denn deſſen glaubte er ſicher zu ſein, daß er ſeine Tochter, die er ſo nahe vor ſich ſah, bald wieder in ſeiner Gewalt haben würde.

Da bat Ortnit um sein Leben, aber der erzürnte Vater
wollte nichts von Gnade wissen. „Noch habe ich sie nicht berührt,"
rief Ortnit, „sie sei wieder dein und mich sollst du als Gefangenen
dazu haben." „Dein Leben will ich!" schrie der andere. „Nun
denn," sagte der erschöpfte Held, „so sei es der letzte Kampf!"   5

Eben erhob er das Schwert zu neuen Schlägen, da hörte
man Hufschlag und Waffen; Yljas mit seinen Reitern war es,
den das Kampfgetöse herbeigelockt hatte: jetzt fand er, was er
gestern gewünscht hatte. Ortnit gab ihm sein Schwert, das er
selbst nicht mehr führen konnte, und von allen Seiten fielen bald 10
die Longobarden über die Sarazenen her, die nun in wilder Flucht
auseinander stoben. Alle eilten der rettenden Burg zu, zuletzt
auch der König; aber hinter ihm her jagte Ortnit, der nur kurze
Zeit gerastet hatte.

So endete der Kampf.   15

Die Sieger zogen mit ihrer Beute, des Königs Braut, gen
Tyrus und bald auch auf den sicheren Schiffen der Heimat zu.

Alberich und der Russe tauften die Jungfrau, dann wurde
sie des Königs Weib.

Aus ist diese Geschichte, eine neue beginnt.   20

6. Die Abrahamskröten.

In finsterm Grimme verbrachte der Sarazenenkönig ab=
geschlossen von der Welt manchen Tag auf seiner Burg, bis ein
Weidmann zu ihm kam, der ihm versprach, für den Raub seiner
Tochter Rache an dem Longobarden zu nehmen. Das Werkzeug
dazu waren zwei große Dracheneier, welche er aus dem Neste 25
eines Lindwurms genommen hatte, während dieser auf Beute aus=
gegangen war. Das war dem Könige eine frohe Botschaft.

Ortnit saß mit seinem jungen Weibe eines Tages zu Garda
auf der Burg, als ein Gesandter ihres Vaters ankam und die
Nachricht brachte, der alte König hätte ihnen vergeben, was sie 30
an ihm gethan, und sende ihnen reiche Geschenke, auch wollte er
selbst nächstens herkommen und sich taufen lassen. Das stand alles
in einem langen Briefe von des Königs Hand.

25 f. Drachen und Lindwürmer, welche in der Sage des Mittelalters eine so große
Bedeutung haben, dachte man sich als Schlangen oder Eidechsen von riesiger Größe, auch
geflügelt. Sollten fossile Saurier bei der Bildung dieser Vorstellung im Spiel gewesen sein?

Nun war große Freude; die Geschenke wurden ausgepackt und zuletzt kamen zwei sonderbare Dinge hervor, die keiner im ganzen Longobardenlande kannte. „Das sind aus dem Garten Abrahamskröten," sagte der Gesandte, „die muß man in einem Gebirge auswachsen lassen, dann wird die eine zu einem kostbaren 5 Edelstein, die andre ein stattlicher Elefant." Das ergötzte den König und seine Gemahlin so, daß sie gleich befahlen, bei Trident im Gebirge einen Platz einzurichten, den der Gesandte selbst aus= wählen sollte, um die Abrahamskröten zur Reife zu bringen.

Auf den Elefanten und den Edelstein wartete man zu Garda 10 lange vergeblich; wohl aber erscholl bald ein schlimmes Gerücht, daß im Gebirge zwei wilde Lindwürmer ihr Wesen trieben, die Menschen und Vieh fraßen. Schon mancher tapfere Mann hatte im Kampfe mit ihnen das Leben verloren und in den Kirchen betete die Menge zu Gott um Errettung vor den Ungeheuern. 15

Das waren des Sarazenenkönigs Hochzeitsgeschenke.

König Ortnit lag in einer Nacht lange sinnend auf seinem Lager und bedachte, wie er dem Unheil wehren könne. Er wußte wohl, daß nur er selbst die Verderber seines Landes vernichten könnte, und war entschlossen, bald hinauszuziehen, zum Sieg oder 20 zum Tode. Wenn er aber die Gattin ansah, die schlafend neben ihm ruhte, dann entfiel ihm der Mut: alles hatte sie um ihn verlassen, jetzt sollte auch er sich von ihr wenden? Das wagte er nicht dem armen Weibe zu sagen und doch wollte er das Wagnis unternehmen. 25

Damit beginnt von Ortnits Gefahren die letzte.

- - - - - - - -

7. Der Wurmkampf.

· Während Ortnit so nachsann, war sein Weib erwacht und merkte wohl, daß ihr Trauriges bevorstehe. „Du willst von mir gehen," sagte sie, „aber was soll dann aus mir werden? Vater und Mutter habe ich verlassen, nichts bleibt mir, wenn ich dich 30 nicht mehr habe." „Ich will nach den Edelsteinen sehen," er= widerte er finster, „die uns dein Vater in das Land geschickt hat; zu lange habe ich schon mein Volk im Unglück gelassen, Königs= pflicht ist es, für das Volk zu sterben!"

4. Wenn abrahamisch hier wie sonst hebräisch bedeutet, so ist der Garten das Paradies; doch ist der ganze Ausdruck sehr zweifelhaft.

2*

Als der Tag anbrach, sprang er vom Bette und legte das
Kriegsgewand an; weinend band ihm das arme Weib die Panzer=
riemen fest. „Wenn ich nicht wiederkomme," sagte er beim Ab=
schied, „so glaube keinem, was dir auch einer sagen mag, wenn
er dir nicht den Ring bringt, den ich von dir am Finger trage. 5
Wer den bringt, weiß sicher, daß ich tot bin. Und wenn einer
sagen wird, er habe die Lindwürmer erschlagen, so sollst du ihm
nur glauben, wenn er der Ungeheuer Köpfe bringt, doch mit den
Zungen darin. Bringt er sie ohne Zungen, so lügt er. Schwöre
mir aber, daß du keinem die Hand reichst, der meinen Tod nicht 10
an den Lindwürmern gerächt hat."

Damit ritt er von dannen, mit ihm der Bracke, der nachts
vor seinem Bette lag und stets ihn begleitete.

Noch einmal wandte er um, schon hoffte die Frau, daß ihm
die Reise leid geworden, doch er forderte nur Alberichs Ring, 15
den sie am Finger trug; denn er wollte den Zwerg noch vor
seinem Ende sehen, wenn dies wirklich ihm nahe war.

Als er dem Kleinen im Walde sein Vorhaben gesagt, schüttelte
der das graue Haupt und sprach: „Ich weiß nicht, was dir ge=
schehen wird; der Kampf mit den Drachen ist ein schlimmes 20
Wagnis, zu dem ich nicht rate. Eins beachte aber wohl: laß
dich nicht verleiten, an dem gefährlichen Orte einzuschlafen, denn
manchen hat der Schlaf schon das Leben gekostet. Willst du
aber wirklich in die Gefahr, so gieb mir den Ring zurück, der
mich dir sichtbar macht. Du magst ihn wiederholen, wenn du 25
zurückkehrst."

Ortnit warf ihm den Ring in das Gras und hörte davon=
reitend noch des Zwerges Segenswunsch.

562　　dô reit er ungewîset durch daz gebirge hin,
　　　　als in sîn muot lêrte und sîn sturmlîcher sin. 30
　　　　dô reit er ungeruowet den tac unz an die naht:
　　　　dannoch was im lange slâfens ungedâht.

Dann ritt er ohne Führer durch das Gebirge hin, [30] wie
ihn sein Mut und kampflustiger Sinn lehrte. Er ritt ohne zu
ruhen den Tag bis zur Nacht, dann dachte er noch lang nicht an

12. Bracke, ein Spürhund.

563   do erbeizte er zuo der erde.   sîn fiur er ûz sluoc.
ungefüeger ronen este er selbe dar an truoc,
durch daz der wurm ersæhe deste êr des fiures schîn.
dô fuorte er an dem satele sîn spîse und sînen wîn.

564   dô saz er ûf die grüene er tranc unde az,   5
und gap ouch dem bracken der in sîner schôze saz.
dô het er niemen mêre wan sich alters ein.
dô saz er bî dem fiure unz daz der mâne erschein.

565   dô wolte er aber rîten, sîn marc er schiere enbant,
und muote in harte sêre daz er den wurm nicht vant.   10
sus reit er âne ruowe die naht unz an den tac.
dô kom er ûf einen anger, dâ vil der rôsen lac.

566   under einem grüenen boume erbeizte dô der degen.
dô het er ouch vil gerne eine wîle dâ gelegen.
ungâz und ungetrunken muost er dô leider sîn: 15
dô het er an dem satele weder spîse noch den wîn.

567   sîn herze im was beswæret, sîn lîp vil müede gar:
dô neigte er sich ein wîle durch sîne ruowe dar.
ein lützel wolte er ruowen: der slâf in des betwanc,
daz im daz houbet nidere gein dem grüenen anger sanc.   20

Schlafen. Nun stieg er ab zur Erde. Feuer fachte er an. Äste
ungefüger Baumstämme trug er selbst dazu, damit der Drache
desto eher des Feuers Schein bemerkte. Am Sattel führte er
Speise und Wein mit sich. [5] Nun setzte er sich in das grüne
Gras, trank und aß und gab auch dem Bracken, der in seinem
Schoße saß. Jetzt hatte er niemand weiter als sich allein. Er
saß an dem Feuer, bis der Mond aufging. Nun wollte er weiter
reiten, sein Roß band er bald los, [10] es ärgerte ihn sehr, daß
er den Lindwurm nicht fand. So ritt er ohne Ruhe die Nacht
bis zum Tage. Dann kam er auf einen Anger, auf dem viel
Rosen standen.

Unter einem grünen Baume stieg der Degen vom Pferde.
Jetzt hätte er auch gern eine Weile dort gelegen. [15] Ohne zu
essen und zu trinken mußte er leider bleiben, denn er hatte an
dem Sattel weder Speise noch Wein.

Sein Herz war schwer, sein Körper müde; er neigte sich zur
Erde kurze Zeit der Ruhe wegen. Nur wenig wollte er ruhen, der
Schlaf zwang ihn dazu, [20] daß ihm das Haupt nieder auf den

568   der slâf kom im ze sorgen, des wachens in verdrôz.
dô legte sich der bracke in des Lamparten schôz.
dâz kom von sînem slâfe, daz er swurmes niht ensach:
dâ von dem Lamparten der grôze schade geschach.
569   er brach durch loubes dicke, die boume dructe er nider. 5
der bracke lief zem wurme und zuo dem hêrren wider.
swaz er in lûter stimme gebal, daz slief der gast.
ûf des hundes bellen ahte der müede niht ein bast.
570   swaz in daz welf gekratzte und in die ringe beiz,
dâ lac er als ein tôte der sich niht verweiz.   10
als des wurmes houbet vernam des mannes smac,
dô streich er al gerihte, dâ der müede vor im lac.
571   der hunt wolte in bîzen, do er het den wurm vernomen.
dô mohte er vor dem helme niht zuo dem houbte komen.
der wurm ungehiure raht sînen snabel her für: 15
sîn mûl wart im noch wîter dan ein mæzigiu tür.
572   unz an die sporn beide den ritter er verslant.
daz kom von den schulden daz er in slâfende vant.
dem kleinen hundeline wolt er alsam haben getân,
er râmt sîn mit dem zagele: der bracke im kûme entran. 20

grünen Anger sank. Der Schlaf gereichte ihm zum Unheil, das
Wachen war ihm zu mühevoll gewesen. Nun legte sich der Bracke
in des Longobarden Schoß. Vom Schlafen kam es, daß er den Lind=
wurm nicht sah: davon entstand dem Longobarden großer Schade.
[5] Der Wurm brach durch das Dickicht, die Bäume drückte
er nieder. Der Bracke lief auf den Wurm zu und wieder zu dem
Herren. Was er auch mit lauter Stimme bellte, das verschlief
der Fremde. Auf des Hundes Bellen achtete der Müde nicht im
geringsten. Wieviel ihn der Hund auch kratzte und in die Panzer=
ringe biß, [10] dort lag er wie ein Toter, der keine Besinnung
hat. Als der Wurm den Geruch des Mannes witterte, strich er
gerade dorthin, wo der Müde vor ihm lag. Der Hund wollte ihn
(Ortnit) beißen, als er den Wurm bemerkt hatte. Doch konnte er
wegen des Helmes nicht zu dem Haupte gelangen. [15] Der un=
geheure Wurm reckte seinen Schnabel aus, sein Rachen wurde ihm
noch weiter als eine mäßig große Thür. Bis an die beiden Sporen
verschlang er den Ritter. Das kam daher, daß er ihn schlafend
gefunden hatte. Dem kleinen Hünblein wollte er ebenso gethan

573 dem wurm was von dem boume gein der steinwende gâch.
durch sînes herren triuwe lief im der bracke nâch
unz für daz gebirge, da er mit neste inne saz.
dô vorhte ouch im der bracke und getorste niht fürbaz.
574 die jungen heten darinne vor hunger grôze nôt.   5
swie er unverhouwen wære, doch muoste er ligen tôt.
er truoc in sînen kinden in einen holn berc:
diu mohten in niht gewinnen und sugen in durch daz werc.
575 do verlôs der Lamparte mit jâmer sînen lîp.
des dannoch niene ûf Garte west sîn liebez wîp.   10
man klagte in durch sîn êre die er in dem lande erwarp.
daz ist diu âventiure dâ Ortnît inne starp.

haben: er trachtete nach ihm mit dem Schweife, der Bracke ent=
rann ihm kaum.

Dem Wurme war von dem Baume eilig zur Felsenwand.
Aus Treue zu seinem Herrn lief ihm der Bracke nach bis vor
das Gebirge, in dem er mit seinem Neste saß. Da fürchtete sich
auch der Bracke und wagte sich nicht weiter.

[5] Die Jungen hatten darin vor Hunger große Beschwer.
Obgleich Ortnit nicht zerschmettert war, mußte er doch sterben.
Der Wurm trug ihn zu seinen Jungen in eine Höhle des Berges;
die konnten ihn nicht erreichen und sogen ihn durch den Panzer.

So verlor der Longobarde jämmerlich sein Leben. [10] Davon
wußte jedoch nichts in Garda sein liebes Weib. Man beklagte
ihn um der Ehre willen, die er in dem Lande erworben hatte.

Das ist die Begebenheit, in der Ortnit starb.

---

8. Der Königin Klage.

Als der Bracke allein nach Garda in die Burg kam, riefen
alle, die ihn sahen: „Ortnit ist erschlagen, doch wer mag die That
begangen haben? Gewiß ist sein Weib mit schuldig daran, denn 15
niemand weiß, wohin er gegangen ist.“ Da sagte ihnen die un=
glückliche Fürstin, daß er zum Kampfe mit den Lindwürmern aus=
gezogen sei, und der Hund begann die Leute an den Kleidern zu
zerren, um ihnen den Weg zur Wurmhöhle zu weisen. Dahin
wollte aber keiner, bis ein treuer Lehnsmann Panzer und Waffen 20

nahm und dem Hunde folgte. Als er aber die blutigen Fuß=
spuren des Untiers fand, grauste ihn und er kehrte heim, denn
nun wußte er sicher, wo der König geendet hatte.

    Ortnits Mutter starb vor Schreck über die arge Kunde, sein
Weib saß lange Tage in stummer Trauer. Bald kamen aber die   5
Hofleute und forderten, daß sie einen von ihnen zum Gemahl
nehmen sollte, damit das Reich einen König hätte. Als sie sich
eingedenk der Worte Ortnits dessen weigerte, nahmen sie ihr alles,
was sie besaß, und rissen selbst das Reich an sich. Nur der Mark=
graf Helmnot von Toskana erbarmte sich ihrer und sorgte für sie. 10
„Wäre mein Sohn erwachsen,“ sagte er, „ich ritte selbst hin, den
Kampf mit den Lindbrachen zu wagen und meinen Herrn zu
rächen; aber so weiß ich nicht, wer an meiner Stelle das Land
versorgen sollte.“

596   sus muoste in grôzem jâmer diu arme frouwe leben.   15
       dem dô diu küniginne von Lamparten wart gegeben,
       und der den wurm tôte von dem Ortnît wart verlorn,
       des müezet lange biten. wan er ist noch ungeborn.
597   er muoz in sorgen wahsen von dem der wurm wirt erslagen.
       ich wil iu sîn geslehte und sînen vater sagen.   20
       seht, daz was von Berne Dietrîches alter an.
       ditz liet daz hœret gerne: alrêrst hebt ez sich an.

    [15] So mußte in großem Jammer das arme Weib leben.
Dem später die Königin der Longobarden zur Gattin gegeben
wurde, und der den Wurm tötete, von dem Ortnit umgebracht
war, auf den müßt ihr lange warten, denn er ist noch ungeboren.
    Er muß in Sorgen aufwachsen, von dem der Wurm erschlagen
wird. [20] Ich will euch seine Abkunft und seinen Vater sagen.
Seht, das war Dietrichs von Bern Urahn. Dies Lied hört gern,
jetzt fängt es an.

<hr />

18. ungeborn heißt hier: seine Geburt ist in diesem Gedichte noch nicht erzählt;
ebenso wie Parzival 4, 24: er ist von Seiten der Erzählung noch ungeboren. Denn daß
hier nicht gemeint ist, Wolfdietrich sei bei Ortnits Tode noch nicht geboren gewesen, geht
aus dem hier unmittelbar anschließenden Wolfdietrichgedicht hervor, vgl. S. 45. 62.

II. Wolfdietrich.

A. Wolfdietrich von Konstantinopel.

1. Hugdietrichs Heerfahrt.

A 1 Ûf Kunstenobel ze Kriechen ein gewalteger künec saz.
an dem tugent noch êre noch manheit nie vergaz
sîn meister und sîn schepfer, der in dâ werden liez.
an im gebrast niht mêre wan daz er ein heiden hiez.

2 im dienten durch Kriechen der Bulgerîe walt:　　　　　5
von hiunischem gemerke betwanc ez sîn gewalt.
im dienten mit gewalte kriechischiu künicrîch.
er saz ûf Kunstenobele und hiez hêr Huge Dietrich.

3 Botelunges swester von den Hiunen was sîn wip.
diu hete guote witze und tugentlîchen lip.　　　　　10
si was alles wandels und missewende frî.
si truoc ouch bî dem Kriechen schœner süne drî.

4 si wâren liep der frouwen und ouch dem künege rich.
durch die grôzen liebe hiez mans alle Dietrich.

Zu Konstantinopel in Griechenland herrschte ein gewaltiger
König. An ihm hatte weder Tüchtigkeit noch Ruhm noch Tapfer-
keit vergessen sein Herr und Schöpfer, der ihn werden ließ. Er
hatte keinen andern Mangel, außer daß er ein Heide war. [5]
Ihm diente durch Griechenland hindurch der Bulgarenwald; von
der Hunnengrenze an beherrschte er das Land. Ihm dienten mit
ihrer Kriegsmacht die griechischen Königreiche. Er saß zu Kon-
stantinopel und hieß Hugdietrich. Botelungs Schwester vom Hunnen-
lande war sein Weib. [10] Die hatte Verstand und Tugend. Sie
war bewahrt vor jeder Niedrigkeit und Schlechtigkeit. Sie hatte
mit dem Griechen drei schöne Söhne. Diese waren der Frau lieb
und ebenso dem mächtigen Könige. Aus großer Zuneigung nannte
man sie alle Dietrich.

9. Botelung gilt in anderen Gedichten als Etzels Vater; beide Angaben sind un-
vereinbar, denn nach der Auffassung des Wolfdietrich müßte Etzel fünf Generationen vor
Dietrich von Bern gelebt haben, dessen Zeitgenosse er doch sonst ist.

dô si der süne zwêne bî dem künege gewan,
dô gienc den künec rîchen aber ein hervart an.

A 5   die volbrâhte er mit êren und gewan ouch helde genuoc.
dô weste niht der Krieche daz si den dritten truoc.
mit Berhtunge von Mêrân er dô die hervart swuor,   5
der was sîn rat getriuwer: von rehte er mit im fuor.

6   dô wolte er sînem friunde, einem künege leit tuon,
von Tenemarke Fruoten sîner swester suon.
dô sprach der künic rîche ze Berhtunge von Mêrân
'wem sol ich mîne liute und mîne bürge lân?   10

7   mîn lant und mîn erbe, ouch mîn künicrîch
und mîn liebe frouwen?' sprach Huge Dietrich.
dô sprach der vil getriuwe 'wer möhte ez baz behaben?
bevilh ez mîme gesellen, dem herzogen Saben,

8   elliu dîniu rîche, diu dir undertænic sint,   15
dar zuo mîne frouwen und dîn vil lieben kint.'
den rîchen fürsten Saben hiez er dô für sich gân:
allez daz er hête daz machet er im undertân.

Als sie zwei der Söhne von dem Könige empfangen hatte,
wurde der mächtige König wieder von einem Kriegszuge betroffen.
Zu dem rüstete er sich tüchtig und zog auch viele Helden herbei.
Doch mußte der Grieche nicht, daß sie mit dem britten Kinde ging.
[5] Mit Berchtung von Meran verabredete er darauf die Unter=
nehmung. Der war sein treuer Rat, und recht war es, daß er mit=
zog. Er wollte damals einem seiner Freunde, einem Könige, Schaden
zufügen, nämlich Frute von Dänemark, seiner Schwester Sohn.

Da sprach der mächtige König zu Berchtung von Meran:
[10] „Wem soll ich meine Leute und meine Burgen überlassen?
Meine Länder und mein Erbe, mein Königreich und meine liebe
Frau?" So sprach Hugdietrich. Darauf sagt der Treue: „Wer
anders könnte es besser besorgen? Befiehl es doch meinem Kampf=
genossen, dem Herzog Saben: [15] alle deine Reiche, die dir unter=
than sind, dazu meine Herrin und deine geliebten Kinder." Dem
mächtigen Fürsten Saben befahl er dann vor ihn zu kommen;
alles, was er hatte, machte er ihm unterthänig.

8. Frut ist ein sagenhafter König, der in der beutschen Dichtung oft genannt wirb,
schon vor 1140 in ben Liebern bes alten Spervogel.

Der treue Berchtung hatte sich aber in seinem Genossen sehr geirrt; denn kaum hatte der König mit dem Heere sein Land verlassen, da begehrte der treulose Saben von seiner Gebieterin Dinge, welche ein ehrsames Weib nimmer gewähren kann. Als sie ihm dafür erzürnt die Wege wies, mußte sich der schlaue Geselle leicht aus der Schlinge zu ziehen dadurch, daß er der Königin hoch und teuer schwur, es sei nicht so gemeint gewesen, nur ihre Treue habe er versuchen wollen. Hierdurch ließ sich das arglose Weib bewegen, die ganze Geschichte ihrem Gemahl zu verschweigen, als dieser später wieder heimkehrte: das hatte sie zu bereuen, solange sie lebte. 10

Als die Königin nun den dritten Sohn geboren hatte, offenbarte ihr ein Traum, daß sie ihn von einem christlichen Einsiedler taufen lassen sollte. Als die heilige Handlung vollbracht war, verkündete ihr der Einsiedler des Kindes Zukunft: es sollte ein gewaltiger starker Mann werden und sich selbst Reich und Krone erwerben, dazu die Hand einer mächtigen Königin; sein kostbares Taufgewand aber sollte sie aufbewahren und ihm später geben, denn das würde ihn vor mancher Gefahr bewahren.

2. Sabens Tücke.

Nachdem der König seine Heerfahrt beendet und wieder heimgekommen war, hatte er anfangs seine Freude an dem jungen Sohne, besonders weil er stärker und mutiger war als Kinder seines Alters zu sein pflegen. Manchmal, wenn er Brot in der Hand hatte und ein Hund freßgierig an ihn herankam, dann packte er diesen zum Entsetzen aller und warf ihn an die Wand. Da hörte man denn manches böse Wort, daß der Knabe einst ein gefährlicher Mann würde, der besser nie geboren wäre. Das hörte der König nicht gern; endlich aber besprach er sich mit Saben darüber, ohne zu ahnen, daß dieser selbst der Anstifter des schlechten Geredes war. Jetzt war des treulosen Mannes Plan gereift: er sagte dem Könige geradezu, daß der junge Sohn des Teufels Kind sei, er wisse es ganz genau. Mit solchen schändlichen Redensarten vergiftete er des Königs Herz, daß dieser endlich beschloß, den Knaben zu töten; zur Ausführung der That schlug der hinterlistige Mann den treuen Berchtung vor, den er im Innern bitter haßte und bei dieser Gelegenheit mitzuverderben suchte. 35

Wie nun Berchtung herbeigeholt war und den Auftrag er=
fuhr, schüttelte er das Haupt und weigerte sich standhaft, solch
Verbrechen zu begehen. Als aber der König drohte, ihn selbst
samt seinem Weibe und seinen sechzehn Söhnen, wenn er nicht
gehorchte, umzubringen, da willigte der alte Mann traurig ein 5
und verlangte nur, daß die That heimlich geschähe und daß ihm
der König sein Kind ohne Zeugen übergäbe.

---

3. Wolfdietrich bei den Wölfen.

In der folgenden Nacht begann der König mit seinem Weibe
zu hadern, weil sie ihn betrogen hätte mit dem Sohne; doch die
Königin wurde darüber heftig erzürnt, und als ihr Gemahl äußerte, 10
daß er diesem Knaben nie von seinem Reiche etwas hinterlassen
würde, erwiderte sie: „Das wird ihm wenig schaden, denn er
braucht deine Länder nicht und wird sich allein ein Königreich
erwerben" „Um so besser," sagte der König spöttisch, „dann kann
er sein Drittel in diesem Lande seinen Brüdern lassen." 15
Nachdem die Königin in großer Betrübnis eingeschlafen war,
ergriff der herzlose Vater das arme Kind, welches schlummernd
nicht ahnte, was ihm drohte, und reichte es Berchtung, der schon
lange vor der Thür harrte; der nahm es und ging mit ihm zur
Burg hinaus. Draußen war sein Pferd angebunden, auf dem er 20
schnell davonritt.
Als der Tag graute, erwachte der Knabe und rief nach seiner
Mutter, doch der Alte ritt unbekümmert weiter; bald gewöhnte
sich der Kleine an die neue Umgebung und fing an, mit Berchtungs
Panzerringen zu spielen. Das erweichte des alten Mannes Herz 25
so, daß er es nicht mehr über sich gewinnen konnte, den blutigen
Auftrag auszuführen; wiederum schämte er sich aber vor sich selbst,
denn er hatte in vielen heißen Kämpfen manchem tapfern Manne
das Leben geraubt und sollte nun zaghaft sein, da es nur einem
Kinde galt? 30
In solchem Nachsinnen kam er an ein Gewässer, in welchem
Wasserrosen blühten. „Halt," dachte er, „jetzt komme ich aus allen
Sorgen. Hier werde ich dich niedersetzen und deinem Geschicke
überlassen. Wirst du nun, wie Kinder zu thun pflegen, nach den
Blumen greifen, dann ist des Königs Wille erfüllt und ich bin 35

frei von der Blutschuld." Doch der Kleine hatte nicht anderer Kinder
Art, sondern lief spielend über die Wiese hin und kümmerte sich
nicht um die Rosen. Der Alte saß bis an den Abend dabei und
sah seinem Treiben zu. Als die Nacht hereingebrochen war, kamen
des Waldes Tiere, um ihren Durst zu löschen, an das Wasser; 5
alle liefen herzu und wieder davon, ohne dem Kinde etwas zuleide
zu thun. Endlich kam ein Rudel Wölfe und stellte sich schnobernd
um den Knaben, der nach ihren Augen griff, die in der Dunkel=
heit gleich Kerzen leuchteten. Wenn ihm aber ja eins der Tiere
gar zu nahe kam, dann schlug er es auch wohl, daß es eilend 10
das Weite suchte. Ob dieser Wunder staunte Berchtung gewaltig
und beschloß, kostete es auch sein Leben, das Kind zu retten; so
nahm er es denn und brachte es einem seiner Wildhüter mit dem
Befehle, es wohl zu pflegen und sorgsam aufzuziehen. Zur Erinne=
rung an die Wölfe nannte er es Wolfdietrich. 15

---

4. Der Königin Klage.

Bei Tages Anbruch hatte die Königin den Verlust des
Sohnes bemerkt und beschuldigte nun unter lautem Wehklagen
ihren Gemahl, daß er ihn beiseite geschafft hätte. „Ich that's
nicht," erwiderte dieser höhnisch, „sondern der hat ihn genommen,
von dem du ihn empfangen hast." „Jetzt fängst du dich in deinen 20
eigenen Worten," war der Königin Antwort, „denn dein war das
Kind so gut, wie es das meine war!" Als aber die Frau immer
heftiger klagte und es laut in der Königsburg aussprach, daß der
König seinen eigenen Sohn ermordet hätte, da wurde Hugdietrich
doch etwas bedenklich, so daß er zu Saben ging, um sich bei diesem 25
Rat zu holen. Aber da kam er übel an, denn der schändliche
Verräter schob dem Könige alle Schuld zu und riet ihm, wenn
er sich vor dem Volke rechtfertigen wollte, wiederum Berchtung
als den Thäter öffentlich zu bezeichnen: dieser sei ja doch der
Hauptverbrecher, denn er hätte mit der Ausführung des Befehls 30
noch einen Tag warten können, falls sich sein Herr vielleicht eines
Besseren besönne.

Nun wurde der Herzog Berchtung, der schon wieder in seiner
Burg weilte, an den Hof vorgeladen, scheinbar zu einem großen
Feste; darüber verging aber noch mancher Tag; als er dann, wohl 35

geschmückt und ohne Waffen, im Saale unter den Festgenossen saß,
versuchte Hugdietrich, seine Gemahlin zu bestimmen, daß sie selbst den
Herzog des Mordes beschuldigen sollte. Davon wollte die Königin
nichts wissen, denn sie war zu fest von des Mannes Treue über=
zeugt; endlich aber ließ sie sich doch bewegen, betrat mit dem Könige 5
den Saal und bestätigte es, als dieser Berchtung der Bluttat zieh.
Darüber erhob sich ein entsetzlicher Lärm, während dessen der König
den Herzog samt seinen Mannen gefangen fortführen ließ.

5. Das Gericht.

Nach etlichen Wochen ließ der König einen Gerichtstag ab=
halten zu Konstantinopel, wobei Saben an des Königs Statt 10
richten sollte. Nun war es in den Zeiten Sitte, daß keiner sich
verteidigen durfte, er hätte denn zum Fürsprecher einen angesehenen
achtbaren Mann. Das wußte Saben wohl, und ebenso, daß
Berchtungs Unschuld zu Tage kommen würde, wenn einer ihn ver=
teidigte. Darum riet er dem Könige, allen seinen Mannen zu ver= 15
bieten, für den Angeklagten einzutreten.

Ehe das Gericht gehalten wurde, trat die Königin zu Berch=
tung, doch der grüßte sie nicht; als sie ihn darob tadelte, warf
er ihr vor, daß sie an seinem Unglück schuldig sei, dennoch wollte
er ihr nicht mit Bösem vergelten und gab ihr eine Schrift, die 20
das Schicksal ihres Sohnes enthielt; das sollte sie lesen, wenn
sein Geschick entschieden wäre.

Gebunden stand nun der Herzog vor dem Gerichtsstuhl, auf
welchem sein früherer Gefährte Saben saß; als er aber unter
seinen vielen Freunden sich nach einem Fürsprecher umsah, da 25
wollte ihn keiner mehr kennen. Schon freute sich der tückische
Richter über den gelungenen Betrug, als plötzlich Berchtungs
Schwager, der kühne Baltram, gewaffnet mit hundert Kämpfern
in den Ring trat und mit Donnerstimme dem Angeklagten zurief:
„Gleich einem Diebe stehst du hier gebunden, sag an, wo hast 30
du gestohlen?" „Auf Mord lautet die Anklage," versetzte der
andre, „aber hier ist niemand, der mich verteidigen mag." Da
zerhieb Baltram in großem Zorne des Gebundenen Fesseln und
rief den Umstehenden zu: „Schämt euch, daß ihr einen, der ein
Fürst ist wie ihr, so vor euch stehen laßt, und denkt ja daran: 35
was man ihm heute thut, geschieht euch morgen!"

Daß es nun mit Sabens Schlauheit aus war, kann man
sich denken; denn als Baltram laut jeden aufforderte, mit Berch=
tung zu kämpfen, wenn er ihn des Mordes beschuldigte, um so
durch ein Gottesurteil die Sache, wie Brauch war, zu entscheiden,
da weigerte sich Saben ganz entschieden und meinte, das wäre des ⁵
Königs Angelegenheit, der müßte kämpfen; doch dieser verspürte
noch weniger Lust, im Bewußtsein des Unrechts sein Leben zu wagen.

Damit war die Anklage zurückgewiesen und Berchtung forderte
nunmehr, daß die Königin das Schriftstück vorlesen ließe, welches
er ihr gegeben hatte; das war aber nicht so leicht gethan, denn ¹⁰
jeder Schreibkundige, der auch nur einen Blick hineingethan hatte,
gab es ungelesen zurück, da keiner gern des Königs Zorn auf sich
laden wollte. Als sich aber endlich doch einer fand, der genug
Mut dazu besaß, vernahmen die Fürsten die Geschichte, wie der
König auf Sabens Rat seinen eigenen Sohn zum Tode bestimmt, ¹⁵
Berchtung ihn aber gerettet hatte. Der König wußte sich nicht
anders zu helfen, als daß er seinen bisherigen Ratgeber der Rache
Berchtungs überließ, und sich selbst als verführt und verleitet
hinstellte.

6. Die Vergeltung.

Berchtung schleppte den, der eben noch sein Richter sein sollte, ²⁰
fort und wies ihm die Stelle, wo der Galgen errichtet war. Da
fing der Elende an, um sein Leben zu bitten, das ihm der Herzog
wirklich schenkte, eingedenk der früheren Freundschaft; doch mußte
er aus dem Lande ziehen, allein zu Fuß und nur mit einem
Stabe in der Hand. Sein Erbe wollte der König dem Herzog ²⁵
Berchtung geben, aber der ehrliche Mann nahm es nicht an, weil
er das Weib und den schuldlosen Sohn des Verbannten nicht be=
rauben wollte.

Als sich so alles zum Guten gewendet hatte, begehrte die
Königin den Sohn wiederzusehen, den sie längst verloren geglaubt ³⁰
hatte; aber der war ein so starker Junge geworden, daß sie ihn
kaum wieder kannte, dazu war er ein arger Raufbold und so
wild, daß der Waldwärter, bei dem er aufgewachsen, ihn kaum
noch bändigen konnte; auch Berchtungs Söhne, die mit ihm kamen,
waren ihm alle nicht gewachsen, obgleich sie samt und sonders ³⁵
älter als er waren.

Am Hofe mochte der König den dritten Sohn, der ihm doch
ein Ärgernis war, nicht behalten und wollte ihn Berchtung zur
Erziehung übergeben; doch dieser weigerte sich, den Knaben auf=
zunehmen, dem sein Vater nicht einmal ein Erbteil geben wollte;
nur Schwert und Harnisch sollte er erhalten, um damit, wie seine   5
Mutter gesagt hatte, sich selbst ein Land zu erfechten. Endlich
willigte der Alte doch ein und zog mit dem jungen Volk von
dannen auf seine Burg Meran.

---

7. Hugdietrichs Tod.

A 251   Berhtunc nam mit triuwen daz liebe kindelîn
und bevalh ez ûf die sêle der lieben frouwen sîn.   10
er sprach 'der selben triuwen du imer geniezen muost,
daz du unserm erbehêrren als dînem kinde tuost.'
252   dô was ouch Berhtunge harte wol dâ mite.
er lachete vaste dicke sînes hêrren site,
daz er in der bürge niemen niht vertruoc,   15
daz er sô manegen starken roufete unde sluoc.
255   sus nâhete ez dem tôde, als ez noch vil dicke tuot,
daz si alle müezen sterben, si sîn übel oder guot,
arme betelære und edele künege rîch:
als lac ouch an sim ende Huge Dieterich.   20
256   dô bevalh er Berhtunge bürge unde lant,
sîne süne alle drîe und die frouwen bî der hant.

Berchtung nahm treu das liebe Kindlein auf [10] und empfahl
es sehr seiner lieben Frau. Er sprach: „Von der Treue wirst du
immer Nutzen haben, wenn du unsern Erbherrn gleich wie dein
Kind behandelst."

Nun war auch Berchtung ganz vergnügt dabei. Er lachte
oft sehr über seines Herrn Art, [15] daß er in der Burg sich
von keinem etwas gefallen ließ, so daß er manchen starken Mann
raufte und schlug.

Jetzt ging es an das Sterben, wie es immer geschieht, daß
alle sterben müssen, sie seien gut oder böse, arme Bettler oder edle
mächtige Könige. [20] So kam auch zu seinem Ende Hugdietrich.
Nun übergab er Berchtung Burgen und Länder, seine Söhne

dô sprach gezogenlîchen Berhtunc von Mêrân
'swer mir niht envolget umb den nime ich mich niht an.'
A 257   sus wart der künec vil schiere verklaget und ouch
verswigen.
des muoste vil der lande nâch im verwüestet ligen.
dô der trôst des landes verschiet und ouch verstarp,   5
der ungetriuwe Saben umb sîner frouwen hulde warp.
258   dô wart dem lande jâmer unt mort alrêrste gefrumt.
owê daz man die frouwen sô lîhte überkumt!
si frâgete Berhtunge, ob er hulde solte haben:
ez wurbe umbe ir hulde der ungetriuwe Saben.   10
259   dô sprach Berhtunc mit zorne 'welt ir im nu vergeben,
unde wolt in, frouwe, vor niht lâzen leben?
und gewinnt er hulde, iuch und iuwer kint
er verderbet mich und alle, die iu holt mit triuwen sint.'
260   dô sprach diu küniginne 'sol ich dâ von getreten?   15
die hôhsten in dem lande habent mich umb in gebeten,
daz ich im gebe hulde, swaz dich nu dunke guot.'
'ez gerouwet iuch alrêrste, frouwe, ob ir ez tuot.'

alle drei und dazu seine Frau. Dann sprach würdig Berchtung
von Meran: „Wer mir nicht Folge leistet, des nehme ich mich
nicht an."

So wurde bald mit der Klage um den König aufgehört und
geschwiegen. Wegen dieser Ereignisse wurden später viele Lande
verwüstet. [5] Als der Schützer des Landes verschieden und
gestorben war, versuchte der ungetreue Saben die Gnade seiner
Herrin wieder zu gewinnen.

Jetzt wurde dem Lande zum ersten Jammer und Leid be-
reitet. O weh, daß man die Frauen so leicht überlistet! Sie
fragte Berchtung, ob er Gnade finden sollte: [10] es bäte um ihre
Verzeihung der ungetreue Saben. Darauf sagte Berchtung zornig:
„Wollt Ihr ihm jetzt vergeben, während Ihr ihn, Herrin, früher
nicht leben lassen wolltet? Erwirbt er Eure Verzeihung, Euch und
Euer Kind richtet er zu Grunde, dazu mich und alle, die Euch
treu sind!" [15] Nun sagte die Königin: „Soll ich davon zurück-
treten? Die Vornehmsten im Lande haben mich für ihn gebeten,
daß ich ihm Gnade verleihe, falls es dir gut scheint." „Es
gereut Euch bald, Herrin, wenn Ihr es thut." „Da du es mir

A 261 'sît daz du mirz verbiutest, sô wil ouch ichz niht tuon.'
    'und tuot irz, er verderbet iuch und iwern sun.'
    daz si imz verlobte und im doch hulde gap,
    des muoste si verliesen den rehten leitestap.

262 als der ungetriuwe ir hulde dô gewan,   5
    dô begunde er râten ûf Berhtunc von Mêrân,
    und begunde ouch râten ûf die edel künigîn,
    wie er die verstieze und ir vil liebez kindelîn.

263 dô sprach der vil getriuwe 'nu si im hulde hât gegeben,
    nu ræt er ûf mich sêre, daz ez mir gêt an mîn leben.   10
    nu sol man nimmer mêre gelouben an ein wîp.
    wâfen über mich selben, wan nam ich im niht sînen lîp?

264 swer die argen diebe und ungetriuwen spart,
    die verkêrent sich vil selten, daz solt ich wol hân bewart.
    zwiu wolte ich den ze neren, der mir ungetriuwe was?   15
    nu muoz ez gote erbarmen, daz er vor mir ie genas.'

265 do verstiez man Berhtunge von dem râte sâ zehant.
    der frouwen und der kinde sich Saben underwant.
    er truoc an mit den hêrren beidiu tac und naht:
    dâ erz hin bringen wolde, dâ hete erz schiere brâht.   20

widerrätst, so will auch ich es nicht thun." „Thut Ihr's, Ihr
verderbt Euch und Euern Sohn." Daß sie es diesem verschwur
und dem andern doch Gnade gewährte, dadurch verlor sie ihren
rechten Führer.

[5] Als der Treulose ihre Gunst wiedergewonnen hatte, fing
er an gegen Berchtung von Meran Ränke zu spinnen und ebenso
gegen die edle Königin, wie er die beiseite schaffte und ihren
lieben Sohn. Nun sagte der treue Berchtung: „Da sie ihm ver-
ziehen hat, [10] plant er gegen mich, daß es mir an das Leben
gehe. Man sollte doch nimmermehr einem Weibe trauen! Weh über
mich selbst! Warum nahm ich ihm nicht das Leben? Wer die
bösen Diebe und Treulosen schont, die bessern sich doch nie, daran
hätte ich denken sollen. [15] Warum mußte ich den retten, der
mir untreu war? Jetzt muß es Gott erbarmen, daß er vor mir
das Leben rettete."

Jetzt entfernte man Berchtung gleich aus dem Rate. Die
Sorge für die Herrin und die Kinder übernahm Saben. Er be-
trieb es mit den jungen Herren Tag und Nacht: [20] wohin er es

A 266   zuo den juncherren sprach er dò alle zit
'ir sult vil rehte wizzen, hèrre, wer ir sit.
von iuwer muoter valsche ist der dritte künec enwiht;
dens iu dà zelt ze bruoder, der ist iuwer bruoder niht.
268   dà von ir in den landen die liute hazzic sint.   5
des si iu dà giht ze bruoder, der ist ein kebeskint.
dà mite wart zerstœret iuwers lieben vater è.
got gebe daz ir geschaffet, daz ez ir übele gè.'
269   die juncherrn beide wànden, er hete des wàr.
des wart daz wip verderbet von sinen lügen gar.   10
und ouch dem armen kinde verriet er sin künicrich:
diu künegin ward verstòzen und ir sun Wolf Dietrich.
278   man liez ir vil kùme ir ros und ir gewant.
swaz sò man in der kamere des richen schatzes vant,
des wolte man der frouwen niht einer marke lân.   15
si muoste als arme riten ze Berhtunge von Mèrân.

bringen wollte, dahin hatte er es bald gebracht. Zu den jungen
Herren sagte er dann alle Zeit: „Ihr sollt recht wissen, Herren,
wer ihr seid. Durch den Betrug eurer Mutter ist der dritte Prinz
unecht. Den sie euch als Bruder zurechnet, der ist euer Bruder
nicht. [5] Deshalb sind ihr in den Landen die Leute feindlich. Den
sie für euern Bruder ausgiebt, der ist ein uneheliches Kind. Da-
durch wurde eures lieben Vaters Ehe vernichtet. Gebe Gott, daß
ihr es durchsetzt, daß es ihr schlecht geht."

Die beiden jungen Herren glaubten, er hätte darin recht.
[10] Deshalb wurde die Frau von seinen Lügen ganz zu Grunde
gerichtet. Auch das arme Kind brachte er um sein Königreich; die
Königin wurde verstoßen und ebenso ihr Sohn Wolfdietrich.

Man ließ ihr kaum ihr Roß und ihr Gewand. Alles, was
man von dem reichen Schatze in ihrer Kammer fand, [15] davon
wollte man der Frau nicht eine Mark lassen. So arm mußte
sie zu Berchtung von Meran reiten.

8. Wolfdietrichs Auszug.

Als der alte Herzog die nichtswürdigen Streiche Sabens ver-
nommen hatte, befahl er in finsterm Zorne allen seinen Mannen,
dazu seinen sechzehn Söhnen, sich zu rüsten; seine Absicht, den

3*

jungen Wolfdietrich daheim bei seiner Mutter zu lassen, konnte
er jedoch nicht ausführen, denn der wilde Jüngling bestand dar=
auf, die Fahrt gegen seine bösen Brüder mitzumachen, und meinte,
er würde schon seinen Mann stehen. So ließ man ihn denn
mitreiten, als das stattliche Heer gegen Konstantinopel aufbrach, 5
um die beiden Brüder zu zwingen, ihre Mutter samt Wolfdietrich
in ihre Rechte zu setzen.

Da wurde den Königen zu Konstantinopel samt ihrem Rat=
geber doch bange, als sie erfuhren, daß der kriegerische Herzog
mit Heeresmacht heranziehe. „Da sieht man seine Tücke wieder,“ 10
sagte Saben, „denn so viele Mannen hat er eurem Vater nie zur
Heeresfolge gestellt.“

Der Kampf, der sich nun erhob, war hart und schwer; zwar
siegte Berchtung überall, aber er verlor alle seine tapfern Degen,
dazu sechs seiner Söhne. Als diese gefallen waren, mußte er 15
traurig umkehren, mit ihm Wolfdietrich, der jämmerlich um der
treuen Genossen Tod klagte; doch der alte harte Mann verbiß
stumm seinen Schmerz und schalt den jungen Helden, daß er sich
so weibisch betrüge. „Die Söhne, welche gefallen,“ sprach er,
„waren die meinen und gehen dich nichts an; soll einer sie be= 20
klagen, so überlaß das mir und meinem Weibe. Jetzt aber ist
es Zeit, zu fliehen, denn der Feinde Gewalt können wir nimmer
standhalten.“

Das gab einen traurigen Empfang in der Heimat, als
Berchtungs Gattin den Tod ihrer sechs Söhne erfuhr, dazu die 25
Kunde von dem Nahen der Feinde. Nur der Herzog blieb un=
erschüttert und machte alles bereit, die feste Burg zu verteidigen.

Als der Griechen Heer vor den Mauern stand und schon
mancher von den Würfen und Geschossen der Verteidiger den Tod
gefunden hatte, forderte Saben den Herzog auf, ihm Wolfdietrich 30
auszuliefern: um diesen Preis sollte er Leben und Freiheit er=
halten; man kann sich denken, welche Antwort darauf erfolgte.

Wie nun aber die Belagerung lang und immer länger wurde
und nirgend sich Aussicht auf Errettung zeigte, begehrte Wolf=
dietrich eines Tages von seinem alten Meister die Erlaubnis, in 35
die weite Welt ziehen zu dürfen: entweder wollte er einen König
aufsuchen, der mächtig genug wäre, seine Brüder zu bezwingen;
dem wollte er dann Treue schwören und sein Lehnsmann werden
für das ganze Leben; oder er wollte wenigstens versuchen, in

fremden Ländern Ruhm und Ehre zu erwerben, um hier nicht
feig und thatenlos hinter festen Mauern vielleicht früher oder
später den Hungertod zu sterben, besonders weil er die Weis=
sagung erfahren, die seiner Mutter über sein künftiges Geschick
geworden war.   5

Obgleich dem Herzog anfangs diese Rede wenig behagte, sah
er doch bald ein, daß es das Beste wäre, des jungen Helden
Willen zu erfüllen, damit er hier nicht mit ihnen allen umkäme;
nur seine Jugend machte ihm noch Sorge, doch darüber setzte sich
Wolfdietrich leicht hinweg. Nach kurzem Besinnen gab ihm der 10
Alte den begehrten Urlaub und hieß ihn, wenn er einen mächtigen
Fürsten aufsuchen wollte, hinziehen in das Land der Longobarden:
dort herrsche der gewaltige Ortnit, der einst dem Heidenkönige die
Tochter abgezwungen; wenn einer helfen könnte, so wäre es dieser.

Beim Abschiede gab ihm seine Mutter das geweihte Tauf= 15
gewand mit dem Gebot, es immer an sich zu tragen, weil es ihm,
nach des Einsieders Worten, gegen alle Gefahren dienen werde.
Dann legte er seines Vaters alte Rüstung an, bestieg sein Roß
Falke und zog in stiller Nacht davon mitten durch die Feinde,
die ihn für einen der Ihrigen hielten.   20

Das ist die Geschichte, wie Wolfdietrich auszog, um den
König Ortnit zu suchen, den er aber nicht mehr unter den Leben=
den fand. Andere Dichter kennen jedoch eine ganz andere Ge=
schichte von seiner Jugend, und diese Erzählung weiß auch manches
von den jungen Jahren seines Vaters zu erzählen.   25

B. Wolfdietrich von Salnecke.

B 1   Ez wuohs in Kunstenopel ein junger künic rîch,
      gewaltec unde biderbe, der hiez Hugdietrîch.
      ûf von kindes jugent kund der helt wol leben,
      durch got und durch êre beidiu lîhen unde geben.

Es erwuchs in Konstantinopel ein junger mächtiger König,
gewaltig und tüchtig, der Hugdietrich hieß. Von früher Jugend
an verstand es der Held vornehm zu leben, um Gottes und der
Ehre willen Lehen zu erteilen und zu schenken. Er war zierlich

B 2   er was klein an dem libe, wol geschaffen über al,
      gedrol alse ein kerze über die hüffe hin zetal.
      sin hâr was im reide, dar zuo lanc unt val:
      ez gienc im über die ahsel ûf die hüffe hin zetal.
   3 sin vater was geheizen der künic Antzîus,   5
      ein künec in Kriechenlande.   daz buoch sagt uns alsus.
      der hete ûf sînem hove erzogen, daz ist wâr,
      einen alten herzogen, der lebt vil manec jâr.
   4 daz was herzog Berhtunc, geborn von Mêrân.
      der selbe künic Antzîus der hiez in für sich gân.   10
      er sprach 'ich hân erzogen dich in wirdekeit:
      des lâz mich geniezen.   ich enphilhe dir ûf dînen eit
   5 Hugdietrîchen, mîn vil liebez kindelîn,
      und dar zuo lant und liute hin ze den triuwen dîn:
      der tôt hât mich erslichen, die werlt muoz ich verlân.'   15
      ritter unde knehte sach man trûriclîchen stân.
   8 dar nâch in kurzen tagen der künic dâ erstarp.
      mit zühten herzog Berhtunc vil schiere daz erwarp,
      wie er begraben wurde, als man noch künegen tuot.
      er nam zuo im den jungen: vil trûric was sîn muot.   20

von Gestalt, wohlgebildet überall, rund wie eine Kerze von den
Hüften bis zu den Füßen.   Sein Haar war lockig, dazu lang und
blond; es ging ihm über die Schultern bis zu den Hüften.
[5] Sein Vater hieß König Antzius, König in Griechenland.
Das Buch erzählt uns so.   Der hatte auf seinem Hofe herangebildet
(so ist es wirklich) einen alten Herzog, der nun schon manches
Jahr lebte.   Das war der Herzog Berchtung, geboren zu Meran.
[10] Der König Antzius hieß ihn einst vor sich kommen und
sprach: „Ich habe dich in Ehrenhaftigkeit erzogen, das laß mich jetzt
entgelten.   Ich befehle dir auf deinen Eid Hugdietrich, mein liebes
Kind, dazu Land und Leute, auf deine Treue bauend.   [15] Der
Tod hat mich überkommen, die Welt muß ich verlassen."
     Ritter und Knappen sah man traurig dastehen.   Nach wenig
Tagen starb der König.   In rechter Weise sorgte Herzog Berchtung
dafür, daß er begraben wurde, wie man bei Fürsten zu thun pflegt.
[20] Er nahm den jungen Sohn zu sich; traurig war sein Sinn.

6. Das Buch ist die Quelle, aus welcher der Dichter seine Erzählung entnimmt oder
doch geschöpft zu haben vorgiebt. — 8. Alt heißt der Herzog hier nur, weil er später
dies epische Beiwort immer trägt; hier muß man ihn sich noch jünger denken.

B 9   dar nâch zôch er sîn hêrren unz an daz zwelfte jâr.
dô sprach Hugdietrîch, daz sage ich iu für wâr
'lieber meister Berhtunc, ich suoche triwe ze dir:
durch alle dîne tugent soltus erzeigen mir.
10   nâch einer schœnen frouwen sô stât mir der muot.   5
du weist wol, lieber meister, ich hân êr unde guot,
beide lant und liute, wît ist diu herschaft mîn:
ob ich nu alsô sturbe, wes solte ez danne sîn?'
11   dô was herzog Berhtunc diu rede niht leit.
er sprach 'ich bin gewesen in landen verre unt breit: 10
ich gesach nie mit ougen frowen noch magedîn,
die dir hie ze lande mugen genôzsam sîn.
12   hât si ez an dem lîbe, so ist si ein dienestwîp;
hât si ez an dem adel, so ist ungeschaffn ir lîp.
dâ von enkan ich vinden keiner slahte maget,   15
diu dir hie ze lande ze frouwen wol behaget.'
13   dô sante Hugdietrîch über al in sîniu lant.
dô kom gên hove geriten manec küener wîgant.
er sprach 'nu râtet alle umbe ein magedîn.'
si sprâchen 'der rât aller muoz ligen an dem meister dîn.'   20

Danach erzog er seinen Herren zwölf Jahre lang. Dann sprach Hugbietrich, das sage ich euch als wahr: „Lieber Meister Berchtung, ich verlange Treue von dir; um deiner Tüchtigkeit willen sollst du sie mir leisten. [5] Nach einer schönen Frau steht mir der Sinn. Du weißt wohl, lieber Meister, ich habe Ruhm und Reichtum, Land und Leute, weit dehnt sich meine Herrschaft. Wenn ich jetzt stürbe, wessen sollte es dann alles sein?“

Nun war dem Herzog Berchtung die Rede nicht unangenehm. [10] Er sagte: „Ich bin in den Ländern weit und breit herum= gekommen. Ich sah nie mit meinen Augen Frauen noch Mädchen, die dir hier zu Lande ebenbürtig wären. Hat sie Schönheit, so ist sie eine Unterthanin; ist sie edler Abkunft, so ist sie ungestalten. [15] Deshalb kann ich keiner Art Mädchen finden, die dir hier zu Lande als Frau gefiele.“

Hierauf sandte Hugbietrich aus in alle seine Länder; dann kam zu Hofe geritten mancher kühne Kämpfer. Er sprach: „Jetzt ratet alle wegen eines Mädchens.“ [20] Sie sagten: „Der Rat von uns allen muß von deinem Meister ausgehen.“ Er sprach: „Lieber

B 14   er sprach 'vil lieber meister, gip mir dînen rât,
sît der rât aller an dir einic stât.
nu rât mir mit triuwen umbe ein megetîn,
diu mir hie ze frouwen müge wol genôzsam sîn.'
15   er sprach 'vil lieber hêrre, daz tuon ich dir kunt.   5
ez sitzt ze Salnecke ein künec, heizt Walgunt:
sîn frouwe ist geheizen diu schœne Liebgart:
sê, diu habent ein tohter, daz nie kein schœner wart.
16   Hiltburc diu schœne sô ist si genant.
man enfunde niht ir glîchen, der füer durch alliu lant,   10
weder küniginne, noch keiner slahte maget,
diu dir hie ze lande ze frouwen alse wol behaget.
17   si ist von allen orten edelem künne gebâr.
ir wonet bî zuht und êre, daz sage ich dir für wâr,
mâze unde ouch schame, dar zuo bescheidenheit,   15
tugent unde ouch schœne, die treit diu selbe meit.
18   ûf einem turn beslozzen sô ist diu werde meit.
ir vater hât versworen si sî allen man verseit
stæte unz an sîn ende, die wîle er hât daz leben:
daz umb si bæt der keiser, er wolte im si nimmer geben. 20

Meister, gieb mir deinen Rat, da aller andern Rat dir allein
übertragen ist. Nun rate mir in Treue wegen eines Mädchens,
die mir hier als Herrin wohl passend sein könnte."
[5] Er sagte: „Lieber Herr, das thue ich dir kund. Es
herrscht zu Salnecke ein König, der Walgund heißt; seine Frau
ist die schöne Liebgard: sieh, die haben eine Tochter, daß es nie
eine schönere gab. Die schöne Hildburg heißt sie. [10] Man fände
ihresgleichen nicht, zöge auch einer durch alle Länder, weder eine
Fürstin noch ein Mädchen andrer Herkunft, die dir hier zu Lande
als Herrin so wohl gefiele. Sie ist in jeder Beziehung der eblen
Abkunft entsprechend. Sie besitzt Anstand und Ehrenhaftigkeit,
das sage ich dir als gewiß, [15] Erziehung und Gesittung, dazu
Verstand, Tugend und Schönheit hat dasselbe Mädchen.
    Auf einem Turm ist das eble Mädchen eingeschlossen. Ihr
Vater hat einen Eid geleistet, daß sie gewiß allen Männern ver=
sagt wird bis an sein Ende, solange er lebt. [20] Selbst wenn

6. Salnecke ist Thessalonike (Salonichi). — 20. Der Kaiser ist der römische,
d. h. des römischen Reiches deutscher Nation.

B 19   ir phliget ein wahtære schône zaller zît,
       und ouch ein torwertel, als man ir zezzen gît,
       und ouch ein juncfrouwe, diu ir dar zuo behaget:
       alsus ist si behüetet, diu keiserlîche maget.
  20   waz hilft iuch, lieber hêrre, daz ich iu verjehen hân   5
       von der schœnen frouwen? die müezt ir varn lân.
       mit allen iuwern sinnen mügt ir se gewinnen niht;
       ir müezt si lân dâ heime, swaz iu dar umbe geschiht.'

um sie der Kaiser bäte, er würde sie ihm nimmer geben. Sie
behütet sorgfältig ein Wächter zu aller Zeit und ein Thürhüter,
wenn man ihr Speise bringt, und ebenso eine Jungfrau, die ihr
wohl gefällt. So wird das stattliche Mädchen bewahrt.
     [5] Was hilft es Euch, lieber Herr, daß ich Euch von der
schönen Dame erzählt habe? Ihr müßt auf sie verzichten. Mit
aller Anstrengung könnt Ihr sie nicht erwerben. Ihr müßt sie
daheim lassen, mag es Euch gehen, wie es wolle."

     Den ersten Teil der Rede hatte Hugdietrich mit großer
Freude gehört, aber der zweite mochte ihm nicht behagen und es 10
wollte ihm gar nicht so unmöglich scheinen, die schöne Fürstin zu
erwerben; denn er war ein kluger Mann und trotz seiner Jugend
doch geschickt zu jeder List.
     Zum großen Staunen seiner Hofleute fing er alsbald an,
sich in weiblichen Arbeiten, künstlichen Stickereien und was der 15
Dinge mehr sind unterrichten zu lassen; dann kleidete er sich gar
als ein Weib, wobei ihm sein schönes Antlitz und langes Haar
trefflich zu statten kam, so daß ihn bald seine besten Freunde und
treuesten Diener nicht wieder kannten.
     Eines Tages verschwand er dann in Konstantinopel und mit 20
ihm Berchtung, der alles wußte, nebst einem stattlichen Gefolge
von Rittern und Knappen; in Salnecke tauchte er wieder auf und
gab sich als König Hugdietrichs Schwester Hildgund aus; auch
erzählte er eine traurige Geschichte, daß er von dem bösen Bruder
vertrieben in fremde Länder flüchten müsse, um dort sicher zu 25
wohnen.
     König Walgund hatte die Nachricht auch gehört, daß eine
fremde Fürstin von hoher Schönheit und großem Reichtum in
seinem Lande Schutz suche; da hielt er es denn für Fürstenpflicht,

sich ihrer anzunehmen, und wünschte sie zu sehen. Die Fremde ließ sich demütig vor ihm auf die Kniee nieder, doch er hob sie auf und fragte sie nach ihrem Geschick. Als er nun vernommen hatte, daß sie ihren Bruder verlassen, weil dieser sie zur Heirat mit einem verhaßten Heiden zwingen wollte, und als er gar von 5 ihrer Kunstfertigkeit in weiblichen Arbeiten gehört und auch manches gesehen hatte, da beschloß der sonst argwöhnische König, sie an seinem Hofe zu behalten, solange sie wollte oder ihr Bruder ihr zürnte. Den Berchtung sandte, die jetzt Hildgund hieß, wieder heim, doch gebot sie ihm, nach Jahresfrist zurückzukehren, denn bis 10 dahin gedachte sie ihr Werk vollendet zu haben.

Über diese Geschichten war mancher Tag vergangen und Hildgund immer höher in des Königs Gunst gestiegen, bis sie ihm eines Tages eine wunderschöne Haube schenkte, die ihn so erfreute, daß er ihr die Gewährung jedes Wunsches versprach. Was sie 15 darauf begehrte, war wenig genug, denn sie verlangte nur, daß seiner Tochter, der armen Hildburg, erlaubt würde, einmal den Turm zu verlassen und mit ihr sich des Lebens zu erfreuen. Es traf sich gerade, daß zu dieser Zeit ein großes Fest am Königshofe stattfand, bei welchem Hildgund und Hildburg bei einander 20 saßen; da sah denn die Königin Liebgart, daß ihre Tochter doch sehr in feiner Sitte und Zucht der fremden Fürstin nachstand und daß die lange Abgeschlossenheit ihr in keiner Art gutgethan hatte; es fiel ihr deshalb nicht schwer, ihren Gemahl zu überreden, daß er die kunstfertige Hildgund, wie sie es selbst wünschte, auf einige 25 Zeit mit in den Turm schickte.

Acht lange Wochen brachte Hildgund im Turme zu und sprach mit der schönen Hildburg von nichts als von Sticken oder Weben; doch da offenbarte sie ihr, daß sie eigentlich der König Hugdietrich von Konstantinopel sei und gekommen, ihre Liebe zu erwerben. 30 Heiß weinte darüber die Jungfrau, denn sie kannte des harten Vaters Willen und wußte, was beiden drohte, wenn er das Geheimnis erführe, doch Hugdietrichs Kosen überwand ihre Sorgen, daß sie sich ihm ergab und sein Weib wurde.

So vergingen ihnen schnell die Tage in Liebe und Selig= 35 keit, ohne daß auch nur einer das Geheimnis ahnte, selbst die Königin nicht, obgleich sie fast täglich kam, um die Fortschritte ihrer Tochter zu bewundern. Endlich aber begann Hildburg den Geliebten zu mahnen, daß er auf Mittel dächte, sie aus dem Turme zu befreien, denn die Stunde sei nicht mehr allzufern, die alles ans Licht bringen und sie selbst in ewige Schande, den Geliebten in das Verderben stürzen würde. Doch Hugdietrich war nicht gesonnen, heimlich, wie er wohl konnte, mit seinem Weibe sich davon zu machen: offen und vor aller Augen wollte er sie von ihrem 5 Vater fordern. Deshalb zog er die Turmwächter in das Geheimnis und gab ihnen Befehl, was sie nach seinem Weggange thun sollten; dafür versprach er ihnen, wenn sie gehorchten, reichen Lohn, während ihnen sonst, wenn er sie nicht schützte, ihres Herren Zorn und harte Strafe drohte. 10

Dann rüstete er sich zur Abreise, denn Berchtung war zur rechten Zeit erschienen; scheidend sagte Hugdietrich dem betrübten Weibe: „Ist es, daß dir ein Sohn beschert wird, so heiß ihn Dietrich nach meinem Namen; ist es ein Mädchen, so magst du den Namen selbst wählen. Die Turmwächter und deine Dienerin 15 werden dir in aller Gefahr und Bedrängnis beistehen."

König Walgund war auch wenig froh über den nahen Abschied, doch mußte er sich endlich in sein Geschick finden und entließ seine Gäste reich beschenkt.

Als Hildburg einem Knaben das Leben gegeben hatte, pflegten 20 die Turmwächter und die Dienerin denselben; doch waren sie in großer Sorge, weil die Stunde nahe war, in der die Königin täglich ihre Tochter besuchte. Deshalb baten sie, das Kind den Tag über außerhalb des Turmes verwahren zu dürfen. Schweren Herzens ließ die junge Mutter es aus ihren Armen, doch nicht 25 früher, als bis sie an ihm ein Zeichen bemerkt hatte, an dem sie es stets wiedererkennen würde; das war ein rotes Kreuz, welches der Kleine zwischen den Schultern hatte. Dann legten die Wächter das Kind an der Burgmauer in ein Gebüsch, wo es friedlich schlief, bis ein Wolf aus dem nahen Walde kam und es in seinen 30 Versteck forttrug den Jungen zum Fraße; zum Glück waren diese noch zu klein, als daß sie schon raubgierig gewesen wären, und ließen die Beute unberührt.

Wie die Wächter bald darauf suchten und nirgend das Kind finden konnten, da ergriff sie große Sorge und Betrübnis; denn 35 sie mußten wohl, daß sie ihrer jungen Herrin alles verhehlen mußten, wenn sie ihr nicht einen plötzlichen Tod bereiten wollten. Deshalb sagten sie, sie hätten nach der Mutter Willen den Sohn getauft und nun schliefe er; wenn er erwacht wäre, würden sie ihn

wieder bringen. So gewannen sie eine kleine Frist und suchten
ohne Aufhören in der Umgebung der Burg.

An dem Tage verfolgte König Walgund auf der Jagd, der
er zu allen Zeiten oblag, einen starken Wolf, welcher bald in
einer Höhle sich verbarg; dort töteten ihn die Jäger von des 5
Königs Gefolge, fanden aber dann zu aller Verwunderung außer
den jungen Wölfen noch ein Kind in der Höhle. Der König be-
fahl ihnen nachzuforschen, ob die Wölfe etwa die Mutter gefressen
hätten, doch davon war nichts zu finden. Da das Kind nun schön
und lieblich war, fand Walgund an ihm solchen Gefallen, daß 10
er es zu sich aufs Roß nahm und daheim seiner Frau gab mit
dem Wunsche, es aufzuziehen; dann ließ er es taufen und nannte
es Wolfdietrich.

Als die Königin bald darauf ihre Tochter im Turm besuchte,
erzählte sie ihr die wunderbare Geschichte, über welche diese ge- 15
waltig erschrak, obgleich die Wächter ihr fortwährend von dem
Wohlbefinden ihres Sohnes erzählten und auch jetzt noch alles
verhehlen wollten. Endlich aber gestanden sie, daß das Kind ver-
schwunden sei, bald nachdem sie es am Burggraben niedergelegt
hatten. Schnell ließ jetzt Hildburg den bei den Wölfen gefundenen 20
Knaben von seiner Amme in den Turm bringen; am roten Kreuz
erkannte sie ihn, aber die Königin stand dabei und ahnte den
Zusammenhang. So blieb denn dem jungen Weibe kein anderer
Ausweg, als der Mutter zu bekennen, was sich mit Hugdietrich,
den noch alle für die Fürstin Hildgund hielten, zugetragen und 25
wie das Kind von ihr genommen war.

Noch in derselben Nacht erfuhr der König die seltsame Kunde;
doch der schalt seine Gattin eine Thörin, daß sie sich solche Dinge
von ihrer Tochter einreden ließe; als jedoch am andern Morgen
die Turmhüter alles ebenso erzählten und bekräftigten, daß die 30
schöne Hildgund ein Mann gewesen, da machte der König zwar ein
sauer Gesicht, aber er beschloß doch, nach Konstantinopel zu senden,
um Hugdietrich Nachricht zu geben und ihn zu bitten, sich die Ge-
mahlin zu holen. Was hätte der Vater auch anders thun können?

Von Hugdietrichs Freude und wie er schnell mit stattlichem 35
Gefolge gen Salnecke zog, davon wollen wir nicht viele Worte
machen. Walgund war noch immer wenig gut gelaunt, ließ sich
jedoch besser stimmen, als ihm Hugdietrich sagte, daß es ja ein
anderes Mittel, seine Tochter zu erwerben, nicht gegeben hätte.

Nun folgte ein Fest auf das andere, erst in Salnecke, nach=
her in Konstantinopel, wohin auch Walgund mitgezogen war samt
allen seinen Lehnsmannen. Dann zog ein jeder wieder an seinen
Ort; Hugdietrich aber herrschte mit seiner Gemahlin Hildburg noch
manches Jahr zu Konstantinopel. 5

Wolfdietrich wuchs unter Berchtungs Leitung auf und war
schon mit dreizehn Jahren ein starker Knabe, größer und stärker
als alle seines Alters, so daß sich sein Vater leicht bewegen ließ,
ihn mit auf kriegerische Abenteuer zu nehmen. Das erste Mal zog
er mit in den Kampf, als der Sarazenenkönig Olfan von Babylon 10
das Griechenreich verwüstete und Hugdietrich ihm mit tapferer Hand
wehrte. Nicht ebenso entschlossen handelte der König bald darauf,
als Ortnit von ihm Tribut forderte oder mit Krieg drohte; Hug=
dietrich gab ein mit Gold beladenes Maultier, um sich freizukaufen,
aber Wolfdietrich schwur, daß er sich dafür an dem Longobarden= 15
könige rächen wolle.

Als Wolfdietrich auch einmal mit Berchtung und dessen Söhnen
ausgezogen war, hatten alle außer ihm den Panzer abgelegt, um
sich an einer Quelle im Walde auszuruhen, und waren so wehr=
los von einer Schar Riesen gefangen und auf der Burg Troi= 20
mund eingesperrt, welche dem Sarazenen Belmund gehörte, Olfans
Bruder. Da der junge Degen ihnen folgte, um sie zu befreien,
griffen die Riesen auch ihn an, aber das bekam ihnen schlecht,
denn viele litten von seiner Hand den Tod, zuletzt Belmund selbst,
der den Seinen zu Hilfe eilte, aber auch nach langem Kampfe 25
unterlag. Nun drang der Sieger in die Burg und fiel über Bel=
munds Mannen her, die er endlich bezwang, so daß er seine Ge=
nossen aus dem Gefängnis erretten konnte, in welches sie der
Sarazene hatte werfen lassen.

Nicht lange mehr währte Wolfdietrichs sorglose Jugend, denn 30
sein Vater fühlte den Tod nahe und teilte das Reich unter seine
drei Söhne: den beiden jüngeren Wachsmut und Bauge gab er
schöne und reiche Länder, der älteste aber sollte Konstantinopel
erben und unter Berchtungs Obhut darüber herrschen. Kaum war
der Vater zu Grabe getragen und Wolfdietrich wieder mit seinem 35
Meister nach Meran gegangen, um auch fürder sich in Kampfes=
spielen zu üben, da nahmen die beiden jüngeren Brüder dem
ältesten das Erbe, weil er, so sagten sie, kein rechter ehelicher Sohn
ihres Vaters wäre. Darüber schwoll dem jungen Helden der Zorn,

so daß er mit seinen treuen Mannen nach Konstantinopel eilte
und von seinen Brüdern das Eigentum kühn zurückforderte; nur
Berchtung stand neben ihm, die andern waren vor der Stadt ge=
blieben, sollten aber, wenn sie des Hornes Ruf hörten, herein=
brechen, um mit Gewalt zu nehmen, was der Bitte verweigert würde. 5
Als die frechen Buben ihm aber die Beschimpfung gerade ins
Gesicht wiederholten, da begann Berchtung zu blasen, und herein
stürmten seine sechzehn Söhne mit vielen tapfern Kriegern.

Der Kampf, welcher sich nun allenthalben in der Stadt er=
hob, war hart und währte lange; doch endlich sanken alle die 10
tapfern Mannen tot oder wund zu Boden, nur Berchtung samt
seinen Söhnen kämpfte noch, vor allen aber Wolfdietrich, der
heute um sich schlug, wie er nie gethan. Als er aber seinen alten
Meister allein mit den Söhnen übrig fand, wollte er vom Kampfe
abstehen, doch der Alte begehrte noch weiter zu streiten und focht, 15
bis auch sechs der Söhne gefallen waren. Dann hieb er seinen
jungen Herren eilig aus dem Gedränge heraus und gewann mit
den Seinen das freie Feld, über das sie sausend davonjagten:
hinter ihnen der Feinde Heer.

So kamen sie müde in ein wildes Gebirgsthal, um kurze 20
Rast zu halten; Wolfdietrich ließ es sich nicht nehmen, für die
treuen Genossen die Wacht zu halten; neben ihm wachte noch lange
Berchtung, bis auch ihn der Schlaf übermannte.

Während Berchtung mit seinen Söhnen in tiefem Schlummer
lag, kam aus dem Walde ein großes Ungeheuer, einem Weibe 25
gleich an Gestalt, aber schrecklich anzusehen, und raubte den jungen
Wolfdietrich, der vor Ermattung sich nicht zu wehren vermochte.
Am Morgen suchten ihn die Genossen, und als sie ihn nirgend
fanden, zogen sie weiter von Ort zu Ort, bis man sie ergriff und
nach Konstantinopel als Gefangene schleppte. Wolfdietrich war 30
indes von dem wilden Weibe tief in den Wald geführt und in
ein Land, welches er nie gesehen hatte.

Die Räuberin war die rauhe Else, die Herrscherin von Troja;
sie that dem Gefangenen nichts zuleide, denn sie begehrte ihn zum
Gemahl; doch dessen weigerte er sich standhaft, weil er solch Un= 35
geheuer nicht lieben könnte.

Als sie nun in das Reich der Else gekommen waren, sprang
diese vor Wolfdietrichs Augen in einen Jungbrunnen, aus dem
sie wieder als ein schönes junges Weib hervorkam, denn sie war

vor Zeiten verzaubert und sollte so lange in der übeln Gestalt
bleiben, bis es ihr gelingen würde, einen jungen tapfern Helden
heimzubringen. Das war nun geschehen, und da weigerte sich auch
Wolfdietrich nicht mehr, ihr Gemahl zu werden, denn er erwarb
so nicht allein eine schöne Gattin, sondern dazu auch ein großes 5
Reich, welches noch lange berühmt war und Elsentroja hieß, nach
dem Namen, welchen das Weib in der Verzauberung geführt hatte;
jetzt hieß sie aber wieder wie ehedem Sigminne.

343   dô hete er hôchzîte mit der frouwen wol getân,
    daz er nie gedâhte an sîn einlif dienstman.   10
    im kom eines nahtes in sîn sin und in den muot,
    wie er solte strîten mit Ortnîde dem degen guot.
344   dô sprach Wolfdietrîch 'vil libiu frouwe mîn,
    nu helft mir mînes muotes, als liep i'u müge gesîn,
    wie daz ich gestrîte mit Ortnîde dem küenen man: 15
    ei rîcher got von himele, und hiete ich im gesiget an!'
345   si sprach 'vil lieber hèrre, waz hât er iu getân,
    daz ir in also gerne mit strîte welt bestân?'
    er sprach 'vil liebiu frouwe, ich wil iuch wizzen lân:
    do ich was ein kleinez kindel, dô wolt er mich twungen hân. 20
346   dô sante er sîner grâven zwelf in mîns vater lant,
    ich solte im immer zinsen bürge unde ouch lant.
    ich enbôt im hin widere, swenn ich wurde zeinem man,
    dô wolte ich in ze Garten umb sîn eigen lant bestân.

Darauf hatte er ein Freudenleben mit der schönen Frau, [10]
so daß er nie an seine elf Lehnsmannen dachte. Dagegen kam ihm
eines Nachts in den Sinn, daß er mit Ortnit, dem tapfern Manne,
streiten wollte. Nun sagte Wolfdietrich: „Geliebte Gattin, hilf mir
zu meinem Vorhaben, wenn ich dir lieb bin, [15] damit ich mit
Ortnit, dem kühnen Manne, streite. Mächtiger Gott im Himmel!
Hätte ich ihn doch erst besiegt!" Sie antwortete: „Lieber Gemahl,
was hat er dir denn gethan, daß du ihn so gern im Streite bestehen
willst?" Er sagte: „Geliebte Frau, das will ich dich wissen lassen:
[20] als ich noch ein junger Knabe war, wollte er mich überwinden.
Damals sandte er seiner Grafen zwölf in meines Vaters Land,
ich sollte ihm immer Zins geben von den Burgen und dem Lande.
Ich ließ ihm wieder sagen: wenn ich zum Manne geworden wäre,
wollte ich ihn zu Garba wegen seines eigenen Landes bekämpfen.

B 347 nu bin ich gewahsen und worden zeinem man:
nu wil ich in ze Garten umb sîn erbe bestân.
sîn geselle wil ich werden, und gesige ich im an.
dar zuo solt ir mir râten, frouwe wol getân.'
348 si sprach 'ir sît mir alsô liep, ich hilfe iu ûz der nôt,   5
daz ir von keiser Ortnît niht geliget tôt.'
dô hiez si im bereiten einen kiel wunnesam
mit guotem grîfengevidere, der was wol getân.
349 dô hiez si dem hêrren in den kiel tragen dar
ein palmâtsîdîn hemde, daz sage ich iu für wâr: 10
sant Pangrâzien heiltuom dar inne versigelt was;
von zwein und sibenzic vachen: darinne er vil dicke genas.
350 ûf bunden si die segele, die unverzagten man:
dô fuoren si mit fröuden über des meres strân.
dô er kom ze lande, er kêrt gên Garten dan: 15
da erbeizte er undr ein linden, der tugenthafte man.
352 ûf der selben linden sungen diu vogelîn.
wie möhte dô sîn fröude græzer gewesen sîn?
als er die stimme erhôrte und den fröudenrîchen schal,
dô freute er sich der wunne: dâ sanc wol diu nahtegal.   20

Jetzt bin ich erwachsen und ein Mann geworden, jetzt will ich mit ihm zu Garda um sein Erbe streiten. Sein Genosse will ich werden, wenn ich ihn besiege. Dazu sollst du mir Hilfe leisten, schöne Frau."

[5] Sie antwortete: „Du bist mir so lieb, ich helfe dir in der Not, daß du vor Kaiser Ortnit nicht tot liegst." Darauf befahl sie ihm ein herrliches Schiff auszurüsten, das schön war und mit feinem Greifengefieder geschmückt. Dann hieß sie für den Herren in das Schiff tragen [10] ein seidenes Hemde, das sage ich euch als Wahrheit; des heiligen Pankratius Reliquien waren darin verborgen; aus zweiundsiebzig Falten bestand es; durch dasselbe rettete er oft sein Leben.

Auf zogen dann die Segel die unverzagten Männer und fuhren mit Freuden über des Meeres Flut. [15] Als er ans Land gekommen war, wandte er sich nach Garda; dort sprang vom Rosse unter einer Linde der tüchtige Mann. Auf dieser Linde sangen die Vögel. Wie hätte seine Freude größer sein können? Als er die Töne hörte und den freudenreichen Klang, [20] da freute

B 353 dô sanc ietweder vogel sin stimme sunderbær.
  dà von wart Wolfdietrich in herzen fröudenbær,
  und daz von dem schalle entslief der küene man.
  dô kam keiser Ortnît an ein zinnen gân.
354 er stuont an der zinnen, der werde kaiser guot,   5
  bî im diu schœne Liebgart, diu gap im hôhen muot.
  si sprach 'keiser Ortnît, wart hin, vil werder degen,
  ich sach sô gwalticlîchen sich niemer keinen dar legen.'
355 er sprach 'vil liebiu frouwe, ez gât im an den lîp
  kurzlîch von mînen handen, daz wizzet, schœnez wîp,   10
  er vert mit einem schalle sam daz lant sîn eigen sî:
  ez wonet vil grôzer übermuot sînem herzen nâhen bî.'
361 dô hiez er balde springen, sîn harnasch für sich tragen.
  an wâpent sich der keiser, seht, daz wil ich iu sagen:
  einen schaft grôzen nam er in die hant: 15
  dô gienc er zuo der linden dâ er Wolfdietrîchen vant.
362 er stiez in ûf die brust, der keiser hôchgemuot.
  ûf spranc Wolfdietrich, vil zornic was sîn muot:
  'und phlægt ir tugent, ir soltet mich anders gewecket hân.
  ir vordert mich ungefuoge, ir habt unhovelich getân.'   20

er sich der Wonne; dort sang schön die Nachtigall. Dann sang
jeder Vogel in seiner eigenen Art. Davon wurde Wolfdietrich im
Herzen erfreut, bis daß von dem Klange der kühne Mann einschlief.
  Dann kam Kaiser Ortnit auf eine Zinne. [5] Er stand auf der
Zinne, der edle gute Kaiser; neben ihm die schöne Liebgard, die flößte
ihm hohen Mut ein. Sie sagte: „Kaiser Ortnit, schau hin, tapferer
Degen, ich sah nie einen sich so gewaltthätig dorthin legen." Er ant=
wortete: „Liebe Frau, es geht ihm an das Leben [10] bald von
meinen Händen, das wisse, schönes Weib. Er zieht mit einem Aufzug,
als ob das Land sein eigen wäre; großen Übermut birgt sein Herz."
  Darauf befahl er zu eilen, ihm seinen Harnisch zu bringen.
Es waffnete sich der Kaiser, seht, das will ich euch sagen: [15]
einen großen Lanzenschaft nahm er in die Hand; dann ging er zu
der Linde, wo er Wolfdietrich fand. Es stieß ihn vor die Brust
der kampflustige Kaiser. Auf sprang Wolfdietrich, zornig war sein
Sinn. „Hättet Ihr Edelsinn, so würdet Ihr mich anders geweckt
haben. [20] Ihr fordert mich grob heraus, Ihr habt unedel gehandelt."

6. In einem Teil der Bearbeitungen des Wolfdietrich heißt die Frau Sibrat.

B 363 'ir wert sin niht erlázen, strites wone ich iu bi.
ir vart mit einem schalle sam daz lant iur eigen sí.
daz hân ich her behalten vor manegem werden man:
ir müezt mir sicherlîchen mîn rîche ligen lân.'

364 'sô stricket mir die riemen, sît ir ein biderbe man.   5
ich weiz iuch wol sô küenen daz ir mich türt bestân:
ich hân von iuwer manheit alsô vil vernomen,
und bin ouch durch strîtes willen her ze lande komen.'

365 'ir wert sin niht erlâzen, degen hôchgemuot.'
ûf bant er Wolfdietrîchen sînen helm guot: 10
dô stricte er im die riemen mit den henden sîn:
dô kam hin nâch geslichen diu edel keiserîn.

366 dô wolte si besehen, wederm andern sigte an.
dô giengen si ze strîte, die zwêne küene man.
dô wurden si niht innen der frouwen wol getân: 15
die schilte begundens vazzen und giengen für einander stân.

367 si stuonden gegen einander, einern andern ane sach.
gerne müget ir hœren wie der keiser sprach:
'du werder degen küene, nu sage mir dînen namen,
daz ich dich müge erkennen: des soltu dich niht schamen.'   20

„Das wird Euch nicht geschenkt, ich komme Euch mit Streit
nah. Ihr zieht in einem Aufzuge, als sei das Land Euer eigen.
Das habe ich bisher bewahrt vor manchem tapfern Mann. Auch
Ihr müßt mir sicherlich mein Reich in Ruhe lassen."

[5] „Dann bindet mir die Riemen fest, seid Ihr ein edler
Mann.' Ich kenne Euch wohl als so kühn, daß Ihr mich zu
bestehen wagt. Ich habe von Eurer Tapferkeit so viel vernommen
und bin auch um des Streites willen hier ins Land gekommen."

„Der wird Euch nicht geschenkt, kampflustiger Held." [10] Auf
band er dem Wolfdietrich seinen guten Helm; dann band er ihm
die Riemen mit seinen Händen fest. Hierauf kam ihm nachgegangen
die edle Königin. Sie wollte sehen, wer den andern besiegte.

Nun traten sie zum Streit, die beiden kühnen Männer; [15]
doch wurden sie nicht gewahr der schönen Frau. Die Schilde
begannen sie zu ergreifen und traten vor einander.

Sie standen einander gegenüber, einer sah den andern an.
Gern sollt ihr hören, was der Kaiser sagte: „Werter kühner
Degen, jetzt sage mir deinen Namen, [20] daß ich dich kennen lerne;

B 368 dô sprach Wolfdietrîch 'daz wære ein zageheit,
und solt ich von mînem künne sôbalde hân geseit,
wer mîn vater wære oder wanne ich sî geborn.
waz habt ihr des ze frâgen? daz ist mir ûf iuch zorn.'

369 'mich dunkt an iwer gebærde (ir sît sô hovelîch),   5
ir sît von wilden Kriechen Wolf hêrre Dietrîch.
ich hân von iu vernomen daz ich gerne gehœret hân.'
'sô wert iuch, hêrre Ortnît, iuch wil der Wolf bestân.'

370 dô sprungen si zesamene, die zwêne küene man.
dô wart vil michel wunder von in beiden getân.   10
ez sluoc ie einern andern drîstunt ûf daz lant:
zuo dem vierden mâle viel Wolfdietrîch zehant.

371 wie balde Wolfdietrîch wider ûf spranc!
sîn vil guotez swert im an der hende erklanc.
'nu wert iuch, keiser Ortnît! ê sich volende der tac,   15
sô wirt iu wol vergolten von mir dirr ungefüeger slac'

372 sîn swert Wolfdietrîch ze beiden henden nam,
mit unverzagtem muote lief er den keiser an:
er sluoc im ûf daz houbet einen swinden slac,
daz der keiser Ortnît vor im gestrecket lac   20

des brauchst du dich nicht zu schämen." Darauf sagte Wolfdietrich:
„Das wäre Feigheit, wenn ich von meiner Abkunft so bald ge=
sprochen hätte, wer mein Vater ist und woher ich stamme. Was habt
Ihr danach zu fragen? Darüber bin ich gegen Euch aufgebracht."
[5] „Mich dünkt nach Eurem Aussehen (Ihr seid so vor=
nehm), daß Ihr aus dem fernen Griechenland Herr Wolfdietrich seid.
Ich habe von Euch vernommen, was ich gern gehört habe." „Dann
wehrt Euch, Herr Ortnit, Euch will der Wolf bestehen."
Nun sprangen sie zusammen, die beiden kühnen Männer;
[10] dann wurde großes Wunder von ihnen beiden vollbracht. Es
warf jeder den andern dreimal auf den Boden; beim vierten Male
fiel Wolfdietrich sogleich. Wie schnell Wolfdietrich wieder auf=
sprang! Sein gutes Schwert klang an seiner Hand. [15] „Nun
wehrt Euch, Kaiser Ortnit! Eh der Tag sich neige, wird Euch
von mir wohl vergolten dieser ungefüge Schlag."
Sein Schwert ergriff Wolfdietrich mit beiden Händen; mit
unverzagtem Sinne lief er den Kaiser an; er schlug ihm auf das
Haupt einen scharfen Schlag, [20] daß der Kaiser Ortnit vor ihm

B 373   und er ouch zuo der stunde weder hôrte noch gesach,
       noch zuo den selben ziten nie kein wort gesprach,
       und im daz bluot ze munde und ze ôren ûz dranc:
       wie bald diu keiserinne über iren herren spranc!
 374   si sprach 'vil lieber hêrre; waz hân ich iu getân,   5
       daz ir mir habt verderbet mînen lieben man?
       bringet mir des brunnen, daz ich labe den hêrren mîn.'
       dô sprach Wolfdietrich 'wâ mac daz wazzer sîn?'
 375   'dâ kêrt ir hinnen balde von der linden hin ze tal
       und fürdert iuch her widere zuo uns ûf daz wal,   10
       daz ich gelabe den hêrren: tuot ez durch den willen mîn.'
       er sprach 'ich tuon ez gerne, vil liebiu frouwe mîn.'
 376   dô gienc Wolfdietrich durch den vinstern tan.
       in sînen guoten helm er des wazzers nam.
       dô kêrte er zuo der linden dâ er si beidiu vant: 15
       dô labten si in mit zühten, Ortnîten, sâ zehant.
 379   dô sprach gezogenlîchen Ortnît der küene man
       'wær ez mit iuwerm willen, ich wolt iuch ze gesellen hân.'
       dô sprach Wolfdietrich 'mîn triwe wil ich iu geben,
       daz ich iuch hân ze gesellen die wîle ich hân daz leben.' 20

ausgestreckt lag und zu der Stunde weder hörte noch sah, noch zu
derselben Zeit ein Wort sprach, und ihm das Blut zum Munde
und den Ohren heraus drang. Wie schnell die Kaiserin sich über
ihren Gemahl stürzte! [5] Sie sagte: „Lieber Herr, was habe ich
Euch gethan, daß Ihr mir meinen lieben Mann verletzt habt?
Bringt mir Wasser, daß ich meinen lieben Herrn erquicke." Darauf
sagte Wolfdietrich: „Wo ist Wasser zu finden?" „Dort geht eilig
hin, von der Linde abwärts, [10] und kehrt wieder her zu uns
auf den Kampfplatz, damit ich den Herrn erquicke; thut es um
meinetwillen." Er antwortete: „Ich thu es gern, gnädige Herrin."
    Nun ging Wolfdietrich durch den finstern Tann. In seinen
guten Helm goß er Wasser. [15] Dann kehrte er zur Linde
zurück, wo er die beiden fand. Nun erquickten sie ihn ordentlich,
den Ortnit, dort sogleich.
    Dann sagte höflich Ortnit, der kühne Mann: „Geschähe es
mit Euerm Willen, so möchte ich Euch zum Genossen haben." Hier-
auf sprach Wolfdietrich: „Meine Versicherung will ich Euch geben,
[20] daß ich Euch zum Genossen habe, solange ich das Leben habe."

B 380 dô swuoren si zesamene, die fürsten lobesam:
si schiet nieman dan der tôt, die zwêne küene man.
dô sprach Wolfdietrich, der ûz erwelte degen
'swaz du wilt, daz sol geschehen.' er kund wol tugende phlegen.

Nun schwuren sie einander Treue, die ruhmreichen Fürsten. Es schied nichts als der Tod die beiden kühnen Männer. Dann sagte Wolfdietrich, der auserwählte Degen: „Alles, was du willst, das soll geschehen." Er verstand es wohl, ehrenhaft zu handeln.

So blieb Wolfdietrich als Ortnits Genosse zu Garda fast 5 ein halbes Jahr und es gefiel ihm dort so gut, daß er sein Weib und sein Land darüber vergaß. Noch länger wäre er dort ge= blieben, hätte ihn nicht Ortnit endlich an seine anderen Pflichten erinnert. Als er dann Abschied nahm, gelobte er noch einmal dem Kaiser ewige Treue. 10
Zu Troja lebte er nun wieder in Glück und Freude mit seiner Gemahlin Sigminne. Als er eines Tages mit ihr auf die Jagd gezogen war, verlor er sich bei der Verfolgung eines schönen Hirsches tief im Walde. Nachdem er ihm lange nachgeeilt und endlich doch seine Spur verloren hatte, kehrte er um zu der Stelle, 15 wo er seine Gattin in einem Jagdzelte allein gelassen hatte; das Zelt fand er wohl wieder, aber Sigminne war verschwunden und blieb es auch, obgleich er mit dem ganzen Jagdgefolge nach ihr zu suchen begann. Wie er nun einsah, daß er sie nicht wieder finden würde, da gedachte er in der Not seines Genossen Ortnit; 20 er legte Pilgerkleider an und barg sein Schwert in einem Wander= stabe: so fuhr er hinüber und kam nach Garda.
Dort nahm man ihn als einen fremden Waller auf, denn keiner erkannte ihn; als am Abend jedoch alle zur Ruh gegangen waren, erhob sich Liebgard und ging zu ihm. Erst sah sie ihn 25 eine Weile an, dann sprach sie: „Vergebens verstellt Ihr Euch, ich habe Euch doch gleich erkannt. Sagt an, Wolfdietrich, was hat Euch so zu uns getrieben?" Als er ihr nun sein Leid ge= klagt hatte, eilte sie zu Ortnit und brachte ihm die frohe Kunde, daß sein lieber Genosse unten im Hofe stände. Auf sprang da 30 der Kaiser und eilte hinab, um ihn mit Freuden zu begrüßen.
Nachdem Ortnit die Geschichte erfahren hatte, machte er sich

mit auf den Weg, um Wolfdietrich die Verlorene suchen zu helfen;
weil aber Liebgard heftig zu weinen begann und den Tag ver-
wünschte, an dem sie Wolfdietrich zum erstenmale gesehen, da be-
schloß der Held aus Griechenland, allein seine Wanderschaft fort-
zusetzen, und verließ seinen Genossen in der vierten Nacht, als sie ₅
bei einem Waldhüter der Ruhe pflegten.

Nun zog er weiter und immer weiter, bis er eines Tages
sich unter einem Felsen niedergelegt hatte, auf dem eine hohe Burg
stand. Aus einem Fenster sah ein schönes junges Weib herab,
und da sie des müden Wanderers jammerte, bat sie den Burg- ₁₀
herren, ihn heraufzuholen.

So kam Wolfdietrich in die Burg des alten Drasian, dem
auch das ganze Land ringsum gehörte. Als er sich aber nach
allen Seiten aufmerkend umschaute, da sah er einen Teppich, der
einst in seinem Jagdzelte gelegen hatte. Der Burgherr bemerkte ₁₅
seine Blicke und tadelte die Neugier des Fremden; doch der meinte,
man sähe ja so vieles auf der Erde und ginge dann wieder weiter.
Das benahm dem Alten das schon erwachte Mißtrauen, und weil
der Wanderer so viel zu erzählen wußte von fremden Ländern
und ihren Wundern, behielt er ihn bei sich zum Abendessen.   ₂₀

Als der Tisch wohl bereitet war, kam unter den anderen
Tischgenossen auch eine schöne Fürstin herbei, deren Anblick Wolf-
dietrich fast die Besinnung raubte: es war Sigminne. Doch ver-
barg er sich tief in seiner Verkleidung und antwortete mit ver-
stellter Stimme auf die Fragen, welche die Fürstin an ihn richtete, ₂₅
denn er wollte erst erfahren, ob sie ihm treu geblieben, ehe er
den Versuch, sie zu befreien, wagte. Zuletzt fragte sie auch, ob
er einen kenne, der Wolfdietrich heiße; das verneinte er, doch sagte
er weiter: „Vielleicht ist es der, von welchem die Leute jetzt viel
reden; da hat in Troja kürzlich ein junger König Hochzeit gehabt ₃₀
mit einer lieblichen Frau.“

Als sie über diese Worte laut zu weinen begann, wurde der
alte Drasian heftig erzürnt und wollte den Fremden von seinen
Mannen töten lassen; doch die Fürstin trat dazwischen und ver-
sprach ihm, wenn er den Pilger leben ließe, wollte sie ihm zu ₃₅
Willen sein, was sie bisher beharrlich verweigert hatte. Das er-
freute den Alten so, daß er allen befahl, das Zimmer zu verlassen
und dem Fremden kein Leid zu thun; als er aber dann Sigminne
an der Hand nahm und mit ihr davon gehen wollte, zog Wolf-

dietrich das Schwert aus dem Wanderstabe und rief: „Sie ist lange genug bei dir gewesen, es ist Zeit, daß sie mir wieder zu teil wird!"

Nun merkte Drasian, mit wem er es zu thun hatte, und griff schnell zu den Waffen, denn er war bei aller seiner Schlechtigkeit doch ein tapferer Mann; allein das Glück war ihm diesmal nicht hold, denn Wolfdietrich bezwang ihn und verbrannte, nachdem er ihn getötet, auch noch die Burg auf Sigminnes Bitte, weil ihr das Gesinde früher viel Übles gethan hatte.

Dann zogen sie selbander davon und kamen nach Garda, wo Ortnit verweilte, unmutig darüber, daß er dem Genossen nicht in der Gefahr hatte zur Seite stehen können; jetzt freute er sich um so mehr, als er beide wohl und gesund an seinem Hofe sah.

Nachdem sie bei einander etliche Wochen in Fröhlichkeit verlebt hatten, zog Wolfdietrich mit seiner Gemahlin wieder heim nach Troja; doch währte ihr Glück dort nicht mehr lange, denn Sigminne starb nach einem halben Jahre.

Aus Gram über den Verlust der Gattin hatte Wolfdietrich beschlossen, nach dem heiligen Lande zu gehen, um dort am Grabe des Erlösers Vergebung seiner Sünden und Heil für seines Weibes Seele zu erflehen. Als er über das Meer fuhr, verschlugen ihn die Winde an eine fremde Küste, an der ihn das Unwetter zu landen zwang; während er hier am Ufer der Ruhe pflegte, raubte ihm ein wilder Mann den Schiffsführer, welcher schlafend im Fahrzeug gelegen hatte, so daß er nun gezwungen war, allein die Seefahrt weiter zu wagen; nur ein Knabe war noch in dem Schiffe, der zwar des Segelns wohl kundig, aber noch zu schwach war, selbst das Fahrzeug zu lenken. Von ihm ließ sich Wolfdietrich in der Kunst der Seefahrt unterweisen.

So fuhren die beiden Genossen einige Tage weiter, bis ein sarazenisches Raubschiff ihrer ansichtig wurde und sie mit Geschossen in großer Menge bewarf; da Wolfdietrich sich ihrer nicht zu erwehren vermochte, sprang er in die See und erkletterte der Feinde Schiff, auf dem er in kurzer Zeit die ganze Mannschaft erschlug bis auf einen, der versprach, sich taufen zu lassen, wenn er am Leben bliebe. Gere hieß er, aber in der Taufe erhielt er den Namen Werner und wurde seines Retters treuer Genosse; er zog auch mit, als alle drei zu Accon gelandet waren, um nach der heiligen Stadt weiterzuwandern.

Ehe sie von der Hafenstadt aufbrachen, wurden sie von den
Brüdern vom deutschen Hause, bei denen sie Aufnahme gefunden
hatten, gebeten, ihnen gegen einen gefährlichen Angriff beizustehen,
der ihrem Orden von einem mächtigen Sarazenenfürsten drohte.
Der feindliche Sultan ließ auch nicht lange auf sich warten, doch 5
wurde er von Wolfdietrich und den Brüdern so übel empfangen,
daß er schleunig das Weite suchte und des Ordens Häuser künftig
mit seinen Besuchen verschonte.

Nachdem die Wallbrüder ungefährdet sieben Tage ihre Reise
fortgesetzt hatten, trafen sie bei Jerusalem unvermutet ein großes 10
Heidenheer, von dem aus ihnen eine kleine Schar entgegenritt.
Während Wolfdietrich sich mit diesen herumschlug, mordete ein
Sarazene hinterrücks den Knaben, welcher vom Schiffe her sein
Genosse geblieben war. Darüber geriet der Grieche so in Zorn,
daß er nun keinen der Feinde mehr schonte, sondern alle samt 15
ihrem Anführer Delfian zu Tode schlug.

Auf die Nachricht hin machten sich viele tausend Heiden auf,
um den Thäter zu bestrafen, denn der erschlagene Führer war
ein naher Verwandter ihres Königs Merzian gewesen, der Sohn
seiner Schwester; doch hatte die große Feindeschar noch lange 20
Mühe mit dem tapfern Krieger und seinem Gefährten Werner,
bis sie ihn endlich in ihr eigenes Lager trieben, wo sein Roß
über die Zeltschnüre stürzte, so daß er wehrlos seinen Gegnern
in die Hände fiel; Werner war schon früher erschlagen.

Als er nun gebunden vor den König geführt wurde, redete 25
ihn dieser mit harten Worten an und versprach, ihn bald hängen
zu lassen; während aber die Anführer des Heeres mit ihrem Herren
bei Tische saßen, erbarmte sich ein Sarazene des gefangenen Christen
und löste seine Bande, denn es schmerzte ihn, der selbst ein wackerer
Krieger war, daß ein so tapferer Mann sollte den Tod der Ver= 30
brecher sterben.

Auf einem Turme zu Jerusalem bemerkte einer der Wächter,
daß ein christlicher Held von vielen Heiden über das Feld ver=
folgt der Stadt zueilte; die Nachricht bewog eine Schar tüchtiger
Reiter aus dem Thore hervorzubrechen, um dem Bedrängten Hilfe 35
zu leisten. Das war Wolfdietrichs Rettung, der sonst der großen
Zahl seiner Verfolger doch erlegen wäre.

So kam er an das heilige Grab und betete hier für seiner
Seele Heil; dann rüstete er sich zum Aufbruch.

Vergebens baten ihn die Christen, zu ihrem Schutze dort zu
bleiben; ihn trieb die Sehnsucht wieder fort, denn er wollte Ortnit
wiedersehen und ebenso seine treuen Lehnsmannen, Berchtung und
seine Söhne, die noch immer in Griechenland seiner Wiederkehr
harrten.   5

Als er durch das Land zog, das einst seines Vater gewesen
und jetzt das seine sein sollte, hörte er die traurige Kunde, daß
seine Lehnsmannen zu Konstantinopel säßen, gefangen von den
bösen Brüdern Bauge und Wachsmut, und daß sie allezeit übel
behandelt würden. Das verdroß ihn sehr, doch was sollte er, 10
der einzelne Mann, ausrichten gegen die mächtigen Könige von
Konstantinopel, denen er einst nicht einmal mit einem starken
Heere hatte begegnen können? Deshalb beschloß er, Ortnits Hilfe
anzurufen, bestieg ein Schiff, das ihn nach Sicilien brachte, von
wo er dann ins Land der Longobarden ziehen wollte. Doch bevor 15
er die Insel verließ, hatte er noch manche Gefahr zu bestehen.

Kaum war er nämlich ein Stück in das Land geritten, da
mußte er sich gegen einen starken Waldriesen wehren, der Balde-
mar hieß und schon lange die Plage der ganzen Umgegend war;
als er ihn erschlagen und die Kunde davon in die nahe Stadt 20
zu dem Könige Marsiljan gedrungen war, ließ dieser eine Reiter-
schar ausziehen, um den Retter und Wohlthäter des Landes würdig
an seinen Hof zu geleiten. Da Wolfdietrich die Reiter aber an-
fangs für Feinde hielt, fing er an auf sie einzuhauen, bis er
seinen Irrtum einsah und nun um so freudiger in die Stadt eilte, 25
wo ihn der König samt seiner Gattin und seiner jungen Tochter
herzlich empfing und ihm nach den langen Mühen der Pilger-
fahrt wie der Seereise zum erstenmale wieder Pflege und Erholung
verschaffte; doch konnten ihn ihre Bitten nicht bewegen, lange zu
verweilen, denn er eilte an sein Ziel zu gelangen.   30

Nach manchem Tage kam er zu Tervis an, wo gerade der
Fürst Werner, der Herr dieses Landes, welches nach ihm auch
Werners Mark hieß, ein großes Fest gab zu Ehren seiner Tochter
Amie; die Herren waren grade bei einem schönen Spiel: Amie
hatte nämlich an einen Lanzenschaft einen Ring gehängt; wer durch 35
den mit dem Speere im vollen Galopp stach, erhielt den Sieges-
preis, einen Kuß von ihrem Munde. Wolfdietrich fragte, ob er
auch daran teil haben könnte, und als Werner ihm das gestattete,
war er der erste, der den Ring herunterstach. Darüber ärgerte

sich der Graf Hermann von Toskana so, daß er spöttisch dem Sieger einen Kampf anbot um den Preis von tausend Mark Goldes, denn er sah wohl, daß Wolfdietrich weder Geld noch Geldes werte Dinge mit sich führte. Als ihm aber der Grieche einen ernsthaften Zweikampf um Roß und Harnisch anbot, trat 5 der Landesherr dazwischen, weil er fürchtete, daß hierbei der Graf das Leben verlieren möchte; darum bewog er auch seine Tochter als Bürgen für den fremden Kämpfer einzutreten, so daß sie die Summe zu zahlen hatte, wenn er unterlag. Das nahm Amie aber nur unter der Bedingung an, daß ihm vierzehn Tage Zeit 10 gelassen würden, sich und sein Roß wieder zu kräftigen.

Als der für den Kampf festgesetzte Tag herankam, ließ die Fürstentochter noch besonders den Grafen schwören, daß er keinem seiner Leute erlaubte, ihm beizustehen, falls er unterläge. Mit Eiden bekräftigt wurde das zwar; als man aber nach kurzem 15 Streite den Grafen von Wolfdietrichs Speer getroffen wehrlos am Boden liegen sah, da warfen sich dennoch seine Leute auf den Sieger, um ihm das Ende zu bereiten. Doch der nahm die Lanze quer vor den Sattelbogen und streifte so viele der Angreifer in scharfem Ritte von den Pferden, bis der Landesherr dazwischen 20 kam und die Streitenden trennte.

Nachdem Haß und Feindschaft beigelegt waren, wollte Wolf= dietrich von dannen ziehen; aber dabei kam es zu Tage, daß die schöne Amie eine tiefe Neigung zu dem tapfern Manne gefaßt und ihren Vater gebeten hatte, ihr diesen zum Gemahl zu geben. 25 Obgleich Werner damit wenig zufrieden war, gab er doch seiner Tochter nach und trug dem Fremden, dessen Namen er nicht ein= mal kannte, das Begehren vor, zugleich mit dem Bemerken, daß er auch Land und Leute dazu erben würde. Nicht wenig war er darauf erstaunt, als er mit der Forderung abgewiesen wurde, 30 doch minderte sich seine Verwunderung, als er auch den Grund hörte. „Ich habe,“ sprach Wolfdietrich, „in Griechenland elf treue Lehnsmannen in großer Not und Gefahr verlassen; gelingt es mir, sie zu befreien, dann will ich wiederkehren, und gefällt es dann Eurer Tochter, so mag sie von meinen Genossen einen 35 zum Gemahl wählen, es sind alles edle Grafen und ihrer wohl wert.“

Damit zog er davon und kam in das Land der Longo= barden.

A 508 Dô wâren in dem lande fünfzic schâchman:
die heten in dem walde schaden vil getân.
ze velde und ûf der strâzen roubten si daz lant:
daz was den lantliuten mit schaden wol bekant.

509 dar kom der degen küene al eine zuo geriten. 5
owê hie von dem recken mit ellen wart gestriten.
als in die schâchære zuo in sâhen komen,
ieglicher sprach besunder, als wir daz hân vernomen.

510 'dort her vert ein recke, der füert ein harnasch an,
daz sult ir wizzen alle, daz selbe wil ich hân.' 10
dô sprach aber der ander 'er dunkt sich nie sô starc,
er muoz mir in der wilde lâzen hie sîn marc.'

511 'sô gunnet mir des helmes' sprach der dritte dô.
dô sprach ez der vierde 'sô bin ich des swertes frô.'
sus wart dâ geteilet swaz er mohte hân. 15
als si ersach der recke, er îlte durch den tan.

DV 23 der Krieche in zorne wuote, an die schâchære lief
er sluoc mit heldes muote vil der wunden tief.
die helme begunde er spalten mit ellenthafter hant,
der schâchær er drî valte tôt nider ûf daz lant. 20

Damals waren in dem Lande fünfzig Straßenräuber, welche
in dem Walde viel Schaden gethan hatten. Im Felde und auf
der Straße raubten sie das Land aus; das wurde den Landleuten
zu großem Schaden bekannt. [5] Dorthin kam der kühne Degen
allein geritten. Hier wurde von dem Recken mit Kraft gestritten.
Als ihn die Räuber zu ihnen kommen sahen, sprach jeder be=
sonders, wie wir das gehört haben: „Dorther kommt ein Recke,
der einen Harnisch bei sich führt, [10] das sollt ihr alle wissen,
den will ich haben." Darauf sagte der zweite: „Er kann sich
noch so stark wähnen, er muß mir doch hier in der Wild=
nis sein Roß lassen." „So gönnt mir den Helm," sagte der
dritte. Dann sprach der vierte: „Ich bin mit dem Schwerte zu=
frieden."
[15] So wurde dort geteilt, alles was er hatte. Als der Recke
sie bemerkte, eilte er durch den Tann. Der Grieche wütete vor
Zorn, an lief er die Räuber und schlug im Heldenmut viele tiefe
Wunden. Die Helme begann er zu spalten mit kraftvoller Hand,
[20] von den Räubern warf er drei tot nieder auf den Boden.

DV 24   èrst wart den schächern zorn umb ir geselleschaft:
den Kriechen hôchgeborn liefen sie an mit kraft.
diu wâfen sie erburten, die schâchær unwerd,
ûf Wolfdietrîch sie hurten daz er viel zuo der erd.

25   ûf spranc geswindeclîche der Krieche wol gemeit: 5
er lief an ritterlîche die schâchære unverzeit.
swaz er ir mohte erlangen, den lac ez niht gar eben:
ez was um sie ergangen, er nam in allenz leben.

26   der strît ungefüege hie mite ein ende nam.
Wolfdietrîch der küene den oberen sic gewan.   10
er spotte ir mit schalle, alsô wirz hân vernomen:
er sprach 'nu sint ir alle ze glîchem teile komen.'
dâ mite kêrte dannen, als wir vernomen hân,
vil snelle und vil balde der vil küene man.

A 515   dô sagte im niemen mære, im was ouch unbekant   15
wie berihtet wære liute unde ouch lant.

516   swâ er ûf der strâzen für die liute reit,
die wâren sô betrüebet daz in niemen freit.
dô frâgete er ouch niemen, sus kam er in daz lant:
Ortnîdes tôt des küneges der was im unbekant.   20

Jetzt gerieten die Räuber in Zorn wegen ihrer Genossen. Den hochgebornen Griechen liefen sie mit Gewalt an. Die Waffen erhoben die schändlichen Räuber, auf Wolfdietrich stürzten sie sich, daß er zur Erde nieder fiel.

[5] Auf sprang schnell der stattliche Grieche; er lief tapfer die mutigen Räuber an. Was er von ihnen erreichen konnte, denen ging es nicht gerade gut: es war um sie geschehen, er nahm ihnen allen das Leben.

Der wilde Streit nahm hiermit ein Ende. [10] Der kühne Wolfdietrich behielt die Oberhand. Er verspottete sie laut, wie wir's vernommen haben, er sprach: „Nun habt ihr alle gleichen Anteil bekommen." Damit kehrte von dannen, wie wir gehört haben, schnell und eilig der kühne Mann. [15] Danach sagte ihm niemand etwas, ihm war auch unbekannt, wie es um Land und Leute stände.

Wo er auf der Straße den Leuten begegnete, waren sie so betrübt, daß ihn niemand fragte. Nun fragte auch er niemanden, so kam er in das Land: [20] des Königs Ortnit Tod war

A 517 an einem morgen früeje do gevienc der küene man
einen wec vil engen, der truoc in in den tan.
daz kam im ze sorgen: der walt vil dicke was,
wan dâ was vil tiure beidiu velt unt gras.
524 den Gartsê hôrte er diezen, vinster was diu naht.   5
von den wahtæren hôrte er einen braht
und ein küniginne vil jâmerlîchen klagen:
dar begunde er gâhen, ê dan ez wolte tagen.
525 do erbeizte er von dem rosse und wîste ez durch den tan.
aber klagen sêre hôrte der küene man.   10
sîn ros daz bant er balde, als wir hœren sagen.
er huop sich zuo der mûre und hôrt die frouwen klagen.
527 si klagte jâmerlîche, ir klage diu was grôz.
'nu bin ich hie ze Garte vil maneger freuden blôz.
himelischer keiser, waz het ich dir getân,   15
daz du mich hâst gescheiden von mînem lieben man?
528 der gewan mich mit nœten verre in der heiden lant.
alle mîne mâge sint mir vil unbekant.
ich was ein heideninne und er ein kristenman,
wan ich durch sînen willen den reinen touf gewan.   20

ihm unbekannt. An einem Morgen früh kam der kühne Mann auf
einen sehr engen Weg, der führte ihn in den Tann. Das geschah
zu seinem Schaden, denn der Wald war sehr dicht, dort war
weder Feld noch Wiese.
[5] Den Garbasee hörte er tosen, finster war die Nacht. Von
den Wächtern hörte er ein Getöse und eine Königin jammervoll
klagen; dorthin eilte er, ehe es tagte. Dann stieg er von dem
Rosse und lenkte es durch den Tann. [10] Wieder sehr klagen
hörte der kühne Mann. Sein Roß band er schnell fest, wie wir
sagen hören. Er begab sich zu der Mauer und hörte die Dame
klagen. Sie klagte jammervoll, ihre Klage war groß: „Jetzt bin
ich hier zu Garda von allen Freuden verlassen. [15] Himmlischer
Kaiser, was hatte ich dir gethan, daß du mich von meinem
lieben Manne getrennt hast? Der erwarb mich mit Gefahren
fern in der Heiden Land. Alle meine Verwandten sind mir ganz
entfremdet. Ich war eine Heidin und er ein Christ, [20]
denn ich wurde erst um seinetwillen getauft. Nun muß ich ihn

A 529   nu muoz ich mich sin ânen, daz wil ich klagen Crist
     der ob aller welte vil gar gewaltec ist.'
     hie klaget vil klagelichen diu küniginne rich:
     daz hôrte bî der mûre Wolf hêr Dietrich.
534   alrêrst sprach bî der mûre Wolf hêr Dietrich   5
     'klaget mæzicliche, küniginne rich.'
     do erschamte sich diu werde und wolte danne gân.
     durch aller frouwen güete bat er si stille stân.
535   'ir sult mich lâzen hœren umb wen ir jâmer traget.
     wer was der ellensrîche, den ir sô sêre klaget?'   10
     si gedâhte, ez wære ir hêrre, Ortnît ir lieber man,
     und hete durch versuochen dise frâge dâ getân.
537   'bist duz, mîn lieber hêrre?' sprach daz reine wîp.
     'waz tet mîn armer dienest wider dînen lîp,
     daz du mich sô versuochest? nu melde dich enzît,   15
     und scheide mich von jâmer, hôher künec Ortnît.
539   nu muoz ich tegelichen liden vil grôze nôt,
-    daz mir nu endicliche vil lieber wære der tôt.

miſſen, das will ich Chriſto klagen, der über alle Welt ganz
gewaltig iſt."

Hier klagte traurig die mächtige Königin; das hörte an
der Mauer Wolfdietrich. [5] Zum erſten ſprach an der Mauer
der Herr Wolfdietrich: „Klaget mäßig, mächtige Königin." Da
ſchämte ſich die Edle und wollte von dannen gehen. Um aller
Frauen Güte bat er ſie ſtill zu ſtehn. „Ihr ſollt mich hören
laſſen, um wen Ihr Schmerz habt. [10] Wer war der Tapfere,
den Ihr ſo ſehr beklagt?" Sie dachte, es wäre ihr Gebieter, ihr
lieber Mann Ortnit, und hätte, um ſie zu verſuchen, dieſe Frage
gethan.

„Biſt du es, mein geliebter Gebieter?" ſprach das tugend=
hafte Weib. „Was that ich arme Magd dir, [15] daß du
mich ſo verſuchſt? Nun gieb dich bald zu erkennen und befreie
mich vom Jammer, erhabner König Ortnit. Jetzt muß ich täglich
große Not leiden, daß mir am Ende viel lieber der Tod wäre.

11 ff. Wenn die Königin noch Ortnits Wiederkehr erwarten kann, ſo ſetzt dieſe Stelle,
welche dem Wolfdietrich A angehört, voraus, daß der Retter nicht ſehr lange nach des
Königs Tode eintraf. Vgl. Ortnit 24, 18.

jà muotet mir ze w.be, der undr Ortniden saz:
rîcher got von himele, dir sì geklaget daz.'

A 543 'ich binz niht iuwer hèrre, ich bin ein vertribner man,
der weder lant noch liute noch erbe nie gewan.
ich klaget iu gerne, frouwe, mîne grôze nôt: 5
nu ist iuwer manicvelter umb des edelen hèrren tôt.'

545 'waz möht ir, ellensrîcher, iurs leides mir geklagen?
man hât in manegen landen von mir einen vil ze sagen.
man saget in disem lande mînes hèrren tôt:
des lide ich hie ze Garte jâmer und grôze nôt.'   10

546 'nu sagt mir, küniginne, wie mac ez umbe in stàn?'
'ich sante ûz disem hûse ein wol begarten man,
der wolte an den wurmen rechen sînen zorn:
dà von hàn ich den lieben hèrren mîn verlorn.'

547 er sprach 'durch àventiure bin ich her komen: 15
iuwer klage, frouwe, hân ich wol vernomen:
ichn reche iuch an den wurmen, si müezen mich nàch im tragen.
mich erbarmet harte sère sus getânez klagen.'

548 'daz wil ich widerrâten' sprach frou Liebegart.
'zwelf manne sterke het Ortnît mîn zart: 20

Ja es verlangt mich sogar zum Weibe einer, der unter Ortnit
diente. Mächtiger Gott im Himmel, dir sei das geklaget."

„Ich bin nicht Euer Herr, ich bin ein vertriebener Mann,
der weder Land noch Leute noch je eine Erbe erhielt. [5] Ich klagte
Euch gerne, Herrin, meine große Not; jetzt ist die Eure größer
um des edlen Herren Tod."

„Was könntet Ihr, tapferer Mann, von Eurem Leibe mir
klagen? Man hat in vielen Landen von mir allein genug zu
erzählen. Man spricht in diesem Lande von meines Herren Tod.
[10] Deshalb leide ich hier zu Garba Jammer und große Not."

„Dann sagt mir, Fürstin, was ist es mit diesem?" „Ich
sandte aus diesem Hause einen wohl gerüsteten Mann, der an den
Drachen seinen Zorn auslassen wollte. Dadurch habe ich meinen
lieben Herrn verloren." [15] Er antwortete: „Um Thaten zu voll=
bringen bin ich hergekommen. Eure Klage, Herrin, habe ich wohl
vernommen. Ich räche Euch denn an den Würmern, so mögen sie
mich ihm nachtragen. Mich jammert sehr solche Klage." „Das will
ich widerraten," sagte Frau Liebgard, [20] „zwölf Männer Stärke

den hât der würme einer in den stein getragen.
ir muget wol hie belîben, lât mich in eine klagen.'
A 552   er sprach 'küniginne, des enmac niht wesen.
ich muoz ê dâ ze walde sterben oder genesen.'
er gie ze sînem rosse, des habe er immer danc: 5
gewâpent âne stegreif er in den satel spranc.
553   sêre weinende sprach frou Liebgart
'owê mînes herren, ditz gelîchet sîner vart!'
er neic der küniginne: von danne was im gâch.
im tet diu tugentrîche vil manegen segen nâch.   10

hatte Ortnit, mein Geliebter. Den hat doch der Drachen einer
in die Höhle getragen. Ihr könntet besser hier bleiben, laßt mich
um ihn allein klagen." Er antwortete: „Königin, das kann nicht
geschehen. Ich muß dort im Walde sterben oder siegen."

[5] Er ging zu seinem Rosse, dafür sei ihm immer Dank.
Gewaffnet sprang er ohne Steigbügel in den Sattel. Sehr weinend
sagte Frau Liebgard: „Weh über meinen Herren, das gleicht
seiner Art."

Er grüßte die Königin, von dannen zu kommen war ihm
eilig. [10] Ihm wünschte die Tugendhafte manchen Segen nach.

Die Etsch entlang ritt Wolfdietrich zu Berge auf steilen
Wegen, bis er eines Tages einen toten Mann fand und nahe
dabei ein junges Weib, das gerade daran war, einem Kinde das
Leben zu geben; er stand ihr bei, so gut er konnte, und erfuhr
dann, daß der räuberische Lindwurm den Mord begangen. Der   15
Tote war ein vornehmer Graf und war auf der Reise mit seiner
Gattin von dem Ungeheuer überfallen; der Schreck hatte bei dem
armen Weibe eine frühzeitige Geburt herbeigeführt, bei der sie
starb samt dem Kinde.

Nachdem Wolfdietrich beide, wie es Christenpflicht ist, be- 20
graben hatte, kam er tief im Gebirge an die Stelle, an welcher
Ortnit eingeschlafen und von dem Lindwurm das Leben verloren
hatte. Auch er war jetzt müde und legte sich an dem gefährlichen
Orte zur Ruh. Bald kam der Drache durch den Wald, das treue
Roß riß sich vom Zaume los und suchte seinen Herren zu wecken,   25
vergebens; da lief es selbst auf das wilde Tier zu und trieb es
mit Hufschlägen fort durch den Tann.

Als der Held endlich erwachte, war das Roß verschwunden, aber an den riesigen Fußspuren, die nahe im Sande waren, sah er, welcher Gefahr er entgangen, und ebenso an dem guten Rosse, das er nachher bluttriefend im Walde wiederfand. Bald kam er an des Wurmes Höhle, doch ihn fand er nicht, denn er war noch 5 auf der Jagd nach neuer Beute, nur die Jungen waren daheim, an denen er sich aber nicht vergreifen wollte, bevor er das alte Untier erschlagen. Das hatte er nachher zu bereuen.

Er war erst eine kurze Strecke fortgeritten, da hörte er im tiefen Walde einen heftigen Kampf und ein Toben, wie er es 10 noch in keiner Schlacht vernommen; das kam von einem Löwen her, den der Drache ergriffen hatte und zu zerreißen drohte. Schnell sprang er vom Rosse, um auch den Drachen anzugreifen, doch schon nach kurzem Kampfe zersprang sein Schwert am harten Rückgrat des Tieres, welches nun beide Kampfgesellen ergriff: den Löwen 15 mit dem Rachen, den Mann mit dem Schweife, um sie fortzutragen seinen Jungen zum Fraße.

Den Löwen verschlangen die kleinen Unholde auf der Stelle; da sie aber den gerüsteten Mann nirgend anzubeißen vermochten, warfen sie ihn hin und her, bis ihm Besinnung und Atem verging. 20

Nachdem der Abend ihrem Werke ein Ende gemacht und alle eingeschlafen waren, der Alte samt den Jungen, kam Wolfdietrich das Bewußtsein wieder. Er stand auf und suchte herum in der Höhle, bis er ein Schwert fand, auf dessen Knopfe ein Edelstein hell funkelte; Rose war es, und einst hatte es Ortnit getragen, 25 dessen Gebein auch in der wohlbekannten alten Rüstung nahe dabei am Boden lag.

Kaum graute der Tag, da fing der Held an auf die kleinen Drachen einzuhauen, bis er allen das Leben geraubt; dann machte er sich an den alten, den der Lärm vorzeitig erweckt hatte, doch 30 das gab noch einen langen harten Streit und manche tiefe Wunde.

Als er endlich gesiegt, schnitt er den erschlagenen Lindwürmern die Zungen aus und begrub Ortnits Gebein; seine Rüstung aber legte er selbst an und ebenso nahm er den Ring, den der tote König noch am Finger hatte.

35

Als er darauf sein Roß wieder bestiegen und davongeritten war, verirrte er sich im wilden Gebirge, bis er nach manchem Tage eine hohe Burg vor sich sah; da er müde und hungrig war, ritt er durch das Burgthor auf den Hof, obgleich die Mauern

bedenkliche Warnungszeichen trugen, die ihn hätten zurückschrecken
sollen: zahlreiche Köpfe erschlagener Menschen. Der Empfang,
welcher ihm hier wurde, war nicht geeignet, große Befürchtungen
zu erregen, denn der Burgherr nahm ihn nicht allein überaus
freundlich auf und bewirtete ihn aufs schönste, sondern am Abend 5
bot er ihm noch seine Tochter zur Ehe an und nötigte ihn, als
er sich dessen weigerte, mit ihr für diese Nacht Zimmer und Lager
zu teilen. Beim Scheiden reichte er ihm einen guten Trunk und
wünschte ihm Glück und eine fröhliche Nacht; doch den Trank ver=
goß die Tochter, ehe er noch die Lippen daran gesetzt.   10

Wie nun Wolfdietrich mit der Jungfrau allein war, begann
er sie zu fragen, was dies alles zu bedeuten habe, und sie er=
zählte ihm folgendes.

Die Burg Falkenis, auf der sie sich befanden, gehörte dem
Heidenfürsten Belian, dem Vater der Jungfrau; sie selbst hieß 15
Marpali. Der Vater hatte die grausame Gewohnheit, alle Fremden
umzubringen, die der Burg nahe kamen, wobei ihm die Schönheit
der Tochter als Lockspeise dienen mußte; denn in derselben Weise
wie heute hatte er jedem Gast die Jungfrau angeboten, aber der
Schlaftrunk war ein betäubendes Gift gewesen, welches jeden so= 20
fort kraftlos machte und in tiefen Schlummer versenkte. Am
nächsten Morgen waren sie dann alle getötet worden, meistens in
einem Zweikampf auf geworfene Messer, den sie mit Belian aus=
fechten mußten und in dem dieser ein großer Meister war. Dies=
mal aber war Marpali entschlossen, den Fremden, welchen sie vom 25
ersten Augenblicke an liebte, zu retten, und hatte das Versprechen
von ihrem Vater erlangt, daß er am Leben bleiben sollte, wenn
er sie noch in derselben Nacht zum Weibe gewinnen würde; sonst
sollte sein Haupt am andern Tage auch die Mauer zieren.

Wolfdietrich hatte in tiefem Sinnen der Jungfrau Worte 30
gehört; jetzt blickte er sie an, die ihm durch den vergossenen Trank
schon das Leben gerettet, und er sah, daß es ein schönes Weib
war, das wohl einen Sterblichen beglücken könnte. Jetzt nahte
sie dem Lager, auf welchem er sich niedergelassen hatte, und blickte
ihn zärtlich an; schnell legte er das bloße Schwert zwischen sie 35
beide, doch die Jungfrau ergriff es am Knaufe und warf es weit
fort in das Gemach. Dann sprach sie: „Tapferer Held, du hast
gewiß in mancher Schlacht den Kampf auf Leben und Tod ge=
wagt; fällt's dir so schwer ein Mädchen zu besiegen?" Mit den

Worten schlang sie verlangend ihre lilienweißen Arme um ihn,
der feurige Atem ihres Mundes berührte seine Wangen, fast wäre
er erlegen — da gedachte er seiner Lehnsmannen, gedachte auch
der Königin, die zu Garda sehnsüchtig seiner Wiederkehr harrte,
und vorbei war der kurze Rausch.   5

Am Morgen weckte ihn der Burgherr unsanft aus dem Schlafe,
und als er hörte, wie wenig er die Nacht zu benutzen verstanden,
forderte er ihn zu dem gefährlichen Kampfe heraus, wenn er nicht
gleich durch der Schergen Hand das Leben verlieren wollte.

B 587   Dô wart ein rinc gestellet von den heidenischen man.   10
         zwên tritstüele und sehs mezzer brâht man ûf den plân,
         als sie solten werfen, daz wizzet sicherlîch.
         dô sprach gezogenlîche der getriuwe Wolfdietrîch
  588   'swelch mezzer mir gevalle, daz sult ir mir geben.'
         'habe dir die wal dar under' sprach dô der bewegen.   15
         einen tritstuol und driu mezzer gab man im in die hant:
         'ich wæne dîn got habe dich dir ze leide her gesant.'
  599   sie sprungen zuo den stüelen, die unverzagten degen.
   *   dô hete sich der von Kriechen des lîbes gar verwegen.
         'hèrre got von himele, genâden rîcher Krist,   20
         nu hilf mir von hinnen, wan nieman bezzer ist.'
  600   der heiden namz êrste mezzer in die hant sîn.
         er sprach 'nu schirm dich ebene zuo der scheiteln dîn.'

[10] Nun wurde ein Kreis von den heidnischen Männern ge=
zogen. Zwei Fußschemel und sechs Messer brachte man auf den
Platz, womit sie werfen sollten, das wisset wohl. Darauf sagte
höflich der treue Wolfdietrich: „Welch Messer mir zufällt, das
sollt Ihr mir geben." [15] „Wähle darunter," antwortete der
Degen. Einen Schemel gab man ihm und drei Messer in die
Hand. „Ich glaube, dein Gott hat dich zu deinem Schaden her=
geschickt."

Sie sprangen zu den Stühlen, die unverzagten Streiter. Nun
hatte sich der Grieche der Hoffnung auf das Leben begeben. [20]
„Herr Gott im Himmel, gnadenreicher Christus, jetzt hilf mir
von hier fort, denn niemand vermag mehr als du."

Der Heide nahm das erste Messer in seine Hand und sprach:
„Jetzt schütz dich gerade an deinem Scheitel." Er warf es haß=

er warf ez nidiclichen dar ûf den küenen man:
sins hâres zwêne löcke warf er im von der scheiteln dan.
B 602   er nam daz ander mezzer in die hant sîn.
er sprach 'nu schirm dich ebene zuo den füezen d.n.'
Wolfdietrich der küene von dem stuole ûf spranc: 5
vil tiefe zwischenn füezen daz mezzer in die erde dranc.
604   dô sprach der stolze heiden 'wer lêrt dich disen sprunc?
in kunde ûf erde nieman dan herzog Berhtunc.
bistu Wolfdietrîch? daz soltu mich wizzen lân:
bürge lant und liute mach ich dir undertân.   10
605   Berhtunc was mîn geselle wol zwei und drizic jâr:
durch den sînen willen lâz ich dich leben zwâr.'
dô sprach gezogenlîche der tugenthafte man
'jâ ich herzog Berhtunc nie erkennet hân.'
606   zweier würfe het er vervælet: dô schrei er an der stet   15
'ich wæn du wellst mich lâzen, lieber got Machmet.
daz geschach mir doch nie mêre' sprach der heidenische man,
'swaz ich hân geworfen, daz ich zweier würfe gevælet hân.'
607   er nam daz dritte mezzer in die hant sîn.
er sprach 'nu schirm dich ebene zuo dem herzen dîn.'   20

erfüllt auf den kühnen Mann, von seinem Haar zwei Locken schnitt
er vom Scheitel ab.

Er nahm das andere Messer in seine Hand und sagte: „Jetzt
hüte dich gerade an deinen Füßen.“ [5] Der kühne Wolfdietrich
sprang vom Stuhle auf; tief zwischen den Füßen drang das Messer
in die Erde.

Nun sagte der stolze Heide: „Wer lehrte dich diesen Sprung?
Ihn konnte auf Erden keiner als der Herzog Berchtung. Bist du
etwa Wolfdietrich? Das sollst du mich wissen lassen. [10] Burgen,
Land und Leute mache ich dir unterthan. Berchtung war mein
Genosse wohl zweiunddreißig Jahre, um seinetwillen lasse ich dich
sicherlich leben.“ Darauf antwortete ruhig der tüchtige Mann:
„Herzog Berchtung habe ich nie gekannt.“

[15] Mit zwei Würfen hatte er gefehlt, da rief er sogleich:
„Ich wähne, du willst mich verlassen, lieber Gott Mahomet. Das
geschah mir doch nimmer,“ sprach der Heide, „wie oft ich auch
geworfen, daß ich zwei Würfe verfehlte.“

Er nahm das dritte Messer in seine Hand [20] und sprach:

er verwarf daz dritte mezzer, als ich hân geseit,
dô het sich eben gehüetet der fürste vil gemeit.
B 614 'nu sol ich ouch werfen' sprach Wolfdietrich.
'nu beschirm dich ebene, daz ist dir guot sicherlich.
so ich wirfe dez êrste mezzer, heidenischer man,   5
daz rehte ouge od den lenken fuoz, daz ein muostu mir lân.'
616 der heiden sprach ûz leide 'owê der grôzen nôt!
hüete ich mich nu unden, sô bin ich obene tôt.
ich stande in dînen gnâden' sprach der heidenische man,
'lieber got Machmet, du solt mir bî gestân.'   10
617 dô warf Wolfdietrich den ersten wurf dar:
er sach im zuo den ougen und nam sîns fuozes war.
er warf im daz mezzer durch den fuoz hin dan:
'hân ich dich getroffen, heidenischer man?'
618 er begunde lachen und sach den hêrren an: 15
'wer hât mich daz gelêret daz ich dich troffen hân?'
dô sprach gezogenlichen der heidenische man
'ich weiz wol sicherlichen, ir sît ein fürste lobesam.
619 ir vart mit einem schalle, ir mügt wol ein fürste sîn.'
'ich heize Wolfdietrich und bin der vient dîn.'   20

„Jetzt schütze dich gerade an deinem Herzen." Er fehlte mit dem
dritten Messer, wie ich gesagt habe, es hatte sich gut gehütet der
edle stattliche Fürst.

„Jetzt werde auch ich werfen," sprach Wolfdietrich, „jetzt schütz
dich wohl, das ist dir sicherlich gut. [5] Wenn ich das erste
Messer werfe, heidnischer Mann, das rechte Auge oder den linken
Fuß, eins von beiden mußt du mir lassen." Der Heide sagte in
Sorge: „Weh über die große Not! Hüte ich mich unten, so werde
ich oben getötet. Ich steh' in deiner Gnade," sprach der heidnische
Mann, [10] „lieber Gott Mahomet, du sollst mir beistehn."
Nun warf Wolfdietrich den ersten Wurf; er sah ihm nach
den Augen und zielte auf seinen Fuß. Er warf ihm das Messer
durch den Fuß hindurch. „Habe ich dich getroffen, heidnischer Mann?"
[15] Er begann zu lachen und sah den Herrn an. „Wer hat
mich das gelehrt, daß ich dich getroffen habe?" Darauf sprach
höflich der heidnische Mann: „Ich weiß wohl sicher, Ihr seid ein
berühmter Fürst. Ihr habt ein solches Auftreten, daß Ihr wohl
ein Fürst sein könnt." [20] „Ich heiße Wolfdietrich und bin dein

'bistu von wilden Kriechen der künie Wolfdietrich,
von dem ich sol verliesen minen lip vil wünneclich?

B620　lâzâ mich hie leben' sprach der heidenische man.
'allez mîn riche mach ich dir undertân,
und gibe dir mîn tohter, die soltu toufen lân,　　　　　　5
daz du mich hie lâzest leben, tugenthafter man.'

621　'dîn lant sî dir sælic!' sprach Wolfdietrich.
'du muost mir hiute gelten manegen ritter lobelich,
und habe dir dîn tohter, die frouwen wol getân.
ich gibe dir des mîn triuwe, ez muoz dir an daz leben gân.'　10

622　er nam daz ander mezzer in die hant sîn.
er sprach 'nu schirm dich ebene zuo der scheiteln dîn.'
er warf ez dar mit nîde ûf den heidenischen man
da enmitten durch den buckler und durch die scheiteln dan.

623　der heiden schrei vil lûte, das hal in der burc hin dan　15
'lieber got Machmet, du solt mir bî gestân.
hilfestu mir niht schiere, ez muoz mîn ende sîn.
owê, liebiu tohter, war tæt du minen wîn?'

626　er nam daz dritte mezzer in die hant sîn.
er sprach 'nu schirm dich ebene zuo dem herzen dîn.　20

Feind!" „Bist du vom fernen Griechenland der König Wolfdietrich,
von dem ich mein liebes Leben verlieren soll? Laß mich doch
leben," sagte der Heide, „mein ganzes Reich mache ich dir unter=
than [5] und gebe dir meine Tochter, die kannst du taufen lassen,
daß du mich jetzt leben lässest, ruhmreicher Held." „Dein Land
möge dir bleiben!" rief Wolfdietrich. „Du mußt mir heute büßen
für manchen tüchtigen Ritter; behalte auch deine Tochter, die
schöne Dame. [10] Ich gebe dir die Versicherung, es soll dir an
das Leben gehen."

Er nahm das zweite Messer in seine Hand und sagte: „Jetzt
schütz dich gerade an deinem Scheitel." Er warf es hin mit
Haß zu dem heidnischen Mann mitten durch den Schild und durch
den Scheitel. [15] Der Heide schrie laut, daß es in die Burg
ertönte: „Lieber Gott Mahomet, du sollst mir beistehn. Hilfst du
mir nicht bald, so wird es mein Ende sein. O weh, liebe Tochter,
wohin thatst du meinen Wein?"

Er nahm das dritte Messer in seine Hand [20] und sprach:
„Jetzt schütz dich gerade an deinem Herzen. Dorthin will ich nach dir

dar zuo wil ich dich werfen, heidenischer man:
und ist deich dich niht triffe, sô wil ich noch verloren hân.'

B 628 dô warf Wolfdietrich den dritten wurf dar:
er râmte im sînes herzen und nam sîn ebene war:
er warf in in sîn herze, den heidenischen man,   5
daz er viel von dem stuole und dâ sîn ende nam.

werfen, heidnischer Mann, und wenn ich dich nicht treffe, so will
ich noch verloren haben."

Nun that Wolfdietrich den dritten Wurf; er zielte nach dem
Herzen und achtete genau darauf; [5] er traf ihn in sein Herz,
den heidnischen Mann, daß er vom Schemel fiel und dort sein
Ende fand.

Nachdem der kühne Degen so den blutgierigen Heiden besiegt
hatte, sprang er auf sein Roß, um den unseligen Ort zu ver-
lassen; aber vor der Burg, wo gestern eine blumige Wiese ge-
standen hatte, lag jetzt ein großer tiefer See, den Marpali, des 10
Erschlagenen Tochter, dahin gezaubert hatte. Da dachte Wolf-
dietrich: „Soll ich hier sterben durch des bösen Weibes Tücke, so
soll auch sie mit mir den Tod finden!" Damit ritt er in die
Burg zurück, ergriff das Mädchen, obgleich es sich heftig sträubte,
und ritt mit ihr gerade auf den See zu. Jetzt war über den- 15
selben eine Brücke gebaut; als aber Wolfdietrich darüber fortritt,
und schon mitten auf dem Wasser war, brach sie plötzlich vor und
hinter ihm zusammen, so daß nur ein Joch blieb, auf dem er
gerade mit dem Rosse war; die Heidenjungfrau hatte er in der
Bestürzung losgelassen: gleich war sie ihm entschlüpft und flog 20
als Elster spottend über die Wasser hin.

Da faßte er sich Mut und zwang mit scharfen Sporen das
Roß herunterzusetzen in die schäumende Flut; doch wie er meinte
im Strudel zu versinken, verschwand vor ihm tiefer und tiefer
der Meeresspiegel, bis wieder die schöne Wiese wie Tags zuvor 25
erschien, auf der er nun wohlgemut von dannen ritt.

Als er nach manchem langen Tage wieder in der Longo-
barden Land kam, fand er überall Freude und Fröhlichkeit, denn
die Leute erzählten sich, daß die Lindbrachen erschlagen und Ortnits
Tod gerächt sei; doch vernahm er auch bald die sonderbare Kunde, 30
daß der Retter des Landes zu Garda weile und jetzt gerade mit
der Königin Liebgard Hochzeit feiere, weil sie ihn, wie sie einst

bei Ortnits Tode geschworen, zum Danke für seine That heiraten
und ihm mit ihrer Hand auch Krone und Reich geben mußte.
Das trieb den edeln Recken zu großer Eile; spät abends kam er
zu Garda vor die Burg und ließ das müde Roß am Graben
stehen; dann ging er durch das Thor, obgleich die Diener dem 5
staubbedeckten wildbreinblickenden Manne den Eingang wehren
wollten.   Nun forderte er als fahrender und bedürftiger Mann
eine Erquickung, die ihm die Königin auch sandte samt ihrem
eigenen Becher voll Weines. In den warf Wolfdietrich, nachdem
er getrunken, Ortnits Ring und hieß ihn dann der Herrin wie= 10
der bringen.

Im Saale saß in der Mitte der stattlichen Hochzeitsgesell=
schaft die Königin Liebgard und an ihrer Seite ein mächtiger
Graf, einst ihr Unterthan, jetzt bald ihr Gemahl, denn die Leute
priesen ihn als den Wurmtöter, weil er der erschlagenen Drachen 15
Häupter nach Garda gebracht hatte. Als der nun sah, daß die
Königin beim Anblick des Bechers tief betrübt zu weinen begann,
sprang er auf, um den Frevler zu strafen, der die Hochzeitsfreude
so gestört hatte; doch den brauchte er nicht lange zu suchen, denn
der gewaltige Recke stand schon in der Thür und rief höhnend: 20
„Seid Ihr der Held, welcher die Drachen erschlug und dafür der
Königin Hand erhalten soll? Weist doch her, habt Ihr denn die Be=
weise dafür?" Als der Graf hierauf zornig antwortete, daß er
solchem Strauchdiebe nicht Rede stehen brauche, erhob sich auch
die Königin und verkündete laut, daß der Fremde Ortnits Ring 25
wiedergebracht und auch seine Rüstung trage, was nur der Be=
sieger der Drachen könne. Da mußte sich denn der Graf herbei=
lassen, die Wurmköpfe zu zeigen, bei deren Anblick Wolfdietrich
wiederum begann: „Schaut her alle, ihr Frauen und Herren,
wahrlich er ist der Sieger, denn er hat der Drachen Köpfe. Doch 30
halt! welch Wunder! Die Tiere haben keine Zungen; das soll
doch sonst bei Drachen nicht vorkommen. Habt Ihr die Zungen
sonst wohin gethan?"

Als der Graf auf diese spöttische Rede keine Antwort finden
konnte, trat ihm der stolze Recke näher und rief mit Donner= 35
stimme: „Ihr seid ein Betrüger! Hier sind die Wurmzungen, die
ich ausschnitt, als ich in furchtbarem Kampfe in der Drachenhöhle
die Ungeheuer erschlug und Ortnits Tod rächte. Ihr habt die
toten Leiber nur im Walde gefunden!"

Bei den Worten nahm er den Helm vom Haupte und freudig
rief die Königin: „Wolfdietrich! Seid Ihr mein Retter geworden?"
Der Graf aber kannte ihn schon von Tervis her und machte schleunig,
daß er davon und aus der Burg kam.

Dann wurde Liebgard Wolfdietrichs Gemahlin.   5

Nachdem er kurze Zeit sich des Reiches und der Gattin ge=
freut hatte, verfiel er in tiefe Trauer, nach deren Ursache ihn die
Frau eines Nachts fragte; als sie die Geschichte von den elf Lehns=
mannen hörte, meinte sie lachend, sie wollte ihm zum Trost für
die elf gern elftausend geben, deren jeder ein stattlicher Kriegs= 10
mann wäre und für die er die elf wohl verschmerzen könnte.
Weil aber Wolfdietrich nicht abließ zu klagen und zu trauern,
willigte sie endlich, wenn auch zögernd, ein, daß er ein großes
Longobardenheer rüste und gegen Konstantinopel ziehe.

Nach raschen Vorbereitungen stach man in die See und kam 15
mit kurzer Fahrt glücklich nicht fern von Konstantinopel an das
Land. Dort ordnete Wolfdietrich seine Scharen und stellte sie
unter erprobten Heerführern nahe bei der Hauptstadt wohl ver=
borgen auf mit dem Befehle, stets seines Rufes gewärtig zu sein;
er selbst ritt allein davon in einem grauen Pilgergewande, das 20
er über die Rüstung gezogen hatte, bis er bald zur Stadt gelangte.

B 874   eins ábendes spáte kom er an den burcgraben.
 er barc sich undr ein múre, daz wil ich iu sagen.
 dâ lac er vil unlange, unz er bî im vernam
 alsô heize weinen sîn einlif dienstman.   25

875   der wâren niuwan zehen, der einlift der was tôt.
 si klagten al gelîche ir swæren grôzen nôt:
 'süeziu küniginne, muoter und reiniu meit,
 daz du dich niht erbarmest über unser grôzez leit.'

Eines Abends spät kam er an den Burggraben. Er barg
sich unter einer Mauer, das will ich euch sagen. Dort lag er
nicht lange, bis er bei sich vernahm [25] heiß weinen seine elf
Lehnsmannen. Deren waren nur noch zehn, der elfte war tot.
Sie klagten all' zusammen ihre große schwere Not: „Süße Königin,
Mutter und reine Magd, daß du dich nicht erbarmst unsers großen
Leides!"

25. Der Dichter ist an die Zahl elf so gewöhnt, daß er sie als episches Beiwort
braucht, selbst wenn sie, wie hier, nicht mehr richtig ist. — 28. Jungfrau Maria.

B876 dô sprach der eltest under in, der hiez Herbrant
'lâzet iuwer weinen, ir hêrren alle sant.
bittet got den guoten alle andæhticlich,
daz er sich ruoche erbarmen über den getriuwen Wolfdietrich.'
878 dô sprach Wolfdietrich in dem burcgraben   5
'ir zirkære ûf der mûre, ich hœre iuch sêre klagen.
waz gebet ir dem ze miete, ir helde wünneclich,
der iu zeigt wol gesunden den getriuwen Wolfdietrich?'
879 si sprâchen al gelîche 'guotes habe wir niht.
wir mügen balde weinen des leider uns geschiht.   10
wir armen liute liden alsô grôze nôt:
daz wolte got von himele, und wær wir alle sament tôt.
882 von unser herzenswære wære iu vil ze sagen:
ez sint ie zwêne und zwêne in ein bant geslagen.
wir armen liute liden alsô grôz ungemach,   15
daz halt kristenliuten nie sô wê geschach.
883 man gît ie zwein ein halpbrôt, daz wil ich iu sagen,
und einen trunc wazzers, dâ müez wir gnuoc an haben
einen tac sîn berihtet, daz geloubet sicherlîch.'
dô sprach gezogenlîche der getriuwe Wolfdietrich   20

Darauf sagte der älteste unter ihnen, welcher Herbrand hieß:
„Laßt euer Weinen, ihr Herren all' zusammen. Bittet den guten
Gott alle andächtig, daß er geruhe sich zu erbarmen des getreuen
Wolfdietrich."

[5] Nun sagte Wolfdietrich in dem Burggraben: „Ihr Rund=
gänger auf der Mauer, ich höre euch sehr klagen. Was gebt ihr
dem zu Lohne, ihr stattlichen Helden, der euch wohl und gesund
den treuen Wolfdietrich zeigt?"

Sie antworteten alle zusammen: „Besitz haben wir nicht. [10]
Wir müssen hart weinen über das, was uns leider geschieht. Wir
armen Leute leiden sehr große Not; das wolle Gott im Himmel, daß
wir lieber all' zusammen tot wären. Von unserm Kummer könnten
wir euch viel sagen; es sind immer je zwei in eine Fessel ge=
schlagen. [15] Wir armen Leute leiden so große Qual, daß gewiß
nie Christen so übel geschah. Man giebt je zweien ein halbes Brot,
das will ich euch sagen, und einen Trunk Wasser, daran müssen
wir genug haben einen ganzen Tag, das glaubt gewiß."

[20] Darauf sagte höflich der treue Wolfdietrich: „Ihr Wanderer

B 884 ʽir zirkære ûf der mûre, iuch bitet ein pilgerîn
umbe ein vierteil brôtes, obez mit hulden müge gesin,
durch der liebsten sêle willen, der ir guotes schuldic sit.
mit alsô grôzem jâmer ist bevangen mir der lîp.ʼ

885 dô sprach herzog Herbrant, der vil küene man   5
ʽder mirz alsô geteilte und hieze mir ûf stân
vater unde muoter, von den ich bin geborn:
ê iʼm gæbe ein vierteil brôtes, ich liezes ê verlorn.

886 iedoch swie ez dar umbe gât, well wir uns sîn verwegen
durch einer sêle willen wellen wir dirz geben: 10
daz ist unser hêrre, der getriuwe Wolfdietrich.ʼ
si wurfen imz über die mûre, daz geloubet sicherlîch.

888 si klagten al gelîche ir vil grôzen nôt:
ʽnu ist uns der vater in den banden gelegen tôt,
und daz uns von dem fürsten nieman hât gesaget,   15
reiniu maget sant Marjâ, daz sî dir geklaget.ʼ

889 dô sprach Wolfdietrich aber in dem burcgraben
ʽir zirkære ûf der mûre, ir sult iuch wol gehaben.
fröuwet iuch gemeine, ir helde wünneclich:
jâ kumet in kurzen zîten der getriuwe Wolfdietrich.ʼ   20

auf der Mauer, euch bittet ein Pilger um ein viertel Brot, wenn
es mit Gunst geschehen kann, um der liebsten Seele willen,
der ihr Spenden schuldig seid. Von übergroßem Jammer bin ich
beladen."

[5] Nun sagte Herbrand, der kühne Mann: „Wenn es mir
einer vorschlüge, mir auferstehen zu lassen Vater und Mutter, von
denen ich stamme, eh' ich ihm ein viertel Brot gäbe, ich ließe sie
eher verderben. Jedoch wie es damit stehe, wir wollen uns dazu
entschließen, [10] um einer Seele willen wollen wir es dir geben:
das ist unser Herr, der treue Wolfdietrich." Sie warfen es ihm
über die Mauer, das glaubt gewiß.

Sie klagten all' zusammen ihre große Bedrängnis: „Nun
ist uns der Vater im Gefängnis gestorben; [15] daß uns auch
von dem Fürsten niemand etwas erzählt hat, reine Magd, heilige
Maria, das sei dir geklagt."

Darauf sagte Wolfdietrich wieder in dem Burggraben: „Ihr
Waller auf der Mauer, ihr sollt fröhlich sein. Freut euch alle,
ihr stattlichen Helden, [20] ja, es kommt in kurzer Zeit der treue

B 890 si sprächen alle 'wolte got daz er lebte und wære gesunt,
dar umb sô well wir bûwen der tiefen helle grunt.
er lebet leider nimmer, er ist nu ze stunde tôt:
des liden wir armen liute alsô grôze nôt.'

891 dô sprach Wolfdietrich aber in dem burcgraben   5
'ir zirkære ûf der mûre, ir sult iuch wol gehaben,
fröuwet iuch gemeine, ir helde wünneclich:
ich bin von wilden Kriechen der getriuwe Wolfdietrich.'

892 ûf racten si ir hende an der selben frist:
si sprâchen 'wis gelobet, hêrre Jêsu Krist,   10
daz wir unsern hêrren zeinem mâle suln sehen!
des ist uns armen liuten sô grôziu fröude nie geschehen.'

Wolfdietrich." Sie antworteten alle: „Wollte Gott' er lebte und
wäre gesund, dafür wollten wir gern der tiefen Hölle Abgrund
bewohnen. Er lebt leider nicht mehr, er ist jetzt schon tot. Des=
halb leiden wir armen Leute so große Qual."

[5] Darauf sagte Wolfdietrich wieder in dem Burggraben:
„Ihr Waller auf der Mauer, ihr sollt fröhlich sein. Freut euch
alle, ihr stattlichen Helden: ich bin vom fremden Griechenland
der treue Wolfdietrich."

Auf hoben sie ihre Hände zu derselben Zeit [10] und sprachen:
„Sei gelobt, Herr Jesus Christus, daß wir unsern Herrn noch
einmal wieder sehen sollen! Uns armen Leuten ist so große Freude
nie geschehen."

Mit diesen Worten sprangen alle von der Mauer herab, so
haftig, daß die Ketten an ihren Händen zerbrachen; aber schon
hatte man in der Stadt den Vorgang bemerkt und allenthalben 15
erzählten sich die Leute, daß Wolfdietrich wieder in das Land ge=
kommen.

Das war den Brüdern Bauge und Wachsmut eine unerfreu=
liche Kunde; schnell ließen sie ihre Mannen zu den Waffen greifen
und fielen über das Häuflein vor der Mauer her über die elf 20
Recken, von denen nur einer Wäffen hatte. Aber sobald Wolf=
dietrich einen der Feinde erschlagen, nahmen Berchtungs Söhne
dessen Rüstung und Schwert, so daß bald zehn tapfere Kämpfer
ihrem Herrn zur Seite standen. Als dieser jedoch sah, daß er
der großen Zahl der Gegner nicht mehr lange Widerstand leisten 25
könnte, setzte er das Horn an den Mund und begann zu blasen,

daß es weithin über die Berge in den tiefen Wald erklang, aus
dem schnell die streitbaren Longobarden ihrem Könige zu Hilfe
eilten, so daß der Sieg nun rasch errungen wurde, da auch von den
Städtern viele zu ihm als ihrem rechten Herren übergetreten waren.

Bauge und Wachsmut waren gefangen und noch am Leben, 5
obgleich Berchtungs Söhne sofort den Tod ihrer Peiniger forderten,
denn Wolfdietrich wollte sie mit nach Garda nehmen und dort
seiner Rache opfern. Als aber das Heer dorthin zurückgefahren
war, empfing die Königin Liebgard die beiden Brüder so freund=
lich, daß Wolfdietrich darüber in heftigen Zorn geriet. „Meine 10
treuen Lehnsmannen solltet Ihr empfangen," sprach er finster,
„aber nicht diese, die meine Feinde sind!" „Eure Feinde?" er=
widerte die Königin. „Es sind doch Eure Brüder und jetzt auch
meine nächsten Verwandten, denen der erste Gruß gebührt. Nach
ihnen will ich auch die Lehnsmannen gebührend willkommen heißen." 15

Diese verständige Rede brachte den erregten Mann wieder
zur Besinnung, so daß er nunmehr den Brüdern Leben und Frei=
heit schenkte, zudem auch bei Berchtungs Söhnen unterdessen der
Zorn verraucht war und auch diese für ihre Bedränger baten.

Als der König in Garda sein erstes Hoffest halten wollte, 20
ließ er dazu einladen alle, die ihm einst Gutes gethan hatten,
darunter auch Werner, den Burgherrn von Tervis, samt seiner
Tochter Amie.

In Tervis war große Verwunderung, daß der einst herum=
irrende Kämpfer jetzt Herrscher des Reiches, und daß es der be= 25
rühmte Held aus Griechenland sei; eilig rüstete man sich zur Fahrt,
und als alle zu Garda ankamen, gefiel dem kühnen Herbrand,
Berchtungs Sohne, die schöne Amie so wohl, daß er sie zum
Weibe begehrte und erhielt. Als Ausstattung gab ihm Wolf=
dietrich die Burg Garda, weil sie am nächsten an Werners Mark 30
grenzte. Nach einem Jahre hatten sie einen jungen Sohn, Hilde=
brand, von dem später in der Welt viel geredet wurde.

Den andern Söhnen seines Meisters gab der König freigebig
andere Lehen, teils im Abendlande, teils auch in der alten Heimat;
dann zogen alle fröhlich von dannen. 35

Wolfdietrich herrschte noch manches Jahr mit seiner Gemahlin,
von der er zwei Kinder hatte: eine Tochter Sibrat und einen Sohn,
den er nach seinem Vater Hugdietrich nannte und von Herbrand
erziehen ließ; auch dieser hatte mit seiner Frau Amie außer dem

Hildebrand noch zwei Söhne, Nere und Elsan, sowie eine schöne
Tochter Mergart, von der die Wülfinge abstammten.

Als Hugdietrich zwölf Jahre alt war, starb seine Mutter,
worüber der König so betrübt war, daß er die Herrschaft seinem
Sohne gab und in ein fernes Kloster ging am Ende der Christen- 5
heit, nahe der Heidenschaft, um dort in Frieden sein Ende zu
erwarten. Doch das war ihm noch nicht beschieden, denn bald
begann ein Sarazenenkönig in der Gegend einen Krieg und be-
drängte die Ordensbrüder. Als ein Bote dieses Königs in das
Kloster den Fehdebrief brachte, sah er unter den Mönchen einen, 10
von dem er seinem Herren eine solche Beschreibung machte, daß
fast allen die weitere Lust verging; wie er aber nun gar dessen
Namen nannte und der Sarazenenkönig so erfuhr, daß Wolf-
dietrich selbst im Kloster weile, da ergriff sie große Furcht; doch
mochten sie den Krieg nicht aufgeben und zogen deshalb immer 15
mehr Heiden zu sich heran.

Da nun aber Wolfdietrich sah, daß er mit den Kloster-
brüdern allein nicht das Feindesheer bestehen könnte, sandte er
gen Garda, um dem Sohne die Gefahr zu melden; der kam
schnell herbei mit einer großen Schar, so daß der alte Held noch 20
die Freude erlebte, an der Seite seines Sohnes im Streite zu
stehen; auch Berchtungs Söhne fehlten nicht, und sogar der junge
Hildebrand führte hier zum erstenmale das Schwert.

Nachdem der Sieg errungen und die Helfer wieder in ihre
Heimat gezogen waren, begehrte Wolfdietrich von dem Abte seines 25
Klosters, daß er ihm eine schwere Buße auflegen sollte, um seiner
vielen Sünden und der großen Blutschuld ledig zu werden, denn
er fühlte sein Ende nahe. Da hieß ihn der fromme Abt allein eine
Nacht im Münster auf einer Totenbahre zubringen und befahl ihm,
dieselbe nicht zu verlassen, was auch immer ihm geschehen würde. 30

DX 122　　　die münch rihten ein bàre in daz münster dan.
　　　　　den edelen fürsten klâre hiezen sie dar zuo gân,
　　　　　daz er drûf sæze aleine und die naht lite:
　　　　　ez wær grôz oder kleine, dâ büezt er sîn sünde mite.

Die Mönche stellten eine Bahre in den Münster. Den edlen
hohen Fürsten hießen sie dazu hineingehen, damit er darauf
allein säße und die Nacht litte, es wäre Großes oder Geringes,
wodurch er seine Sünde büßen würde. Das that er willig. Als

X123 daz tet er willicliche. dô der tac ein ende nam,
dô saz er ûf die bâre, der fürste lobesam.
mit allen den die er ie ze tôde ersluoc,
mit den muoste er die naht vehten: dô hete er leides genuoc.

124 swem er ie getân hete, der kam vîntlîch genuoc. 5
ez hal also ein bette, swaz er ûf sie sluoc.
er kam von in allen die naht in grôze nôt,
wan die er hete bestanden, die vorhten niht den tôt.

125 daz treip Wolfdietrich ein winterlange naht:
mit manigem tôten er bitterlichen vaht. 10
von müede und von hitze wart im des nahtes wê:
daz hâr ûf sînem houbet wart im wîz als der snê.

Dresd. die tiuvel in versuochten vil manec stunt die naht.
2128 sîn beste friunt und mâge wurden im für brâcht:
im kam ouch für sîn frouwe, diu schœne Liebgart: 15
er wær schier ûf gestanden wan daz in got bewart.

2129 die naht was er verscheiden: got hât sîn sêle in huot.
er gap dem selben klôster vor sînem ende grôz guot.

128,3 die engel an sînem ende fuorten die sêle dan
für got ân missewende: als müeze ouch uns ergân. 20

der Tag zu Ende ging, setzte sich auf die Bahre der ruhmreiche
Fürst. Mit allen denen, die er je zu Tode schlug, mit denen
mußte er die Nacht fechten, davon hatte er genug Leid. [5]
Wem er jemals etwas gethan hatte, der kam in feindlicher Absicht
zu ihm. Es klang wie ein leeres Bett, wenn er auf sie einschlug.
Er kam von ihnen allen in der Nacht in große Not, denn die
er zu bekämpfen hatte, die fürchteten nicht den Tod.

Das trieb Wolfdietrich eine lange Winternacht. [10] Mit
manchem Toten focht er bitter. Von Müdigkeit und Hitze geschah in der
Nacht ihm Leid. Das Haar auf seinem Haupte ward ihm weiß wie Schnee.

Die Teufel versuchten ihn oftmals die Nacht. Seine besten
Freunde und Verwandten wurden ihm vor Augen gebracht. [15]
Ihm erschien auch seine Frau, die schöne Liebgard; er wäre fast
aufgestanden, wenn ihn nicht Gott bewahrt hätte.

Die Nacht war er verschieden; Gott hat seine Seele in Obhut.
Er gab demselben Kloster vor seinem Ende groß Besitztum. Die
Engel führten bei seinem Tode die Seele von dannen [20] vor
Gott ohne Sünde: so möge auch uns geschehen.

III. Walther von Aquitanien.

Das war der König Etzel im fröhlichen Hunnenreich,
der ließ das Heerhorn blasen: „Ihr Mannen, rüstet euch!
Wohlauf zu Roß, zu Felde, nach Franken geht der Zug,
wir machen zu Worms am Rheine uneingeladen Besuch!"
5 Der Frankenkönig Gibich saß dort auf hohem Thron,   5
sein Herze wollt sich freuen, ihm war geboren ein Sohn,
da kam unfrohe Kunde gerauscht an Gibichs Ohr:
es wälzt ein Schwarm von Feinden sich von der Donau vor,
es steht auf fränkischer Erde der Hunnen reisig Heer,
10 zahllos wie Stern' am Himmel, zahllos wie Sand am Meer.   10
    Da blaßten Gibichs Wangen, die Seinen rief er bei
und pflog mit ihnen Rates, was zu beginnen sei.
Da stimmten all die Mannen: „Ein Bündnis nur uns frommt,
wir müssen Handschlag zollen dem Hunnen, wenn er kommt;
15 wir müssen Geiseln stellen und zahlen den Königszins,   15
des freuen wir noch immer uns größeren Gewinns
als daß, ungleiche Kämpfer, wir Land zugleich und Leben
und Weib und Kind und alles dem Feind zu Handen geben."
    Des Königs Söhnlein Gunther war noch zu schwach und klein,
20 noch lag's an Mutterbrüsten, das mocht' nicht Geisel sein;   20
doch war des Königs Vetter, Herr Hagen, hochgemut
von Trojer Heldenstamm ein adlig junges Blut.

---

1 ff. Scheffels Übersetzung. — 5. Gibich, König von Worms, ist nach der ältesten
Dichtung Beherrscher der Franken, in der mittelhochdeutschen Dichtung heißt sein Volk
Burgunden. Die Nibelungen kennen ihn gar nicht und geben Dankrat als Vater der
Geschwister Gunther, Gernot, Giselher und Kriemhild an. — 21. Hagen gilt in den
Nibelungen nicht als Verwandter der Wormser Fürsten, sondern als ein fremder Recke;
die nordische Überlieferung macht ihn zu Gunthers Bruder. — 22. Aus Colonia Trajana
hatte die Volksetymologie Trojana gemacht und daraus die schon bei Otfried erwähnte
Abkunft der rheinischen Franken von den Trojanern gefolgert.

Sie richteten viel Schätze und faſſen drauf den Schluß,
daß der als Pfand des Friedens zu Etzel ziehen muß.
25 Zur Zeit als dies geſchah, da trug mit feſter Hand
den Scepter König Herrich in der Burgunden Land.
Ihm wuchs die einzige Tochter, benamſt jung Hildegund,   5
die war der Mägdlein ſchönſtes im weiten Reich Burgund.
Die ſollt als Erbin einſt, dem Volk zu Nutz und Segen,
30 ſo Gott es fügen wollt', der alten Herrſchaft pflegen.
  Derweil nun mit den Franken der Friede gefeſtigt war,
ſo rückt auf Herrichs Grenzmark der Hunnen kampfliche Schar. 10
Voraus mit flinkem Zügel lenkt König Etzel ſein Roß,
ihm folgt in gleichem Schritte der Heeresfürſten Troß.
35 Von Roſſeshuf zerſtampft die Erde gab ſeufzenden Schall,
die zage Luft durchtönte Schildklirren als Wiederhall.
Im Blachfeld funkelte ein eherner Lanzenwald,   15
wie wenn die Frührotſonne auf tauige Wieſen ſtrahlt,
und ſo ein Berg ſich türmte: er wurde überklommen,
40 die Saone und die Rhone: es wurde durchgeſchwommen.
  Zu Chalons ſaß Fürſt Herrich, da rief der Wächter vom Turm:
„Ich ſeh' von Staub eine Wolke, die Wolke kündet Sturm,   20
Feind iſt ins Land gebrochen, ihr Leute ſeht euch vor,
und wem ein Haus zu eigen, der ſchließe Thür und Thor.“
45 Der Franken Unterwerfung, dem Fürſten war ſie kund;
er rief die Lehenträger und ſprach mit weiſem Mund:
„Die Franken, niemand zweifelt's, ſind tapfre Kriegesleute,   25
doch mochte keiner dort dem Hunnen ſtehn zum Streite,
und wenn die alſo thaten, da werden wir allein
50 dem Tode uns zu opfern, auch nicht die Narren ſein.
Ich hab' ein einzig Kind nur, doch für das Vaterland
geb' ich es hin, es werde des Friedens Unterpfand.“   30
  Da gingen die Geſandten, barhäuptig ohne Schwert,
den Hunnen zu entbieten, was Herrich ſie gelehrt.
55 Höflich empfing ſie Etzel, es war das ſo ſein Brauch,
.ſprach: „Mehr als Krieg taugt Bündniß, das ſag' ich ſelber auch,
auch ich bin Mann des Friedens, nur wer ſich meiner Macht   35
thöricht entgegenſtemmt, dem wird der Garaus gemacht.
Drum eures Königs Bitte gewähret Etzel gern.“
60 Da gingen die Geſandten, es kündend ihrem Herrn.
  Dem Thor entſchritt Fürſt Herrich, viel köſtliches Geſtein

bracht er den Hunnen dar, dazu die Tochter sein.
Der Friede ward beschworen — fahr wohl, schön Hildegund!
So zog in die Verbannung die Perle von Burgund.

65   Wie dort Vertrag und Bündnis geordnet war zum besten,
entführte König Etzel sein reisig Volk gen Westen.   5
Im Land der Aquitanen herrscht Alpher der strenge Mann,
dem wuchs ein Sohn Walther im Jugendschmuck heran.
Herrich und Alpher hatten sich manch einen Boten geschickt
70 und sich mit feierlichem Eidschwur einand verstrickt:
„Sobald die Zeit des Freiens dereinst sich stellet ein,   10
so sollen unsre Kinder ein fröhlich Brautpaar sein.“
Betrübt saß König Alpher itzt bei der Hunnen Not:
„O weh mir, daß ich Alter nicht finde Schwertes Tod;
75 ein schlechtes Beispiel gaben Burgund und Frankenland,
jetzt muß ich Gleiches thun, und ist doch eine Schand’.   15
Ich muß Gesandte schicken und Friede heischen und Bund,
und muß den eignen Sprossen als Geisel stellen zur Stund.“
So sprach der strenge Alpher, und also ward’s gethan,
80 mit Gold belastet traten die Hunnen den Rückweg an,
sie führten Walther und Hildgund und Hagen in sichrer Hut   20
und grüßten wildfroh jauchzend die heimische Donauflut.

Nachdem die Hunnen in langsamem Zuge den Strom herab=
gezogen waren, gelangten sie auf der wohlbekannten Straße zur
Etzelnburg.
   Dort saßen nun die blonden Germanenkinder unter den   25
schwarzen finstern Hunnen; doch wurden sie freundlich behandelt
und des Königs eigenen Söhnen gleich geachtet. Die Jungfrau
wurde von der Königin erzogen, die beiden Jünglinge leitete Etzel
selbst und lehrte sie alle Künste, deren ein tüchtiger Mann zu
Hause und im Kriege bedarf; dafür halfen sie ihm auch im Streite 30
gegen alle seine Feinde; Hildgund aber war die Schaffnerin im
Schatze der Königin.
   Als eines Tages die Kunde kam, daß Gunther seinem Vater
Gibich in der Herrschaft gefolgt und das Bündnis mit den Hunnen
gebrochen habe, entfloh Hagen in seine Heimat; deshalb riet die 35
Königin ihrem Gemahl, die andern Geiseln besser zu bewahren,
besonders den tapfern Walther; dem sollte er zunächst eine Ge=

24. Etzelnburg ist bei Budapest zu suchen.

mahlin aus dem Hunnenvolke geben, damit er nie der Heimkehr gedächte.

Diesen Gedanken mußte der schlaue Walther aber seinem Herren auszureden durch die Vorstellung, daß er mit einem Weibe doch nicht mehr dem Könige Krieghilfe leisten könnte, weil er 5 dann zu Hause bleiben und den Acker bauen müßte. Die Antwort gefiel Etzel so wohl, daß er von weiterem Drängen abließ, denn er war zu sehr von Walthers Treue überzeugt.

Als der junge Held einst von einem langen Kriege heimkehrte, traf er Hildgund allein im Königssaale und forderte von 10 ihr einen Becher Wein; nachdem er getrunken, küßte er sie und erinnerte sie, daß beide von den Eltern schon in früher Jugend verlobt waren; dann fragte er, ob sie denn in der Fremde sich wohl gefalle. Doch das Mädchen traute seinen Worten nicht. Als er aber ihr die Flucht vorschlug und erklärte, wie alles eingerichtet 15 werden sollte, da willigte sie freudig ein und versprach, seine Gattin zu werden.

Das war der Plan Walthers: er wollte dem König und dessen Mannen ein Gastmahl geben, ebenso Hildgund der Königin; dann wollte er ein starkes Roß bereit halten, die Jungfrau aber 20 sollte zwei Kasten von der Königin Schätzen darauf legen, dazu Nahrung, Kleidung und Fischgerät, um auf dem langen Wege Zehrung zu erwerben.

Das gab am Abend ein lustiges Gelage bei Männern, wie bei Frauen; als alle voll und genug hatten, bestiegen die Ver= 25 lobten das Roß und machten sich eilig davon. Weg und Steg vermieden sie; des Nachts setzten sie die Reise fort, um bei Tage zu ruhen.

Es war schon längst heller Tag, als endlich Etzel erwachte und nach Walther schickte, damit er heute auch der Genosse von 30 seines Königs Jammer wäre; bald ließ auch die Königin ihre Hildgund rufen; als aber von beiden keine Spur zu finden war, da geriet der Hunne in wilden Zorn und tobte den ganzen Tag. Auch die Nacht konnte er keine Ruhe finden und erst am nächsten Morgen besann er sich so weit, daß er eine große Belohnung dem 35 versprach, der ihm die Flüchtigen wieder brächte.

Die waren indessen schon so weit, daß auch der schnellste Reiter ihnen nicht mehr folgen konnte; nach vierzehn Tagen kamen sie an einen großen Strom, es war der Rhein über den ein

Fährmann sie setzte: als Fährlohn erhielt er Donaufische, die
Walther jüngst gefangen hatte, und weil die Fische in dem Lande
ganz unbekannt waren, brachte sie der Ferge in König Gunthers
Küche zu Worms.

Die fremden Fische auf des Königs Tisch erregten allgemeine 5
Neugier; so kam es heraus, daß ein fremder Held über den Rhein
gezogen in Begleitung eines Mädchens und mit vielen Schätzen.

Nachdem der König die Botschaft vernommen, ergriff ihn die
Gier nach dem fremden Gute, welches ihm als Ersatz für die
seinem Vater von den Hunnen genommenen Reichtümer dienen 10
sollte. Doch Hagen warnte ihn, denn er ahnte, daß der Fremde
kein anderer als sein alter Genosse Walther sei; das machte auf
den beutegierigen Mann keinen Eindruck, ja er befahl sogar, daß
Hagen selbst unter den zwölf Kämpfern sein sollte, mit denen er
den Reisenden zu überfallen gedachte. 15

Walther hatte sich in einer Bergeskluft des Wasgenwaldes
nach langen Mühen zu kurzer Ruhe niedergelegt, während Hild=
gund wachte; noch hatte er nicht lange geschlummert, da erweckte
ihn die Jungfrau, denn tief unten im Thale erblickte sie eine
Reiterschar, welche den Hufspuren folgend gerade auf die Höhle 20
zuritt. „Die Hunnen kommen!" rief sie angstvoll. „Töte mich,
Geliebter, damit ich nicht eines anderen Mannes Beute werde,
wenn du gefallen bist!"

Walther hatte die Feinde forschend betrachtet, dann sagte er
lachend: „Das sind wahrlich keine Hunnen! Das sind dumme 25
Jungen, die hier zu Lande wohnen; aber wahrhaftig, Hagen, mein
alter Genosse ist auch darunter, das wäre der einzige, vor dem
ich mich fürchten könnte."

Mit den Worten war er an den Eingang der Höhle ge=
treten, das Schwert in der Hand und gerüstet vom Wirbel bis 30
zur Zehe. Als Hagen ihn so stehen sah, riet er dem Könige noch
einmal, vom Kampfe abzustehen und, wenn er die Schätze den=
noch begehrte, erst zu versuchen, ob er sie in Frieden erlangen
könnte. Deshalb sandte Gunther einen Recken, Gamelo von Metz,
voran, der an Walther heranritt und ihn nach seinem Namen 35
fragte: den erfuhr er ohne Müh'. Als er aber auch die Schätze

16. Aus dem Wasgenwalde ist durch sprachwidrige Veränderung Vogesen geworden.
Walther heißt später W. von Wasichenstein, entweder nach diesen Ereignissen oder (was
wahrscheinlicher ist) nach seiner Heimat dem Lande der Waskonen oder Basken (Vasconia,
jetzt Gascogne). Vgl. auch unten S. 136 Anmerkung.

und die Jungfrau samt dem Rosse dazu forderte, wurde er arg
verspottet; doch bot ihm Walther hundert goldne Spangen an,
wie er sagte, den König zu ehren, durch dessen Land er zog.

Mit der Antwort war der König wenig zufrieden. Noch
einmal warnte ihn Hagen, den in der letzten Nacht ein böser 5
Traum erschreckt: ein Bär hatte dem Könige das Bein, ihm selbst
ein Auge geraubt; doch Gunther verhöhnte den Träumer und schalt
ihn einen Feigling.

Zum zweitenmale mußte Gamelo voran; diesmal, um nur
die Schätze zu fordern; wiederum bot ihm Walther ein Geschenk: 10
zweihundert Spangen wollte er jetzt freiwillig geben. Aber der
Recke König Gunthers wollte nichts vom Bieten mehr hören und
griff zum Schwerte: zu seinem Unheil, denn er büßte seine Ver-
wegenheit durch Walthers Lanze, die ihn samt seinem Rosse
durchbohrte. 15

So war das erste Blut geflossen, nun begann der allgemeine
Kampf, denn alle Mannen Gunthers drangen auf den Helden
ein, doch nur immer einer nach dem andern vermochte auf dem
schmalen Bergpfade ihm nahe zu kommen, und ebenso fielen sie
alle Mann für Mann von Walthers Waffen getroffen in den 20
Abgrund, bis ihrer elf das Ende gefunden hatten. Die letzten
vier hatten mit einem Haken Walthers Schild ergriffen und suchten
ihn an einem langen Seile herabzuzerren; als aber auch das ihnen
allen nur das Verderben gebracht und König Gunther selbst nur
mit Mühe dem Tode entronnen, floh der habsüchtige Frankenfürst 25
den Berg hinab und begann Hagen, der noch immer unthätig dort
stand, zum Kampfe aufzufordern. Lange wies der kühne Mann
alle Bitten ab; als jedoch der stolze König gar vor ihm auf die
Kniee fiel, da erbarmte er sich, besonders weil es ihn schmerzte,
daß die Ehre seines Volkes so durch einen Mann vernichtet war; 30
er versprach zu kämpfen, doch nicht hier, wo jeder Versuch Wahn-
sinn war und auch das stärkste Heer den einen Recken nicht be-
zwingen konnte.

Die Sonne war untergegangen. Forschend stand der müde
Held am Eingang seiner Höhle und überblickte sorgenvoll das 35
Thal, in dem er Gunther und Hagen in eifrigem Gespräche davon
eilen sah; darauf sann er lange nach, was er nun beginnen sollte,
und beschloß endlich, die Nacht in der Höhle zu verweilen.

Von den Rossen der Erschlagenen fing er sechs, die er mit

Zweigen festband; die Toten legte er der Reihe nach zusammen
und fügte ihnen die abgeschlagenen Häupter an, dann betete er
für ihre Seelen und um Vergebung seiner Blutschuld.

Als der Morgen dämmerte und Tau die Wiesen feuchtete,
nahm er den Gefallenen die Rüstungen, mit denen er vier der 5
Rosse belud; Hildgund bestieg das fünfte; er selbst ritt das sechste
und führte sein goldbeladenes Roß am Zügel.

Doch als sie so erst eine kleine Strecke weiter gezogen waren,
erblickte Hildgund zwei Reiter, die ihnen zu folgen strebten. „Ich
kenne sie," rief Walther, „jetzt eile du mit unsern Schätzen voran, 10
ich werde ihnen begegnen!"

Schon war Gunther nahe und schmähte ihn mit unziemlichen
Worten, auf welche ihm der wackere Degen keine Erwiderung
machte; nur an Hagen wandte er sich und warf ihm vor, daß er
den Freundesbund gebrochen. Doch der grimme Held antwortete: 15
„Unter den Gefallenen war auch mein Neffe; als du den erschlugst,
hattest du kein Erbarmen, da endete auch unsere Freundschaft.
Jetzt begehre ich nicht Gold und Silber von dir, dein Blut fordre
ich zur Sühne für den Toten."

So fielen sie denn unrühmlich ihrer zwei über den einen 20
her, der sich tapfer wehrte; alle waren von den Rossen gesprungen,
die Lanzen schon zerbrochen, jetzt stritten sie mit den Schwertern
den langen furchtbaren Kampf, bis Gunther von einem mächtigen
Streiche ein Bein verlor, wobei aber auch Walthers Klinge zer-
sprang. Im selben Augenblick schlug Hagen dem Wehrlosen die 25
rechte Hand ab; mit dem Stumpfe faßte dieser den Schild und
zog rasch mit der linken Hand einen krummen Hunnensäbel hervor,
den er zur Aushilfe noch an der rechten Seite führte. Mit dem
versetzte er Hagen einen Streich über den Kopf, daß das rechte
Auge herausfuhr, die Lippen gespalten und sechs Backzähne aus- 30
gerissen wurden.

So endete der Kampf, da keiner mehr zu weiterem Streite
fähig war. Hildgund kam herbei und verband ihnen die Wunden,
dem Freunde wie den Feinden.

Als sie dann bei einem Trunke die Versöhnung feierten, 35
verspotteten die Helden einander wegen der erlittenen Verstümme-
lungen; Walther müßte Hildgund künftig mit der Linken umarmen,
meinte Hagen, worauf der andere erwiderte: „Und du wirst deine
Freunde nur einäugig ansehen und keinen Wildbraten mehr kauen!"

Dann hoben sie den König, der am schwersten litt, aufs
Roß und zogen davon, jeder an seinen Ort: Hagen mit seinem
Herrn nach Worms, Walther mit Hildgund nach Aquitanien, wo
beide vereint noch lange in Freuden herrschten.

So endet das lateinische Lied von Walther.   5

Viele Jahrhunderte später wußten noch die deutschen Sänger
von der Heimkehr der Verlobten aus dem Hunnenlande; es gab
auch ein ganzes Gedicht, welches davon handelte, aber nur kleine
Stücke desselben haben sich erhalten, besonders die Beschreibung
der Freude, welche Walthers Eltern hatten, als sie durch voraus= 10
gesandte Boten die Kunde empfingen, daß der geliebte Sohn ihnen
wiedergegeben sei.

do der künic Alpkêr gehôrte dise sage,
do entweich im ungemüete und ouch sîn langiu klage.
die boten er vlizicliche enphie und ouch sîn wîp   15
si wurden harte grôzer vreuden rîche durch den Walthêres lîp.
    do ez diu küniginne het mit im vernomen,
ir was von lieben mæren vil der trähene komen
von herzen in diu ougen. weinde si dô saz.
si riet, wie man si bêde solde enphâhen, und tet vil willec-
                                              lîchen daz.   20
    dô sprach der alte recke 'ir sult mich hœren lân,
wi Etzele und frou Helche zuo zin haben getân.'
dô sprach der boten einer 'daz wil ich iu sagen.
Walther ist von dem künige sô gescheiden, daz die Hiunen
                                              immer müezen klagen,

Als der König Alpker diese Kunde hörte, schwand ihm sein
Kummer und seine lange Klage. [15] Die Boten empfingen er und
sein Weib aufmerksam; sie wurden großer Freude voll um Walthers
willen. Als es die Königin mit ihm vernommen hatte, waren ihr
wegen der angenehmen Nachricht viel Thränen vom Herzen in die
Augen gekommen. Weinend saß sie dann. [20] Sie beriet sich,
wie man beide empfangen sollte, und that das sehr gern. Dann
sagte der alte Held: „Ihr sollt mich hören lassen, wie Etzel und
Frau Helche sich gegen sie benommen haben." Darauf sprach der
Boten einer: „Das will ich Euch sagen. Walther hat von dem
Könige so Abschied genommen, daß von den Hunnen viele es

ir etelicher drunder, daz si im wæren holt.
er hât an sumelichen vil wol daz versolt,
daz si im immer fluochen: wand er hât in erslagen
an sîner verte vil ir lieben mâge. ich kan iu anders niht gesagen.'
    der künic sprach zuo den recken 'wol ûf, al mîne man,   5
und rîtet im begegene. er hât mir liep getân,
swer im nu gerne dienet, des vriunt wil ich wesen.
diu lant sult ir mit uns beiden bouwen. ir mügt bî Walther
                                        wol genesen.'
    dô hiez˘ ouch sich bereiten des edelen küniges wîp.
jâ wolde si beleiten den Hildegunde lîp,   10
so si aller beste kunde, ze Lengers in die stat.
ir vroun si dô wol kleiden begunde, des si der künic selbe bat.
    diu küniginne fuorte wol sehzec megedîn,
die aller schœnisten, die der mohten sîn,   .
und ouch der hôhsten mâge, di man dô bî in vant.   15
dô fuorten ouch des alten küniges helde vil harte hêrlich gewant.

immer beklagen müſſen, daß ſie ihm wohlgeſinnt waren. Er hat
um manchen es wohl verſchuldet, daß ſie ihm immer fluchen, denn
er hat ihnen bei ſeinem Weggang viele ihrer lieben Verwandten
erſchlagen. Anders kann ich Euch nicht ſagen.“
    [5] Der König ſagte zu den Recken: „Wohlauf, alle meine
Mannen, reitet ihm entgegen. Der erweiſt mir Gutes, der ihm
nun gern dient; deſſen Freund will ich ſein. Die Lande ſollt ihr
mit uns beiden bewohnen. Ihr könnt es bei Walther gut haben.“
    Nun befahl auch ſich zu rüſten des edeln Königs Weib.
[10] Denn ſie wollte die Hildgund geleiten, ſo gut ſie konnte,
in die Stadt Lengers. Ihre Damen begann ſie auszuſtatten,
wie es der König ſelbſt wünſchte.
    Die Königin führte mit ſich wohl ſechzig Mädchen, die ſchönſten,
die dort ſein konnten, [15] und ebenſo von der höchſten Verwandt=
ſchaft, die bei ihnen zu finden war. Es führten auch des alten
Königs Helden ſehr herrliches Gewand.

    Auch die nach England gewanderten Germanen hatten ſchon
die Sage von dem tapfern Walther mitgenommen und fuhren
fort ihn in Liedern zu rühmen; von einem derſelben iſt das fol=
gende Stück erhalten, leider ſehr verſtümmelt.   20

Waldere.

Hyrde hine georne:
'hûru Vélandes gevorc ne gesviced
monna ænigum, þâra þe Mimming can
heârne gehealdan: oft æt hilde gedreás
5   svâtfâg and sveordvund secg æfter ôðrum.   5
Ätlan ordvŷga! ne læt þîn ellen nu gyt
gedreósan tô däge, dryhtscipe feallan
deor and dômgeorn! ac is se dag cumen,
þät þu scealt âninga ôðer tvega
10   lif forleósan odde lange dôm   10
âgan mid eldum, Älfheres sunu!
nalles ic þe, vine mîn, vordum cîde
þŷ ic þe gesàve ät þam sveordplegan
þurh edvîtscype æniges monnes
15   vîg forbûgan odde on veal fleón,   15
lîce beorgan, þeáh þe lâðra fela
þîne byrnhoman billum heóvun;
ac þu symle furðor feohtan sôhtest
mæl ofer mearce: þŷ ic þe metod ondrêd,
20   þät þu tô fyrenlîce feohtan sôhtest   20
ät þam ätstealle, oðres monnes

Er hörte ihn eifrig: „Gewiß, Welands Werk nicht täuscht [läßt im Stiche] irgend einen der Männer, derer die Mimming können den grauen halten: oft im Kampfe fiel [5] ein blut= gefärbter und schwertwunder Held nach dem andern. O Ätla, Heer= führer! nicht laß deine Kraft jetzt noch sinken, den Heldenmut fallen, tapfer und nach Ruhm trachtend. Aber es ist der Tag gekommen, daß du sollst gänzlich entweder [10] das Leben verlieren oder langen Ruhm haben bei den Menschen, Älfheres Sohn! Durchaus nicht ich dir, mein Freund, mit Worten ankündige, als ob ich dich sah bei dem Schwertspiel [der Schlacht] mit Schmach irgend eines Mannes [15] Kampf meiden oder auf einen Wall fliehen, den Leib bergen, obgleich dir der Feinde viele deinen Panzer mit Schwertern hieben; sondern du immer weiter zu fechten suchtest, Kampf über die Mark hin: deshalb fürchtete ich das Verhängnis, [20] daß du zu gewaltig zu fechten suchtest bei dem Beistand, eines andern

2. Welands Werk ist das Schwert Mimming.

vigrædenne. veorda þe selfne
gódum dædum, þenden þín god rècce!
ne murn þu for þí mèce! þe veard màdma cyst

25   gifeðe tô geóce unc: þŷ þu Gûdhere scealt
beót forbîgan, þäs þe he þäs beaduve ongan   5
mid unryhtè ærest sècan;
forsòc he þam svurde and þâm syncfatum,
beàga menigo: nu sceal begea leàs

30   hvorfan from þisse hilde, hlâfurd sècan
ealdne èdel odde ær svefan,   10
gif he þà
            mèce bäteran,
bûton þam ânum, þe ic eàc hafa

35   on stânfate stille gehîded:
ic vât þät hit þohte þeódric Vidian   15
selfum gesyllan and eàc sinc micel
màdma mid þí mècè, monig ôdres mid him
goldè gegirvan (iuleán geman),

40   þäs þe hine of nearvum Nîdhàdes mæg,
Vèlandes bearn, Vidia ût forlèt: 20
þurch fîfela gefeold ford onette.'
Valdere maðelode, viga ellenróf,

Mannes Kampf. Beschenke dich selbst mit guten Thaten, bis
Gott dich heimsucht! Trauere du nicht um das Schwert! Dir
warb der Schätze Preis gegeben zum Schutze uns beiden: mit
dem [Schwert] du dem Gunther sollst [5] die Ruhmredigkeit
ducken, mit der er diese Kämpfe begann ungerechterweise zuerst
zu suchen; er suchte heim mit dem Schwerte und den Kleinodien,
der Menge der Baugen: nun soll baugenlos sich wenden von
diesem Kampf der Herr, suchen [10] das alte Heim oder früher ent=
schlafen, wenn er die — — — — ein besseres Schwert, außer
dem einen, welches ich auch habe in der Steinkiste still ver=
borgen. [15] Ich weiß, daß es Theoderich dachte dem Witege selbst
zu übergeben und auch großen Schatz von Kostbarkeiten mit dem
Schwerte, manches andere mit ihm aus Gold zu bereiten (er
gedachte des Lohns für frühere Thaten) dafür daß ihn aus der
Klemme Nidhâts Verwandter, [20] Welands Sohn, Widia, heraus=
ließ: durch der Ungetüme Wohnort fort eilte er." Walbere sprach,

<pre>
        häfde him on handa hildefrofre,
45   gûdbilla gripe, gyddode vordum:
        'hvät! þu hûru vêndest, vine Burgenda,
        þät me Hagenan hand hilde gefremede
        and getvæmde fêdevigges: feta, gif þu dyrre,   5
        ät þus headovêrigan hâre byrnan!
50   standed me hêr on eaxelum, Älfheres lâf
        gôd and geápneb goldê geveordod,
        ealles unscende ädelinges reáf
        tô habbanne, þonne hand vered   10
        feorhhord feóndum: ne bid fâh vid me,
55   þonne yfle unmægas eft onginnad,
        mêcum gemêtad, svâ ge me dydon.
        þeáh mäg sige syllan, se þe symle byd
        reccend and rædend ryhta gehvilces: 15
        se þe him to þam hâlgan helpe gelifed,
60   tô gode gióce, he þär gearo finded,
        gif þâ earnunga ær geþenced:
        þonne môten vlance velan britnian,
        æhtum vealdan: þät is   20
</pre>

der starke Kämpe, er hatte in der Hand den Kampftrost, den Griff
der Kriegsschwerter, er sprach mit Worten: „Wie, du gewiß rühmteſt,
Freund der Burgunden, daß mir Hagens Hand den Kampf machte
[5] und mich unfähig machte zum Fußkampf: hole, wenn du
wagſt, bei ſo Kampfmüdem die graue Rüſtung! Es ſteht mir hier
an der Achſel, Ülfheres Hinterlaſſenſchaft, gut und weitmaſchig, mit
Gold geſchmückt, durchaus untadelhaft des Helden Kleid [10] zu
halten, wenn die Hand verteidigt den Lebenshort gegen die Feinde:
nicht iſt ein Feind gegen mich, denn ſchlechte Fremblinge wieder er-
heben ſich, mit Schwertern begegnen ſie, wie ihr mir thatet. Doch
kann Sieg verleihen der, welcher ewig iſt [15] Lenker und Berater
jeglichen Rechtes: der, welcher von dem Heiligen Hilfe hofft, von
Gott die Unterſtützung, der findet ſie bereit, wenn er der Verbienſte
früher gedenkt: dann können ſie ſtattliche Reichtümer verteilen,
[20] des Beſitzes walten: das iſt

---

7. Die Hinterlaſſenſchaft iſt der Panzer.

IV. Biterolf und Dietleib.

1190	Von dem ich iu wil nu sagen,	
	der wuohs in sinen jungen tagen	
	in einem rîchen lande.	
	den zugen wîgande,	
	wan er was eines küneges kint.	5
	diu küniginne Dietlint	
1195	diu hiez sîn phlegen schône,	
	dar umbe daz er krône	
	ob rîchen landen solde tragen,	
	daz daz ieman kunde sagen,	10
	gelebte er daz und næme swert,	
2000	daz er niht wære krône wert:	
	daz wære sîner muoter leit.	
	ir name der ist uns ouch geseit:	
	si was frou Dietlint genant,	15
	ir diênten siben fürsten lant;	
2005	dâ hiez ir sun her Dietleip.	
	der ditze mære an schreip,	
	der wolde es niht vergezzen.	

Von dem ich euch jetzt sagen will, der wuchs auf in seiner Jugend in einem reichen Lande. Ihn erzogen Helden, [5] denn er war eines Königs Kind. Die Königin Dietlind hieß ihn sorgsam pflegen, deshalb weil er eine Krone von reichen Ländern tragen sollte, [10] damit niemand sagen könnte, wenn er so lange lebte, bis er das Ritterschwert erhielte, daß er der Krone nicht wert wäre: denn das hätte seiner Mutter Kummer gemacht. Ihr Name ist uns auch genannt: [15] sie hieß Frau Dietlind, ihr bienten die Länder von sieben Fürsten, ihr Sohn hieß Dietleib. Der diese Geschichte aufzeichnete, der wollte sie nicht unerzählt lassen.

er wart ein helt vermezzen
vil tiure und vil riche:
2010 dem tete er wol geliche,
wan er in sîner jugende
phlac vil maneger tugende 5
und vleiz sich maneger êre.
dem kinde tete daz dicke wê
swa er ander kindel bî im sach,
ir eteliches 'vater' sprach;
2035 sô frâgte er ie der mære 10
wâ sîn vater wære.
sîn muoter weinende sprach
'daz ist lanc daz ich den sach
der dir ze vater was genant.
2040 des lop was sô wîte erkant 15
daz wir den gerne möhten hân.
nu ist mîn vlust alsô getân
daz ich nâch im hân immer leit:
wir enwizzen wie er uns entreit,
2045 dô ich in guoten freuden saz 20
und sach ouch an dem künege daz,
daz im vil hôhe stuont der muot.
vil manegen edeln ritter guot
er mir hie ze dienste lie.
2050 dô er nu jungest von mir gie, 25

Er wurde ein verwegner Held, sehr herrlich und sehr mächtig: einem solchen gleich handelte er. Denn er bemühte sich in seiner Jugend [5] für jede Tüchtigkeit und befliß sich alles Ehrenwerten. Dem Kinde that das oft weh, daß, wenn er andere Kinder bei sich sah, ihrer eins „Vater" sagte; [10] dann fragte er immer danach, wo sein Vater wäre. Seine Mutter sprach weinend: „Das ist lange her, daß ich den sah, der dein Vater hieß. [15] Dessen Ruhm war so weit bekannt, daß wir ihn gern wieder haben möchten. Jetzt ist mein Verlust so schwer, daß ich immer seinetwegen Leid trage. Wir wissen gar nicht, wie er von uns geritten ist, [20] als ich in voller Freude war und auch dem Könige das ansah, daß er guter Dinge war. Viele edle tüchtige Ritter ließ er mir hier zum Dienste. [25] Als er das letzte Mal von mir schied, da

dô kuste er mich an mînen munt
und bat, mich friste got gesunt:
daz was do ich in ze leste sach.
ob ie wibe leit geschach,
2055   sô ist ouch mir vil leit geschehen.'   5
dô sprach daz kint 'hôrt ieman jehen
war er hin gekêret sî?'
si sprach 'der frâge ich selten frî
bin gewesen zehen jâr,
2060   ob ieman sagte mir für wâr,   10
dem dîn vater wære erkant,
ob er in ander fürsten lant
geriten sî durch minne,'
als sprach diu küniginne
2065   'oder durch sîn degenheit.   15
nu ist mir anders niht geseit
wan daz ich sîn âne bin.
dâ von gêt mir mîn wille hin
vil dicke jæmerlîchen.
2070   nie fürsten also rîchen   20
gesach ich sô diemüete.
sîn zuht und ouch sîn güete,
die riuwent mich vil sêre:
dar zuo ich keinen mêre

küßte er mich auf meinen Mund und bat, mich möge Gott gesund erhalten; so war es, als ich ihn zuletzt sah. Wenn je einem Weibe Leid geschah, [5] so ist auch mir groß Leid geschehen." Da sprach das Kind: „Hörte jemand davon sprechen, wohin er sich gewandt hätte?" Sie sprach: „Die Frage habe ich stets gethan zehn Jahre lang, [10] ob vielleicht jemand mir zuverlässig sagte, dem dein Vater bekannt war, ob er in anderer Fürsten Land geritten sei der Liebe wegen," so sprach die Königin, [15] „oder um Helden= thaten zu verrichten. Bis jetzt ist mir aber nichts anderes gesagt, nur daß ich ohne ihn bin. Deßhalb geht mir die Zeit hin recht sehr jämmerlich. [20] Nie sah ich einen so mächtigen Fürsten, der so bescheiden war. Sein Anstand und seine Güte machen mir viel Betrübnis; dazu habe ich nie einen Freigebigeren gesehen, wie wir von den Besten sagen hören."

2075 ninder miltern hån gesehen,
  sô wir die besten hœren jehen.'
  dô sprach der junge helt gemeit
  'muoter, und wære ez iu niht leit
  ellende ich immer wolde sîn,   5
2080 ich enfunde danne den vater mîn.'
  si sprach 'friunt und lieber suon,
  war umbe woldest du daz tuon?
  wær er uns lebendic nâhen bî,
  sô lieze er uns des selten frî   10
2085 ern sæhe uns under stunden.
  ich hân niht anders funden,
  ich wæne des, er sî et tôt.
  sô wær daz alsô grôz ein nôt,
  sold ich dîn, liebez kint, enbern   15
2090 du solt die muoter dîn gewern
  daz du nimmer von ir kumest;
  dâ mite ouch du dir selben frumest.'
  dô sprach der kindische degen
  'got den lâze wir sîn phlegen,   20
2110 nu wir sîns lebens niht enhân.
  frouwe ich wil bî iu bestân.'

Da sprach der junge stattliche Held: „Mutter, wäre Euch das nicht betrübend, [5] ich wollte immer in der Fremde sein, bis ich meinen Vater fände." Sie sprach: „Freund und lieber Sohn, warum wolltest du das thun? Wäre er lebend in unserer Nähe, [10] er würde uns dessen nicht entbehren lassen, uns bisweilen zu sehen. Ich kann nichts anderes annehmen, als daß ich glaube, er sei schon tot. Dann wäre das eine ebenso große Not, [15] wenn ich dich, liebes Kind, entbehren sollte. Du sollst deiner Mutter folgen, daß du niemals von ihr gehst; damit nützest du auch dir selbst." Da sprach der kindliche Held: [20] „Lassen wir Gott für ihn sorgen, da wir ihn nicht lebend haben. Herrin, ich will bei Euch bleiben."

Darüber freute sich die Mutter, aber in Wahrheit war dem jungen Königssohne von Spanien ganz anders zu Mute. Tag und Nacht sann er darauf, wie er seiner Mutter entfliehen könnte, 25 um den unbekannten Vater zu suchen. Daß dies nicht geschähe,

dafür sorgte die Königin in ihrer Weise, denn sie ließ ihm alle
Waffen verbergen und hielt ihn fern von ritterlicher Erziehung
und Bildung; die wußte sich aber der junge Held doch zu ver-
schaffen, auch eine Rüstung und besonders ein Schwert, das einst
sein Vater getragen hatte: das zog er dann heimlich aus der 5
Scheide und freute sich, wenn es ihm glückte, die Hiebe damit
zu schlagen, die ihn sein Fechtmeister, ein Recke aus Irland, ge-
lehrt hatte. Mit dem Anlegen der Rüstung ging es anfangs nicht
so gut; da kam es oft vor, daß er den Rückenteil auf die Brust
schnallte, aber endlich gelang es doch. 10

Als er alles wohl begriffen hatte, machte er einen Bund
mit drei Edelknaben, daß sie ihm bei dem Wagestück helfen sollten.
Er warf ihnen heimlich den Panzer samt Helm, Schwert und
Speer von der Mauer der Burg und hieß sie seiner harren. Am
andern Morgen sprach er zu seiner Mutter: „Ich will auf die 15
Falkenbeize ausreiten mit den Mannen des Hofes." Das gewährte
ihm die Mutter gern, denn sie freute sich des frohen Sinnes ihres
Sohnes, der sie über den verlorenen Gatten trösten sollte. Draußen
aber entschwand Dietleib bald den Blicken der andern Jäger, fand
seine Knappen und legte die Rüstung an. So schied er von seines 20
Vaters Hauptstadt Toledo.

Groß Trauern erhob sich über seinen Weggang; alle weinten,
daß sie den Herren verloren hätten, aber am meisten klagte Diet-
lind, denn nun hatte ihr das Geschick zu dem Gemahl auch noch
den Sohn geraubt. Dietleib ritt indessen fröhlich seine Straße 25
und fragte allenthalben nach seinem Vater; niemand that ihm
Übles, denn er hatte den Speer mit einem Tuche umwunden und
das galt den Leuten als Zeichen, daß er Frieden begehrte. Er
hatte es aber aus einem ganz andern Grunde gethan: der Speer
war nämlich ein Wunderwerk von künstlicher Arbeit, den jeder in 30
allen Landen kannte, wenn er ihn offen führte; darum hatte er
ihn bedeckt in der Hand.

Sein Weg führte ihn dem Rheine zu; dort saßen auf
Troneck Hagens trotzige Kampfgesellen, vierzig an der Zahl. Als
diese fragen ließen, was die jungen Reisenden schaffen wollten, 35
erhielten sie eine Antwort, die ihnen nicht gefiel; deshalb machten
sich ihrer sechs auf den Weg und stellten sich dem sonderbaren

16. Falkenbeize, Jagd mit abgerichteten Falken.

Pilgerzuge entgegen, von dem nur einer gewaffnet war. Da glaubten sie leichtes Spiel zu haben, aber es ging ihnen übel, und als Dietleib drei von ihnen in den Sand geworfen hatte, merkten sie erst, daß sein Lanzenschaft gar keine Eisenspitze hatte. Das hielten sie für Hohn und fragten ihn, ob er ihrer spotten 5 wollte. Aber Dietleib entgegnete: „Ich kenne die Rittersitten nicht und weiß nicht, wohin das Eisen gehört." Auf diese Ant= wort ließen sie ihn zwar seine Straße ziehen, sandten jedoch nach Metz, um die Burgmänner dort auf die Reisenden aufmerksam zu machen. Zwölf von diesen ritten aus und ließen ihn durch einen 10 Knappen fragen, von wannen er käme und wohin er wollte. Als sie dies nicht erfahren konnten, stellten auch sie sich ihm in den Weg; doch als wieder drei von ihnen am Boden lagen, da machten sie's wie die von Troneck: sie wünschten ihm glückliche Reise. Wie ihnen Dietleib nun sagte, daß er noch gar nicht 15 ein Ritter geworden sei, und als er ihnen gar die drei Rosse der Niedergeworfenen wieder gab, da reute sie ihre schlechte That und sie beschlossen, ihm dafür Gutes zu thun. Sie nahmen ihn mit nach Metz und bewirteten ihn, hierbei gab ein Wort das andere. So erfuhren sie auch, daß die jungen Gesellen Orte 20 suchen wollten, wo viel kriegerisches Wesen wäre, und nannten ihm Worms als die nächste Stadt dieser Art. Auch nach seinem Vater fragte er, doch von dem mußten sie nichts zu sagen; nur meinten sie, daß er am ersten im Hunnenlande zu suchen wäre. Dann gaben sie ihm sicheres Geleit bis zum Rhein. — Noch 25 lange rieten die von Metz hin und her, wer der streitbare Jüng= ling gewesen sein möchte; die meisten meinten, es sei der hoch= berühmte Baltram von Alexandria gewesen, der später in Apulien herrschte; nur etwas zu klein und jung war er ihnen vorgekommen.

Der finstre Wasgenwald mit seinen tiefen Schluchten hatte 30 die vier Wanderer aufgenommen; da meinte Dietleib, es sei Zeit, den Helm aufzusetzen und das Speereisen an den Schaft zu stecken, denn leicht könnten Räuber in der Wildnis hausen. Zur Vorsicht ließ er noch einen der Knappen vorausreiten, doch kein feindlicher Mann trat ihnen entgegen. So konnte er denn in Ruhe das 35 Eisen wieder von dem Schafte nehmen.

Am Rheine hörte er die Kunde, daß Gunther mit den Seinen

---

28. Ein Baltram kommt auch in Dietrichs Flucht und in der Rabenschlacht vor, doch ohne besonderen Ruhm.

Das deutsche Heldenbuch. 7

von Worms zum Sachsenkriege ausgezogen sei und bald wieder=
kehren werde. Da Dietleib meinte, es sei besser, ihnen auszu=
weichen, wandte er sich von Worms ab, um bei Oppenheim über
den Rhein zu gehen; doch gerade da lief er den gefürchteten
Wormsern in die Hände. Denn er war kaum über den Fluß, 5
als er schon auf der Landstraße, die er ziehen mußte, drei Reiter
kommen sah: Gunther, Gernot und den grimmen Hagen; sie waren
ihrem Heere vorangeritten und meinten nun, an dem jungen
Burschen noch einen fetten Fang zu machen. Hagen eilte voraus
und wollte nach kurzen Fragen woher? und wohin? den Dietleib 10
zum Könige bringen, denn er versah sich keines Widerstandes von
dem schwachen Gegner. Da ersah Dietleib die günstige Gelegen=
heit und stach Hagen durch Schild und Panzer, daß er wund
wurde und ihm der Speer zerbrach, und gab ihm obenein einen
Schwertschlag, der nicht gerade sanft war. Auch des Gunther und 15
des Gernot erwehrte er sich so, daß diese von ihm abließen und
ihn nach seiner Herkunft fragten; die verschwieg er ihnen, nur
daß er noch kein Ritter sei, ließ er sie wissen und versprach ihnen,
daß er sich wegen des tückischen Angriffes an ihnen rächen wollte;
denn keinem edlen Fürsten zieme es, harmlose Wanderer der Beute 20
wegen anzufallen. Damit zog er seine Straße weiter; die Wormser
jedoch sprachen noch lange von ihm, und Hagen ahnte, wes Stammes
der junge Kämpfer sein möchte: „Wenn Biterolf von Toledo Kinder
hat, dann möchte ich schwören, das sei sein Sohn; er hat so etwas
von der Art Walthers an sich, des Helden von Aquitanien, der 25
uns mal ähnlich behandelt hat, und der ist ein Sohn von Bite=
rolfs Schwester. Ist's wirklich so, dann werden wir nicht lange
warten brauchen, bis der kühne Streiter wiederkommt, um mit
Heeresmacht an uns Rache zu nehmen. Besser wäre es, wir
schickten ihm Leute nach und ließen ihm auflauern.“ So unedel 30
dachte aber Gunther doch nicht; er verbot sogar den Seinen, gegen
die Fremden noch irgend feindlich zu handeln.

Dietleib war des Streites satt und zog auf seiner Knappen
Rat den Panzer aus, dann ritten sie durch Franken an den Main
und fanden überall gute Herberge, denn dort wurde der Land= 35
friede geehrt. Vor den Bayern aber warnte sie der Wirt, bei
dem sie zuletzt Herberge hatten, denn die sind Räuber von alters

---

36 f. Die Räuberei der Bayern wird unendlich oft im Mittelalter erwähnt. Vgl. 105, 7.

her. „Wollt Ihr vor denen sicher sein,“ sagte der Wirt, „so müßt
Ihr einen Lorbeerzweig in die Hand nehmen, dann glauben sie,
Ihr hättet freies Geleit.“ Dem Rate folgte Dietleib und sah
bald, wie heilsam es war; denn überall in Bayern musterten die
Leute seine Rüstung und meinten, die würde bald die ihre sein,   5
wenn er nicht das Geleit vom Kaiser hätte. So kamen sie un=
gefährdet die Donau hinab bis zur Etzelnburg.

Als Etzel die Kunde vernahm, daß fremde Jünglinge an
seinen Hof gekommen wären, befahl er dem Marschall, sie ihm
am folgenden Tage vorzustellen. Am andern Morgen, als die   10
Messe gesungen war für die Christen, deren viele am hunnischen
Hofe weilten, kamen die vier Genossen vor den König; allen voran
strahlte Dietleib in goldblondem langem Haare, das ihm lockig
wie einem jungen Mägdlein auf die Schultern fiel. Etzel nahm
ihn freundlich auf und gewährte ihm seine Bitte, in des mächtigen   15
Königs Gefolge treten zu dürfen. Dann wollte auch die Königin
sie sehen, denn nach Frauen Art war sie neugierig, die schönen
Knaben kennen zu lernen, von denen die Leute schon allenthalben
erzählten. Dazu ließ sie ihre eigenen Söhne rufen, Orte und
Erpfe, auch Rüdegers Sohn, den jungen Nudung, und so hatte   20
sie bald einen Kreis stattlicher Edelknaben um sich. Dann kamen
Ritterspiele an die Reihe, Werfen mit Speer und Stein, Wettlauf
und Springen; aber was sie auch anfingen, von allen jungen
Recken war Dietleib weitaus der beste, so daß Etzel und die
Königin immer größeren Gefallen an ihm fanden.   25

Die friedliche Ruhe des Hunnenlagers wurde um die Zeit
übel gestört, denn es kam die Nachricht, daß der Polenfürst sich
gegen Etzel rüste. Da wurde eilig das Heer aufgeboten, alle
Lehnsmannen und Freunde des Königs rüsteten sich zum Kriege
mit den Polen, doch war auch mancher darunter, der nicht gerne   30
mitzog; so der Preußenkönig: den hatte Etzel erst kürzlich unter=
worfen, und dabei hatte ihm ein landfremder Mann geholfen,
Diete mit Namen, den kannte niemand, ob er gleich schon manches
Jahr am Hunnenhofe weilte. Man hatte ihn in seiner Verborgen=
heit gelassen, denn er war ein gewaltiger Krieger, aber jeder ahnte,   35
daß er seinen wahren Namen verschwieg.

Als das Heer auszog, fragte auch Dietleib nach seinem Platze,

---

20. Scharf heißt der zweite Sohn sonst, so in der Rabenschlacht.

aber das war nicht nach Etzels Sinn; er sollte bei seiner Ge=
mahlin bleiben, meinte der König, bis er ein starker Mann würde,
denn noch sei er zu jung für wilde Kriege. Das schmerzte den
jungen Helden sehr und er ersah eine Gelegenheit, dem Könige
zu entkommen. Das war nicht so leicht zu machen, denn Etzel 5
ließ auf ihn acht geben.

Das Heer zog seine Straße, Rüdeger und der Markgraf
Gotele führten es, denn ihnen waren die Wege wohl kund. Aber
hinter dem Heere auf der breiten Spur, die der große Troß ge=
zogen hatte, eilte einsam ein junger Degen, Dietleib. Heimlich 10
war er nach zwei Tagen von dem Hofe entwichen und nun kam
er gerade zur rechten Zeit, als das Heer über den reißenden
Preußenstrom setzte, der die Grenze am Polenlande bildete, um
den Feind anzugreifen. Drei Heerhaufen waren gebildet; der eine
waren die Preußen, den zweiten führte Rüdeger und Gotele, 15
aber allen voran drang mit dem dritten Diete in das große
Volk der Feinde und schlug sich eine weite Gasse. In die drang
auch Dietleib, allein wie er war, und mancher Pole fühlte des
jungen Kämpfers Heldenkraft. Vor lauter Kampfbegier hatte
er nicht acht auf die Feldzeichen der Hunnen und mußte bald nicht 20
mehr, was Freund oder Feind wäre. Da kam ihm ein starker
Kämpfer entgegengesprengt, auf den schlug er gleich ein, denn er
meinte, es wäre ein Pole, weil er von der andern Seite kam.
Es war aber Diete, der umkehrte, als er alle Feinde vor sich
verjagt hatte; der meinte nun auch mit einem Polen sich zu 25
schlagen, denn sein Gegner hatte keine Farben, und seine Waffen
hatte er noch nie an Etzels Hofe gesehen. Als sie schon im
schlimmsten Fechten waren, eilte Rüdeger herbei; obgleich er Diet=
leib nicht erkannte, so hatte er ihn doch vorher auf die Polen
einhauen sehen und mußte, daß es ein Freund sei. Nur mit Mühe 30
konnte er die Streitenden trennen und wieder gegen die rechten
Feinde stellen; im Sinne des alten Diete aber dämmerte eine
Erinnerung auf: er meinte den Klang von Dietleibs Schwert schon
einmal gehört zu haben, doch mußte er nicht wann noch wo.

Der Kampf endete mit der Niederlage der Polen und ihrer 35
Bundesgenossen, der Russen und Griechen; die Toten wurden be=
graben, daß nicht Wolf noch Rabe sie fräßen; dann zog das
Heer heimwärts. Vorauf hatte Rüdeger einen Boten gesandt, der

13. Preußenstrom, die Weichsel?

Etzel verkünden sollte, was sich begeben hatte. Wie staunte der König aber, als er hörte, daß der Jüngling, dessen Verlust er schon schwer beklagte, im Heere mitgestritten und der Besten einer gewesen wäre! Da hatte er doppelte Freude über den Sieg.

Unterdes kam das Heer gemächlich heran, mit ihm auch der gefangene Polenkönig, den Etzel anfangs für seine Kriegslust strafen wollte; nur die Königin rettete ihm das Leben. — Dem Dietleib verzieh Etzel gern sein unerlaubtes Wegreiten, besonders als er hörte, daß gerade er und der alte Diete den Kampf entschieden und den Polenführer gefangen hätten.

Nun war wieder lange Freude und fröhliche Zeit am Hunnen= hofe; der Preußenkönig und der Polenherrscher wurden wieder in ihre Länder gesetzt, doch mußten sie ewige Treue schwören; seine getreuen Helfer aber belohnte König Etzel, wie er es nach seinem Reichtum und seiner Freigebigkeit wohl konnte, so daß noch lange sein Ruhm aller Orten gepriesen wurde.

4035	vil freude man ze hove vant:
	ob si alle selbe heten lant,
	sin kunden nimmer baz gevarn.
	der kunic hiez daz wol bewarn
	daz er den sînen gesten
4040	iht lieze gebresten.
	guot ritterschaft man dâ sach:
	durch êre heten ungemach
	die werden und die wisen.
	den künec man mohte prîsen
4045	daz ers in allen wol gestuont.
	fürsten ez nu selten tuont
	die ez in lâzen sô behagen.
	swie man von im hôrte sagen

Viel Freude fand man bei Hofe; wenn die Recken alle selbst Länder besäßen, könnte es ihnen nimmer besser gehen. [20] Der König befahl, dafür wohl zu sorgen, daß er seine Gäste an nichts Mangel leiden ließe. Gute Ritterübungen sah man da. Um Ehre zu erwerben, mühten sich ab [25] die würdigen und klugen Männer. Den König konnte man preisen, daß er sich gegen sie alle gut darin benahm. Fürsten thun es jetzt selten, daß sie so daran Gefallen finden. [30] Obgleich man von ihm sagen hörte, daß er ein Heide

daz er ein heiden wære,
4050　man saget vil wîten mære
von im unz an den lesten tac,
daz sîn wirde nie gelac
unz an sînes lîbes tôt.　　　　　　5
hete ein künec nu goldes rôt
4055　græzer danne wære ein berc,
si tæten niht als miltiu werc.
der fürsten lop und êre,
daz swindet leider sêre.　　　　　　10
daz wuohs ê von tage ze tage.
4060　daz muoz nu sîn der wisen klage
daz ez sô gar ist komen abe:
daz ist der guoten ungehabe.
fürsten zugen ê kint,　　　　　　15
daz wurden ouch edele fürsten sint
4065　dâ man nu fürsten erben siht,
wie grôzer schanden man den giht!

wäre, so verkündet man doch weit und breit den Ruhm von ihm
bis an den jüngsten Tag, daß sein würdiges Benehmen nie aufhörte
[5] bis an seinen Tod. Hätte ein König jetzt von rotem Golde
mehr als ein Berg wäre, sie thäten doch nicht so viel Wohlthaten.
Der Fürsten Ruhm und Ehre [10] verschwinden leider immer mehr.
Die wuchsen früher von Tag zu Tag. Das müssen jetzt die
Weisen beklagen, daß diese Tugenden so ganz abgekommen sind;
das erregt der guten Leute Mißfallen. [15] Fürsten erzogen früher
Kinder, welche später auch edle Fürsten wurden. Die man jetzt
die Fürsten beerben sieht, wie viel Schande erzählt man von benen!

　　　Seit der Polenschlacht war der alte Diete nachdenkend ge-
worden, er konnte den Klang des Schwertes nicht vergessen, mit 20
welchem der junge Dietleib auf ihn eingehauen hatte. Aber noch
ein anderer sann täglich über die Lösung eines Rätsels nach: das
war Rübeger; ihm kam es vor, als ob die beiden Unbekannten
sich glichen, wie nur Brüder sich gleichen können, doch war der
eine alt, der andere jung. Den Alten hatte er auch schon früher 25
gesehen, im fernen Arabien, und das half ihm zu seiner Entdeckung.

<hr>

26. Unter Arabien verstand man überhaupt von Arabern bewohnte Länder, so daß
hier wahrscheinlich das maurische Spanien gemeint ist.

Eines Tages trat er vor den alten Kämpfer. „Herr," sprach er, „erlaubt Ihr's, so will ich Euch etwas fragen." Das gewährte der andere. „Nun," sagte Rüdeger, „so Ihr es denn erlaubt, so höret: Ihr seid Biterolf, der König von Toledo; lange hat's mich gejammert, daß Eure Gemahlin Dietlind, Diethers Tochter, so verlassen ihr Leben verweint. Wohl möcht' ich wissen, was Euch trieb, sie zu verlassen und dazu Euer schönes Reich, um hier als Landfremder von eines andern Königs Gnade zu leben!" Da erschrak der andere, aber noch leugnete er; doch Rüdeger war jetzt seiner Sache gewiß und sagte: „Herr, gesteht Ihr mir die Wahrheit, so will ich Euch hier einen nahen Blutsverwandten zeigen, des Ihr Euch freuen werdet. Dazu schwöre ich, daß ich weder Mann noch Weib Euren wahren Namen sagen will." Das letzte sagte er aber mit verstohlenem Lächeln. Da erwiderte der Alte: „Nun denn, wenn Ihr schweigen könnt, so hört. Ich bin Biterolf, einst ein König. Um Abenteuer ritt ich zu Etzel. Aber jetzt sagt mir, welchen Blutsfreund ich hier haben sollte." Da fragte Rüdeger: „Hattet Ihr und Dietlind nicht Kinder?" „Ja," erwiderte Biterolf, „einen Sohn und eine Tochter, der Sohn war noch klein, als ich fortging." „Nun, das ist lange her," meinte Rüdeger, „jetzt möchte er doch schon größer sein und das Schwert zu führen verstehen."

Damit ging der Markgraf fort und suchte den jungen Fremden, den er im Spiel mit den Edelknaben fand. Er rief ihn beiseite und sagte: „Wie lange denkt Ihr noch vor Etzel Euren Namen und Eure Abkunft zu verhehlen? Ich weiß, Ihr seid ein Königssohn!" Das leugnete Dietleib. „Noch mehr weiß ich," fuhr nun Rüdeger fort, „Ihr seid meiner Frau nahe verwandt, denn Diether hieß Euer Ahne, Dietlind ist Eure Mutter und Biterolf Euer Vater. Wollt Ihr, so möchte ich Euch den wohl zeigen, denn noch ist's nicht lange her, daß ich ihn sah." Da überwältigte den jungen Mann die Freude und er bekannte, daß er Dietleib heiße und ausgezogen sei, den Vater zu suchen. Jetzt gingen beide zu dem Alten, der sich lange den Jüngling ansah, welcher mit gesenktem Blicke vor dem grauen Kriegshelden stand. „Nun," scherzte Rüdeger, „etwas freundlicher könntet Ihr, Herr Biterolf, Euren Sohn doch wohl empfangen, da Ihr ihn nun lange genug nicht gesehen habt und er jetzt gekommen ist, Euch zu suchen." Da wurde dem Alten das Herz gerührt und er erkannte seinen Sohn.

Nun aber begann ein Fragen auf beiden Seiten: Biterolf wollte wissen, ob Frau Dietlind noch wohl und gesund sei und wie es den Helden in seinem Lande gehe. Als er alles erkundet hatte, bat auch Dietleib, daß er ihm erzählen möchte, wie er aus seinem Lande und an des Hunnenkönigs Hof gekommen sei. Da 5 erzählte ihm der Held die wunderbare Geschichte.

„Als ich," so begann er, „noch daheim in unserm Reiche war, wähnte ich ein mächtiger König zu sein und dachte, meines= gleichen sei nicht auf Erden. Die stärksten Helden dienten meiner Hand, Glück und Friede herrschte in ganz Spanien. 10

Eines Tages kam ein alter Mann zu mir, wohl hundert= jährig, auf Krücken gestützt. Viele Kämpfe hatte er bestanden und war weit durch die Lande gekommen. Ich bat ihn davon zu er= zählen und das that er freudig. Als wir schon manches gehört hatten, begann er zu reden von Etzel und seinem Weibe, das wäre 15 das herrlichste Herrscherpaar, dem er je gedient; reich und mächtig walteten sie an der Donau und keines Königs Macht gleiche dem Hunnenreiche. Das hatte ich nie gehört und glauben mochte ich's auch nicht; endlich ergriff mich der alte Mut der Jugend, so daß ich beschloß, zum Hunnenkönige zu ziehen. Denn konnte ich nicht 20 selbst der Mächtigste sein, so wollte ich wenigstens dem Gewaltigen dienen. Nun ordnete ich mein Land und gab es in die Fürsorge tüchtiger Helden, doch noch mancher Tag verrann, ehe ich das Sehnen meines Herzen stillen konnte.

Endlich, es war kurz nach Weihnachten, da schlug die Stunde; 25 mit zwölf meiner besten Recken zog ich aus. Dietlind, deine Mutter, wähnte, ich ginge zu einem Gerichtstage, du selbst warst noch ein kleines Kind. Niemand wußte meine Gesinnung, sonst wäre ich nimmer von dannen gekommen. So kam ich ruhig über die Berge, aber bei Paris, da hätte meine Reise bald ein Ende 30 gehabt, denn Walther von Aquitanien traf mich dort, das ist der Sohn meiner Schwester, dein Vetter also, und ist auch lange bei den Hunnen gewesen. Da ich ihm ausweichen wollte, griff er mich an, und leicht hätte das einem von uns den letzten Tag

7 ff. Die Erzählung von Biterolfs Abenteuern, welche ich hier dem Helden selbst und Rübeger in den Mund lege, ist in der Dichtung an den Anfang der Geschichte gestellt: ganz sachwidrig und von einem späten Bearbeiter, denn das eigentliche Werk fängt offenbar erst mit den Worten an, welche oben S. 92 als Anfang gegeben sind. Daß ich jetzt das Ursprüngliche hergestellt habe, will ich nicht behaupten. — 11 ff. Vgl. den altenglischen Traveller's Song (Vidsith). — 26. Von diesen zwölf Begleitern ist nachher gar nicht mehr die Rede; der Bearbeiter hat hier wie auch sonst ohne Sorgfalt gehandelt.

bereitet, wenn ich ihn nicht bei Namen gerufen und mich ihm auch genannt hätte. Der mußte mir von den Hunnen viel er= zählen, aber er wunderte sich meiner Hinfahrt, denn ihm hatte es bei Etzel nicht sonderlich gefallen.

Nun schied ich von meinem Neffen und zog über den Rhein 5 zur Donau, die Straße, die du auch wohl kennst. Mancher sperrte mir noch den Weg, aber am ärgsten ging's in Bayern her, da wollten Gelfrat und Else, die wilden Gesellen, mich berauben, nur mit Mühe erwehrte ich mich ihrer. In Bechlaren war der Herr des Hauses wie gewöhnlich nicht zu finden, dafür nahm mich 10 Gotelind freundlich auf und wies mir weiter meine Straße.

Noch einmal mußte ich mir den Weg mit Gewalt bahnen, denn als wir nach Mautern kamen, wollten uns die Brüder Wolfrat und Astolt den Weg versperren; den Wolfrat warf ich vom Pferde, daß sein Roß ledig zur Burg lief, aber Astolt 15 schlug mir einen Gefährten tot, den andern warf er zu Boden. Doch dafür habe ich ihm einen guten Hieb durch den Panzer ge= geben. Dann schieden wir als gute Freunde, und wenn ich wieder mal die Straße ziehe, so will ich sie besuchen.

Das war das letzte Abenteuer, dann kam ich zu Etzels Burg, 20 und da bin ich noch heute; denn der mächtige König gab mir einen Platz unter seinem Gefolge und ich hatte im Sinne, mein Leben in seinem Dienste zu beschließen."

So erzählte der Alte, aber Rüdeger begann: „Das Beste hat dein Vater noch verschwiegen; denn wisse, Dietleib, seit der 25 Zeit führte Etzel keinen Krieg, in dem nicht Diete, wie sich der Held nennen ließ, unser tapferster Gefährte war. Wir hielten ihn für einen Landesflüchtigen oder Verbannten, der von fremder Fürsten Huld leben mußte, denn wahrlich, noch keiner hat einem Könige seine Gnade besser vergolten, als der sich Diete nannte. 30

Er war schon eine Weile bei uns, als es einen Krieg mit den wilden Preußen gab, fern an dem Meere, wo der Bernstein gefunden wird; gleich zog er mit uns aus. Als wir der Feinde Hauptstadt belagerten, verleitete ihn sein Mut, mit wenig Be= gleitern in das Thor zu dringen; ich folgte ihm zwar, aber bald 35 trieb uns die Menge der Speere und Pfeile zum Rückzug; doch den versperrten uns die Bürger, so wurden wir gefangen. Jetzt machte sich Etzel selbst auf den Weg mit einem neuen Heere, aber die Belagerung zog sich hin Jahr und Tag, denn die Preußen

hatten ihre Stadt fest verwahrt. Da brach Diete eines Tages
aus dem Turme, in dem er mit anderen gefangen lag, und grub
sich einen Gang durch bis zur Wohnung des Preußenkönigs; den
fand er nachts schlafen, und hätte er es nicht um seines Weibes
willen gethan, er hätte ihn gewiß erschlagen. Den gefangenen 5
König übergab er mir; er selbst mit siebzig Genossen stürmte durch
die Stadt zum Thore, erbrach es und eilte hinaus in der Hunnen
Lager, doch die Gefährten ließ er in der Stadt. Nun stürmten
die Hunnen heran, aber die Städter waren wohl auf der Hut
und nicht einer kam in die Thore hinein. Nur Diete, als er 10
sah, daß ihm nichts gelungen war, schlich heimlich wieder hinein,
als ob er draußen nur einen Rundgang gemacht und auch ein
Hüter der Stadt wäre. So kam er wieder zu den siebzig Ge=
sellen. Als aber der Tag anbrach, stürmten die Hunnen wiederum
und Diete half kräftig von innen, bis endlich Etzels Mannen 15
die Mauern erstiegen und alles niederwarfen. Den gefangenen
König führte Etzel mit sich an die Donau, mit ihm sein Weib
und viele Gefangene. Doch die Königin Helche bat für sie und
Etzel ließ sie frei an seinem Hofe umhergehen, bis der Polen=
krieg ausbrach, in dem auch der Preußenkönig und sein Heer 20
helfen mußten.

Der edle Diete aber blieb noch immer an Etzels Hofe, Gold
und Silber verschmähte er, auch ein Lehen, das ihm Etzel bot;
das hat den König sehr geschmerzt und ist noch heut sein größter
Kummer. 25

Jetzt weißt du, junger Held, wer dein Vater ist: kein Un=
würdiger, doch auch du bist würdig eines solchen Vaters.“

Damit schied Rüdeger von den beiden, die noch lange in
traulichem Gespräche beisammen saßen, und trat in das Gemach
der Königin Helche, die ihn also anredete: 30

'sît willekomen Rüedegèr.
            sagt ir iht fremder mære?’
4340   dô sprach der lobebære
            'ich hàn niht fremder mære erkant.
            wist aber ich,’ sprach der wîgant, 35

„Seid willkommen, Rüdeger! Wollt Ihr eine Neuigkeit
bringen?“ Da sprach der Lobes Werte: „Ich habe keine Neuigkeit er=
fahren. [35] Wüßte ich aber,“ sprach der Held, „jemandem eine Neuig=

'ieman guotiu mære sagen,
diu wolde ich iuch vil gar verdagen,
4345 dar zuo iuwer werdiu wîp.
ze phande stêt des mîn lip
und daz ich alle skûneges man   5
hæle daz ich vernomen hân.
nu ichz alsô sol verdagen,
4350 sô wil ichz einer meide sagen:
daz ist mîn frouwe Herrât.
ich wil dazz heimliche ergât   10
daz si diu mære hœren sol.'
daz hûs saz edeler frouwen vol:
4355 die hal erz algemeine
wan dise maget aleine.
dô si diu mære rehte vernam   15
vor liebe lachen ir gezam.
do verstuont si wol sînen muot
4360 war umbe ez tete der helt guot.
dô gie gezogenlîche
diu junge maget rîche   20
dâ si vant die künigin.
'ich wils niht âne lôn gesîn,'
4365 sprach diu schœne Herrât.
'umb disiu mære ez alsô stât
daz ichz billîchen sol verdagen.'   25

keit zu erzählen, die würde ich Euch doch verschweigen und ebenso
Euern hochgeschätzten Frauen. Als Pfand steht dafür mein Leben [5]
und ebenso dafür, daß ich allen Mannen des Königs verhehle, was
ich vernommen habe. Da ich es in der Art verschweigen soll, so
will ich es einem Mädchen sagen; und zwar meiner gnädigen Herrat.
[10] Ich will, daß es heimlich geschieht, daß sie die Geschichte
hört." Das Haus war edler Frauen voll; denen verhehlte er es
allen, außer diesem Mädchen. [15] Als sie die Geschichte vernommen
hatte, fing sie vor Freude an zu lachen. Da merkte sie wohl seinen
Sinn, warum es der gute Held thäte. Dann ging artig [20]
das junge hochgeborene Mädchen dahin, wo sie die Königin fand.
„Ich will dafür nicht ohne Lohn bleiben," sprach die schöne Herrat.
„Mit dieser Geschichte ist es so bestellt, [25] daß ich sie von

si sprach 'du solt mirz doch sagen,
ob du mir ie wurdest holt:
4370   dar umbe gibe ich dir mîn golt.'
si sprach 'sô hœret, edel wîp,
wie getiuret iuwer lîp
und ouch mînes herren, sküneges, sì,
iu zwein wonent mit dienste bî
4375   die besten wîgande
die ze hiunischem lande
bî iuwern zîten sint bekomen:
daz hân ich wol vernomen.
die habent sich lange hie verholn
4380   und ouch ir edelkeit verstoln
vor dem künege in sînen landen
und vor sînen wîganden.'
si frâgte wâ die wæren.
'man saget mir an den mæren,'
4385   sprach diu frouwe Herràt,
'ich sage iu wiez darumbe stât.
der sich da Diete hât genant,
des name ist Biterolf erkant,
sîn wîp heizet Dietlint.
4390   der knabe ist ir beider kint,
der hie so wol gedienet hât.'

Rechts wegen verschweigen soll." Die Königin sprach: „Du sollst
sie mir doch sagen, wenn du mir je zugethan warst; dafür gebe
ich dir auch Gold." Sie antwortete: „So höret, edele Frau, [5]
wie erhaben auch Ihr und auch mein Herr, der König, sein möget,
Euch beiden sind dienstbar die besten Recken, die zum hunnischen
Lande [10] zu Euern Zeiten gekommen sind: das habe ich zu-
verlässig gehört. Die haben sich lange hier verleugnet und auch
ihre edle Abkunft verborgen vor dem Könige in seinen Landen
[15] und auch vor seinen Rittern." Sie fragte, wo die wären.
„Man sagte es mir in der Geschichte," sprach Fräulein Herrat,
„und ich sage Euch, wie es damit steht: [20] der sich Diete
genannt hat, das ist der berühmte Biterolf, seine Frau heißt
Dietlind. Der Knabe ist beider Kind, der Euch hier so gut ge-
dient hat."

Die Nachricht machte der Königin Kummer und Freude zugleich, denn es schmerzte sie sehr, daß so edle Herren an ihrem Hofe nicht gebührend geehrt waren. Schnell ließ sie den König rufen, der kaum die Sache vernommen hatte, als er auch schon nach Biterolf und seinem Sohne sandte und dazu auch Rüdeger 5 holen ließ. Als er die beiden Fremden wie Könige empfing und ehrte, merkte Biterolf, daß Rüdeger ausgeplaudert hätte, und machte ihm darum Vorwürfe. Doch der erwiderte: „Nein, Herr, ich habe meinen Eid gehalten. Nicht Mann noch Weib schwur ich es zu sagen, und das ist auch geschehen; denn die, welcher 10 ich's erzählte, ist ein Mädchen, und das war mir nicht verboten." Da brachen alle in gewaltiges Lachen aus über die Schlauheit des tapferen Markgrafen. Der König Etzel aber ehrte seine Gäste hoch und bot ihnen große Lehen in seinem Reiche. Dazu wollte Etzel den Dietleib selbst zum Ritter machen. Doch der junge 15 Held hielt sich dieser Ehre unwert, solange der Schimpf noch nicht vergolten sei, den ihm Gunther mit den Seinen zugefügt, als er über den Rhein gekommen war: wie sie ihrer drei über ihn allein hergefallen, als ob er ein Wegelagerer wäre, den man nicht nach Rittersitte zu behandeln brauche. Das rührte Etzels Grimm; gleich 20 versprach er, ihm vierzigtausend Mann mitzugeben, um an Gunther Rache zu nehmen. Doch Biterolf meinte, die Hälfte genüge schon, denn was mehr zu thun sei, dafür müßten des jungen Helden mütterliche Verwandte sorgen, Dietrich von Bern, Ermenrich und die Harlungen; auch würde noch mancher freiwillig mitziehen. Endlich 25 versprach auch Helche, aus eigenen Mitteln eine Schar zu werben.

So war denn die Heerfahrt an den Rhein beschlossen; vorher mußte den Königen zu Worms die Absage geschickt werden. Zu der gefährlichen Botschaft machte Rüdeger zwölf seiner Helden gern bereit, denn er kannte die Wege nach dem Rhein und wußte 30 wohl die Gesinnung der Helden, die sie dort finden sollten.

Zu Worms stand König Gunther auf der Zinne eines Turmes und schaute aus weithin über das Rheinthal; da sah er Reiter seiner Burg näher kommen, die Gewänder trugen, wie einst Hagen, als er den Hunnen entflohen war. „Hei," sprach 35 Hagen, „die kenne ich wohl, die kommen aus Etzels Lande und wollen mich gewiß bitten, daß ich mich wieder dort sehen lasse. Daraus wird zwar nichts werden, aber Ihr müßt die Boten gut aufnehmen, denn was sie bringen, sind wichtige Dinge."

Als die Boten eingeritten waren, trat Hagen zu ihnen und
redete sie hunnisch an. Er fragte sie nach Etzel und der Königin,
sie gaben ihm über alles guten Bescheid, nur ihren Auftrag wollten
sie nicht sagen, denn der wäre für den König allein.

Als Gunther am andern Morgen zur Messe in den Münster 5
wollte, warteten sein die Gesandten auf dem Wege und baten
um Erlaubnis, ihre Botschaft auszurichten. Die gewährte ihnen
der König; dann begannen sie: „Euch läßt absagen der junge
Held Dietleib, den Ihr schmählich anrittet, als er durch Euer
Land zog. Wollt Ihr aber vor seiner Rache sicher sein, so sendet 10
ihm Buße hin zum Lande der Hunnen, wo er jetzt weilt.“
Gunther sprach: „Ich habe dem Dietleib des Guten genug ge=
than, als er durch mein Land ritt und ich ihn umbringen konnte;
denn wer wollte mir es wehren, wenn ich meine Recken gegen
ihn aussandte, ihn zu verderben? Er hat mir schon Schaden 15
genug gethan. Will er nun noch Buße, wohlan, er mag sie
holen und Euer Herr dazu!“ Darauf nannten ihm die Boten
noch alle die andern, welche zur Heerfahrt aufgeboten waren, aber
Gernot und Hagen meinten, sie sollten nur alle herkommen, der
Spaß würde desto größer. 20

Die Boten entließ Gunther mit höflichen Worten, doch seine
Geschenke nahmen sie nicht, weil es ihnen ihr König verboten hatte.

Nachher hielten die Burgunderfürsten ernstlich Rat, wie sie
der Hunnen Heer begegnen könnten, denn das mußte weit größer
werden als das ihre, und dann war zu befürchten, daß mancher 25
sonst gute Freund aus Furcht vor Etzels Macht die Hilfe ver=
weigern werde. Dabei gab Hagen einen Rat, der zwar gut, aber
nicht lobenswert war. „Herr,“ sprach er zu Gunther, „das gemeine
Reitervolk, das sie mitbringen, fürchte ich nicht, ich scheue mich
nur vor der großen Zahl berühmter Helden, die sie bei sich haben, 30
denn deren jedem müssen wir einen ebenbürtigen entgegen stellen.
Darum thut also. Laßt keinen wissen, was Euch heute kund ge=
worden, nur Gernot, Euer Bruder, hat's gehört. Zur nächsten
Sonnenwende aber, denn da wollen die Hunnen kommen, ladet
alle Fürsten ein, die Euch befreundet und verwandt sind, zu 35
einem großen Feste, aber mit ihren Frauen. Habt Ihr sie erst
hier in Worms, dann verweigern sie Euch ihre Hilfe nicht, und
wenn sie's thäten, was hülfe es? Keinen ließe der Hunnen Heer
ungefährdet entweichen.“ Dem hinterlistigen Rate gehorchte der

König und ließ gleich die Ansage ausgehen, daß er ein großes Hoffest halten wolle.

Als Etzel von seinen Boten Kunde erhielt, daß Gunther mit nichten zur Buße entschlossen sei, da war der Krieg unvermeidlich, und nun rüstete sich alles, was kampflustig bei den Hunnen war. Den Seinen gab Etzel das Geleit noch eine gute Strecke, denn er selbst wollte daheim bleiben. An der Leitha lagerte sich das große Heer, als Etzel Abschied nahm; dann ließ er seine Getreuen noch einmal an sich vorüberziehen. Da ritten aus mit ihrer Schar Iring und Irnfrid, beides Vertriebene aus ihrer Heimat, der eine aus Lothringen, der andere aus Thüringen, dazu als dritter Hawart, der gleiches Geschick gehabt hatte: jetzt führten sie der Königin Helche Schar. Etzels Mannen leitete Rüdeger, der auch dem ganzen Zug als Wegweiser diente, doch Rüdegers eigene Burgmänner gehorchten diesmal dem tapferen Sigeher aus der Türkei. Biterolf und Dietleib hatten jeder einen hunnischen Heerhaufen besonders erhalten, weil ihr eigenes Land zu fern lag. Zuletzt begrüßte Etzel noch seinen Bruder Blödel, der mit seinem eigenen Heere herangekommen war, denn auch er war ein mächtiger Fürst.

Nun zog das Heer seine Straße; als sie aber am dritten Tage nach Mautern kamen, erhielten sie noch unerwarteten Zuzug; denn die Brüder Wolfrat und Astolt beschlossen, es dem Biterolf zu vergelten, daß sie ihn einst angerannt hatten; deshalb zogen sie jetzt mit in den Kampf. Dann ritten sie in Bechlaren ein; Gotelind empfing besonders den jungen Dietleib herzlich, denn er war ihr naher Verwandter.

Nach mancher Tagereise kamen sie auf das Lechfeld; dort hatten sie einen freudigen Anblick, denn hier lag Dietrich von Bern samt seinen Genossen und der alte Hildebrand; dazu die beiden Harlungen Fritel und Imbreck mit ihrem Genossen Wachsmut, Berchtung von Raben mit Ermenrichs Helden, Witege und Heime, Sabene und Leutwar, Rienolt, Randolt und viele andere: sie alle waren gekommen, um dem jungen Dietleib bei seiner Heerfahrt zu helfen, und jeder hatte einen tüchtigen Heerhaufen zur Stelle gebracht. So wälzte sich denn ein gewaltiges Heer durch Bayern und Schwaben, voran zog Rüdeger und wies ihnen den Weg über den Rhein in das Elsaß.

Im Königsschloß zu Worms war eine fröhliche Gesellschaft

beisammen: König Gunther gab ein großes Fest allen seinen Mannen,
dazu hatte er auch viele Freunde aus nahen und fernen Landen
geladen. Schon manchen Tag waren sie fröhlich gewesen, denn
zu Pfingsten im schönen Mai kamen sie zusammen und jetzt war
die Sonnenwende nahe: die wollten sie noch nach Väter Sitte 5
feiern. Alle waren froh und vergnügt, nur Gunther ließ bis=
weilen ernste Mienen blicken. Er hatte zwar den Rhein in seinen
Landen fest mit Burgen verwahrt und niemand hätte darüber
kommen mögen. Dennoch brachten ihm seine Späher böse Kunde:
die wilden Hunnen seien über den Strom gegangen, weit ober= 10
halb im Elsaß, wohin Gunthers Macht nicht reichte, sie raubten
und brannten, schon könne man die Lohe ihrer Feuer fern auf=
leuchten sehen, ein schlimmes Sonnenwendefeuer.

Eines Tages ritten fremde Helden der Stadt zu; wohl sah
man, daß sie friedlich kämen, darum ließen die Wächter sie allent= 15
halben durchziehen. Endlich kamen sie in die Burg, sprangen von
den Pferden und schritten auf den König zu, der seine Recken
um sich versammelt hatte. „Herr," sagte Hagen, „die dort kommen
kenne ich: der vorderste ist Rüdeger, hat etwa Etzel den auch ver=
trieben, daß er nun zu Euch an den Rhein kommt? Wenn das 20
wäre, so gebt dem Helden mein Land zum Lehen, ich will es
gerne missen, wenn er dadurch erfreut wird." Nun empfingen sie
den edlen Fürsten und führten ihn in den Saal. Hier sagte ihm
der König Hagens Gedanken, doch das lehnte er ab, weil er um
Erlaubnis bitten müßte, eine Botschaft auszurichten. Was sie nun 25
hörten, war wenig nach ihrem Sinne: König Biterolf habe ihn
gesandt und der junge Dietleib; zum letztenmale solle er Ver=
söhnung suchen, sonst gebe es blutigen Kampf, denn noch viele
andere seien mit ihnen gezogen; die wollte er jetzt nennen. Aber
ehe Rüdeger das thun konnte, ließ Gunther zusammenrufen, was 30
von Verwandten und Freunden in seinem Palaste beisammen war.
Da kam doch mancher hervor, den Rüdeger hier nicht zu finden
gedachte: erst kamen des Königs Brüder, Gernot und der junge
Giselher, dazu Siegfried, der Kriemhilde Gemahl. Der alte Stut=
fuchs von Palermo schritt heran mit Walther von Aquitanien, dann 35
Herbort aus Dänemark, Liudger und Liudgast, die ihren alten
Hader mit den Wormsern vergessen hatten; die Bayern Rantwin,
Else und Gelfrat, der Schwaben Herzog Hermann, Berchtold vom
Elsaß, die Fürsten aus Meißen, Thüringen, Lothringen, Brabant —

sie alle waren zum frohen Feste gekommen und eilten nun zu
der neuen Freude, die ihnen, so schien es, der Herr des Hauses
jetzt bereiten wollte.

Als der wackere Markgraf die alle sah, war seine Freude
sehr gering und kaum vermochte er auf Walthers Begrüßung zu
antworten, der ihn spottend an das letzte Gastmahl erinnerte, wo
er alle Hunnen trunken gemacht, um dann mit Hildegund zu ent-
fliehen. Die, sagte Walther, sei auch hier und Rüdeger könne sie
begrüßen.

Nun forderte Gunther von Rüdeger die Namen der Helden,
welche mit Dietleib heranzögen; da hörte auch der König manchen,
der ihm wenig willkommen war, aber Rüdegers Überraschung war
doch größer, als alle Gäste Gunthers bereitwillig gelobten, ihm
in dem schweren Kampfe beizustehen. Nur eines bedauerten sie:
daß sie nicht mehr ihrer Mannen mitgebracht hätten, da sie meinten,
daß es nur zu einem Feste wäre. Besonders der alte Stutfuchs
rühmte seine Kampflust und ebenso Herbort von Dänemark, der
sprach: „Wenn Dietrich erfährt, daß ich hier bin, dann kommt
er ganz und gar nicht. Er weiß doch noch, wie ich ihm begegnete,
als ich meine Frau mir geholt hatte, die Hildburg von der Nor-
mandie, trotz ihrem Vater Ludwig und ihrem Bruder Hartmut.
Ich habe schon manchem heimgeleuchtet." So prahlten auch andere
Helden, bis Rüdeger noch einmal das Wort nahm. „Ich habe,"
sprach er, „Euch die Absage von vielen Rittern gebracht, doch einen
habe ich nicht genannt, den ließ ich billig bis zuletzt. Das bin
ich selbst, auch ich muß wider Euch streiten, denn Dietleib ist
mir nahe verwandt." Das erregte Gunthers Zorn, denn er hatte
bisher geglaubt, daß Rüdeger nur als Gesandter komme und nicht
mitkämpfen würde. Nun es aber anders war, wollte er ihn als
Gefangenen zum Ersatz für die Gewaltthaten der Hunnen zurück-
halten. Doch das widerriet Hagen, so daß dann der Markgraf
ehrenvoll behandelt und überdies noch zu den Festen zugezogen
wurde, welche darum noch nicht unterbrochen waren.

20 f. Die drei Namen sind eine der äußerst seltenen Anspielungen auf die Gudrun,
in welcher Hildburg jedoch nicht als Schwester, sondern als Gemahlin Hartmuts vorkommt.
Grimm, Heldensage S. 133 f., bezieht das Ganze auf ein verlorenes Gedicht, dessen Inhalt
in der Thidreksaga (C. 238, 239) enthalten sei: dort heißt der Vater aber Artus und läßt
die Verfolgung durch einen Grafen Hermann ausführen; von einer Begegnung mit Dietrich
ist dort auch nicht die Rede und endlich gilt Herbort in der Thidreksaga als Neffe Dietrichs,
wovon die ganze deutsche Sage so wenig wie der Biterolf etwas weiß. Die Erzählung der
Thidreksaga ist also eine fast frei erfundene, welche mit der Sage nichts als den Namen
Herbort gemein hat, denn auch das Mädchen heißt dort nicht Hildburg, sondern Hilde.

Zunächst wurde den Frauen angezeigt, daß der Markgraf vor ihnen erscheinen würde; da eilten sie alle, sich zu schmücken und zu zieren, um den berühmten Helden würdig zu empfangen. Zuerst begrüßten ihn Brünhild und Kriemhild, dann wandte er sich zu Hildgund, die ihn nach Etzel und Helche fragte. Als man ihm endlich zum Abschiede noch Geschenke bot, bat er den König um die Erlaubnis, sie den Wormser Helden geben zu dürfen; das gewährte Gunther. Nur die Königin Brünhild brachte ihm eine Gabe, die er nicht ausschlagen konnte, ob er es gleich gerne wollte. Das war ein schöner Lanzenschaft mit einer stattlichen Fahne daran; als die Königin ihm das Geschenk überreichte, sagte sie spöttisch: „Herr Markgraf, die Fahne führt mir zuliebe und zur Ehre aller andern Frauen, die hier bei mir sind. Sorgt auch dafür, daß wir die Fahne bald wieder hier in Worms sehen!" Da biß sich Rüdeger auf die Lippen, denn wohl wußte er, daß es jedem an das Leben gehen würde, der das Verlangte wagte; und dennoch beschloß er es zu versuchen.

Als Rüdeger wieder zum Thore hinausritt, geleitete ihn Hagen noch eine Strecke. Der sagte ihm manches, was niemand gehört hat. Zum Abschied gab er ihm einen guten Rat: „Wenn Ihr, Herr Rüdeger, hier zum Kampfe kommt, so bindet nicht mit Siegfried an, dem seid Ihr nimmer gewachsen." Der Lehre folgte der Markgraf später, und das war ihm zum Heile.

Im Lager der Hunnen machte seine Kunde wenig Freude. Nur Wolfhart meinte, daß man nun endlich die rheinischen Helden zusammen vor die Klinge bekäme. Doch die Prahlerei verwies ihm Hildebrand ernstlich. Nun begann ein langes Hin- und Her-reden, bei dem auch Rüdeger die Geschichte mit der geschenkten Fahne erzählte. Endlich wurden sie einig, daß Hildebrand den einzelnen Recken den Platz anweisen und das Heer gegen Worms führen sollte.

Als Hildebrand seine Einteilung vorgenommen und jedem Manne seinen Gegner aus der Zahl der Feinde zugewiesen hatte, sprach Wolfhart zu ihm: „Es scheinen ja alle damit zufrieden zu sein, nur einer sieht nicht danach aus, das ist der berühmte Herr Dietrich, dem will es nicht behagen, daß er den starken Siegfried auf sich nehmen soll!" Die Rede erregte des Alten Zorn, aber recht hatte Wolfhart doch; denn Dietrich war, wie alle gewaltigen Naturen sind: die ferne Gefahr macht sie verzagt, erst

wenn sie dem Gegner Auge in Auge gegenüberstehen, dann wächst
ihr Mut und sinkt nimmer. Feiglinge thun anders; wenn die
Not noch weit ab ist, dann nehmen sie den Mund voll, doch
wenn der Sturm losgeht, kann sie keiner finden: nachher wissen
sie aber das Meiste zu erzählen, während der Tapfere schweigt. 5
Im Ärger über Wolfharts Worte ging der alte Waffen=
meister zu seinem einstigen Zögling Dietrich und warf ihm Zag=
haftigkeit vor; doch da brach in dem Berner Helden das wilde
Feuer aus, das in seinem Innern verborgen brannte. Tobend
wollte er den alten Mann zu Boden schlagen und hätte es auch 10
gethan, wenn nicht Wolfhart dazu gekommen wäre. Da reute es
Dietrich, sich an dem vergriffen zu haben, der ihm einst den Vater
ersetzt hatte.
Bei alledem ging die Sache aber nicht vorwärts, bis endlich
der sonst so thörichte Wolfhart einen vernünftigen Vorschlag machte. 15
Man sollte einmal, meinte er, in Worms fragen, ob es den
Herren dort nicht genehm wäre, statt eines wirklichen Kampfes
die Sache durch ein großes Turnier zu entscheiden. Das fand
allgemeinen Beifall und Rüdeger mußte wieder als Gesandter in
die Stadt. Die Bedingungen, die er dort vorschlug, wurden von 20
Gunther angenommen: das Turnier sollte „mit Frieden" sein,
d. h. wer niedergeworfen war, sollte unverletzt bleiben und ge=
fangen werden; doch mußte er sich danach für dreihundert Mark
Silbers lösen. Der stolze Siegfried hatte zwar tausend gefordert,
aber darauf erwiderte Rüdeger: „Wer den Hort der Nibelungen 25
besitzt, hat gut reden; aber uns ist Etzels Schatzkammer zu fern."
Ferner wurde festgesetzt, daß der Kampf ohne „Kipper" sein sollte;
die Kipper waren Troßbuben, Fußsoldaten oder andere nicht ritter=
liche Kämpfer, die dem Ritter beim Fangen des Gegners zu helfen
pflegten; diesmal durften aber keine in das Turnier kommen. 30
Auch die Zahl der Streiter auf beiden Seiten wurde genau be=
stimmt.
Brünhild mit den fremden Fürstinnen saß auf der Burg=
zinne, als die Helden von beiden Seiten heranrückten. Den Burgun=
den voran ritt ein stattlicher Held, Ortwein von Metz, auf welchen 35
sich Wolfhart stürzte, aber gleich vom Pferde flog, womit das
Zeichen zum allgemeinen Kampfe gegeben war; denn Ortwein wollte

23. Eine Mark galt ein halbes Pfund.

8*

seinen Gegner fangen und das wehrten die Hunnen.   Nun wagte
sich Ramung vor, doch den stach Stutfuchs nieder, so daß ihn
Iring kaum retten konnte; dann die Harlungen Fritel und Imbreck
mit ihrem Gefolge; aber diesen ritten Walthers hundert Streiter in
den Weg, auf die sich wieder Rüdegers Ritter warfen.   So wogte 5
der Kampf hin und her.   Fern von ihm weilten auf beiden Seiten
die Könige Dietleib und Gunther, denn es ziemte sich nicht, daß
die gleich am ersten Rennen teilnahmen, um welcher willen der
ganze Streit entbrannt war; ihnen kam es zu, erst am Ende des
Kampfes die Entscheidung zu geben.   10

        Das erste Gefecht entschied sich damit, daß Wolfhart von
dem alten Stutfuchs gefangen wurde und sich nun, wie er ge=
wünscht hatte, die Burgunden ganz nahe besehen konnte, nur anders,
als er damals dachte.   Da er sich jedoch schämte, zuerst gefangen
zu sein, gab er sich für Gotele aus; Gernot erkannte ihn aber. 15
Nun mußte er am Stadtgraben unter sicherer Hut dem Kampfe
zusehen.   Bald leistete ihm mancher Gesellschaft, doch auch die
Hunnen fingen viele der Feinde.

        Den Dietrich schmerzte der Verlust Wolfharts; wenn dieser
auch ein vorwitziger Mann war, so schlug er doch eine gute Klinge. 20
Da nun der Berner sah, daß sie ihn nach den Turnierregeln an
diesem Tage nicht wieder erlangen würden, schickte er den Mark=
grafen Rüdeger zu Gunther, um zu fragen, ob es den Burgunden
auch recht wäre, wenn jetzt das Turnier abgebrochen und dafür
ein Kampf „ohne Friede“ von den beiden Heeren begonnen würde. 25
Da Gunther auf seiner Seite bisher nur Glück gehabt und keinen
tüchtigen Mann verloren hatte, gab er leicht die Erlaubnis, zu=
dem auch Walther und Siegfried dazu rieten.

        Nun stürzten sich Dietrichs Haufen wütend auf den Feind,
es galt Wolfhart zu retten.   Ihr erster Angriff galt dem alten 30
Stutfuchs, der ein riesiger Mann war, kein Roß mochte ihn eine
Meile tragen.   Jetzt hielt er ruhig vor den Seinen, als Dietrich
auf ihn eindrang und ihm mit wildem Hiebe das Haupt vom
Rumpfe schlug.   Das war der erste Tote in diesem Kampfe, doch
folgten ihm noch viele.   Die Ritter von Apulien, des Gefallenen 35
Gefolge, mußten vor dem Ansturm der Berner weichen, welche
Hildebrand stetig vorwärts trieb.   Das sah Wolfhart wohl, und
als der Knäuel von kämpfenden Rittern ihm nahe genug war,
sprang er auf, schlug einen zu Boden und sprang über den Graben.

Unterwegs nahm er noch einem das Schwert ab zum Ersatz für
sein eigenes, das die Burgunden hatten. Vergebens eilten ihm
seine Hüter nach, auch Hagen stürzte noch in den Kampf; Wolf=
hart erreichte bald die Seinen, und die Nacht endete den erbitter=
ten Streit.   5

Manchen wunden Mann brachten die Burgunden zur Stadt,
auch manchen Toten. Die Königin Brünhild rief die andern
Frauen von der Zinne herab, da begegneten sie dem traurigen
Zuge. Plötzlich schrie eine der Frauen laut auf, es war die
Königin von Apulien, die unter den Gefallenen den Gemahl er= 10
kannt hatte. Weinend klagte sie, es sei ein unglückliches Fest ge=
wesen, zu dem Gunther sie geladen; doch später tröstete sie sich,
wie Frauen zu thun pflegen.

In der Nacht hielt man in Worms Kriegsrat; als Gunther
meinte, es sei besser, den Angriff der Feinde in der Stadt zu er= 15
warten, widersprachen ihm Hagen und Siegfried, so daß noch ein=
mal ein Kampf in freiem Felde beschlossen wurde. — Auch im
Hunnenlager wurde viel von den kommenden Gefahren gesprochen,
doch war der Mut hier höher, denn der erste Tag hatte mit Glück
und Sieg sein Ende erreicht.   20

Schon früh gab Rüdeger das Zeichen zu neuem Kampfe,
und diesmal rückte das ganze Heer zugleich vor. Als beide Gegner
sich so nahe gekommen waren, daß man einander erkennen konnte,
erinnerte sich Dietleib an die nahe Verwandtschaft mit Walther,
den er sich gerade gegenüber anreiten sah, und wünschte die Kampf= 25
stellung zu verändern, um nicht mit seinem Vetter in ein Gefecht
zu geraten. Deshalb sandte Rüdeger einen Boten mit einem
Lorbeerzweig zu Walther hinüber, welcher gern versprach, im
Kampfe den Helden Biterolf und Dietleib auszuweichen; es blieben
ihm ja noch andere Gegner genug.   30

Diesen Tag wurde die Schlacht gleich durch ein Zusammen=
treffen der vornehmsten Helden eröffnet: Dietleib sprengte gegen
Gunther, Biterolf nahm Gernot, und Dietrich fand bald den ge=
waltigen Siegfried. Rüdeger mußte zu seinem großen Leide mit
Walther fechten; er hätte ihn gern gemieden, denn treue Freund= 35
schaft hatte beide einst verbunden. Auch der alte Hildebrand kam
heute hart in den Streit und nur mit Mühe bewahrten ihn die
Seinen vor schwerem Schaden. Den rüstigen Witege hatte Hagen
aufgesucht, doch konnte er ihm wenig zuleide thun.

So wogte der Kampf hin und her den ganzen Tag; zwar
fielen zahllose Scharen von dem geringeren Volk, aber eine Ent=
scheidung gab es nicht und Rüdeger bemühte sich vergebens, die
Fahne vor das Thor von Worms zu bringen. Endlich rafften
sich die Hunnen noch einmal auf und besonders drang Heime kühn 5
voran; ja er wagte es, auf den gefürchteten Siegfried einzuhauen.
Doch das bekam ihm übel, denn er verlor dabei sein berühmtes
Schwert Nagelring. Um dieses entbrannte ein wilder Kampf, in
dem alle Recken ihre Kraft erschöpften: vierzehn Könige kämpften
zugleich, so viele hatte man noch nie bei einander gesehen. End= 10
lich gelang es doch Dietrich von Bern, zu der Stelle zu kommen,
wo Heimes Schwert am Boden lag, bedeckt von Blut und Staub,
deshalb hatten die Burgunden es noch nicht gefunden; aber Hildebrand
kannte es besser, und er war es auch, der es wieder gewann. Doch
gab er es seinem Herrn nicht zurück, sondern schenkte es Wolfhart. 15

Dem fürchterlichen Ringen hatte die Königin Brünhild eine
Weile zugeschaut; als aber der Kampf um Nagelring begann, rief
sie ihre Frauen von der Zinne herab, denn dieser Anblick taugte
nicht für Weiber. So endete der zweite Tag — die Nacht
bedeckte ein weites Totenfeld. Mehr als tausend, die ihren 20
letzten Kampf gestritten, brachte man nach Worms, und nicht
weniger begruben die Hunnen auf dem Felde; der Verwundeten
aber war noch viel mehr. Der Kampflust auf beiden Seiten war
nun Genüge geschehen; Gunther wie Dietleib wollten Frieden
machen, denn daß es zu einer Entscheidung käme, hoffte keiner 25
von ihnen. Da zwang sie Rüdeger zu einem dritten Streite, weil
er darauf beharrte, daß seine Ehre ihm verbiete, eher abzulassen
vom Kampfe, als bis er die Fahne vor die stolze Brünhild ge=
tragen, oder ihn der Tod seines Versprechens ledig gemacht hätte.
Doch wollten die Hunnen nicht wieder einen allgemeinen Streit 30
beginnen, sondern mit einer kleinen Schar gegen ebenso viele Bur=
gunden den Ehrenhandel ausfechten. Gunther stimmte zu und
wählte aus den Seinen die Tüchtigsten; dann ließ er noch allgemein
verkünden, daß sonst keiner an dem Kampfe teilnehmen sollte,
damit nicht wieder viel Blut ohne Nutzen vergossen würde.   35

          Daz wart schiere kunt getän
11835   Brünhilt der vil rîchen.

Das wurde bald kund gethan der sehr mächtigen Brünhild.

diu hiez dô snelliclichen
die frouwen nemen ir guotiu kleit:
als ir daz mære wart geseit,
wie schiere si in diu venster saz!
11840 mit stolzen frouwen tete si daz: 5
siben edeler künege wîp
und maneger juncfrouwen lîp
sâzen dâ in rîcher wât.
des was do niht langer rât,
11845 der wirt muose für daz tor.   10
ja vant er ritterschaft dâ vor,
der hœhsten der er ie gephlac
unz an sînen lesten tac.
ûf diu ros si wâren komen:
11850 dô hete ouch Ortwîn genomen   15
des küneges vanen in die hant.
ir einer möhte wol ein lant
zieren, wær er darinne.
mit meisterlîchem sinne
11855 riten sehs und ahzic man   20
gewâfent von der porte dan.
si westen wol deiz müeste sîn:
bêdenthalben hinder in
liezen si vil manegen degen,
11860 der die selben solde wegen,   25

Die hieß darauf schnell die Damen ihre besten Kleider anlegen
Als ihr die Nachricht gebracht war, wie schnell sie sich da in das
Fenster setzte! [5] Mit vornehmen Frauen that sie das: die Frauen
von sieben Königen und manche Jungfrau saßen da in reicher
Kleidung. Das unterblieb dann nicht länger, [10] der König
mußte hinaus vor das Thor. Wahrlich, er fand Ritterkampf davor
den besten, den er je hatte bis auf seinen letzten Tag.
Auf die Rosse waren sie gestiegen; [15] da hatte auch Ortwein
des Königs Fahne in die Hand genommen. Ein jeder von ihnen
würde wohl ein Land zieren, wäre er allein darin. In musterhafter
Weise [20] ritten sechsundachtzig Mann gewaffnet von dem Thore.
Sie wußten wohl, daß es geschehen mußte. Auf beiden Seiten hinter
sich ließen sie manchen Degen, [25] so daß, wer die schätzen sollte,

daz man bi den stunden
als küenen hete funden
sam der für die porte reit:
ez was ir etelichem leit
11865   daz er muoste dâ bestân.   5
dô sprach der Krimhilde man
'lâzet offen uns diu tor.
si suln uns vinden sô hie vor
(daz ist der mîn gedinge),
11870   daz Rüedgêr nimmer bringe   10
den vanen mit êren hine wider.'
iedoch so hulfen im des sider
die von Amelunge lant
daz in der helt an sîner hant
11875   mit gewalte unz in die porte truoc.   15
versuochet wart ez genuoc
ob siz erwern kunden.
ir ieglich hete funden
an dem gejeide sînen bern,
11880   die sich mit swerte und mit spern   20
unverre liezen dringen.
nu hôrt man aber erklingen
maneger hande lûten krach.
vil manic crôjieræere sprach
11885   nâch site sîner herren lant.   25

in derselben Zeit manchen ebenso kühnen gefunden hätte, als die, welche vor das Thor ritten; es war manchem von diesen leid, [5] daß er zurückbleiben mußte. Da sprach der Mann der Kriemhild: „Laßt uns die Thore offen. Sie sollen uns so davor finden (das ist mein Wunsch), [10] daß Rüdeger niemals die Fahne mit Ehren von hier zurückbringt." Jedoch dabei halfen ihm später die vom Land der Amelungen, so daß der Held mit seiner Hand [15] mit Gewalt die Fahne bis in das Thor trug.

Versucht wurde es genug, ob sie es wehren konnten. Jeder von ihnen hatte gefunden auf der Jagd seinen Bären, [20] der sich mit Schwertern und Speeren nicht weit jagen ließ. Nun hörte man wiederum mancher Art lautes Gekrach erschallen. Viele Herolde riefen [25] nach der Sitte ihrer Herren Land aus.

man pruovte ir helm unde ir rant.
dar zuo ir ritterlîchen muot.
dâ habte manic degen guot,
der ez als gerne hete getân
11890 ob er es fuoge möhte hân.   5
      Witegen rücken ûf geschach
den helm, daz er daz gesach
wie Hagene in dem satele saz:
schiere kôs der degen daz,
11895 er hete rîcher tjoste muot.   10
eins wales einen schaft guot
fuorte der degen vischîn:
aber der übermüete sîn
woide der Gunthêres man
11900 Witegen gerne geletzet hân.   15
Heimen den unguoten,
gên dem begunde muoten
der truhsæze Sindolt;
dô hete der küene Rûmolt
11905 ouch den sînen dâ erkorn.   20
ûz helme blicken niht verlorn
hete der Krîmhilde man,
er sach ungüetlîchen an
den fürsten dâ von Berne;
11910 dô hete ouch in vil gerne   25

Man urteilte über ihren Helm und Schild, dazu über ihren ritter=
lichen Sinn. Dort hielt entfernt mancher gute Degen, der es
ebenso gern gethan, [5] wenn er dazu Erlaubnis gehabt hätte.
Witege rückte den Helm auf, damit er sähe, wie Hagen in
dem Sattel säße; bald sah es der Degen, [10] so daß er Lust zu
einem stattlichen Lanzenbrechen hatte. Von einem Walfisch einen
Knochen als Lanzenschaft führte der Degen. Aber von seinem
Übermut wollte Gunthers Lehnsmann [15] den Witege gern befreit
haben. Gegen den bösen Heime begann anzureiten der Truchseß
Sindolt; dort hatte der kühne Rumolt [20] auch sich einen aus=
ersehen. Aus dem Helm zu blicken hatte nicht unterlassen der
Mann der Kriemhild, er sah feindselig an den Fürsten von Bern;
[25] da hätte auch ihn sehr gern an seiner Ehre geschädigt Dietrich,

geletzet sîner êre
Dietrîch der degen hêre.
Gunthêr dô Dietleibe ersach,
wider Ortwine er sprach
11915　'hie kumet Dietlinde kint.　　　5
al die mîne friunt sint,
die helfen,' sprach der degen starc,
'ob er mir rûme daz marc
daz uns daz ros alhie bestê.'
11920　ich wæn daz im der helt ê　　　10
het gerûmet sînes vater lant.
Walthêr der wîgant,
der sach Rüedegêren an.
dô sprach der Hildegunde man
11925　'des weiz got wol die wârheit,　　　15
mir ist inniclîchen leit
daz ich dem helde gewegen bin.
füert er nu den prîs hin,
des hân ich lützel êre:
11930　slah aber ich Rüedegêre,　　　20
sô hât der alte friunt mîn
übel bestatet den sînen wîn
den ich ze Bechelâren tranc:
sô habe diu wîle undanc
11935　daz des spils ie wart gedâht.　　　25
sîn tugent hât mich dar zuo brâht
daz ich ofte den lîp mîn

der ſtattliche Degen. Gunther erſah ſich Dietleib, zu Ortwein ſagte er: [5] „Hier kommt der Dietlind Sohn. Alle, die meine Freunde ſind, die mögen helfen," ſo ſprach der ſtarke Degen, „wenn er vor mir vom Roſſe muß, daß uns das Tier hier bleibt." [10] Ich glaube, daß vor ihm der Held eher ſeines Vaters Land verlaſſen hätte. Walther der Kämpfer ſah Rübeger an. Da ſprach der Mann der Hilbgund: [15] „Das weiß Gott, mir iſt ſehr leid, daß ich dem Helden gegenüber geſtellt bin. Gewinnt er den Sieg, dann habe ich wenig Ehre; [20] ſchlage ich aber Rübeger, ſo hat mein alter Freund übel ſeinen Wein angewendet, den ich in Bechlarn trank. Die Stunde ſei verwünſcht, [25] daß an dies Spiel je

wâgte durch den willen sin.'
sus wârens bêdenthalben gar,
11940 gelîche geschart als ein har
her Gunthêr und die sîne,
die recken von dem Rîne: 5
in der mâze kam ouch dar
Dietleip mit sîner schar,
11945 die leite dô her Rüedegêr.
dô hiez der marcgrâve hêr
den küenen Helpherîchen 10
ûf Ortwîn den rîchen
mit dem vanen wenden:
11950 der fuorte an sînen henden
des künic Gunthêres vanen.
man mohte in lîhte gemanen, 15
er was doch grimme gemuot.
Helpherîch der degen guot
11955 neigte daz zeichen hêrlich:
dô daz gesach her Dietrîch,
dô neigtens al gemeine; 20
dâ was ir deheine
der vergæze an der hant,
11960 dem wart ritterschaft erkant,
sîner banier.
ûf einander schiere 25
wârn die vanenmeister komen.

gebacht wurde. Seine Tüchtigkeit hat mich dazu bewogen, daß ich oft mein Leben ihm zuliebe gewagt habe."

So waren sie von beiden Seiten ganz gleich aufgestellt als wie Flachs, Herr Gunther und die Seinen, [5] die Recken vom Rheine. In derselben Art kam auch dahin Dietleib mit seiner Schar, welche dort Herr Rübeger leitete. Darauf befahl der hehre Markgraf [10] dem kühnen Helfrich, sich mit der Fahne auf den mächtigen Ortwein zu wenden, der in seiner Hand König Gunthers Fahne führte. [15] Man konnte ihn leicht antreiben, denn er war schon grimmig gestimmt. Helfrich, der gute Degen, senkte das stattliche Feldzeichen; als das Herr Dietrich sah, [20] da neigten sie alle zusammen die Fahnen; dort war keiner von ihnen, dem Ritterbrauch kund war, der

        ze rehter tjoste hete genomen

11965   Dietleip Gunthêre,
        geneiget hete der hêre
        sînen schaft helfenbeinîn:
        alsô hete Gunthêr den sîn   5
        ûf den tugenthaften man.

11970   ir beider ros muosten gân
        ûf die hähsen in daz gras.
        Belche schiere ûf was,
        daz ros daz Dietleip dâ reit: 10
        Gunthêr der helt vil gemeit

11975   ouch sîn selbes niht vergaz,
        baz er in den satel saz.
        her Dietrich und her Sîfrit
        in einem nîtlîchen sit   15
        wâren zuo einander komen.

11980   sper brechen wart vernomen
        daz ez als ein doner dôz.
        sô rîchiu tjost und alsô grôz
        was lange her nie geschehen,   20
        sô diu aldâ wart gesehen

11985   von guoten wîganden,
        dô bêdenthalp ir handen
        geneigten sehs und ahzic man.
        die trunzen sach man hôhe gân,   25

in feiner Hand fein Banner vergäße. Aufeinander balb waren die Fahnenträger gekommen. Zum kunstgemäßen Lanzenstoß hatte Diet= leib erwählt den Gunther, gesenkt hatte der Stattliche seinen Schaft von Elfenbein; [5] ebenso senkte Gunther den seinen gegen den tüchtigen Mann. Ihre beiden Rosse mußten auf die Kniee sinken in das Gras. Belche war balb auf, [10] das Roß, welches Dietleib ritt. Gunther, der stattliche Held, versäumte auch nichts, sondern setzte sich besser in den Sattel. Dietrich und Siegfried [15] in kampf= luftiger Weise waren aneinander geraten. Speerbrechen wurde ge= hört, daß es wie der Donner schallte. So gewaltiges und großes Lanzenrennen [20] war seit lange nicht ausgeführt, wie man dort sah von guten Kämpfern, als auf beiden Seiten mit ihren Händen die Speere senkten sechsundachtzig Mann. [25] Die

durch schilde stâchen diu sper:
11990   dirre viel, dort gesaz der
vor stiche ungefüege;
dem brach daz fürbüege,
sô gestrûhte dem daz marc: 5
ir etelîchez was sô starc
11995   daz ez nâch stiche dan truoc
sînen herren verre genuoc.
    sît wart michel der gedranc.
man hôrte grœzlîchen klanc   10
ûf manegen buckel rîche.
12000   dô sach man Helperiche
mit dem vanen gên dem tor:
des was man dâ mit strîte vor
den ellenthaften gesten.   15
vil manegen helm vesten
12005   sach man von slegen schînen.
dô Gunthêr mit den sînen
wert daz lant und ouch die stat,
dô mohte ir etelîchem mat   20
werden aller sîner spil.
12010   dô was dôzes harte vil
von sperbruche nu gelegen:
gehôrt man wunder ie von slegen,
daz mohte man ouch wol vernemen.   25

Splitter fah man hoch fliegen, durch die Schilde stachen Speere; diefer fiel, jener blieb fißen troß einem ungefügen Stiche; dem brach der Bruftriemen des Pferdes, [5] jenem ftürzte das Pferd felbft; einige von diefen waren fo ftark, daß fie nach dem Stiche von bannen ihre Herren weit genug trugen. Danach entftand groß Gedränge. [10] Man hörte lauten Klang auf vielen fchönen Schilden. Dann fah man Helfrich mit der Fahne nach dem Thore zu; das befchüßte man mit Kampf gegen [15] die tapfern Fremden. Manchen feften Helm fah man von den Schlägen Funken geben. Als Gunther mit den Seinen das Land wehrte und die Stadt, [20] da konnte mancher alle feine Spiele verlieren. Da war fehr viel Lärm vom Speerebrechen entftanden. Hörte man je Wunder erzählen von Schlägen, [25] das konnte man hier auch kennen

          ez muose im übele gezemen
12015   dem Hûnolt schankte dà den wîn,
          und dem zer anrihte sîn
          Rûmolt gap die brâten.
          die wurden dô berâten   5
          von biulen lanc und armgrôz.
12020   dem bluot von wunden dì niht flôz,
          der wart aber sus alsô geslagen
          daz ez ir etelîcher klagen
          mohte envollen wol daz jàr.   10
          ez wâren zuo einander gar
12025   komen die nôtvesten,
          die êrsten mit den besten.
            swaz ander ieman dà begie,
          ûz sînen slegen nie verlie   15
          her Sîfrit Dietrîchen.
12030   der helt vil lobelîche
          liez ouch daz niht under wegen,
          man sach von den sînen slegen
          den Sîfrides schildes rant   20
          von der Dietrîches hant
12035   wol verhouwen und zerslagen.
          daz wunder kunde iu nieman sagen
          daz Witege und Hagene begie:
          jà bezzer ritter wurden nie   25

lernen. Es mußte dem übel bekommen, dem Hunolt dort Wein
schänkte, und dem auf seinen Anrichtetisch Rumolt die Braten
legte. [5] Die wurden da mit langen armdicken Beulen versorgt.
Wem Blut von Wunden dort nicht floß, der wurde doch so
geschlagen, daß das Klagen einiger von ihnen [10] wohl das
Jahr ausfüllen konnte. Es waren aneinander gekommen die
Streitbaren, die Edelsten und Besten. Was auch einer der andern
da anfing, [15] aus seinen Schlägen ließ nie Siegfried den
Dietrich heraus. Der preiswürdige Held sorgte auch sehr dafür,
daß man von seinen Schlägen [20] Siegfrieds Schild von
Dietrichs Hand sehr zerhauen und zerschlagen sah. Die Wunder
könnte euch keiner sagen, die Witege und Heime thaten; [25] bessere
Ritter wurden nie im Streite gefunden, als zu derselben Zeit die

baz in strite funden,
12040 denn an den selben stunden
an den von Rabene dâ geschach.
dâ heten kleinen gemach
Randolt unde Rienolt: 5
ob si der Nibelunge golt
12045 des tages ervohten solden hân,
ez enmöhte in angestlîcher stân.
Sabene unde Berhtunc,
die helde küene unde junc, 10
vor ir widerstanden
12050 in erwagten an den handen
harte dicke diu swert.
zeinander wâren wol gewert
Bitrolf und her Gêrnôt. 15
gegen in hete der tôt
12055 sines hûses tür entlochen.
vil swinde wart gerochen
des jungen Dietleibes zorn.
Gunthêr der degen ûz erkorn, 20
der wont bî im in arbeit.
12060 man sach daz hêrlîche streit
Herbort dâ von Tenelant
und Boppe der wîgant,
Herbortes swesterkint. 25
er brâhte fiuwerrôten wint
12065 dicke ûz schildes renden

von Raben sich zeigten. Da hatten wenig Ruhe [5] Randolt und Rienolt: wenn sie der Nibelungen Gold an dem Tage hätten erkämpfen sollen, es hätte ihnen nicht schlimmer gehen können. Sabene und Berchtung, [10] die kühnen und jungen Helden, denen bewegten sich vor ihren Gegnern an den Händen sehr oft die Schwerter. Aneinander fanden wohl tüchtige Gegner [15] Biterolf und Gernot. Für sie hatte der Tod seines Hauses Thür aufgethan. Sehr schnell wurde des jungen Dietleib Zorn gerächt. [20] Gunther, der erlesene Degen, kam bei ihm in Drangsal. Man sah, daß herrlich stritt Herbort von Dänenland und Boppe, der Held, [25] Herborts Schwestersohn. Er brachte feuerroten Rauch oft

den helden vor den henden.
Walthêr unde ouch Rüedegêr,
die versuochtenz deste mêr
daz si wîten wârn erkant.
12070   ez möhte Walthêres hant   5
veste türne brechen nider,
doch erwerte sich im sider
des künic Etzeln wigant.
die zwêne recken man ouch vant,
12075   Liudegast und Liudegêre,   10
dâ man die helde hêre
mit strîte wol bedrungen vant.
dâ streit ouch von der Hiunen lant
Blœdel und die sîne man.
12080   swaz degenheit dâ wart getân,   15
volzuc des vaste wâren
die helde von Mûtâren.
dâ muoste brechen manic rinc,
dâ Hâwart unde Îrinc
12085   zuo dem vanen drungen.   20
Hornbogen und Râmungen
sach man vil willicliche dâ:
wâ solt man suochen anderswâ
Irnfride den rîchen?
12090   man sach dâ krefticlîchen   25
die Harlunge strîten.

aus den Schilden hervor, den Helden an den Händen. Walther und
Rüdeger bemühten sich desto mehr, weil sie weithin berühmt
waren. [5] Es hätte Walthers Hand feste Türme niederbrechen
mögen, doch erwehrte sich seiner König Etzels Kämpfer. Die
beiden Helden fand man auch, [10] den Lübgast und Lübger, dort
wo man die berühmten Helden vom Streit sehr bedrängt sah.
Hier stritten auch vom Hunnenland Blödel und die Seinen. [15]
Was an Tapferkeit geleistet wurde, dessen Vollzieher waren stets
die Helden von Mautern. Da mußte mancher Panzerring zer=
brechen, wo Hawart und Jring [20] zur Fahne drangen. Hornboge
und Ramung sah man sehr kampfbereit dort; wo anders hätte
man suchen sollen den mächtigen Jrnfrid? [25] Man sah dort

bi niemannes zîten
vant man guote ritter baz.
man sach bescheidenlichen daz,
12095   daz Witzlân und die sîne
dem vogete von dem Rîne   5
stuonden williclîchen bî.
dâ was deheiner alsô frî
ern hæt dâ ungemaches vil
12100   in dem herten nîtspil,
des dâ von in begunnen was.   10
ein wunder ist daz dâ genas
der dritte inder under in.
    Helphrich brâhte den vanen hin
12105   mit ungefüeger arbeit,
dâ der degen vil gemeit   15
erbeizte vor den schranken nider.
der geste venre der wart sider
bî dem vanen nider geslagen
12110   (des mac man wunder hœren sagen),
swie bî im stüenden dâ ze tal   20
die geste, die den herten schal
pruovten dâ mit heldes hant.
    Helpherîch der wîgant
12115   was ein teil worden wunt:
den vanen zucte dâ zestunt   25
der tiurlîche Berhtunc.

kräftig die Harlungen streiten. Zu niemands Zeiten fand man
beſſere Ritter. Man ſah deutlich, daß Witzlan und die Seinen
[5] dem Herrſcher vom Rheine willig beiſtanden. Davon blieb
keiner frei, daß er viel Mühſal hatte in dem harten Kampfſpiel,
[10] das da von ihnen begonnen war. Ein Wunder iſt, daß dort
auch nur der dritte von ihnen leben blieb. Helfrich brachte die
Fahne mit großer Mühſal dahin, [15] wo der ſtattliche Degen
vom Pferde ſprang vor den Schranken. Der Fremden Fahnen=
träger wurde ſpäter bei der Fahne niedergeſchlagen (davon mag man
Wunder hören), [20] obgleich bei ihm zu Fuß ſtanden die Fremden,
die den großen Kampflärm hervorbrachten mit ihrer Heldenhand.
Helfrich, der Recke, war verwundet; [25] die Fahne hob dort

          dô was vil manic helt junc
          bî im nider dâ gestanden.
12120   von Burgonde landen
          Gunthêr mit al den friunden sîn
          erbeizten nider gegen in,   5
          daz mans im mohte danken.
          die Swâbe zuo den Franken
12125   gestuonden angestlîcher nie,
          dô Berhtunc der helt hie
          daz zeichen in die schranken truoc.   10
          man sach dâ helme genuoc
          erschinen unde erglesten,
12130   dô die sturmvesten
          waren zuo einander komen.
          ir habet ê vil wol vernomen   15
          beidenthalben von ir kraft:
          man mohte werde ritterschaft
12135   kiesen an ir handen
          von maneger fürsten landen.
          nâch prîse was in allen ger.   20
          Witege der lief jenenher
          sam ein wildez eberswîn,
12140   Hagenen den vînt sîn
          dranc er mit slegen hinder sich.
          die liute dûhte unbillich   25
          unde ouch wunderlîche genuoc,

sofort der werte Berchtung auf. Darauf war mancher junge
Held zu ihm herabgesprungen. Vom Lande Burgund Gunther mit
allen seinen Freunden [5] sprang vom Pferde gegen sie, daß
man es ihm danken konnte. Die Schwaben und die Franken
standen in größerer Bedrängnis nie als hier, wo der Held Berch=
tung [10] das Feldzeichen in die Schranken trug. Man sah da
genug Helme scheinen und glänzen, als die Sturmfesten aneinander
geraten waren. [15] Ihr habt früher genug vernommen von
ihrer Kraft auf beiden Seiten; man konnte tüchtige Ritter finden
bei ihnen aus mancher Fürsten Lande. [20] Nach Ruhm strebten
sie alle. Witege lief von dort her wie ein wilder Eber; Hagen,
seinen Feind, drängte er mit Schlägen rückwärts. [25] Den

daz ietweder den andern niht sluoc.
12145 Heime und Witege hulfen dan
des künic Ermenriches man,
dem stolzen Berhtungen.
mit im wart sô gedrungen   5
daz manz für wunder mac gesagen
12150 wie der vane wart getragen
von der Berhtunges hant.
Sîfrit ûz Niderlant
hete gerne daz gewert: 10
ez wart mit hamere nie gebert
12155 sô sêre ûf anebôze.
sîn wolden schame grôze
hân Gunthêr und die sîne,
die recken von dem Rîne,   15
und ouch ir küenen geste.
12160 wer dâ tæte daz beste,
daz kunde nieman gespehen.
ez mohte leide vil wol sehen
Brünhilt diu künigin,   20
dô man her unde hin
12165 ir friedel mit den slegen dranc:
si mohte sagen wol undanc
ir milte, diu alsô geschach
daz man sô manegen helt sach   25

Leuten schien es auffällig und sehr wunderbar, daß nicht beide
einander erschlugen. Heime und Witege halfen darauf dem Lehns=
mann König Ermenrichs, dem stolzen Berchtung. [5] Auf den
wurde so eingedrungen, daß man's als Wunder erzählen kann,
wie die Fahne aufrecht erhalten wurde von Berchtungs Hand.
Siegfried aus Niederland [10] hätte das gern verwehrt; es
wurde mit einem Hammer nie so sehr auf Amboße geschlagen.
Darüber empfanden große Scham Gunther und die Seinen, [15]
die Recken vom Rhein, und ebenso ihre kühnen Gäste.
Wer dort das Beste that, das konnte niemand erkennen. Es
konnte viel Leid sehen [20] Brünhild, die Königin, als man hin
und her ihren Gatten mit Schlägen drängte. Sie mußte schlechten
Dank sagen ihrer Freigebigkeit mit der Fahne, die das bewirkte,

in angest sînes lîbes stàn.
12170   daz siz hæte verlân,
daz næmens alle für guot.
kein frouwe was sô hôchgemuot,
diu ir gesellen sach aldà,   5
si wiste in gerner anderswà.
12175   mit erhaben schilden hôhe genuoc
die man dà vor handen truoc
sach man die werden geste gàn.
dà wart ein hûswer getàn   10
diu nie von helden mêr geschach,
12180   dô man Berhtungen sach
den edelen und den rîchen
dà von im muosten wichen
die von Lamparten lant.   15
dà tete diu Sifrides hant
12185   daz man immer saget ze mære,
wie er ze helfe wære
sînen konemâgen bî.
ob si beliben schaden frî,   20
des half in wol des recken hant.
12190   Berhtungen den wîgant
er underm vanen nider sluoc.
dar sprungen schiere genuoc
Witege und ouch her Dietrîch   25

daß man manchen Helden sah in Sorge wegen seines Lebens stehn. Daß sie es unterlassen hätte, das hätten alle gebilligt. Keine Dame war so stolz, [5] welche ihren Geliebten dort sah, daß sie ihn nicht lieber anderswo sich wünschte. Mit hoch genug gehobenen Schilden, die man vor der Hand trug, sah man die werten Gäste einhergehn. [10] Da wurde eine Hausverteidigung vollbracht, die niemals sonst von Helden verrichtet wurde, als man Berchtung sah, den Eblen und Mächtigen, vor dem [15] die von der Lombardei weichen mußten. Dort that Siegfrids Hand solche Dinge, die man immer erzählen wird, wie er zu Hilfe kam seinen Schwägern. [20] Wenn sie von Schaden frei blieben, dazu half ihnen besonders des Recken Hand. Berchtung, den Streiter, schlug er unter der Fahne nieder. Dahin sprangen schnell genug [25]

mit ir helden lobelich,
12195 die küenen Bernære,
Berhtungen den helt mære
brâhtens harte kûme dan.
den vanen aber sâ gewan   5
Rüedegêr an sîne hant.
12200 Walthêr von Spanjelant
unde ouch Herbort der degen,
mit den aller meisten slegen
der ie gephlâgen küneges kint,   10
dâ mit si von der porten sint
12205 drungen Dietrîchen
daz er in muoste entwîchen.
ein teil wart Wahsmuot dâ wunt.
sîn veter Hâche sâ zestunt   15
für den mæren helt spranc:
12210 daz Eckehartes swert erklanc
dem recken lûte an sîner hant.
jâ sach man diu helmbant
vil starke vor in bresten,   20
manegen schilt vesten
12215 sach man dâ gar zerhouwen.
vor dem palas bî den frouwen

Witege und auch Herr Dietrich. Mit ihren ruhmreichen Helden brachten die kühnen Berner den berühmten Helden Berchtung nur mit Mühe von dannen.

[5] Die Fahne aber ergriff sogleich Rübeger mit seiner Hand. Walther von Spanien und Herbort, der Degen, mit den allermeisten Schlägen, [10] die je Königssöhne austeilten, damit drängten sie darauf von der Pforte den Dietrich, daß er ihnen entweichen mußte. Etwas wurde Wachsmut dort verwundet. [15] Sein Vetter Hache sogleich vor den berühmten Helden sprang. Eckeharts Schwert erklang dem Recken laut in seiner Hand. Man sah die Helmbänder [20] sehr vor ihnen zerspringen, manchen festen Schild sah man dort ganz zerhauen. Vor dem Königsschloß,

7. Im lateinischen Waltharius heißt er von Aquitanien; beide Bezeichnungen sind gleichbedeutend, denn es wird darunter ein Königreich verstanden, welches an der Bai von Biscaya sowohl französisches als spanisches Gebiet enthält.

was ez wol sô nâhen
dazs ir aller ellen sâhen,
12220   ob sis erkennen kunden.
man sach dâ schiere wunden
den fürsten Wichêre: 5
Else der vil hêre
den recken in die brust sluoc
12225   underm schilde den er truoc.
dô wart von Wolfbrandes hant
Gelphrât ûz Beier lant   10
durch die brünne bluotvar.
Nantwîn nam des war,
12230   von Beier lant der herzoge:
swie nu einem helde gezoge,
dô lief er Hildebranden an,   15
des fürsten Dietrîches man.
Hildebrant sluoc Nantwîne,
12235   daz sînes helmes schîne
der sunnen gap den widerglast
und daz im der helm brast,   20
dem Witegen swesterkinde.
   ich wæn man immer vinde,
12240   noch enhât alher getân,
sô manegen rehte küenen man,
sô man dô bî einander sach.   25

bei den Frauen, war es so nahe, daß sie ihrer aller Kraft sahen,
wenn sie sich darauf verstanden. Man sah bald wund [5] den
Fürsten Wicher; Else, der Stattliche, schlug den Recken in die
Brust unter dem Schilde, den er trug. Dann wurde von Wolf-
brands Hand [10] Gelfrat aus Bayern durch den Panzer blutig
geschlagen. Nantwin bemerkte das, der Herzog von Bayern;
wie nur einem Helden geziemt, [15] so lief er den Hildebrand an,
des Fürsten Dietrich Gefolgsmann. Hildebrand schlug den Nant-
win, daß der Feuerschein des Helms die Sonne an Glanz über-
traf, [20] und daß ihm der Helm zerbrach, dem Schwestersohn
Witeges.

Ich glaube, daß man nie findet noch je gefunden hat so
manchen recht kühnen Mann, [25] als man da beieinander sah.

etlichem der bluotvarwe bach
hete durchflozzen sine wât,
als ez noch in strite stât;
12245 etlich gienc dâ ouch wol gesunt.
dô wart von Rûmolde wunt   5
schiere der grimme Wolfhart.
deste mê helme schart
muoste werden bî in hie.
12250 froun Helchen ingesinde gie
vaste Rüedegêre bî.   10
wie Blœdel an dem strîte sî,
daz hœret an dem mære sagen.
man dörfte es für einen zagen
12255 bî andern guoten recken jehen,
hete man dâ bevor gesehen   15
inder sîne degenheit.
daz was ouch niht verdeit,
man gedâhte es under stunden:
12260 sô biderben hete man in funden.
nu hôrt man ouch hie sunder wîle   20
daz vil guote Hornbîle,
daz Biterolf der helt truoc.

Manchem hatte der blutfarbige Bach sein Kleid durchströmt, wie
es eben im Streite zugeht. Mancher lief auch gesund umher. [5]
Da wurde von Rumolt verwundet bald der grimme Wolfhart.
Desto mehr Helme mußten bei ihnen hier brüchig werden. Frau
Helches Hofritterschaft half [10] tapfer dem Rüdeger. Wie Blödel
sich im Streit benahm, das hört jetzt in der Geschichte. Man
hätte ihn für einen Feigling im Vergleich zu andern guten Recken
erklärt, [15] hätte man früher irgendwo seine Tapferkeit gesehen.
Dessen wurde auch jetzt wohl gedacht; man erinnerte sich bisweilen
daran: so tapfer hatte man ihn hier gefunden.
[20] Nun hörte man auch ohne Aufhören das gute Schwert
Hornbeil, welches Biterolf, der Held, trug. Man hörte auch

11 ff. Daß Blödel ein Feigling ist, wird wie hier so auch sonst in der Dichtung
des Mittelalters erwähnt, vielleicht eine Erinnerung an Bleda, welcher durch Attila Herr-
schaft und Leben verlor. Ob ich den sehr verzwickten Gedanken dieser Stelle richtig wieder-
gegeben habe, ist mir fraglich. Der Dichter will es offenbar selbst nicht recht verständlich
werden lassen, ob Blödel hier feig oder tapfer war.

man hôrte ouch klanges genuoc
12265   von dem starken Welsunge,
daz Dietleip der junge
vil dicke hêrlîchen sluoc.
dâ was ouch dôzes genuoc   5
dâ daz alte sahs erschal,
12270   daz dicke ûf unde ze tal
gie an Dietrîches hant.
under in was wol erkant
swâ man Mimmingen sluoc   10
daz Witege der helt truoc.
12275   man hôrte ouch Nagelringen
ûf helme dicke erklingen.
dar under diezen man vernam,
sô Sifriden wol gezam,   15
den guoten Balmungen:
12280   man sach den helt jungen
stênde enmitten under in.
dâ was ouch Hagene komen hin:
des künic Gunthêres man   20
hete ez dâ vil guot getân.
12285   Walthêr von Spanjelant
der truoc Wasgen an der hant,
der kam dar gesprungen.

genug Klänge von dem starken Welsung, welchen Dietleib, der
Junge, sehr oft herrlich schlug. [5] Da war auch Lärm genug,
wo das alte Schwert erklang, das oft in Dietrichs Hand auf und
nieder ging. Unter ihnen war wohl merkbar, [10] wo man den
Mimming schlug, den der Held Witege trug. Man hörte auch
Nagelring auf den Helmen oft klingen. Dazwischen hörte man
tosen, [15] wie es Siegfried wohl ziemte, den guten Balmung;
man sah den jungen Helden stehen mitten unter ihnen. Dort war
auch Hagen hingekommen; [20] König Gunthers Gefolgsmann
kämpfte sehr tüchtig. Walther von Spanien, welcher den Wasge
in der Hand trug, kam dorthin gesprungen.

23. Daß Walthers Schwert Wasge heißt, ist wahrscheinlich eine Erinnerung an
seinen Beinamen „von Wasichenstein"; vgl. oben S. 84 Anm.

die burgære gedrungen
heten wider die geste
12290 ze Wormez von der veste,
daz si sich schamen begunden
daz si nie enkunden 5
an die porten vollen komen.
Rüedgère hete der strit benomen
12295 vil der sinen krefte.
dô sprach der nôthafte
'helfet, edel Îrinc, 10
daz ich alliu iuwer dinc
mit iu über rücke trage,
12300 daz der küniginne vane wage
ze Wormez innerhalp dem tor.
swaz wir ie tâten hie bevor, 15
daz ist wider ditze ein wint.'
Îrinc truoc den vanen sint
12305 alsô vor Rüedegère
daz ez gemüete sère
alle die dâ wâren. 20
ê der von Bechelâren
vollen in die porte gedranc,
12310 vil manic swert ob im erklanc.
dô gie der herre Dietrîch
als der degen lobelîch 25
dicke hete vor getân.

Die Städter hatten wiederum die Fremden von der Feste
Worms gedrängt, so daß diese sich zu schämen begannen, [5]
daß sie nicht ganz an das Thor kommen konnten. Dem Rüdeger
hatte der Streit viel von seinen Kräften geraubt. Da sprach der
Bedrängte: [10] „Helfet, edler Jring, deshalb, weil ich alle
Sorgen mit Euch teile, dazu, daß der Königin Fahne flattere zu
Worms innerhalb des Thors. [15] Was wir jemals früher thaten,
ist gegen diesen Kampf unbedeutend." Jring trug darauf die
Fahne so vor Rüdeger her, daß sie in Mühsal alle brachte, [20]
die dort waren. Ehe der von Bechlarn ganz in das Thor drang,
erklang über ihm manches Schwert. Da ging der Herr Diet=
rich vor, [25] wie der ruhmreiche Held oft vorher gethan hatte.

12315

under die porten kam gegàn
Dietleip und Biterolf der degen.
solch wunder hôrt man nie von slegen
daz dô diu Gunthêres hant
frumte: dà von er daz lant   5
behabte vor den gesten.

12320
Sîfrides des nôtvesten
genuzzen die Burgondære.
Herbort der helt mære
der tete ellens grôzen schîn.   10
wie möhte ez herter gesîn,

12325
dô Liudegêr und Witzlàn
und Liudegast niht understân
enmohten daz die helde
drungen in die selde.   15
dô was Rüedgêr hine komen:

12330
des wart vil wol war genomen,
dô der degen alsô stolz
begunde sîniu spiegelholz
ûz der porte houwen;   20
dô hete er den frouwen

12335
gedienet übele unde wol.
für wâr ich iu daz sagen sol,
ez wærn och bezzer beliben
denn wider ûz der porte getriben   25

Unter das Thor kam gegangen Dietleib und der Degen Biterolf. Solche Wunder von Schwertstreichen hörte man nie, wie damals Gunthers Hand [5] austeilte, wodurch er das Land beschützte vor den Fremden. Von Siegfried, dem Kampfgeübten, hatten die Burgunden vielen Nutzen. Herbort, der berühmte Held, [10] bewies große Tapferkeit. Wie hätte es härter zugehen können, als hier, wo Lübger, Witzlan und Lübgast nicht verhindern konnten, daß die Helden [15] in die Stadt drangen.

Dorthin war Rübeger gelangt, das wurde wohl bemerkt, wie der stolze Degen anfing, seine Spiegelrahmen [20] aus dem Thor zu hauen. Damit hatte er den Frauen zugleich übel und gut gedient. Als wahr muß ich euch das sagen, es war auch besser, [25]

19. spiegelholz houwen, ein sprichwörtlicher Ausdruck für den Kampf.

von der küenen recken handen
12340 die helde ûz fremden landen.
do enbuten von der zinne
der recken triutinne
daz man schiede den strit. 5
wol vernâmen ez sît
12345 Dietleip und her Dietrich:
dise helde hinder sich
si hiezen gên der porte stân,
'wir sullen eine wîle lân 10
daz urliuge scheiden,
12350 gevellet ez den beiden,
Gunthêre und Gêrnôten.'
etlîchen bluotes rôten
hôrt man ez dô râten. 15
wie balde si daz tâten!
12355 den fride gâben si dô dar.
ez was noch niht verendet gar,
unz ez sô wart gescheiden
under ir friunden beiden 20
daz man Dietleibe prîses jach,
12360 und daz man vollicliche sprach
den lop ouch Rüedegêre,
daz ê noch sît nie mêre
ein vane wurde baz getragen: 25

daß die Helben aus fremben Landen blieben, als baß sie wieder
herausgetrieben wären von den Händen der kühnen Recken.
Nun entboten von der Zinne der Recken Gemahlinnen, [5]
baß man ben Streit enbete. Gern vernahmen es Dietleib und
Dietrich, es wurde geforbert, baß biese Helben zurück an bas Thor
träten. [10] „Wir werben," sprachen einige, „eine Zeit lang ben
Kampf enben, wenn es ben beiben gefällt, bem Gunther unb
Gernot." Manchen vom Blute Roten [15] hörte man bazu raten.
Wie schnell thaten sie bas.
Frieben machten sie barauf. Der Kampf war aber nicht eher
ganz beenbet, als bis es so entschieben wurde [20] unter ihren
Freunden beiberseits, baß man bem Dietleib Ruhm zusprach und baß
man völlig auch bas Lob zuerkannte bem Rübeger, [25] baß weber

12365   woldens im die danc sagen
           durch die erz hæte getân,
           sô müese er gar daz lop hân.
           dâ was keiner under in
           (des ich vil gewis bin),   5
           im enwærn sô müede diu lide
12370   daz si beidenthalp den fride
           rieten unde ouch süene.
           Gunthêr der vil küene,
           swaz ander ieman dâ gesprach,   10
           des prîses er Dietleibe jach.
12375   dâ mite was gesenftôt
           dâ der guoten helde nôt.

früher noch später eine Fahne besser getragen wurde. Hätten ihm
es auch die danken wollen, wegen welcher er es gethan hatte,
dann hätte er ganz den Ruhm gehabt. — Da war keiner unter
ihnen, [5] des bin ich gewiß, dem nicht die Glieder so müde
waren, daß sie auf beiden Seiten zum Frieden rieten und auch
zur Versöhnung. Gunther, der sehr Kühne, [10] was auch immer
andere dazwischen redeten, erkannte Dietleib den Sieg zu. Damit
war dort der guten Helden Bedrängnis geendet.

Als alle Streiter müde den Kampfplatz verlassen hatten,
wollten die Hunnen und ihre Genossen aufbrechen zur Heimkehr 15
in das Vaterland; aber die Fremden so scheiden zu lassen, das
verbot dem Gunther die gute Sitte und der höfische Brauch.
Deshalb ließ er die Fürsten einladen, erst in Worms auszuruhen
und ihrer Wunden zu pflegen. Mancher war übel zugerichtet,
doch gab es auch manchen Spaß; besonders als die Badediener 20
Wolfharts Rücken besahen: der war schwarz, Strich an Strich,
als ob er mit Kohlen bemalt wäre.

Als dann sich alle Helden, Hunnen wie Burgunden, ver-
sammelt hatten, rühmte ein jeder den Gegner, der ihn am stärksten
verletzt hatte: denn jetzt hatte alle Feindschaft aufgehört. Auch 25
die Frauen wurden zu dem Gastmahl gerufen, welches den Frieden
besiegeln sollte; da hörten sie dann noch einmal, was sie zum
Teil selbst mit angesehen hatten. Doch schalten die Frauen sehr
auf die Hunnen, welche ihren Männern weh gethan hatten. Be-

sonders war wieder Wolfhart die Zielscheibe aller Witze; doch der brummte wie immer dazu und meinte, er wäre lieber daheim geblieben.

Nun ging es an das Scheiden. Heim zogen König Gun= thers Freunde, heim zog auch das Hunnenheer mit allen seinen Genossen. Bevor sich diese an der Donau trennten, forderte Heime von Hildebrand das Schwert Nagelring zurück, aber der Alte verweigerte es, weil Heime sich gegen den Befehl vergangen und zuerst auf Siegfried gestürzt sei: das hätte seinem Herrn Dietrich gebührt. Wolfhart und Dietrich unterstützten Heimes Bitte, doch der alte Starrkopf war nicht zu bewegen und meinte, wer es haben wollte, könnte es ihm ja mit Gewalt nehmen Da mußte Dietrich den Zweikampf der beiden erlauben, doch nur unter einer Bedingung that er es: wer dem Gegner die erste Wunde bei= brächte, sollte Sieger sein.

So hatte der wilde Kampf noch ein blutiges Nachspiel unter Freunden; beide Kämpfer traten in den Ring, den Dietrich hatte schließen lassen, beide gleich gewaffnet. Zuerst schlug Heime dem Hildebrand eine kleine Wunde, erhielt aber gleich eine viel schwerere. Doch Dietrich war schon dazwischen getreten und trennte die Kämpfer: Heime war besiegt; dennoch gab auf Dietrichs Bitte der alte Waffengefährte das Schwert zurück.

Nun zog das Hunnenheer die Donau weiter hinab; Dietrich mit den Seinen ging über die Alpen.

In Etzelnburg harrte der Heimkehrenden ein herrlicher Empfang; Etzel und Helche gingen ihnen entgegen; dann kam das Erzählen an die Reihe, wobei Rüdeger auch die Fahne hervor= brachte, die ihnen allen so sauer geworden war.

Jetzt nahte die Zeit, daß Biterolf und Dietleib zu ihrer Heimat sich wenden wollten; da sann Etzel, wie er ihnen danken sollte für alles, was sie ihm gethan hatten; und weil er wohl sah, daß die reichen Fürsten von ihm weder Lehen noch Geschenke nehmen würden, so bot er ihnen das Land Steier als Wildpark an, wenn sie einmal im Gebirge jagen wollten. Das nahmen die beiden Recken an und dankten dem Könige herzlich dafür.

Als sie Abschied nahmen, mußten sie der Königin Helche versprechen, bald wiederzukommen; aber nicht allein, denn die Ge= bieterin der Hunnen begehrte Biterolfs Gemahlin zu sehen, die Mutter des Helden Dietleib. Den Wunsch erfüllten sie später;

zuerst aber geleitete sie der Markgraf Rüdeger in ihre neue Herr=
schaft, nach Steier, wo es ihnen so wohl gefiel, daß sie dahin
zurückzukehren beschlossen, sobald sie ihre Heimat wieder gesehen
hatten.

Zu Hause in Toledo trafen sie wohl und gesund die Königin 5
Dietlind und erzählten ihr von den vielen Wundern, die sie in
fernen Landen gesehen und erlebt hatten, von Rüdeger und Gunther,
von dem Preußen= und dem Polenkriege, auch von dem großen
Kampf vor Worms. Doch vor allem rühmten sie den mächtigen
Etzel und seine freundliche Gemahlin, so daß es nicht schwer war, 10
die Königin zur Fahrt nach dem Hunnenlande zu bewegen.

sit gefuogte sich ouch daz,
daz Biterolf der helt besaz
daz lant ze Stîremarke,
und Dietleip der starke, 15
13485 und sîn muoter Dietlint:
ze Stîre brâhten sie sint
ir volc und ir gesinde gar.
dar nâch muose in dienen dar
der gelt von ir lande, 20
13490 und stolze wîgande,
sô er bedorfte, der kam im vil.
sus lebte er an sîn endes zil
bî Etzelen dem rîchen
sîne tage vil hêrlîchen, 25
13495 und Dietleip der starke:
in diente Stîremarke
wol nâch grôzen êren;
und Dietlint der hêren

Seitdem geschah es, daß der Held Biterolf das Land Steier=
mark besaß, [15] und mit ihm der starke Dietleib und seine Mutter
Dietlind. Nach Steier brachten sie später ihr ganzes Gefolge.
Dann mußte man ihnen dorthin liefern [20] die Einkünfte von
ihrem Lande; auch stolze Kämpfer, wenn er bedurfte, kamen viel
zu ihm. So lebte er bis zu seinem Ende bei dem mächtigen
Etzel [25] seine Tage herrlich hin, und ebenso der starke Diet=
leib; ihnen diente Steiermark mit großen Ehren. Der edlen

enbôt Helche diu rîche
13500 ir botschaft friuntlîche.
ouch muoste ofte daz geschehen
daz bî Helchen gesehen
wart diu frouwe Dietlint   5
mit vil grôzen freuden sint.
13505 ez phlac wol nâch êren
Dietlinde der vil hêren
Helche diu vil rîche.
des hete diu tugentlîche   10
lop unz an ir endes tac
13510 daz ir lop nie gelac.

Dietlind ließ die mächtige Helche ihre Nachrichten freundlich mit-
teilen. Auch mußte das oft geschehen, daß bei der Helche [5]
die Herrin Dietlind gesehen wurde mit sehr großer Freude. Es
sorgte wohl, wie es sich ziemt, für die edle Dietlind Helche, die
Mächtige. [10] Davon hatte die Tugendsame Ruhm bis an den
Tag ihres Endes, so daß ihr Ruhm nie aufhörte.

V. Der große Rosengarten

oder

Der Rosengarten zu Worms.

Waz man von rîchen künegen gesinget unde geseit,
die hie vor hânt geworben nâch grôzer werdekeit!
sie striten frümeclîchen umb prîs und ouch umb êre,
und fuorten keiserlîchen ir schilt und iriu spere.
5 durch die schœnen frouwen sie liten ungemach.   5
sie kunden schilde verhouwen unt liehter helme dach
mit iren scharfen swerten, diu sie fuorten in der hant
des muoste von in engelten manec küener wîgant.
    Ein stat lît an dem Rîne, diu ist so wünnesam,
10 unt ist geheizen Wormeze, sie weiz noch manec man.   10
dar inne saz ein recke, der hâte stolzen muot:
er was geheizen Gibeche, unt was ein künec guot.
der hâte bî sîner frouwen drî süne hôch geborn,

    Was man doch alles von mächtigen Königen singt und sagt,
die früher nach großem Ruhm getrachtet haben! Sie stritten
tapfer um Ansehen und Ehre und führten ihre Schilde und Speere
stattlich im Kampfe. [5] Um den schönen Damen zu gefallen,
litten sie Drangsal. Sie verstanden es, Schilde zu zerhauen und
glänzende Helme mit ihren scharfen Schwertern, die sie in der Hand
führten. Deshalb hatte mancher kühne Kämpfer durch sie Schaden.
    Eine Stadt liegt am Rhein, welche sehr herrlich ist [10] und
Worms heißt, es kennt sie noch mancher Mann. Darin herrschte
ein Recke, der stolzen Sinn hatte. Er hieß Gibich und war ein
guter König. Der hatte mit seiner Frau drei edle Söhne und

und ouch ein schœnez megetîn, durch daz wart verlorn
15 manec küener degen, sô man uns von ir seit.
Krîmhilt was sie geheizen, diu keiserliche meit.

eine schöne Tochter, um deretwillen mancher kühne Degen ums
Leben kam, wie man uns von ihr erzählt. Kriemhild hieß die
vornehme Jungfrau.

Das war nun gerade in der Zeit, als König Siegfrid von
den Niederlanden um die schöne Kriemhild warb und auch andere 5
stattliche Helden in großer Zahl zu Worms weilten. Da hörte
man auch viel erzählen von einem andern Kreise tapferer Recken,
die bald zu Bern weilten, bald aber auch am Hofe des Hunnen-
königs Etzel Ehre und Ruhm suchten. Die hätte man längst gern
einmal beisammen zu Worms gesehen, allein daß sie nicht frei- 10
willig kommen würden, wußte jeder. Darüber kam Kriemhild
auf einen klugen Gedanken: in der Nähe von Worms hatte sie
einen schönen Rosengarten gepflanzt, um den als Gitter eine seidene
golddurchwirkte Borte gezogen war; den Garten hüteten ihre Degen
mit großer Sorgfalt und straften jeden hart, der es wagte, ihn 15
zu beschädigen. Da dies in aller Welt wohl bekannt war, galt
es für eine ganz außerordentliche Ehre, wenn einem Manne ein
Kranz von Rosen aus diesem Garten zu teil wurde, und Kriem-
hild durfte wohl hoffen, daß die Berner Recken eine Einladung,
sich hier Rosen zu pflücken, nicht ausschlagen würden. 20
Als Dietrichs Genossen zu Bern eines Tages in lustigem
Gespräche beisammen saßen, erschien als Bote vom Rheine der
Herzog Sabin von Brabant mit einem Briefe, welcher die Ein-
ladung zu einem solchen Besuche enthielt; doch war auch zugleich
darin zu lesen, daß man den Eingang zum Garten erst erkämpfen 25
müßte. Wolfhart, wie immer, schimpfte gewaltig über die Zu-
mutung und meinte, er könnte in Bern die Rosen billiger haben,
auch Jungfrauen, die ihm Kränze daraus flechten könnten, gäbe
es hier genug. Dennoch wurde auf Dietrichs Wunsch die Ein-
ladung angenommen und man forschte nach den Namen der zwölf 30
Hüter des Gartens, wobei es sich herausstellte, daß die Berner
allein nicht ebenso viel streitbare Recken stellen könnten. Deshalb
sandte Hildebrand noch zu Dietleib von Steier, Rüdeger von
Bechlaren und Etzel, der aber nur als Oberherr mitzog; der alte

Meister selbst wanderte zu dem Kloster, in dem sein Bruder Ilsan
seit manchem Jahre als Mönch weilte, denn dieser sollte gegen
Volker von Alzei fechten.

Als Ilsan nach langem Bemühen vom Abte Urlaub erhalten
und davonritt, die Kutte über dem Panzer, waren seine Brüder 5
im Kloster froh, daß er davonzog, und wünschten, daß ihn der
Teufel holte, damit er nie wiederkäme, denn er war hart und
mißhandelte oft die Mönche.

Nachdem sich alle mit großem Gefolge an der mittleren Donau
zusammengefunden, wanderten sie langsam dem Rheine zu, den 10
sie nach zwanzig Tagen erreichten; dort fehlte ihnen ein Fahr=
zeug, um überzusetzen. Da aber Hildebrand wußte, daß hier sein
alter Waffengenosse Norbrecht hauste, so ging er mit Ilsan und
Rüdeger an das Ufer, um diesen als Fergen zu gewinnen. Der
war aber ein böser wilder Mann und drohte ihnen schon von 15
ferne, besonders dem Mönche, den er ins Kloster zurückkehren
hieß, wohin er von Rechts wegen gehörte; als er jedoch in einem
der Herankommenden seinen Freund Hildebrand erkannte, wurde
er gemütlicher und versprach sogar, Etzel mit der ganzen Gesell=
schaft überzusetzen.   20

Dann zogen sie nordwärts weiter, bis sie in weiter Ferne
die Zinnen der Stadt Worms im Abendrot schimmern sahen; dort
machten sie Halt und sandten Rüdeger als Verkündiger ihrer An=
kunft an den Königshof; als der Gesandte zurückkehrte, wußte er
nicht genug von den Wundern zu erzählen und den vielen schönen 25
Jungfrauen, die er dort gesehen hatte. Auf dem Fuße folgte ihm
aber der König Gibich mit seiner Tochter und allen Helden, um
die Fremden würdig willkommen zu heißen; bei dieser Begegnung
wurden auch die Bedingungen festgesetzt, unter denen der Wett=
kampf nach zehn Tagen stattfinden sollte, mitten in dem Rosen= 30
garten; die Siegespreise wollte Kriemhild selbst verteilen: einen
Kranz und einen Kuß.

Zwölf Kämpfer sollten von jeder Seite aufgestellt werden
und paarweise nacheinander fechten, alle andern mußten sich des
Streites enthalten.   35

So stritten denn im ersten Kampfe Wolfhart und Hagen,
doch blieben beide am Leben; im zweiten fiel der Riese Busolt
von Eckewarts Hand, und ebenso wurde Ortwin durch Sigestab,
Struthan durch Heime, Asprian durch Witege, Stuffing durch

Hertnit erschlagen: stets siegten die Berner. Der siebente Kampf zwischen Dietleib und Walther von Aquitanien blieb unentschieden, so daß beide den Kranz empfingen; dann warf Ilsan den Fiedeler Volker vom Rosse und Rüdeger den Königssohn Gernot. Auch Herzog Amelung besiegte den Fürsten Gunther, welchen seine 5 Schwester Kriemhild nur mit Mühe rettete.

Der elfte Kampf war der längste und härteste, denn in ihm standen Dietrich und Siegfrid gegeneinander; doch mußte auch hier die junge Königin, wenn auch sehr widerwillig, dem Feinde den Siegeslohn reichen. 10

So waren denn elf Zweikämpfe entschieden; bisher hatten die jungen Helden gestritten, jetzt versuchten sich zwei alte.

Dô sprach der künec Gibeche 'waz sol unser leben,
sit ich und mîne recken in schanden alsô streben?
2000 wir hân in deme garten keine sælde niht. 15
ich wil selber in die rôsen, swaz mir dâ von geschiht.'
dô spranc in den garten der künec alzehant.
'dort fert der künec Gibeche,' sô sprach Hiltebrant.
der alte wart gewâfent, er kwam gegangen dar
2005 gezieret als ein engel; man nam ir beider war. 20
wie balde künec Gibeche dô sînen kempen vant!
Hiltebrant der alte spranc in den garten alzehant.
dô sprach der künec Gibeche zuo dem recken unverzeit
'ich hân vil vernomen von iuwer wîsheit.'
2010 'daz ist alsô got wil,' sprach meister Hiltebrant, 25

Jetzt sagte König Gibich: „Was taugt unser Leben, wenn ich und meine Recken so beschimpft werden? [15] Wir haben in dem Garten kein Glück. Ich will selbst in die Rosen, was mir auch davon geschieht." Nun sprang der König sogleich in den Garten. „Dort kommt König Gibich," sagte Hildebrand. Der Alte wurde gewaffnet, er kam dorthin gegangen, [20] geziert wie ein Engel; man beobachtete sie beide. Wie schnell König Gibich darauf seinen Gegner fand! Hildebrand, der Alte, sprang sogleich in den Garten. Dann sagte König Gibich zu dem unverzagten Recken: „Ich habe viel von Eurer Weisheit vernommen." [25] „Damit geht es, wie

24. Diese Lobeserhebung kann nur spöttisch gemeint sein, wie Hildebrands höhnende Erwiderung beweist.

'ez mac iu ze fruo komen, vil küener wigant.
nieman,' sprach der alte, 'sol loben sine manheit,
ob im misselinge, daz ez im iht werde leit.
ez kumet maneger in sîn alter, der niht sinne hât,
2015 deme doch vil nôt wære, gæbe man im wîsen rât.   5
man missebiutet ez deme gerne, der niht sælde hât,
er wirt zuo eime tôren, swan ez im übel gât.'
dô sprach der künec Gibeche ûz ungefüegeme zorn
'nu sî iu widerseit, ir recke hôch geborn.'
2020 dô sprach meister Hiltebrant, der alte unverzeit,   10
'daz hât mich gar unbillich, daz ir mir widerseit.
swaz wir nu beide ein ander ze leide hân getân,
daz verenden wir mit den swerten, die rede suln wir lân.'
dô nam diu rede ein ende von den fürsten unverzeit,
2025 sie griffen zuo den swerten, ir schilde wâren breit.   15
dô striten mit ein ander die zwêne wîse man:
vil harte ritterlîche wart ez von in getân.
sie fâhten mit ein ander, ir manheit diu was grôz,
daz fiur von iren helmen hôch in die lüfte schôz.
2030 sie striten mit ein ander, ir keiner mohte gesigen: 20

Gott will," sagte Meister Hildebrand, „Euch mag's vielleicht nicht
angenehm sein, kühner Recke. Niemand," sagte der Alte, „soll seine
Tapferkeit loben, damit ihm das nicht unangenehm ist, wenn er
Unglück hat. Es kommt mancher in die Jahre, der keinen Verstand
hat, [5] dem auch sehr nützlich wäre, wenn man ihm guten Rat
gäbe. Man behandelt den schlecht, der kein Glück hat; der wird
zum Narren gehalten, dem es übel geht." Darauf sagte König
Gibich in großem Zorn: „Jetzt sei Euch Kampf angekündigt, Ihr hoch-
geborner Recke." [10] Dann sagte Meister Hildebrand, der alte Un-
verzagte: „Das nimmt mich sehr Wunder, daß Ihr mir die Fehde
ansagt. Was wir jetzt einander zuleide gethan haben, das machen
wir mit den Schwertern aus; das Reden können wir unterlassen."
Nun hatte die Rede bei den unverzagten Fürsten ein Ende;
[15] sie griffen zu den Schwertern, ihre Schilde waren breit. Dann
stritten die beiden alten Männer miteinander; sehr tapfer wurde es
von ihnen vollbracht. Sie fochten miteinander, ihre Tapferkeit war
groß, das Feuer flog von ihren Helmen hoch in die Lüfte. [20]
Sie stritten miteinander, keiner konnte siegen; sie hatten sich beide

dô hâten sie sich beide des lîbes gar verzigen.
Hiltebrant der alte in strîte witze pflac,
er gap dem künec Gibeche einen schirmslac,
daz er muoste vallen ûf den grüenen plân.
2035 des erschrac sîn tohter und alle sîne man.   5
Krîmhilt diu küneginne diu stuont ûf zehant,
sie sprach 'durch aller frouwen êre, getriuwer Hiltebrant,
nu slahent mir niht ze tôde den lieben vater mîn.'
dô sprach Hiltebrant der alte 'wa ist dan mîn krenzelîn?'
2040 ein krenzelîn von rôsen gap ime diu schœne meit,   10
ouch wolde sie dô küssen den recken unverzeit.
dô sprach Hiltebrant der alte 'des ensol niht sîn,
ich wil ez hin heim behalten der lieben frouwen mîn:
ich hæt es lützel êre, daz kan ich iu gesagen.
2045 nu heizet iuwern vater zuo der herberge tragen.'   15
    dô gienc ûz deme garten der alte Hiltebrant;
wol enphienc in der von Berne und manic wîgant.
dô sprach der Bernære 'küneginne lobesan,
hân wir in den rôsen gesiget, sô lânt uns urloup hân.'
2050 sie sprach 'nu rîtent mit heile, ir unverzageter man;   20
swer ime selber koufet spot, der muoz die schande hân.'

der Hoffnung auf das Leben begeben. Hildebrand, der Alte, handelte
klug im Streite; er gab dem König Gibich einen Fechterhieb, daß
er auf das grüne Feld fallen mußte. [5] Darüber erschraken seine
Tochter und alle seine Mannen. Die Königin Kriemhild stand
sogleich auf und sprach: „Um aller Frauen willen, treuer Hilde=
brand, schlaget mir nicht meinen lieben Vater tot." Darauf sagte
der alte Hildebrand: „Wo ist dann mein Kranz?"
    [10] Einen Kranz von Rosen gab ihm das schöne Mädchen;
auch wollte sie dazu den unverzagten Recken küssen. Doch der alte
Hildebrand sagte: „Das ist nicht nötig; ich will es für die Heim=
kehr meiner lieben Frau aufsparen. Ich hätte davon wenig Ehre,
das kann ich Euch sagen. [15] Jetzt heißt Euern Vater in die
Wohnung tragen."
    Nun ging der alte Hildebrand aus dem Garten. Wohl
empfing ihn der von Bern und mancher Kämpfer. Dann sagte der
Berner: „Erhabene Königin, haben wir in den Rosen gesiegt,
so gebt uns Urlaub." [20] Sie antwortete: „Reiset glücklich,

Urloup nam her Dietrich und manic wigant,
unt riten heim gein Berne in sin eigen lant;
sie hâten bî dem Rîne êre vil bejeit.
2055 keinen garten hegete mê Krimhilt diu schœne meit.

unverzagter Mann. Wer den Schaden hat, darf für den Spott
nicht sorgen.“

Abschied nahm Herr Dietrich und mancher Streiter und ritt
heim gen Bern in sein eigen Land; sie hatten am Rheine viel
Ruhm erworben. Keinen Garten pflegte mehr Kriemhild, die schöne
Jungfrau.

VI. Laurin

ober

Der kleine Rosengarten.

1. Dietrich und Laurin.

Ez was ze Berne gesezzen
ein degen sô vermezzen,
der was geheizen Dietrich:
niender vant man sîn gelîch
5 bî den selben zîten.
in stürmen und in strîten
torste in nieman bestân:
er was ein wunderküene man.
er lebte ân alle schande.
10 die tiursten in dem lande
die wârn im alle undertân:
er was ein fürste lobesam.
die sînes landes phlâgen,
wie selten si verlâgen
15 êre unde frümekeit!
schande und laster was in leit,

Es war zu Bern angesessen ein sehr verwegener Held, der hieß Dietrich, nirgend fand man seinesgleichen [5] in derselben Zeit. In Sturm und Streit getraute sich niemand, ihn zu bestehen. Er war ein wunderkühner Mann. Er lebte ruhmreich. [10] Die Edelsten im Lande waren ihm alle unterthan; er war ein Lobes werter Fürst. Die in seinem Lande Besitz und Macht hatten, versäumten nie die Gelegenheit, [15] Ruhm zu erwerben und ihre Tapferkeit zu beweisen. Schimpf und Ruhmlosigkeit war

und swà si gesâzen
wie selten si vergàzen
si prîsten in für alle man
20   den edelen Berner lobesam.

ihnen zuwider. Wo sie zusammensaßen, unterließen sie es nie, vor allen andern Männern den edeln Herrn von Bern zu preisen.

Als sie einst auch so beisammen waren, rühmte Witege, 5 Wielands tapferer Sohn, den Berner über alle Maßen; aber Meister Hildebrand erwiderte: „Ein gewaltiges Abenteuer kennt er doch nicht, denn noch hat er mit den Zwergen nicht gekämpft. Ja, hätte er die auch überwunden, dann wollte ich ihn gern als den Ersten preisen." Dietrich kam dazu und meinte, wenn es 10 dem Meister Hildebrand Ernst damit wäre, würde er ihm längst davon erzählt haben. Aber das brachte den alten Helden recht in Harnisch, so daß er zornig sagte: „Ein rechter Mann trägt nicht immer das Herz auf der Zunge und besieht sich erst seine Leute. Der kleine Laurin ist zwar nur drei Spannen lang, aber 15 wer mit dem anbindet, den macht er frei von allen Sorgen. Wenn's gut geht, erbittet er sich von ihm ein kleines Pfand, so etwa eine Hand und einen Fuß. Wer da Gefallen dran hat, der braucht nur nach Tirol zu gehen und ihm den Rosengarten beschädigen, der kleine Zwergkönig wird ihm das Weitere zeigen!" 20 Nun war es mit Dietrichs Geduld zu Ende, gleich beschloß er das Abenteuer zu bestehen und Witege begleitete ihn. Der alte Waffenmeister folgte später vorsorglich mit den übrigen Helden, denn er mußte, daß sein junger Zögling in große Gefahren ritt. So kamen sie nach Tirol   25

ûf einen anger grüene
für einen rôsengarten.
mit guldînen borten,
105   mit golde und mit gesteine
hete Laurîn der kleine   30
die rôsen schône behangen.
in mohte niht belangen

auf einen grünen Anger vor einen Rosengarten. Mit goldenen Borten, mit Gold und mit Edelsteinen [30] hatte der kleine Laurin die Rosen schön behängt. Dem konnte die Zeit nicht lang werden,

110
swer in solte sehen an;
der muoste al sin trûren lân.
vil wünne an dem garten lac:
die rôsen gâben süezen smac
unde darzuo liehten schîn.
des kômen si in grôze pîn.

5

der ihn ansehen durfte, dem schwand gar alle Trauer. Große Wonne
verbreitete der Garten: die Rosen hatten süßen Geruch [5] und dazu
schönen Glanz. Doch davon kamen die Helden in große Not.

Dietrich hatte Bedenken, die wunderbare Schöpfung zu zer=
stören, doch der wilde Witege zertrat und zerschlug die Rosen
samt den Borten. Bald kam der Herr des Gartens: klein, wie
ihn Hildebrand beschrieben, aber stattlich gerüstet und auf zierlichem 10
Roß. Witege hielt ihn in seiner glänzenden Rüstung für einen
Engel, doch Dietrich wollte nichts von Engeln hören und ließ sich
den Helm fester binden. Denn schon begrüßte sie Laurin mit
groben Worten, nannte ihre Rosse, die ihm den Garten zertreten,
Schindmähren, und sie selbst Thoren und Esel, deren rechten Fuß 15
und linke Hand er als Pfand begehrte. Dietrich erwiderte, das
seien keine Pfänder, die man von Fürsten begehre, und bot Gold
als Buße. Davon wollte Laurin jedoch nichts hören, denn Gold
hätte er mehr als ihrer drei, und für die nicht ritterliche Ver=
nichtung seines Gartens gebühre sich solcher Lohn. Noch immer 20
zögerte Dietrich; ja er duldete es, daß Witege den kleinen Wider=
sacher herausforderte und ihn selbst um die Ehre des ersten Zwei=
kampfes brachte. Die Ehre war leider nur gering, denn Witege
wurde beim ersten Lanzenstoß elend in den Sand geworfen. Jetzt
hätte der Besiegte die geforderten Pfänder geben müssen, wenn 25
nicht sein Herr dazwischengetreten wäre und gerufen hätte: „Würden
ihm solche Pfänder genommen, davon hätte ich immer Schande,
wo man das auch in einem Lande von dem Berner erzählen würde.
Das wäre mir eine schwere Kränkung!"

Die Erkenntnis, daß er dem gefürchteten Dietrich von Bern 30
gegenüberstehe, machte auf den Zwergkönig wenig Eindruck, und
so wollten denn die beiden gerade aufeinander losstürzen, als
noch zur rechten Zeit die übrigen Gesellen Dietrichs ankamen:
Hildebrand, der wütende Wolfhart und Dietleib von Steier. Der
alte Meister gab ihm gleich einen guten Rat. „Mit rittermäßigem 35

Kampfe," sagte er, „kommst du bei dem Kobold nicht durch; schlag
ihn bauernmäßig auf den Kopf, dann mag's wohl gehen." Dietrich
gehorchte, aber kaum hatte der Zwerg den betäubenden Schlag
erhalten, da verbarg er sich durch seine Tarnkappe, und nun fühlte
Dietrich, wie er zahllose Wunden erhielt, ohne seinen Gegner 5
fassen zu können. Jetzt bewog der weise Hildebrand den unsicht=
baren Kämpfer, die Entscheidung durch Ringen herbeizuführen, und
nun hatte Dietrich wieder die Oberhand. Denn auf seines Waffen=
meisters Rat entriß er dem Zwerge den Gürtel, welcher ihm die
Kraft von zwölf Männern verlieh; nun wäre es um den kleinen 10
Mann geschehen gewesen, wenn ihm nicht zur rechten Zeit ein
listiger Gedanke in den Kopf gekommen wäre.

    Unter den umstehenden Recken war auch Dietleib von Steier,
dessen Schwester Künhild Laurin kürzlich geraubt hatte; den Räuber
aber hatte niemand erkannt. Jetzt bekannte er dem Bruder die 15
That und bat ihn um Hilfe, da er doch nun einmal sein Schwager
wäre. Dietleib hätte zwar keine Ursache gehabt, den Mädchen=
räuber zu retten; aber was wurde aus der Geraubten, wenn der
zornige Sieger dem Zwerge hier den Garaus machte? Wo war
sie zu finden, wenn der einzige Mitwisser erschlagen war? Solche 20
Gedanken bewogen den jungen Helden von Steier, um das Leben
des am Boden Liegenden zu bitten; erst bat er höflich, als aber
der grimmige Berner nichts von Gnade wissen wollte, da setzte
er sich auf sein Roß, ergriff den kleinen Kerl am Kragen und
schleppte ihn ohne Umstände in den nächsten Busch. Gleich war 25
Dietrich auch zu Roß und hinter ihm her; heftig stritten sie um
ihr wehrloses Opfer, bis endlich die andern Helden den Berner
begütigten und Frieden stifteten.

    Nun erfuhr Dietleib, wie Laurin den Raub seiner Schwester
ausgeführt hatte, und gedachte, sie arglistig dem Zwerge wieder 30
zu entreißen. Deshalb verbündete er sich mit Dietrich und sagte
auch dem Zwerge seine Freundschaft zu. Das thaten die andern
auch, und aus Freude hierüber, wie es schien, forderte der kleine
König sie auf, seine Herrlichkeiten zu besehen. Hildebrand und
Witege ahnten zwar eine böse Absicht, doch die andern wollten 35
die Wunder kennen lernen, und so ging denn die Reise in den
hohlen Berg hinein.

---

14. Der Name der Schwester ist in anderen Handschriften ein anderer.

Was sie hier sahen, war freilich nicht geeignet, Furcht zu erregen, denn der Zwerg bot alles auf, um auch den letzten Argwohn zu verscheuchen.

	die werden recken unverzeit	
1010	sâhen manege schônheit.	5
	die benke wâren guldîn,	
	von gesteine gâbens liehten schîn:	
	dar ûf satzt man die geste.	
	man tet in daz beste.	
1015	man schancte in mete unde wîn,	10
	so er aller beste mohte sîn.	
	si sâhen kurzewîle vil,	
	maneger leie hande spil:	
	einhalp si sungen,	
1020	anderhalp si sprungen,	15
	si versuochten heldes kraft;	
	dar nâch schuzzen si den schaft,	
	dar nâch wurfen si den stein:	
	als gienc das spil über ein.	
1025	hurdieren unde stechen,	20
	sper undr einander brechen,	
	des wart vil vor in getân.	
	manegen künsterichen man	
	man hôrte gîgære,	
1030	harphære und phîfære.	25
	dô sach man für die fürsten gân	
	zwei getwerc wünnesam,	

Die tapfern unverzagten Recken [5] sahen manches Schöne. Die Bänke waren golden, von Edelgestein gaben sie hellen Glanz: darauf setzte man die Gäste. Man wartete ihnen mit dem Besten auf. [10] Man schenkte ihnen den besten Met und Wein, den es gab. Sie sahen viele Vergnügungen, mancherlei Spiel: auf der einen Seite sangen sie, [15] auf der andern sprangen sie, andere versuchten sich in Kraftübungen. Dann schleuderten sie den Speer, dann warfen sie den Stein: so war das Spiel überall. [20] Lanzenrennen und -stechen, Speere gegeneinander zerbrechen, das wurde viel von ihnen gethan. Manchen kunstfertigen Mann hörte man: Geiger, [25] Harfner und Pfeifer. Dann sah man vor die Fürsten zwei

zwêne kurze videlære
ir gewant was rîch und swære.

1035   si truogen videlen in der hant
die wâren bezzer denne ein lant:
si wâren rôtguldîn,   5
von gesteine gâbens liehten schîn;
die seiten gâben süezen klanc . . .

1045   dar nâch sach man für gân
zwêne wol singende man,
zwêne guote sprechære.   10
hovelîchiu mære
si sungen vor den fürsten vil;

1050   daz was ir kurzwîle unde ir spil.

wonnigliche Zwerge treten, zwei kurze Fiebeler; ihr Gewand war
reich und schwer. Sie trugen Fiebeln in der Hand, die mehr
wert waren als ein Land: [5] sie waren rotgolden, vom Edel=
gestein hatten sie hellen Schein; die Saiten gaben süßen Ton.
Danach sah man vortreten zwei gutfingende Männer, [10] beide
auch geschickt im Gedichtevortragen. Höfische Gedichte sangen sie
viele vor den Fürsten: das war ihre Unterhaltung und Ergötzung.

Den Beschluß der ganzen Herrlichkeit bildete aber Künhild,
die wider ihren Willen des Berges Königin war. Sie begrüßte   15
alle Helden, vor allen aber ihren Bruder Dietleib, den sie gleich
heimlich bat, sie aus den Händen der Zwerge zu erlösen. Das
war freilich nicht so leicht zu machen.

Laurin bewirtete seine Gäste aufs schönste, aber hinter dem
allen lauerte Verrat. Erst zog er Dietleib auf die Seite und 20
wollte ihn bereden, seine Genossen im Stiche zu lassen. Als der
sich weigerte, sperrte ihn der Zwerg eilends in einem festen Ge=
mache ein; dann ging er hin und betäubte Dietrich samt seinen
Genossen durch starke Getränke und warf sie alle in einen tiefen
Kerker. Die Waffen hatte er schon vorher sicher verwahrt.   25
Nun lagen sie alle gefangen. Was half es, daß Dietrich
mit dem Gluthauche, der im Zorne seinem Munde entströmte,
aller Fesseln zerbrach? Darum kamen sie doch nicht heraus und
ihre Waffen hatten sie auch nicht. Jetzt nahte ihnen aber die
Rettung durch Künhild; diese befreite ihren Bruder und gab ihm 30

aller Waffen, die er schnell vor den Kerker der Genossen brachte; doch schon hatte der wachsame Zwerg sein Volk aufgeboten und überfiel mit großer Macht den jungen Kämpfer. Zu allem Unheil hatte Laurin noch vermocht, sein ganzes Volk unsichtbar zu machen, und hatte sich selbst durch ein neues Zaubermittel, einen Ring, wieder große Stärke verliehen. Doch Künhild wußte Rat: sie gab erst ihrem Bruder, dann auch den andern unterdessen gerüstet aus dem Kerker steigenden Helden Mittel, die den Zauber brachen, so daß sie der Zwerge ansichtig wurden. Es half auch nichts, daß Laurins Leute noch ein paar Riesen zu Hilfe riefen: bald hatten Dietrichs Mannen alles niedergeworfen, ja dieser selbst hatte, wieder auf Hildebrands Rat, dem Zwergenkönig den Wunderring entrissen.

Jetzt hatte sich das Blatt gewendet; Laurin lag am Boden und erwartete den Todesstreich von der Hand des grimmen Siegers. Nichts half sein Flehen, auch Künhilds Bitten waren anfangs vergebens. Erst als auch Hildebrand und Dietleib sich ins Mittel legten, da verzieh der Berner dem treulosen Zwerge, nahm ihn aber als Gefangenen mit nach Bern und gab die Herrschaft in dem Berge einem Vornehmen unter den Zwergen, Sintram, der ihm ewige Treue schwören mußte.

Den Sieg feierten sie in Bern vierzehn Tage lang. Als aber Dietleib mit seiner Schwester von dannen wollte, da legte diese ein gutes Wort für den Gefangenen bei Dietrich ein: er sollte ihn los lassen, wenn er sich taufen ließe, denn er war ein Heide. Dietrich gewährte es. Als Künhild von dem Zwerge Abschied nahm, begriff er erst recht seine jämmerliche Lage, denn er hatte sie wirklich lieb. Das bewegte auch der Jungfrau Herz, aber Dietleib ging schnell mit ihr von dannen nach Steier, vermählte sie einem anderen, und bald hatte sie sich getröstet.

Nicht so der Zwerg. Sich taufen zu lassen, war auch nicht nach seinem Sinn, so sehr ihn auch der Mönch Ilsung auf bessere Wege zu bringen trachtete. Endlich wurde dem Berner die Zeit zu lang, und um den starren Sinn des Kleinen zu brechen, gab er ihn dem Gespötte und der Kurzweil der Troßbuben preis. Das half, wenn auch nur langsam; denn Laurin überlegte sich, daß seine Götter doch nichts taugten, da sie ihn so im Stiche

32. Der Mönch heißt sonst Ilsan oder Elsan, Hildebrands Bruder. Vgl. oben S. 146.

ließen, und so ließ er sich denn taufen. Aber bald ging eine
innere Umwandlung in ihm vor, so daß er ernsthaft mit Dietrich
eine Versöhnung suchte. Dieser gab ihm sein Land zurück und
das besiegelte den Bund.

<blockquote>
dô swuoren si die friuntschaft,   5
diu sît hete grôze kraft
1885   und niemer mêr zebrochen wart
unz an ir beider hinvart.
man hiete in fürbaz êrlich,
lêrt in den glouben gerlich,   10
wie ez solte dienen gote;
1890   daz lernte ez ân allen spot.
</blockquote>

[5] Da beschwuren sie die Freundschaft, die seitdem festen Be=
stand hatte und niemals gebrochen wurde bis zu beider Abscheiben.
Man behandelte ihn in der Folge ehrenvoll, [10] unterwies ihn
im Glauben gänzlich, wie er Gott dienen sollte; das lernte er im
vollen Ernst.

---

2. Walberan.

<blockquote>
Nu sult ir hœren fürbaz.
die wîle ez ze Berne was,
dô het Sintram daz getwerc   15
gesant in manegen holen berc:
5   ez klagte sînes herren nôt.
ez enweste obe er tôt
oder lebende wære.
ez klagte sîne swære   20
den getwergen über al
10   unde ouch des gesindes val,
wie si alle ir leben heten vlorn
von hern Dietrîches zorn.
</blockquote>

Jetzt sollt ihr weiter hören. Dieweil Laurin zu Bern war,
[15] hatte Sintram, der Zwerg, in viele hohlen Berge gesandt;
er beklagte seines Herren Bedrängnis. Er wußte nicht, ob er
tot oder lebendig wäre. [20] Er klagte seinen Kummer den
Zwergen insgesamt und ebenso den Tod der Kampfgenossen, wie
alle ihr Leben verloren hatten von dem Zorn des Herrn Dietrich. Die

diu boteschaft wart gesant
ze Lamparten in daz lant
15   ze einem twerg, hiez Albrich.
      ez was ein mehteger künic rîch,
      ez klagte gote sine nôt   5
      daz im sîn herre wære tôt
      der edele und der zarte
20   künec Ortnit von Lamparte.
      'ouwê sold er mir leben noch,
      jâ hulfe er mir rechen doch   10
      mîn friunt an dem Bernære,
      daz ez im wurde swære.'
25   Albrich des doch nicht enliez
      den boten er doch für sich hiez.
      ez nam den boten den ez vant,   15
      den sande ez in der twerge lant
      hin über mer verren
30   ze einem grôzen herren,
      der was gewaltec aller twerge
      diu enhalp mers wârn in den bergen   20

Botschaft wurde gesendet in das Land Lombardei zu einem Zwerg,
der Alberich hieß. Das war ein mächtiger reicher König. [5]
Er klagte Gott seine Not, daß ihm sein Herr tot wäre, der edle
und geliebte König Ortnit von der Lombardei. „O weh, wenn der
noch lebte, [10] ja, der würde mir meinen Freund an dem Berner
rächen helfen, so daß es dem leid würde." Alberich versäumte
doch nicht, den Boten vor sich kommen zu lassen. [15] Er nahm
den Boten und sandte ihn in der Zwerge Land, fern hin über das
Meer zu einem großen Herren, der gewaltig über alle Zwerge
war, [20] die jenseits des Meeres in den Bergen waren.

Der Zwerg hieß Walberan und war Laurins Vetter; er
wohnte in Armenien, herrschte aber über die Zwerge in ganz
Asien. Als der Laurins Not und Gefangenschaft vernahm, rüstete
er schnell ein Heer und nahm auch die starken Riesen aus Kanaan
mit. Er verstand es, durch Zauberkraft seine sämtlichen Mannen 25
unsichtbar zu machen. So kam er denn an das große Meer, da

3 u. 8. Über Alberich und Ortnit vgl. die Dichtung Nr. I.

er aber keine Schiffe hatte, schickte er nach diesen den Nibelung voraus, einen gewaltigen Recken. Der kam in den Hafen, wo viele Schiffe lagen; ohne Umstände warf er mit seinen Scharen die Schiffer über Bord und führte die Schiffe zu seinem Könige.

Auf mehr als hundert Schiffen brachte Walberan seine Leute 5 über das Meer. Voraus sandte er den Schiltung, welcher dem Berner Fehde ansagen sollte. Schiltung kam mit seinem Gefolge nach Bern und nahm Wohnung bei einem Wirte, der Gäste für Lohn beherbergte. Als er sich dann mit den Seinen herrlich ge= schmückt hatte, ging er in das Königsschloß und fragte nach dem 10 Herren des Landes. Dietrich hatte, als er ihn kommen sah, Laurin holen lassen, der auch gleich seines Vetters Leute erkannte.

Die Botschaft, welche der Gesandte ausrichtete, brachte unter den Berner Helden großes Getümmel hervor; gleich wollten alle kämpfen, besonders Ilsung und Wolfhart. Aber Laurin trug dem 15 Boten auf, seinem Vetter folgende Kunde zu bringen: „Dietrich von Bern und ich sind gute Freunde; wer ihm Schaden thut, greift auch mich an, und wenn dem Berner ein Leid geschieht, so bin ich der Genosse seines Schicksals." Mit der Nachricht kam Schiltung zum Lager seines Herren nach Venedig; aber das gefiel 20 dem Zwergenherrscher gar nicht; jedoch befahl er, daß keiner das Land beschädigen sollte, und rückte dann gegen Bern vor. Hier war man auch nicht müßig, denn Dietrich hatte eilende Boten ausgesandt, um den Heerbann aufzubieten, der nun von allen Seiten mit Roß und Mann zur festen Stadt kam. 25

Nach neun Tagen bemerkten die Städter an dem Lärm und Getümmel, daß der Feind vor den Thoren stehe, aber sehen konnte keiner etwas von dem kleinen Volk; nur Dietrich und seine besten Gesellen, Hildebrand, Dietleib, Witege und Wolfhart, denen hatte Laurin Ringe gegeben, die den hüllenden Schleier von der 30 unsichtbaren Schar nahmen. Darum befahl der König auch, daß niemand vor die Thore gehen sollte; er selbst mit seinen Getreuen hütete die Eingänge.

Aber Laurins Wille war es nicht, daß das Zwergenvolk den Berner bekämpfen sollte, darum ging er hinaus mit zwölf Kämpfern 35 und kam gerade vor Walberans Zelt. Der eilte ihm entgegen und sprach:

---

1. Nibelung und nachher Schiltung (statt Schilbung) sind verworrene Er= innerungen an das Gedicht von der Nibelunge Not.

'bis willekomen Laurin,
getriuwer lieber œheim mîn.
daz ich dich hân funden
610   ledegen und gesunden
des bin ich von herzen frô.'   5
vil lieplich trûten si sich dô.
er enphienc in als liepliche wider.
si sâzen ûf daz gras nider.
er enphienc ouch daz gesinde sîn.
man truoc in dar mete unde wîn.   10

„Sei willkommen Laurin, mein treuer, lieber Vetter. Daß ich dich gefunden habe, frei und gesund, [5] des bin ich von Herzen froh." Freundlich umarmten sie sich darauf. Er empfing ihn sehr freundlich. Sie setzten sich nieder auf das Gras. Er empfing auch Laurins Gefolge. [10] Man trug ihnen Met und Wein auf.

Trotz diesem freundlichen Empfang konnte Laurin nach vieler Mühe nur erlangen, daß der zornige Walberan seinen Streit mit Dietrich in einem Kampfe ausfechten wollte, an dem auf beiden Seiten nur wenige edle Kämpfer teilnehmen durften.

Am nächsten Sonntagmorgen ritt der Zwergenkönig mit seinem 15 Gefolge, allen sichtbar, vor die Stadt; er trug eine wunderfame Rüstung und ein Schwert, das durch Salamanderblut gehärtet und unzerbrechlich gemacht war. Auch Dietrichs Mannen hatten nicht gesäumt, er selbst sich stattlich gerüstet.

si wâren alle hôchgemuot.   20
si fuorten liehte sarwât,
alz ez edeln liuten wol an stât.
gegen dem burctôr er dô zôch.
980   daz banier flouc ob ime hôch,
daz gap von rœte liehten schîn.   25
dran was ein lewe guldîn:
swenne ez gegen dem winde swebte,
der lewe strebte alsam er lebte.

[20] Sie waren alle freudevoll. Sie führten glänzende Rüstungen, wie es vornehmen Männern ziemt. Gegen das Burgthor zog er da. Das Banner flatterte über ihm hoch, [25] das war rot und glänzte hell. Darauf war ein goldner Löwe: wenn es dem Winde entgegen flatterte, strebte der Löwe vorwärts, als ob er lebte.

985   dô man daz tor ûf slôz
             dô wart ein loufen alsô grôz
             von den liuten gemeine:
             beide grôz und kleine
             die wunschtn im heiles alle glîch,   5
990   beide arme unde ouch rîch.

Als man das Thor aufgeschlossen hatte, entstand ein großes Laufen
von den Leuten überall: groß und klein, [5] alle zugleich wünschten
ihm Heil, Arme und Reiche.

Von Dietrichs Gesellen durfte Wolfhart den ersten Angriff
machen, aber Schiltung stach ihn jämmerlich vom Pferde; im Schwert=
kampf gelang es ihm besser, doch warf ihn Schiltung endlich zu
Boden und brachte ihn gefangen vor Walberan. Den griff nun 10
Dietrich selbst an, obgleich ihn Laurin vor seiner gewaltigen Stärke
warnte; und es ging dem Berner wirklich nicht besser, als eben sein
Lehnsmann gefahren war: er lag bald am Boden, erhob sich aber
schnell und begann nun mit seinem Widersacher einen schrecklichen
Kampf, der sicher mit des einen Helden Tode geendet hätte, wenn 15
nicht Hildebrand und Laurin dazwischen getreten und dieser seinen
Vetter, jener seinen Herrn vom Kampfplatze weggeführt hätte.

Jetzt war der Zornesmut gekühlt und Walberan glaubte,
den Berner genug für die Kränkung Laurins gestraft zu haben.
Wie biedere Helden zu thun pflegen, wenn sie in hartem Kampfe 20
gegeneinander ihren Mann gestanden haben, so reichten sich auch
beide jetzt die Hand und Walberan folgte seinem Gegner in die
nun auch ihm offene Stadt.

             si huoben an ein grôzen schal
             in der stat über al.   25
1195   er erbôt ez den gesten wol
             als man lieben friunden sol.
             er schuof in allen guot gemach.
             Walberân vil wol daz sach
             daz im willic wære   30
1200   der edel Bernære.

Sie fingen ein großes Getöse an [25] in der Stadt überall.
Er kam den Gästen so gut entgegen, wie man lieben Freunden muß.
Er verschaffte ihnen allen gute Bequemlichkeit. Walberan sah das
wohl, [30] daß ihm freundlich gesinnt wäre der edle Berner.

———————•———————

VII. Virginal.

1 Daz ich iu sage, daz ist wâr.
 ez wuohs ein heiden zwelef jâr
 ze schaden manegem manne.
 dô der ze sînen tagen kam,
 der lande er vil an sich gewan.   5
 des reit er ie von danne
 gein eime gebirge in einen tan
 erwerben prîs und êre.
 mit ime riten ahtzec man:
 der was minre noch mêre.   10
 sî wâren alle küene degen
 und heten liehten harnesch an
 und dâ bî strîtes sich erwegen.
2   er reit gen Tirol abzehant.
 er stifte roup, mort unde brant   15
 in der küneginne lande:
 er het ir al ir vriunt benomen.
 daz mær was vür den Berner komen
 und ouch vür Hiltebrande.
 her Hiltebrant mit zühten sprach   20
 'hât ir diu künegin lîden,
 wir müezen dulden ungemach
 darumbe in herten strîten
 vil snelleclîche an dirre stunt.
 mîn herre unde ich müezen dar: 25
 sô wirt uns aventiure kunt.'

16. künegin, Virginal; der Dichter vergißt, daß er noch gar nicht von ihr ge=
sprochen hat. — 21. Wenn die Königin Leid hat.

11*

7   innen des der Berner saz
bi schœnen vrouwen da er az.
er wart gevrâget sère
von zarten vrouwen an der stunt.
sì sprâchen 'herre, tuont uns kunt: 5
wizzet ir iht vremder mære?
ist iu iht âventiure beschehen,
die weln wir hœren gerne.
der wârheit sülnt ir uns verjehen.'
der edel voit von Berne   10
ûz der mâzen sère erschrac:
er weste umb âventiure niht,
swie nâhez sîme herzen lac.

8   der Berner wart gar schamerôt.
er leit an sîme herzen nôt,   15
daz ime kein âventiure
bî sînen zîten was bekant.
er gedâhte an meister Hiltebrant,
'der sol mir geben stiure.'
urloup er zuo den vrouwen nam,   20
er kunde in niht gesagen;
ze Hiltebrande er dô kam,
dem begunde er sère klagen
'die vrouwen hânt gevrâget sèr
mich nâch dingen, der ich niht weiz: 25
daz lît mir an dem herzen swær.'

9   der alte meister Hiltebrant
nam den jungen bî der hant
und vuorte in an ein ende.
er sprach 'vil lieber herre mîn,   30
wie lange welnt ir heime sîn?
ich sterbe odr ich erwende
vil griuweliche grôze klage,
diu ist in iuwerm lande.
vernement reht waz ich iu sage: 35
wir hân sîn iemer schande,
daz man sus wüestet unser lant.

---

34. Der Dichter nimmt also an, daß der Virginal Gebiet zum Berner Reich gehört.

wol ûf, lànt uns rîten dar,
sô wirt uns àventiure erkant.'
10   dò sprach der junge Dieterich
'her Hiltebrant, mîn vater mich
iuch hiez alsô ziehen,   5
biz daz ich wurde ein kreftec man.
nu grîfentz ritterlîchen an:
ich enwil kein sturmen vliehen.
wir wellen zuo der künegîn
und mit den heiden strîten.   10
des süllen wir wol sicher sîn,
wir müezen durch sî lîden
arbeit: diu gât uns dâ in hant.
wol ûf, und lànt uns zuo ir dar:
wir süllen, vrîgen ir daz lant.'   15

Dietrich übergab nun die Verwaltung seines Reiches einem
angesehenen Manne aus Mailand und rüstete sich samt Hildebrand,
um der bedrängten Königin Hilfe zu bringen. Dann nahmen sie
Abschied von allen ihren Freunden und ritten selbander aus Bern
dem Gebirge zu.   20
Als sie manchen Tag weiter gezogen waren, hörten sie einst
in einem Walde ein jämmerliches Geschrei, wie es kaum von einem
Menschen kommen konnte. Hildebrand ließ seinen Herrn auf dem
Wege und eilte durch das Dickicht. Da fand er denn bald eine
Jungfrau, die allein unter einem Baume stand. Diese erzählte 25
ihm nun die traurige Geschichte, von der er auch in Bern schon
gehört hatte.
„Dort in den Bergen," begann sie, „herrscht die Königin
Virginal, der auch ich diene. Groß und reich ist ihr Land, aber
sie wird ihres Besitzes nicht froh, denn ein wilder Heide hat sie 30
bezwungen und ihr einen schweren Zins aufgelegt: jährlich muß
sie ihm eine Jungfrau geben und vieles Gold. Wenn er dann
kommt, um den Zins zu holen, dann wird das Los geworfen
unter den Jungfrauen der Königin; und schaut her, diesmal bin
ich getroffen. Jetzt stehe ich hier und muß den Unhold erwarten, 35
denn bald, ach nur zu bald, kommt er hierher und dann ist es
um mich geschehen. Wenn aber alle Jungfrauen des Landes ver-
loren sind, dann kommt zuletzt die Königin selbst an die Reihe."

„Nun," meinte Hildebrand, „den Herrn können wir uns ja
einmal ansehen. Schüttelt nur nicht den Kopf, ich habe zwar
graue Haare, aber mancher hat schon mit mir zu thun gehabt,
der nicht freudig an mich zurückdenkt." „Ja," sagte da die Jung=
frau, „wäre der nur allein, dann möchte es gehen; aber er hat
achtzig Begleiter, die auch starke Kämpfer sind."

Während sie noch so redeten, hörte man plötzlich ein Horn
durch das Gebirge erschallen. „Das ist er," schrie das Mädchen,
„jetzt eilt aus dem Walde und überläßt mich meinem Schicksal."
Doch Hildebrand stieg ruhig vom Rosse und zog den Sattelgurt
fester. „Wenn nur," brummte er, „Dietrich näher wäre, doch es
muß auch so gehen."

Als der wilde Heide herankam und sein Opfer nicht allein
sah, brüllte er den alten Meister an und fragte ihn, was er hier
zu thun hätte. Doch der stand ihm Rede, erst mit Worten, dann
mit dem Schwerte, so daß der Heide bald merkte, daß er hier
kein leichtes Spiel haben würde. Hildebrand verdroß es bald,
daß ihm der Gegner so viel Mühe machte. „Wenn das," dachte
er, „der Herr Dietrich wüßte, daß mir ein solcher Kerl so lange
widersteht, er lachte mich aus." Der Heide aber rief seine Götter
an, und so machten sich beide Mut. Zuletzt siegte Hildebrands
kampfgeübte Hand, des Gegners Haupt rollte auf den Boden.

Den harten Streit hatte ein Zwerg mit angesehen, welcher
auch der Königin Virginal diente; jetzt war er hingeeilt, um die
frohe Kunde von der Errettung der Jungfrau zu bringen.

Als der Kampf geendet hatte, wollte die Gerettete den
Sieger zu ihrer Herrin führen, doch Hildebrand mußte erst nach
dem jungen Dietrich sehen. Als das Mädchen dessen Namen
hörte, wurde ihre Neugier wach, denn sie hatte schon viel von
dem jungen Degen gehört. Deshalb nahm sie gern Hildebrands
Vorschlag an, auf sein Roß zu steigen und mit ihm dem Wege
zuzureiten, von dem er vorher abgelenkt war.

Wie erschrak der alte Waffenmeister, als er seinen Herrn im
wilden Handgemenge mit vielen streitbaren Männern fand! Vier
hatte er schon zu Boden geworfen, aber die andern bedrängten
ihn hart, so daß es hohe Zeit war, ihm Hilfe zu bringen.
Schnell war Hildebrand herangeritten und hatte die Jungfrau vom
Pferde steigen lassen; die rief ihm noch nach, daß die Angreifer
des erschlagenen Heidenkönigs Leute wären. Mit grimmigem Be=

hagen sah nun der Alte, wie herrlich sein Zögling die Lehren
behalten, die er ihm gegeben hatte, denn wahrlich! nicht verächt=
liche Hiebe sausten auf der Heiden Köpfe nieder. Doch zu langem
Besinnen war keine Zeit. Bald merkte Dietrich an dem Wanken
der Feindesschar, daß ein andrer ihnen über den Hals gekommen 5
war. Da rührte er noch einmal so schnell den rüstigen Arm.

Als nun der Kampf geendet, sagte Hildebrand: „Seht, das
nennt man Abenteuer.“ „Ich danke für solche Vergnügungen,“
erwiderte der Berner, „wenn das den Frauen am Hofe Freude
macht, daß mir hier der Schädel eingeschlagen wird, dann hole 10
der Teufel alle Weiber. Doch Ihr, alter Freund, wo habt Ihr
denn gesteckt, während ich schwitzen mußte?“ „Ich machte Züge
auf dem Schachbrett und tanzte mit schönen Frauen,“ meinte
trocken der andere; „kommt mit, ich will Euch eine zeigen und
nachher noch viele andre, denen könnt Ihr Euer Geschick klagen 15
und Euch die Wunden verbinden lassen.“

Dietrich sah aber bald, daß er dem alten Manne unrecht
gethan hatte, denn die Schachbrettzüge auf des Heidenkönigs
Kopfe waren ganz eigener Art. Nun hielten die beiden mit dem
erlösten Mädchen Rat, wohin sie sich wenden sollten. Daß sie 20
zur Königin Virginal ziehen müßten, war gewiß, aber unangemeldet
mochten sie nicht vor ihr erscheinen; deshalb ritt die Jungfrau
voran, die Recken folgten ihr langsam nach.

In dem Palaste der Königin war große Freude über die
Errettung der schon verloren Geglaubten, noch mehr aber über 25
die Nachricht, daß die Berner Helden selbst kommen wollten. Da
galt es nun, sich eilig zu putzen für einen würdigen Empfang
der Wohlthäter. „Legt eure besten Kleider an,“ befahl die Königin
den Frauen und Mädchen des Hofes, „diesmal wird an keiner
Sache gespart, denn wir erhalten Gäste, wie hier noch keine ge= 30
sehen sind.“

Dann wollte die Jungfrau selbst wieder von dannen, um
ihre Retter herbeizuführen; doch das verbot die Königin, denn sie
meinte bessere und schnellere Boten senden zu können. Deshalb
schickte sie einen ihrer Ritter, Bibung hieß er, einen tapfern Mann, 35
doch nur klein von Gestalt, denn er gehörte zum Volke der Zwerge.
Als der wohlgerüstet durch den Wald ritt, hörte er einen fürchter=
lichen Lärm, der von einem Lindwurm ausging, mit welchem
Dietrich gewaltig stritt. Denn als die beiden Genossen noch müde

von dem Kampfe mit der Heidenschar gemächlich durch den Wald
zogen, stießen sie plötzlich auf ein ganzes Drachennest, in dem
zahllose Würmer, groß und klein, beieinander hausten. Da galt
es nun, für das Leben zu fechten. Bald waren die beiden Recken
auseinandergekommen und schlugen sich gesondert mit den Un= 5
geheuern herum.

Hildebrand war gerade dabei, einem ganzen Haufen junger
Unholde das Ende zu bereiten, als der alte Drache dazu kam.
Wie der Recke nun auf den losstürzte, hörte er ein erbärmliches
Wimmern aus seinem Rachen. Von einem Ritter ging es aus, 10
des Roß hatte der Wurm gefressen, ihn selbst trug er hin, den
Jungen zum Fraße. Doch Hildebrands Schwert brachte die Sache
zu einem andern Ende.

Nun eilten sie zu einer fernen Stelle des Waldes, von der
auch Kampfgetöse ertönte. Dort fanden sie den tapfern Dietrich 15
in großer Not. Eben hatte ihm ein Lindwurm das Schwert aus
der Hand geschlagen, jetzt warf er dem Ungeheuer Steine in den
Rachen, um nur noch wenige Augenblicke sein Leben vor dem
drohenden Schlunde zu fristen. Da reichte ihm der junge Ritter,
den Hildebrand eben errettet, eine neue Waffe, und das war des 20
Wurmes Verderben. Damit endete dieser Kampf.

Jetzt besahen sich die Berner den neuen Genossen, den sie
so wunderbar gefunden hatten, und dabei machte Hildebrand eine
angenehme Entdeckung: es war Rentwin, der Sohn des Fürsten
Helfrich und der Portalaphe, einer Brudertochter Hildebrands. 25
Deshalb ließ es sich der junge Mann nicht nehmen, seine Retter
zu seines Vaters Burg zu führen, damit sie dort erst ihre Wunden
heilen könnten; deren hatten sie leider genug.

Auf der Burg erhob sich große Freude ebenso darüber, daß
der junge Fürst lebend wieder zurückkehrte, als auch über die An= 30
kunft der beiden Helden. Besonders freute sich die Fürstin, ihren
Oheim wieder zu sehen.

Die Burg lag hoch und war wohl bewahrt mit Mauern
und Gräben; auf der Brücke stand ein ehernes Bild, das einen
großen geharnischten Ritter darstellte; aber innen war es kunstvoll 35
eingerichtet, denn es erschlug jeden, der, ohne Kenntnis von dem
Kunststück zu haben, über die Brücke gehen wollte. An dem

24 f. Diese Verwandtschaft ist eine Erfindung des Dichters und der Sage sonst
unbekannt.

wollten die Gäste nicht vorbei, doch die Fürstin lachte und meinte, daß der schlimme Geselle guten Freunden keinen Schaden thäte.

So kamen sie dann in den Saal, wo ihrer ein stattliches Mahl harrte; manch Gespräch führten sie dabei, nur Dietrich schien nicht recht vergnügt zu sein. Deshalb redete ihn Hildebrand an: 5 „Seht Herr, so hat Eure Not ein Ende genommen, jetzt seid Ihr doch gewiß vergnügt, da Ihr bei schönen Mädchen sitzet." Dietrich erwiderte: „Nun ja, ich will Euch nicht mehr zürnen, daß Ihr mich in Lebensgefahr brachtet, doch Lust zu neuen Gefahren habe ich nicht." 10

Da der alte Meister wohl sah, daß sein Zögling mit diesem Leben nicht zufrieden sei, beschloß er, ihn über die Pflichten eines rechten Ritters und Fürsten zu belehren. „Ein echter Held," begann er, „soll der Wohlthäter seines Landes sein und dasselbe vor allem Ungemach bewahren. Dazu seid Ihr ein Fürst, daß 15 Ihr allen andern an Tugend und Tapferkeit voransteht. Faul und unthätig zu Hause liegen ist nicht guter Fürsten Brauch."

Während dort auf der Burg ein fröhliches Gelage gehalten wurde, war auch Bibung, der Bote der Königin Virginal, den Spuren im Walde gefolgt und erst zu der Stelle gekommen, wo 20 die Ungeheuer erschlagen lagen, dann bergauf zu der stattlichen Burg. Die Leute davor konnten ihm wohl Bescheid geben, als er nach den Bernern fragte. Bald trat er in den Saal und richtete seine Botschaft aus. Dietrich war gleich bereit, zu den Festen der Königin zu kommen, doch Hildebrand meinte anfangs, 25 der junge Held müßte erst noch mehr Thaten vollbringen, ehe er solcher Ehren wert würde; später gab er nach, so daß nun die Vorbereitungen zur Abfahrt getroffen wurden. Das ging aber nicht so schnell, denn auch Helferich und seine Gemahlin waren zur Mitreise entschlossen samt allen ihren Rittern und Frauen. 30 Darum wurde dem kleinen Bibung ein Brief mitgegeben, in welchem dies der Königin verkündet wurde; außerdem stand darin auch eine lange Beschreibung der Kämpfe mit den Heiden und den Drachen.

Der Brief erregte große Freude im Gefolge der Königin, 35 aber alle wollten mehr hören, als darin stand; so mußte denn der Bote noch vieles erzählen: wie die erschlagenen Drachen ausgesehen hätten, wie er von den Berner Helden empfangen wurde, und wie die Burg Helferichs beschaffen war.

Als alles erzählt war, ließ die Königin große Vorbereitungen zum würdigen Empfange der edlen Gäste treffen; Bibung aber mußte noch einmal auf die Reise, um ihnen auf halbem Wege entgegenzugehen; er beeilte sich so sehr, daß er gerade noch zur rechten Zeit kam zum Abzuge der Helden aus Arona; so hieß 5 nämlich Helferichs Burg. Er sah auch noch, daß Dietrich allen voran in den Wald ritt, weil ihm der große Zug mit vielen Wagen und Saumtieren zu langsam ging.

Wie das so oft geschieht, schlug Jugend und Kühnheit nicht zum Heile aus. Herr Dietrich ritt, wie er meinte, die rechte 10 Straße zum Hofhalt der Königin Virginal; in Wahrheit aber war er gleich vom richtigen Wege abgekommen und kam nach langem Ritte an einen Berg, auf dem eine stattliche Burg stand. Die, meinte er, wäre Virginals Behausung; deshalb fragte er auch einen riesigen Kerl, der ihm gerade in den Weg kam, wie 15 die Burg hieße. „Mauter heißt sie," sagte der Riese, „sie gehört dem Herzog Nitger; wollt Ihr etwa zu ihm?" „Nein," erwiderte Dietrich, „ich will an den Hof der Königin Virginal, da soll es fröhliche Feste geben mir zu Ehren, denn ich habe das Land von vielem Unheil erlöst." „Danach siehst du gerade aus," höhnte der 20 Riese, „solch Wicht will von Großthaten sprechen!" „Hätt' ich nur meine Waffen," rief Dietrich zornig, „ich wollte dir schon zeigen, mit wem du zu thun hast." „Du scheinst ja ein recht tapferer Streiter zu sein," sagte da der Riese lauernd, „meinet= wegen kannst du zu Königinnen ziehen, soviel dir beliebt." 25

Der Berner wandte ihm den Rücken, doch in demselben Augenblicke schlug ihn der tückische Unhold mit seiner Keule zu Boden und wollte ihn umbringen; da riet ihm Dietrich, daß er ihm das Leben ließe, denn viel Gold würde man für ihn bieten. Das reizte des Riesen Habgier, doch mußte der Gefangene schwören, 30 niemandem zu verraten, auf welche hinterlistige Weise er über= wunden wäre.

Nun schleppte Wikram, so hieß der Riese, den jungen Helden auf die Burg und brachte ihn samt dem Rosse vor den Herzog Nitger. Der Herzog ahnte wohl, daß der Unhold eine schänd= 35 liche That vollbracht hatte; da aber die Riesen in seinem Lande sehr gewaltig waren, mußte er den Gefangenen in den Kerker legen, bis für ihn das Lösegeld aufgebracht würde, welches Wikram forderte: so viel Silber, als der Berner selbst wog.

Unterdessen waren die andern alle von Arona zur Königin Virginal gekommen und stattlich empfangen. Darüber verging manche Stunde; endlich, als alle Helden begrüßt waren, begehrte die Königin auch den zu sehen, auf den sie am meisten neugierig waren, den Herrn Dietrich. „Fragt Ihr nach dem?" sagte da 5 Hildebrand. „Der ist doch lange hier, ich sollte meinen, seit mehreren Tagen."

So wurde erst der Verlust des Königs bemerkt, und großes Trauern erhob sich. Zuerst faßte sich Helferich wieder und meinte, daß der junge Herr vielleicht zu Nitger nach Mauter geraten sein 10 könnte. Gleich wollte Hildebrand dahin aufbrechen; doch das widerriet Helferich: ohne ein großes Heer könnte da keiner etwas ausrichten.

Nitger hatte eine schöne Schwester, ein junges Mädchen, Namens Ibelin, die erbarmte sich des armen Gefangenen und be= 15 suchte ihn. Als sie ihn fragte, warum er denn gar so traurig wäre, da doch seine Erlösung nahe sei, sagte er: „Ja, bis dahin bin ich längst Hungers gestorben. Denn seht, Euer Bruder giebt mir zwar Speise und Trank, aber das nimmt der Riese alles fort und frißt es. Wie lange werde ich dabei noch am Leben bleiben?" 20

Als Ibelin dies ihrem Bruder gesagt hatte, ließ dieser den Wikram kommen und schalt ihn sehr wegen seiner Nichtswürdig= keit. „Was soll aus meinem guten Rufe werden," sagte der Herzog, „wenn es herauskommt, daß ein edelgeborener Mann in meinem Kerker verhungert sei?" „Herr," brummte der Riese, 25 „wenn Ihr wüßtet, von welcher Sippe der herrührt, so ließet Ihr mich gewähren. Der hat mit dem alten Hildebrand und seinen drei Genossen Witege, Wolfhart und Dietleib schon manchen meiner Verwandten erschlagen." „So ist es Dietrich von Bern," rief da der Herzog, „dann hüte dich um so mehr, ihm etwas zuleide zu 30 thun, sonst kannst du dich aus meinem Lande packen!"

Mit dem Bescheide kam er zu seinen Genossen, die am Fuße des Burgberges eine Höhle bewohnten. Die wurden alle sehr zornig, sein eigener Sohn Grandengraus aber erbot sich, den Berner im Gefängnis zu erschlagen. Als Zeit dazu wollte er 35 den Mittag wählen, wenn der Burgherr mit den Seinen zu Tische gegangen wäre.

26 ff. Der Dichter vergißt, daß er Dietrich als einen ganz jungen Mann geschildert hat, der seine erste Ausfahrt unternimmt.

In Dietrichs Kerfer lag ein großer Stein, den die Junker
nach einem Ziele zu werfen pflegten; der sollte dem Berner zu
großem Nutzen sein.

Als es Mittag war, machte sich der junge Riese auf den
Weg und kam auch ungestört in das Gefängnis.   5

383   mit zorne er an den helt gienc.
      sîne stange er gevienc:
      er wolde in hân erslagen.
      her Dieterîch den stein gevie.
      grœzer dinc getete er nie   10
      bî allen sînen tagen:
      er warf in vür daz herze sîn.
      dô wart ein grôz gebrülle,
      daz ime der grimme tôt wart schîn.
      daz bluot gap widerquülle,   15
      daz ez im durch die ôren wiel.
      diu burc erbidemet alle samt,
      dô der grôze nider viel.
384   disen ungevüegen val
      erhôrten si dô überal,   20
      die in der burge wâren.
      die risen die bereiten sich:
      die nôt erhôrte er Dieterich
      und er begunde vâren
      daz ime des risen stange wart,   25
      die er truoc in den handen,
      er sprach 'nu liebet mir diu vart:
      wær ich ûz disem bande,
      ez müeste ein strîten hie geschehen:
      biz an den jungesten tac   30
      müest man mir lobes iemer jehen.'
385   der herzoge dô niht enliez
      vil balde er ime ervaren hiez.
      waz brahtes ditze wære,
      daz wart vernomen und geseit: 35
      'die risen sint alle bereit:
      man seit uns starkiu mære
      Grandengrûs der lige tôt

mit einem steine geworfen.
dar koment, helfent ûzer nôt,
wellent ir ir bedurfen.
sî jehent ez habe der getân,
der helt der in den ringen lit: 5
den lip muoz er verloren hân.'
386   ûf spranc der herzoge alzehant:
sîn swert daz hienc an einer want,
daz nam er in die hende.
er lief dâ er die risen sach: 10
gar zornenclîchen er dô sprach
'daz iuch got iemer schende,
daz iuwer lip niht verstât
waz êren missezimet,
und alsô gar der schanden rât   15
den sige an iu genimet
daz ir niht minnent êren solt.
erslüegent ir als einen man,
iu wurd got noch diu welt iemer holt.'
387   des antwurt ime Wolfrât   20
'ir sehent wol daz er uns hât
mîns bruoder sun ermordet.
vürwâr sô wil ich sagen daz:
mînen êweclîchen haz
hât er ûf sich gehordet.   25
sîn starker lip der riuwet mich:
sîn vorhte diu was kleine.'
dô sprach von Berne er Dietrich
'wær ich und du aleine,
du vergæzest wol dîns neven tôt: 30
du hætest iemer mê genuoc
ze klagenne an dîn selbes nôt.'
388   'daz giltest du' sprach Mambolt.
'got der werd dir niemer holt:
die hôchvart muoste arnen.   35
reiche mir die stange mîn.'
daz ersach diu herzogîn:
sî kunde in wol gewarnen.
den jungen helt sî dô verbarc

in ein vil starc gewelbe.
'nu lebet nieman alsô starc
zwischen deme Rîne und der Elbe'
sprach ze im diu herzogîn,
'und kæme er her ûf iuwern tôt,   5
ir möhtent sîn ân angest sîn.'
389   die risen wàren leides rîch.
daz von Berne er Dieterîch
so vaste was beslozzen.
der herzoge was leides vol: 10
'zimet daz mînen êren wol?
ez hæte ein man genozzen
hinnàn sehzec mîlen mîn,
dâ man mich hete genennet:
iur hôchvart ist mir worden schîn   15
und mîn gewalt zertrennet,
daz ich hie einen bergen muoz
der swærlîch hie gevangen lît:
mîns hazzes wirt iu niemer buoz.
390   von weme hânt ir den gewalt   20
daz ir die hôchvart hânt gestalt,
diu mich an êren krenket?
ir hânt gên mir geworben sô,
mîn herze wirt mir niemer vrô,
ezn werde iu în getrenket.   25
wellent ir gar herren sîn
in mîme eigen lande?
neinâ, ûf die triuwe mîn.
des hete ich iemer schande,
gelebte ich, und solt ir gesigen.   30
hebent ûf iuwern tôten:
waz lânt ir in hie vor mir ligen?'
391   ûf huoben sî dô Grandengrûs.
sî truogenn schiere vür daz hûs:
dà stuont ein alt kappelle.   35
da bestatten sî in zuo dem grabe:
sich huop diu aller græste unhabe

_____

3. Ein formelhafter Ausbruck, welcher Deutschland bezeichnet.

von schrigen ungestelle.
vier mîlen durch den tan
wart man des schrigens innen.
sô wîse wart sich nie kein man
mit allen sînen sinnen,   5
der riete waz ez möhte sîn.
vil manec herze sère erschrac
in unmaht viel diu herzogîn.
392 sî schrûwen vaster und ie baz.
sich huop der aller wirste haz   10
und diu ungehiurste klage.
daz hôrten lewen, beren starc,
grôze wurme in herten arc:
ir muot der wart in zage,
dô der ungehiure schal   15
mit sturmen kam gedozzen,
reht als ein wilder dunders val
ûz hertem velse geschozzen.
der tiere muot was gar verzaget:
sî liefen hin durch rûhen walt   20
rehte als sî ein her gejaget.
458 die eilve tâten einen schrei:
man wând der himel wære enzwei
und der luft zerrizzen
von dem ungevüegen schal,   25
der vaste zuo der bürge erhal.
die risen sich des vlizzen,
sî schrûwen vaste und dannoch mè:
sî wolden nie geswîgen.
des wart der herzoginne wê,   30
daz sî begunde sîgen.
laben des man sî began.
der herzoge selbe sère erschrac:
dô vluhen vrouwen unde man.
459 noch vaster dô geschrûwen wart.   35
dô vluhen ritter ûf der vart
hinder daz gemiure:
sî dâhten, diu hell wær ûf getân
und wære der tiuvel ûz gelân.

ir lachen was in tiure
si wânden 'z wære der jungste tac,
und heten alle ir ende:
got hete gesendet sînen slac.
des wunden sî ir hende   5
beidiu vrouwen unde man
daz werte unz an den andern tac,
daz vrô Ibelîn her wider kam.

Die schöne Jungfrau trat zagend in den Kerker zu Dietrich
und fragte ihn, was das alles werden solle. Doch der Berner 10
sagte: „Das ist nichts anders als Wikram mit seiner Bande; hättet
Ihr schon einmal mit Lindwürmern gekämpft, dann würdet Ihr
über solche Töne nicht erschrecken." Da wurde das Mädchen be-
gierig, etwas über sein Leben zu erfahren, und er erzählte ihr
offen und frei, was ihm alles schon begegnet war, wie er mit 15
Drachen und starken Heiden gestritten hatte.

Als er mit seinem Bericht zu Ende war, saß die Jungfrau
staunend da ob all der Wunder und versprach, dem Helden in
aller Not beizustehen. Dazu fand sich bald Gelegenheit, denn Dietrich
begehrte seinem alten Meister Nachricht zu geben von dem, was 20
ihm geschehen war; dazu bedurfte er eines Boten, den ihm Ibelin
gern verschaffte. Beldelin hieß er, ein wackerer Mann, der seiner
Herrin versprach, alles treu auszurichten.

Dietrich schrieb nun einen Brief, den Beldelin bald zur
Virginal brachte. Als Hildebrand ihn gelesen hatte und bereit 25
war, gleich zur Befreiung seines Herrn auszuziehen, meinte der
treue Bote, daß dies wegen der starken Riesen nicht anginge; selbst
wenn auch Helferich mit seinen Mannen mitzöge. So beschloß
denn Hildebrand, erst nach Bern zu reiten und von dort die starken
Wülfinge zu holen: Wolfhart, Gerwart, Schiltwin und Sigestap. 30
Dann mußte auch Bibung, doch sehr wider seinen Willen, sich
auf den Weg begeben, um den König Imian von Ungarn herbei-
zuholen.

Beldelin kehrte nun mit zwei Briefen zurück, einen hatte
Hildebrand an Dietrich geschrieben, den andern Virginal für Ibelin. 35
Doch der Berner empfing daraus wenig Trost; schon saß er viele
Wochen in der finstern Höhle und noch sehr lange konnte es dauern,
bis die Hilfe ankam. Deshalb versuchte Ibelin ihren Bruder zu

bewegen, den Gefangenen in Güte freizulassen. Sie erzählte ihm
nämlich von dem bevorstehenden Kriegszuge, den Hildebrand zu=
stande bringen wollte. Der Herzog glaubte zwar die Gefahr über=
stehen zu können, doch ließ er die Riesen holen und machte ihnen
schwere Vorwürfe, daß sie sein Land wieder in einen gefährlichen 5
Krieg gestürzt hätten. „Ihr seid bei dem Teufel in der Schule ge=
wesen," donnerte er sie an, „der hat euch solche Streiche gelehrt. Was
hat euch der Mann gethan, der hier gefangen liegt? Möcht' euch
alle doch der Teufel wieder dahin bringen, wo er euch hergeholt hat."

Bei diesen Worten wurden die Unholde so wütend, daß sie 10
laut zu brüllen begannen und aus dem Walde fern her einen
Genossen holten, der noch wilder und grimmiger war als sie alle.
Als der erfuhr, daß einer der Ihrigen schon erschlagen sei, drang
er gleich in die Burg, um den Thäter umzubringen.

Ibelin spielte mit Dietrich Schach, als das Ungetüm plötz= 15
lich durch die Fenster blickte. „Herr," rief sie da, „jetzt seid Ihr
gewiß verloren. Das war Hülle, der schlimmste aller Riesen, den
auch mein Bruder nicht beherrschen kann." Dietrich blieb jedoch
ruhig und bat nur das Mädchen, ihm recht viel Steine hinzulangen,
dann würde er sich schon zu helfen wissen. Das that sie, aber 20
dann eilte sie zu ihrem Bruder und bat ihn um Hilfe für den
Gefangenen. Der Herzog zuckte die Achseln. „Gegen Hülle ver=
mag ich nichts; auch kann ich die Riesen nicht entbehren, da jetzt
gerade Krieg bevorsteht. Der Berner rühmte sich ja, es mit einem
Dutzend solcher Leute aufzunehmen." 25

Da war keine Hilfe zu erwarten, doch verbot es der Herzog
nicht, als seine Schwester dem schwer bedrängten Manne eine gute
Rüstung in den Kerker brachte, samt Speer und Schild und Schwert.
Dann küßte sie ihn und nahm Abschied von ihm, sie meinte für
immer. Doch konnte sie aus dem Verließ nicht mehr herauskommen, 30
denn der Riese sperrte schon die Thür mit seinem gewaltigen Leibe.
So mußte sie vor Furcht bebend den schrecklichen Kampf mit ansehen,
der sich jetzt erhob: ein Schauspiel, wie sie es noch nie gehabt hatte.

Erst flog Dietrichs Schild in Stücken gegen die Wände, dann
traf den Riesen ein Schlag, daß er zu Boden stürzte; schon hoffte 35
das Mädchen Rettung für ihren Schützling, aber in demselben
Augenblick streckte ihn ein Hieb nieder, so daß sie laut vor Schreck
aufschrie. Doch er erhob sich bald und rief: „Weint nicht, schöne
Jungfrau; Ihr seht doch, daß es hier ganz lustig zugeht." In=

deſſen hatte er dem Rieſen die Keule aus der Hand geſchlagen
und verſetzte ihm nun einige Streiche, daß der Unhold wie ein
Ochs brüllte. „Fahr hin in Teufels Namen," ſagte er dann,
während er ihm das Haupt abſchlug, „du thuſt uns beiden kein
Leid mehr." Dann ergriff er den ungefügen Schädel und warf 5
ihn zur Burg hinaus, wo die Genoſſen Hülles ſeiner warteten.
„Kennt ihr den Ball?" fragte er. „So ſieht der aus, der ſich
wegen des Grandengraus an mir rächen wollte."   .

Da erhob ſich ein Geheul, lauter noch als damals bei dem
Tode des erſten Unholds. Doch dem Herzog machte das wenig 10
Kummer. „Die Rieſen wurden zu übermütig," ſagte er, „es ſchadet
nichts, daß ſie ihren Meiſter gefunden haben."

Bibung ritt nach Ungerland; lieber wäre er zu Jeraspunt
bei der Königin Virginal geblieben, denn lang und gefährlich war
die Reiſe. Als der König Imian den Brief, welchen er mitbrachte, 15
geleſen hatte, ſagte er: „Gern komme ich dem Berner zu Hilfe,
nur hätte ich gern noch einen Genoſſen; das iſt Dietleib von Steier,
denn der weiß mit Rieſen wohl umzugehn." Da erbot ſich der
Zwerg, auch dieſen zu holen, doch zog es der König vor, einen
Boten zu ſenden, der des Weges im Gebirge kundig war.   20

Der Bote fand Dietleib bei ſeinem Vater Biterolf und hatte
wenig Mühe, ihn zur Mitfahrt zu bewegen. Schnell rüſtete er
ſeine Mannen und ſtatt der Antwort kam er ſelbſt zu Imian.
Von dannen ſchied Bibung, um frohe Kunde nach Jeraspunt zu
bringen; darauf rüſtete ſich auch Hildebrand, denn er wollte von 25
Bern die ſtarken Genoſſen holen, die Wülfinge.

In Bern war ſchon lange allgemeine Sehnſucht nach dem
abweſenden Herrn geweſen; als daher Hildebrand durch die Straßen
ritt, entſtand ein großes Zuſammenlaufen der Leute, denn nun
hofften ſie etwas Sicheres zu hören. Wie jedoch Hildebrand zuerſt 30
nicht mit der Sprache herauswollte, erhob ſich großer Unwille:
jeder ahnte, daß dem Berner ein Unglück geſchehen war. Am
meiſten tobte Wolfhart; er ſchalt den alten Meiſter einen ſchänd=
lichen Verräter, der ſeinen Herrn in den Tod gebracht hätte. Der
Alte hörte ruhig zu und ſagte dann: „Ihr laßt mir ja keine Zeit 35
zum Erzählen; ihr fragt durcheinander, der eine dies, der andre das;
wenn ihr alle ſchweigen wolltet, hättet ihr ſchon längſt die Wahrheit."

Nun trug er ihnen ausführlich die ganze Geſchichte vor, wie
Dietrich in die Gewalt des Rieſen Wikram und auf die Burg

Mauter gekommen war. Daß die Berner Recken zur Bezwingung
der Feinde sich bereit machten, verstand sich von selbst. Wolf=
hart ritt gleich davon, um auch Witege und Heime zu holen, die
in Raben saßen; sie waren sehr verwundert, daß ihr tapferer
Herr auf so schmähliche Weise gefangen war.   5

Als sich die Helden zur Abfahrt von Bern anschickten, be=
schloß man auch die Frauen mitzunehmen, die indes bei der Königin
Virginal bleiben könnten, während die Männer stritten. Wolf=
hart konnte jedoch vor Kampfbegier nicht abwarten, daß der Zug
sich in Bewegung setzte, sondern eilte allein voran, denn er hoffte, 10
zuerst in den Streit vor Mauter zu kommen. Das wurde ihm
zwar nicht zu teil, aber im Walde, in dem er sich verirrte, hatte
er bald das unerwartete Vergnügen, auf einen großen Drachen
zu stoßen, mit dem er wohl oder übel kämpfen mußte. Dabei
verlor er noch dazu Schild und Schwert: den Schild hatte der 15
Wurm zerschlagen, das Schwert aber konnte er nicht wieder aus
des Ungeheuers Rachen herausholen. Das Schlimmste aber war,
daß er deshalb umkehren mußte und daß ihn Hildebrand aus=
lachte, als er in Bern sagte, er hätte mit einem Drachen gekämpft.
„Wer weiß, an welchem Orte du gesteckt hast,“ höhnte der Alte, 20
„Drachen hast du gewiß nicht gesehen.“ Da war guter Rat teuer,
denn beweisen konnte er's nicht.

Nun ging der Zug nach Jeraspunt zur Virginal, die ihre
Frauen und Mädchen zum Empfange der Gäste aufgestellt hatte.
Zum Scherze brach Witege mit Bibung eine Lanze, daß alle lachten, 25
die den Kampf des großen Kriegers mit dem Zwerge sahen.

Während sie noch in großer Freude bei Tische saßen, kam auch
die Nachricht, daß der König Jmian aus Ungarn heranziehe. Da
sprangen alle eilig auf, um die werten Herren würdig aufzunehmen;
doch nur kurze Rast gab es, denn nun war das ganze Heer beisammen. 30

711   Niht langer dô gebiten wart.
       sî îlten balde ûf die vart
       die riter in vrechem muote.
       eines sunnentages vruo
       kômen sî gegen Mûter zuo.   35
       daz ersach diu reine guote
       vrou Ibelîn daz megetîn
       und lief ze dem Bernære.

si sprach 'lieber herre mîn,
nu hœrent vremdiu mære,
obe si iu gevallen wol.
ich sihe manec baniere rîch:
daz gebirge ist allez herren vol.'   5
712   'es wære zît, und möhte ez sîn.
nu sage mir, liebez megetin,
kanst du mir kein genennen?'
'jâ ich, herre, ûf der stat.
ich sihe einen, der vüert daz rat.   10
den mügent ir wol erkennen.'
'jâ, daz ist der meister mîn.
nu kume ich von sorgen:
des wartent ûf die triuwe mîn.
swie lange ich lige verborgen,   15
swie daz er ez gevüegen mac,
er læt mich hie niht lange ligen:
er bringt mich zuo im an den tac.'
713   der herzoge an die zinne gienc.
diu vrouwe in mit der hende enpfienc.   20
'owê der leiden mære'
sprach diu junge herzogin,
'Nîtgêr, lieber herre mîn,
dirre grôzen swære.
Mûter, du edele veste guot,   25
nu muoz ich dich verliesen
(ich gwinne niemer guoten muot)
und herzeleit erkiesen.'
der herre trûreclîchen sprach
'owê, got, durch dînen tôt!   30
daz ich die risen ie gesach!'
714   die risen hôrten die klage wol.
si giengen alle vür daz hol
gelîche und algemeine.
'wir müezen zuo zin ûf daz wal.   35
wir jagen ze berge und ze tal
daz unser ein aleine.
waz wolten wir nu alle dar?
er sleht si wol ze tôde.

sô nemen wir des hûses war
und hüeten sîn genôte.
dà habent keinen swachen wân:
alle die ir sehent hie,
die müezen rûmen disen plân.'   5
715 dô sprach ein rise, hiez Wolferât,
'ir wizzent niht daz einer hât
der risen sô vil erslagen.
er ist mir lange wol erkant
und ist Dietleip von Stîre genant.   10
nù lânt iu vür baz sagen:
hât er die zwêne mit im brâht,
Witegen unde Heimen,
die hânt sich strîtes wol verdâht:
unsanfte muoz uns tröumen.   15
der vierde heizet Hildebrant:
des wartent ûf die triuwe mîn.
er hât der risen vil geschant.'
716 dô sprach ein rise, hiez Adelrant
'nu wil uns êre gàn in hant   20
und schande den Wulfingen.
wir süllen zuo zin ûf den plân:
ein geleite sullens von uns hân,
ob sî mit uns gedingen.'
sî giengen mit einander dar,   25
durch ritter und durch knehte.
sî nâmens heres guote war:
sî gruozten sî mit rehte.
sî kômen vür den wîsen man.
er gruoztes alle willeclîch: 30
er sach sî wol mit zühten an.
717 'sint willekomen, her Hildebrant,
und iuwer herren in diz lant
vür mînes herren veste.
durch waz sô sint ir her bekomen?   35
wolt ir den Berner hân genomen
ir und iuwer geste?
daz iu selden mac geschehen.
nu îlent iuwer strâzen.

die wârheit wil ich iu verjehen:
ir müezt in uns hie lâzen.

ir tôren, affen, kleinen man,
îlt von hinnân, ez tuot nôt:
ir müezt die lîbe vloren hân.'   5
718   der wîse zühteclichen sprach
'nu kêrent wider in iwer gemach.
wir wellen mit iu strîten
morne dô diu sunne ûf gât
und sich übr alle berge lât: 10
wir weln niht langer bîten.'
des wârn die risen alle gemeit
und giengen dô von dannen.
daz was hern Hildebrant niht leit
noch allen sînen mannen.   15
sî kêrten wider in ir gemach.
sî wâren alle schône bereit,
end der tac ze liehte brach.

Als die Sonne aufging, kam der Riesen Schar und stellte
sich zum Kampfe auf, doch sollte nicht ein allgemeiner Streit 20
ausgefochten werden, sondern jeder sollte sich einen Gegner selbst
erwählen. Da hatte der Riesen letzte Stunde geschlagen, denn
trotz ihrer großen Kräfte konnten sie doch den kampfgeübten Helden
nicht widerstehen, welche Hildebrand sorgsam ausgewählt ihnen
gegenüberstellte; Wolfhart, Witege, Heime, Dietleib, alles waren 25
wackere Streiter, und bald hatte jeder einen der Feinde bezwungen.

Dietrich lag noch kummervoll im Gefängnis; er hörte den
Kampf und sein Herz schwoll vor Begier, da auch mitzustreiten.
Diesen Wunsch erzählte Ibelin ihrem Bruder, der auch gar nichts
dagegen hatte, daß der Berner losgelassen wurde, festgehalten hatte 30
er ihn ja doch nur aus Furcht vor den Riesen.

Die meisten der Unholde lagen schon am Boden, als Dietrich
plötzlich hoch zu Roß dahersprengte und schon von weitem dem
alten Meister zurief: „Habt Ihr noch einen der Teufel für mich
gelassen? Ich hoffe doch den noch zu finden, der mir all' dies 53
Leid bereitet!" „Gewiß," sagte Hildebrand, „da steht Wikram noch,
es scheint, als ob auch er auf Euch gewartet." Jetzt sah Wikram
bald, daß er sehr irrte, als er den Gefangenen damals für einen

Schwächling hielt, weil er keine Waffen führte, denn bald fielen
die Hiebe hagelbicht auf seinen riesigen Leib und Dietrich vergalt
ihm das schändliche Auffressen der Nahrung, die der Herzog in
den Kerker gesandt hatte. Lange währte jedoch der Kampf, denn
auch Wikram verstand das Fechten wohl, doch endlich stürzte er, 5
und behend schlug der Berner ihm das Haupt herunter.

Als der Kampf mit den Riesen so geendet hatte, dachte auch
Ritger nicht mehr an Widerstand, denn er war froh, seine Be-
drücker los zu sein; doch fürchtete er die Rache der Sieger, die
zwar jetzt beim frohen Mahle saßen, aber vielleicht bald kommen 10
konnten, seine Burg zu brechen. Deshalb schickte er seine Schwester
herab in das Zelt, in welchem die Fürsten die Errettung Dietrichs
aus der schweren Gefahr feierten. Des Herzogs Gemahlin ging
auch mit, um Fürbitte einzulegen.

Bei der vorzüglichen Laune der Fürsten fiel es den schönen 15
Botinnen nicht schwer, Verzeihung für den Herzog zu erlangen; eins
aber forderten die Berner dafür: die Frauen von der Burg mußten
sich alle dem Zuge anschließen, der nun endlich zur Königin Virginal
gehen sollte. Der Herzog Ritger war froh, so leichten Kaufes davon
zu kommen, und beschloß aus Freude darüber, auch selbst mitzugehen. 20

Während sie noch bei den Vorbereitungen zur Abfahrt waren,
kam auch Bibung wieder an und brachte neue Grüße und Ein-
ladungen vom Hofe der Königin; das erweckte aller Eifer, so daß
sie bald auf dem Wege waren; doch sollte ihnen noch manches zu
teil werden, worauf sie nicht gerechnet hatten. 25

In dem Walde verborgen lag ein Nest böser Drachen; viel
Riesen waren auch nahe dabei angesessen. Durch den Wald führte
das Geschick nun gerade den Zug fröhlicher Männer und Frauen,
welche sich nach Festlichkeiten sehnten, nicht nach Kämpfen. Bei einer
Quelle im tiefen Gebüsch lag das Gewürm. Der erste, welcher die 30
bösen Tiere bemerkte, rief gleich die andern zur Hilfe herbei. Der
Streit mit den Drachen war bald allgemein, aber der Lärm rief auch
die Riesen herbei, so daß man sich auch gegen diese wenden mußte.

Der Lärm von dem Kampfe, welcher sich nun erhob, war
so groß, daß man ihn im Palast der Königin Virginal hörte; die 35
ahnte wohl, daß die lange erwarteten Helden heranzogen; daß sie
in solcher Not wären, kam ihr nicht in den Sinn.

Als der Streit geendet hatte, wünschte Hildebrand, daß
Wolfhart die Riesen begraben sollte, doch der bedankte sich dafür

unb meinte, er hätte andere Arbeit genug gethan; jetzt wollte er
lieber mit schönen Frauen seine Zeit vertreiben. — So kamen
denn die streitmüden Recken zurück zum Wege, wo die Wagen mit
den Frauen standen.

Zu Jeraspunt erhob sich großes Freudengeschrei, als die
Wächter von ferne den Zug der Gäste herankommen sahen. Die
Königin befahl zum letztenmale ihren Frauen und Mädchen, sich
für den Empfang zu schmücken, auch die Ritter legten ihr bestes
Gewand und gute Rüstungen an.

955   Diu künegin in vröuden was.
    'ich wil gegen in ûf daz gras
    mit mînen megetînen:
    mit mînen rittern wolgetân
    wil ich zogen ûf den plân,
    ob ich sehe den herren mînen,
    den vil minnenclîchen trôst.
    so er uns beginnet nâhen
    der uns alle hât erlôst,
    wir suln in mit vröude enpfâhen
    und mit grôzer werdekeit.
    got lâze in lange an êren leben!
    er hât uns brâht von herzeleit.'
956   die wagen wurden schiere gestalt:
    mit sîdin tuochen manecvalt
    wurdens schône verdecket.
    sî sâzen ûf die wagen guot.
    sî wâren alle hôchgemuot,
    an vröude gar erwecket,
    dô sî sâhen den lieben trôst
    verr über die heide rîten.
    'dâ kumet der der uns hât erlôst:
    wir süllen sîn hie bîten
    und die baniere vür uns lân.
    swann er uns danne ansihtec wirt,
    sô gêt er zuo uns ûf den plân.'
957   'wilkomen, aller sælden grunt,
    du heilbernder vröuden vunt.'
    sî umbvienc in mit ir armen.

der herre si dô umbeslôz.
helsen, triuten was sô grôz:
in durfte niht erbarmen
daz er sô vröuden rîche stuont.
die megde enpfiengenn schône.   5
si gâbn im manegen rôten munt
und den rittern edel ze lône.
'êst lanc daz ich iuch nie gesach:
iur vremde hât von trehen mir
ûz ougen brâht vil manegen bach.'   10
958   der herre sich dô underwant,
er nam die künegin bî der hant.
die megde hin vür drungen,
ritter, knehte, werdiu wîp
und maneger kiuscher vrouwen lîp.   15
von alten und von jungen
wart in geschenket manec gruoz,
der seneden sorgen stôrte.
dâ von wart in swære buoz:
von kurzewîl man hôrte,   20
von vröude maneger leige schal.
kleinœte truogen diu getwerc,
dâ mite gezieret wart der sal.
959   man bôtz im wol und dannoch baz:
vil schœner megde umbe in was,   25
die kurzten ime die stunde.
si kômen vür in lobelich
und wâren alle vröuden rîch,
swaz iegelîchiu kunde,
und diu getwerc lobesam,   30
durch daz si iht bedruzze,
swaz man ze vröude solte hân,
des ein ritter noch genuzze.
dar man vil reine spîse truoc:
ze dienste bouc sich manec bein   35
von den edelen getwergen kluoc.
960   ûf stuont dô meister Hildebrant
und diu künegin zehant.
mit in ze hove drungen

ritter und diu megetîn
und swaz ze hove mohte sîn.
von alten und von jungen
wart ez im erboten sô wol
mit rîcher handelunge,   5
der sich ein vürste gesten sol.
der küneginne zunge
ze dienste ime dô verjach.
dà von im sorge vil verswant
und man in vröuden rîche sach.   10
962   diu künegîn sprach 'ir herren mîn,
ir sullent alle in vröuden sîn.
ich wil iuch wol ergetzen   ·
mit manegen schœnen megetîn.
mit den sulnt ir in vröuden sîn.   15
diu wil ich bî iuch setzen
und iuwer pflegen als ich sol
mit rîcher handelunge:
daz hânt ir verschuldet wol.'
maneger vrouwen zunge   20
ze dienste im eteswes verjach,
dà von im sorge vil verswant
und man in vröuden rîche sach.
963   sî heten kurzewîle vil
und hôrten maneger leige spil,   25
harpfen, roten, gîgen,
von worten manegen süezen sanc,
der durch der herren ôren dranc.
ir herze muoste swîgen:
man zuht und scham in herze las.   30
die herren wârn gesetzet,
daz dà nieman trûrec was.
diu künegîn sî ergetzet
swaz in dà vor was geschehen:
des wart dô vergezzen gar.   35
man sach sî alle in vröuden brehen.
964   die rede sî dô liezen sîn.
dô sprach diu edele künegîn
zem hêren ingesinde

'nu tragent ûf wîn unde brôt.'
sî tâten gar swaz sî gebôt,
bald unde gar geswinde.
bedecket wart dô manec tisch
von wæhen edeln tuochen: 5
diu dâ wâren edel unde vrisch,
diu muoste man vür suochen.
ouch bî den rîchen tischen lac
von sîden manec edel tuoch:
diu künegîn sich des gar erwac.   10
967   sî gap in alles des genuoc,
daz man ie vürsten vür getruoc
mit hovelîchen trahten,
spîse reine und dâ bî guot
dem edelen vürsten wol gemuot.   15
truhsæzen in daz brâhten.
mit wârheit ich daz sprechen wil:
sî wâren wol mit wurzen.
dâ dienten manec ritter vil;
die langen und die kurzen,   20
ze dienste bugen sich ir bein.
rôter munt gap manegen smier,
vil goldes ob reiden löcken schein.
1027   diu kunegîn kleider teilte dô:
die herren wurdens alle vrô.   25
von kunsten wârens rîche:
ein samît von golde rôt,
also ez der vürste gebôt.
von gesteine kostberlîche
was daz kostberlîch gewant,   30
alsô ez kam von Kriechen.
ez was von rîcher koste erkant,
alsam die wæhen ziechen,
mit edeln steinen drûf genât,
von smaragt, jâchant, krisalit   35
und von berlen drûf gesat.
1028   die juncvrowen wurden gekleidet gar
und die megde an der schar.
ein bliât von rôtem golde

der schein dô dâ überal:
er erlûhte berc unt tal.
von rîcher êren solde
gâben sî dô liehten schîn
nâch eines spiegels ahte: 5
man hete sich ersehen drin.
mit rîcher koste trahte
was daz hovegesinde gekleit,
daz man ez bezzer niht envant
dâ in al der kristenheit.   10
1030   der vürste hâte gekleidet sich,
mit ime diu küneginne rîch
und ouch die edelen herren.
die ritter ouch an einer schar,
die vrouwen und die megde gar,   15
die minren und die merren
wâren sô minnenclîch gekleit.
sî alle sich besâhen.
'machent al iuwer hâr reit:
diu minne wil iu nâhen.   20
dâ kumet der edele vürste dar,
dar zuo die edelen ritter guot:
der sul wir alle nemen war.'
1031   dô sprach der edele Berner guot
zuo den rittern wol gemuot   25
'wes wellen wir beginnen?'
'herre, wir sullen tanzen vil:
daz ist hie der megde spil.
des mügen wir hie gewinnen
der künegîn hulde manecvalt   30
und ouch der juncvrouwen:
die machent uns vröude mit gewalt.
man mac sî gerne schouwen.
sî künnen singen unde sagen:
swenne diu naht gesiget an,   35
sô wil ez bî in schône tagen.'
1032   dâ wart gelt geben wider gelt.
die herren tanzten im gezelt
und ouch die edelen vrouwen.

sî sungen wunneclîch gesanc,
dar under süezen harpfenklanc:
man mac sî gerne schouwen.
busûnen wurden ouch erschalt
und seitenspil dâ mite: 5
man hôrtes verre durch den walt.
nâch hovelîchem site
wart dâ gehovieret wol
von rittern, vrouwen, megdîn vil:
sî wurden alle vröuden vol.   10
1034   daz tanzen dô ein ende nam.
man hiez den vrouwen wunnesam
den edelen wîn dô schenken
und ouch den werden rittern guot.
'die sint sô rehte wol gemuot.   15
si enwellen uns niht wenken:
wir endurfen nimê klagen.
vor valsche sints behuote.
wir wellen nu niht verzagen.
mit herzen, sinne und muote,   20
swie ez in unserm herzen sî,
wir wellen in gehôrsam sîn
und in mit dienste wesen bî.'
1035   des dienstes dô verswigen wart.
si bereiten sich al ûf der vart   25
zem edelen turneige.
lûte dô geschrûwen wart
von eime knappen ûf der vart,
dem von dem wâfenschreige.
'ir herren nu bereitent iuch   30
mit iuwer ritterschefte.
ez kumet schiere alher ein triuch
mit sô grôzer krefte.
daz ir vor bereitet sint,
daz mac iu âne schaden sîn,   35
swie ir sint an witzen blint.'
1036   der turnei dô geteilet wart
von den knappen ûf der vart,
die von den wâfen sprâchen.

si teilten ebene unde gelich,
daz ietweder parte sich
zuo ein ander brâchen.
do bereiten si sich überal
in den herbergen.   5
si triben grôzen, micheln schal:
sich kund nieman verbergen.
ir braht der was von herzen grôz,
von tambûrn, von schalmîen vil,
daz ez in die lufte erdôz.   10
1037 si zogten bêd ze velde dô
des wart vil manec herze vrô.
iedweder teil ûf dem plâne
die baniere begunde vliegen lân.
die edelen ritter wol getân.   15
die wâren sorgen âne.
her Dietrich der gesprancte dô
mit den Wulfingen.
künc Îmîân der tete alsô.
si vuoren mit den dingen   20
und riten undr einander dar
und verwurren sich gar vesteclich:
einez nam des andern war.
1041 die herren gâbn gelt wider gelt
die edelen vrouwen vor ir zelt   25
begundens sêre schouwen.
si sprâchen 'herre got der guot,
nu gip den herren solich muot
daz si nu unverhouwen
komen von einander hie   30
durch willen der suone.
sit uns got noch nie gelie,
wir sullenz im mit lône
danken die wîle daz wir leben,
daz er si in sîner huote habe,   35
si kunnen hie nâch êren streben.'
1044 si hânt den kriuten wê getân
und den bluomen ûf dem plân:
si wurden gar entsetzet.

einer zôch her, der ander hin:
der turnei der galt under in.
sî wurden sêre geletzet
an lîbe, an rosse und an der wât:
sî wâren sêre enbrennet.   5
und hete ein meder dâ gemât,
ez wær niht sô vertennet
als von ir dienste manecvalt.
ûz ir slegen vuoren gneister grôz,
reht als erbrennet wære der walt.   10
1045 einer vor allen prîs bejaget,
der ander harte sêre klaget.
die ritter wolden heim kêren.
den werden dûhte es niht ze vil.
der vürste sprach 'dâ hin ich wil.   15
ich hân gworben nâch êren.'
sus wolde der turnei ende nemen
an den wunneclîchen rittern.
daz solde in dâ vil wol gezemen:
sî hâten alsô bittern   20
grimmen smerzen dâ geliten,
und hete ez Parzivâl getân,
er hete genuoc dâ mite gestriten.
1046 dô sprach diu küneginne rîch
zuo dem edelen Dieterîch,   25
dem vogte dâ von Berne
'herre, heizent halten ûf.
ir ist genuoc ûf diseme hof.'
er sprach 'vrouwe gerne.
ez ist ir kurzewîle gar: 30
sî zogten drumb ze velde,
daz man ir aller næme war.
sî suln underm gezelde
sich al niht lâzen sehen dâ:
sî sullen suochen âventiur   35
bêde hie und anderswâ.'
1048 ein knappe von den wâfen schrê
'ir herren niht turnierent mê:
nu rîtent ûz dem melme.'

dô riten sî alle von dem plân.
sî hâtenz alle wol getân:
sî tâten abe die helme.
sî sâhen gegen den vrouwen dar
mit lieplîcher anegesihte: 5
des nâmen sî vil ebene war.
ie zwêne von geschihte
zogten vor den vrouwen hin.
Rentwîn und der von Stîrerlant
vuorten die êre enhant mit in.   10

1054 Die edelen herren wol gemuot
von Stîre und ouch von Berne guot
die wolden niht enberen,
sî wolden vür die künegîn
tanzen mit den juncvrouwelîn.   15
des wolde mans geweren.
dô kômen sî vrœlichen dar
mit busûnen und schalmîen:
ir herzen wurdn ervrischet gar.
die vürsten und die vrîen   20
die sach man mit vröuden stân.
man bôt in allen wazzer dar
und hiez sî dô ze taveln gân.

1055 diu künegîn diente den herren wol:
des wart ir herze vröuden vol.   25
sî hiez vür die ritter bringen
allez daz man solde hân:
daz sach man ûf den taveln stân.
sî heten guot gedingen
zuo den edeln rittern wert   30
und zuo ir gesinde.
'iur herze milter tugende gert:
dâ von iu leit verswinde!
alles iuwers herzen muot
erwerbent an mir swes ir gert,   35
und dar zuo lîp und lant unt guot.'

1056 dô sî in den wîlen saz
und mit den edelen vürsten az
in der tavelrunde,

dô kam ein bote sâ zehant,
der was geheizen Ruolant.
der sprach mit sîme munde
'ist hie ze lande ieman erkant
der edele vogt von Berne   5
und dar zuo meister Hildebrant?
die herren sæhe ich gerne.
die burger hânt in ein brief gesant:
koments bald ze Berne niht,
sî müezen vloren hân daz lant.'   10

1057   man vuorte balde in hin în
     vür die edelen künigîn
und vür den edelen vürsten.
dô sprach der alte Hildebrant
'wis willekomen, Ruolant.   15
du bist ie der tiursten
boten einer der nu lebet.
mîn herze ze iu in hüge
als rehte tugentlîchen swebet.'
er sprach 'ich niht enlüge,   20
und kumet mîn herre wider niht
in drîzec tagen oder min,
daz lant er niemer mê gesiht.'

1058   der alte rûnte vor in dar
     mit dem vürsten und seite im gar   25
diu mære dô ze stunde
und bôt im dar diu brievelîn.
'swaz dar an geschriben mac sîn,
ervint ouch von dem munde.'
der vürste enpfienc den boten dô   30
mit rîcher handelunge.
diu vrouwe was sîn ouch vil vrô.
sî sprach mit ir zunge
'wis willekomen, Ruolant.
wie vert ez dâ heim mit hûs?   35
daz solte mir hie tuon bekant.'

1059   er sprach 'vrouwe, ez gêt noch wol
     die wârheit ich iu sagen sol:
man wil die stat beligen.

daz ist dem vogte komen vür.
ich bin geriten ûf der spür.
ich mags iu niht verswîgen:
ez ist daz mære übr al daz lant,
mîn herre sî erslagen.   5
dar umb sô bin ich ûz gesant.
ich sol niht verzagen,
ich bræht in diu rehten mære wider,
er sî lebendec oder tôt:
dar nâch weln sî sich rihten sider.’   10

1060 dô sprach der alte Hildebrant
      ‘iu ist geschriben her gesant,
      man sage, ir sint erslagen.
      kumt ir in drîzec tagen niht,
      sô wê dem lande dô geschiht,   15
      daz sî weln gar verzagen.
      nu wert ze râte waz ir tuot,
      mit den edelen herren.
      daz ist uns allen sament guot,
      den minren und den merren.   20
      komt ir, herre von Berne, niht
      in drîzec tagen oder ê,
      schad unde schande iu dô geschiht.’

1061 er sprach ‘meister Hildebrant,
      der rât der ist an iuch gewant   25
      und an den künec rîchen
      und an Helferîchen guot,
      wan es harte nôt mir tuot:
      ez lît mir kumberlîchen.’
      ‘herr, ist der rât an mich gewant,   30
      sô sol man heizen schrîben
      dem burger dâ hin alzehant,
      daz er lâze belîben
      und tuo vürbaz als dâ her:
      ir koment in zwênzec tagen dar   35
      bêde mit schilte und ouch mit sper.’

1064 der künegin wart daz mære geseit:
      ez was ir von herzen leit,
      wan sî vorhte verliesen

ir vil minneclichen trôst,
der si von tôde hâte erlôst.
des muostes leit erkiesen,
und die juncvrouwen alle gar
trûreten dô gemeine.   5
des nâmen die herrn alle war
daz diu süeze reine
dô also von ir selben kam.
des trûreten si dô überal.
den megden man ir vroude nam.   10
1066 si sprach 'lieber herre min,
tuont mir iuwer gnâde schin
und trœstent mich vil armen
iuwer eigen diu ich bin:
der lânt helfe werden schin   15
und lânt si iuch erbarmen.
nu gênt mir trôst und dar zuo rât
wie ich nu tuon müge.
sît daz min heil nu an iu stât,
sô râtent waz mir tüge.'   20
er sprach 'ich hân gevrît diz lant
dir von allen vînden din
und hân si ze mâle geschant.'
1068 si sprach 'ir edelen herren guot,
war nâch stêt nu iu der muot   25
ir nement swes ir gerent.
des sult ir alles sin gewert.
min herze trûrens nu begert:
des selben mich gewerent.
ieder man der neme swie   30
in nâch sîm muote geluste,
golt, silber und gesteine hie
(ich hân niht iuwer vluste),
von sîden manec rîch gewant.
des nement swie vil ir wellent: 35
daz hânt ir wol an mich gewant.'
1069 dô iederman dâ hete genomen
und alle wârn her ûz bekomen,
dô brâht man dem von Berne

vierzec miule vür den berc.
megetîn und diu getwerc
diu dienten im al gerne.
man luot im zwênzec miule guot
mit silber und mit golde.   5
des wart erhœhet im der muot
mit rîcher êren solde.
die andern wurden dô geladen
mit edelen steinen und mit sîden.
daz téte sî allez âne schaden.   10

1074   dô sprach diu künegîn mit kür
'nu lânt hern Dietrîchs boten vür
mit zwênzec marken goldes.
nu mach dich ûf die strâze dîn
und tuo diu mære heime schîn.   15
sô wirt dir noch mê soldes
gegeben von der hende mîn,
bringest in guotiu mære.
des soltu von mir sicher sîn.
bewar dîm herren dêre   20
und lâz michz wizzen sâ zestunt:
sô wirt dir denn von mir gegeben
ze botenbrôt vünf hundert pfunt.'

1075   Ruolant vuor gegen Berne hin
er segente dô die künegîn,   25
ein spiegel aller vrouwen:
sî machte im manec kriuze nâch.
im was niht von ir ze gâch.
er begunde hinder schouwen,
ob ime sîn herre vüere nâch   30
und ouch die edelen ritter.
hern Dieterîch dem was vil gâch
sîn herze was im bitter
daz er die vrowen liez ungetrôst
und von ir varen muoste dô,   35
die er von tôde hâte erlôst.

1076   die wagen vuoren alle vor,
die ritter nâch in ûf der spor.
sî segenten dô die vrouwen.

sî machten in manc kriuze nàch.
ir maneger sich dô des versach,
sîn herze wære verhouwen
von der edelen künegîn
und von ir megetînen.   5
sî zogten alle vaste hin:
man sach sî verre erschînen.
verre durch den walt hin dan
sî zogten vaste von in hin.
man enpfienc die herren lobesan.   10
1077 dô sprach der alte Hildebrant
'herre, wir komen in daz lant,
in iuwer künecrîche,
morne dô diu sunne ûf gât
und sich übr alle berge lât.   15
wir werden vröuden rîche.
ist daz diu stat niht ist belegen,
des hân wir morne boten.
gegen uns kunt Ruolant der degen;
der seit uns sunder spoten   20
war nàch wir rihten unser muot
dem lande zuo nutz und ze vromen.
daz ist iuwern êren guot.'
1078 dô sprach der edel vürste rîch
'ir redent gar bescheidenlîch.   25
waz ràtent ir, herren?'
'alsô der wîse gesprochen hât,
daz dinc iu vil wol ane stât:
ir volgent ime mit êren.'
'sô slahen wir ûf unser gezelt,   30
biz der bote kumet,
her ûf diz wunneclîche velt.
der bote sich niht versûmet,
wan er ist sô endelîch:
er îlet bêde naht und tac.   35
daz sulnt ir wizzen sicherlîch.'
1079 der bote der kam zuo gerant:
'wilkomen, edeler Ruolant!
waz mære bringst von Berne

und ouch von den burgern guot?'
'si sint alle in hôhem muot
und sæhen ir herren gerne.
si bereitent sich gèn im,
daz sin êrlich enpfàhen,   5
sit er und die ritter sin
in beginnent nàhen.
des vröut sich al daz lant gemein
und vröuwent sich der vröuden vart,
daz ir herre kome heim.   10
1080   herre, nemt disen brief zè hant;
den hât iur burger iu gesant
gelîche und algemeine;
und heizent lesen in ze hant:
ich muoz wider in diz lant   15
zuo den burgern reine.
botenbrôt gewinne ich guot:
des gènt si mir gerne,
wan si gewunnen hôhen muot
von dem vogt von Berne.'   20
Ruolant was endelich unt kec:
er reit dô balde wider heim
hin gegen Berne ûf den wec.
1081   si hiezen in wilkomen sin.
'nu sage an ûf die triuwe din,   25
bringest uns guotiu mære.'
'jà dà kumet der herre min
mit der ritterschefte sin
und mit den vrouwen hère.
morne vruo brechent si her   30
sô rehte wunneclîche
mit zwênzic hundert ich bins wer:
die sint sô vröuden rîche.
ie zwêne und zwêne gênt bî ein.
si singent süezer stimmen hel,   35
als vogel sungen algemein.'
1082   der burger hiez bereiten sich
balde und swinde lobelich
gegen ir lieben herren,

gegen dem vürsten lobelich
mit sinen rittern êren rich:
'die sint von landen verren
mit ime in diz lant bekomen
und ouch die edelen vrouwen.   5
si sint alle ûz genomen:
man mac si gerne schouwen.
nu enpfânt in alle lobelich
nâch der wirde als an im lit:
sô werd wir alle vröuden rich.'   10
1083 des morgens, dô ez tagete,
diu stat alle erwagete:
menlich was bereitet.
man sprach ein messe dô.
des wart ir gemüete vrô,   15
iederman erbeitet.
si âzn ein kleine wîle dô,
als in dô was gebære.
ieder man lief hin alsô
daz er der êrste wære: 20
si wolten alle pris bejagen.
dô si zwô mile kômen hin,
einer began zem andern sagen.
1084 er sprach 'wie verre suln wir varn
gegen den wunneclichen scharn?'   25
sprâchen si wider einander.
indes kam Ruolant zuo gerant:
'stôzent die baniere ûf zehant.
ieder man rit selbander
alsô rehte ritterlich.   30
man mac si gerne schouwen
und die vrouwen wunneclich
ûf der grüenen ouwen.'
dô nâmens der baniere war:
die wâren meisterlich genât.   35
über die heiden vlugen si dar.
1085 die burger hielten ordenlich,
biz daz ir herre her Dietrich
zuo in begunde nâhen

sì heten busùnn, schalmìen vil,
tambùrn und ander seiten spil.
alsô dô sì in sàhen,
sì vielen von den rossen zehant.
dô hiez er halten schône.　　　　　　5
dô sprach meister Hildebrant
'diz hânt iu, herr, ze lône
von iuwern burgæren guot.
die hânt alle trôstes gnuoc
und enpfâhent iuch mit hôhem muot.'　　10
1088　die edelen vürsten kômen gvarn
gên Berne und wolden die stat warn.
er kam mit grôzen êren
mit sînen burgern in geriten
wol nâch küneclîchen siten　　　　　15
mit manegem riter und herren.
die hâten wunneclîchen schal,
dô sì ze Berne in vuoren.
sì wurdn enpfangen überal.
die burger ime dô swuoren.　　　　　20
dô wart bereitet in den sal
allez daz man solde haben,
gar drivaltec überal.
1089　man gap den herren wazzer dar.
sì nâmens vürsten worte war.　　　　25
er hiez den künec sitzen,
dar nâch die herzoginne guot
und die ritter hôchgemuot.
die pflâgen guoter witze.
sì nâmen die vrouwen bî sich dar,　　30
ieder man die sîne
(die truhsæzen die ir nâmen war),
und ouch diu megetìne,
diu sungen mit harpfen süezen sanc.
sì wurden alle wol gemuot:　　　　35
daz seitenspil vil suoze erklanc.
1090　sì hâten kurzewîle genuoc
von megden und von vrouwen kluoc.
dô man gezzen hâte,

den herren man dô wazzer gap.
sî nâmen einen leitstap.
die herrn giengen ze râte.
ir vrouwen dageten al dar zuo.
'sehent, den edelen herren,'   5
her Hiltebrant sprach 'morne vruo
sô werdent den die verren
alle sehen komen her.
berâtent ir iuch denne wol
al nach iuwers herzen ger.'   10

1091   die ritter wâren vröuden rîch:
sî tanzten alsô stolzlîch,
daz man sî alle lobete.
dô hâten an ir swenzelîn
diu wunneclîchen megetîn: 15
ir lîp an êren obete.
'diz sint diu schœnsten vröuwelîn,
diu wir ie hân gesehen,
oder iender mügen sîn:
die wârheit müezt ir jehen.   20
wolden sî hie bî iu wesen,
sî machten iu kurzwîle vil.
ein sieche müeste bin genesen.'

1092   sî viengn an maneger leige spil,
harpfen, roten, gîgen vil.   25
sî sungen dar mit schône.
swâ in der muot hin gelac,
daz tribens biz an den ahten tac
dem vürsten rîch ze lône.
dô sprach der künec Îmîân   30
'herre, wir weln ze lande.
daz dunket mich vil wol getân
daz ir rechent die schande,
diu in disme lande ist geschehen,
und machent aber guoten vride: 35
so beginnt ir denn vröude spehen.'

1095   dô sprâchen die herrn algelîch
wider von Berne ern Dieterîch
und meister Hildebrande

'got segene iuch, edeler herre guot:
unser herze und unser muot
stêt wider heim ze lande.
unser dienst ist iu bereit
nu und ze allen zîten   5
und dar zuo sîn wir gemeit.
herre, nu heizent rîten.
got spare iuch iemer wol gesunt:
des bitet iu daz herze mîn
und ouch manec rôter munt.'   10

1096   die herren edel unde kec
die sâzen ûf und riten enwec
vür die stat mit den herren.
eine mîle und dennoch mê
ir einer vür den andern schrê,   15
die minren und die merren:
dô bâten sî dâ alle got,
wan sî da wolten scheiden,
daz erz tæt durch sîn gebot
und sî geruochte geleiten,   20
biz daz sî kœmen heim ze lant
mit sælden unde êren gar
vil gar ân aller slahte schant.

1097   Nû hânt ir daz ende vernomen:
heizent ein mit wîne komen,   25
daz er uns allen schenke.
wir sullen hôhes muotes wesen,
sît die herren sint genesen.
ein ieglîch man gedenke
wie her Dieterîch der degen   30
mit ellenthafter hende
herter sturme hât gepflegen:
nu hât daz buoch ein ende.
hœrent wie ez dô ergienc:
dô disiu arbeit ende nam,   35
ein ander schiere ane vienc.

<hr />

35 f. Der Dichter hat wohl selbst die Absicht, noch weiter zu erzählen, und hat diese
Absicht auch ausgeführt, wenn er, wie anzunehmen ist, nach der Virginal noch den Goldemar,
Eigenot und Ecke dichtete.

VIII. Goldemar.

1 Wir hân von helden vil vernomen,
  die ze grôzen striten sint bekomen
bî hern Dietriches zîten.
sie begiengen degenheit genuoc,
dô einer ie den andern sluoc.   5
si wolten niender rîten,
sin wærn ze striten wol bereit,
ir schilte, ir helmen veste.
mänic kumber dô erleit.
man sprach, er tæte dez beste,   10
der mängen âne schulde ersluoc.
dâ von ir lop gepriset wart,
sô man die tôten von in truoc.
2   nu merkt, ir herren, daz ist reht:
von Kemenâten Albreht   15
der tihte ditze mære,
wie daz der Berner vil guot
nie gwan gên vrouwen hôhen muot.
wan seit uns daz er wære

Wir haben viel von Helden vernommen, die in große Kämpfe
geraten sind zu den Zeiten des Herrn Dietrich. Sie führten genug
tapfere Thaten aus, [5] wenn einer den andern erschlug. Sie
wollten nirgendwohin reiten, wenn sie nicht zum Streite bereit
und ihre Schilde und Helme fest waren. Mancher erlitt damals
Mühsal. [10] Man sagte, der hätte am rühmlichsten gehandelt,
der viele ohne Ursache erschlug. Davon wurde ihr Ruhm vergrößert,
wenn die Toten von ihnen getragen wurden.

Jetzt merkt auf, ihr Herrn, das gebührt sich: [15] Albrecht
von Kemenaten dichtete diese Geschichte, wie der tapfere Berner
nie auf Frauen seinen Sinn lenkte. Man sagt uns, daß er

> gên vrouwen niht ein hovelich man
> (sin muot stuont im ze strîte),
> unz er ein vrouwen wol getân
> gesach bî einen zîten:
> diu was ein hôchgeloptiu meit,   5
> diu den Berner dô betwanc,
> als uns diu aventiure seit.

gegen Frauen nie ein höflicher Mann war (sein Sinn richtete sich auf Kampf), bis er eine schöne Dame einst sah: [5] diese war eine hochberühmte Jungfrau, welche den Berner überwand, wie uns die Geschichte erzählt.

Als nämlich Dietrich eines Tages ausgeritten war in das Gebirge Trutmund, um dort Riesen zu bekämpfen, fand er un= erwartet im Walde einen Berg, der von wilden Zwergen bewohnt 10 war. Doch das erregte wenig seine Aufmerksamkeit; denn er ge= wahrte unter ihnen ein schönes junges Mädchen, das nicht in diese Gesellschaft gehörte und von den Zwergen, sobald sie des fremden Mannes ansichtig geworden waren, schnell im nahen Berge ver= steckt wurde. „Weshalb verbergt ihr die Jungfrau vor mir?" 15 rief er sie deshalb an, „oder sagt mir wenigstens, wer sie ist und woher ihr sie habt, auch ob sie freiwillig bei euch weilt."

Als er so gefragt hatte, trat der König des kleinen Volkes vor, Goldemar geheißen, und begann: „Ihr seid ein gewaltiger Krieger, das sehe ich wohl, und streiten möchte ich mit Euch nicht. 20 Begehrt Ihr also Kämpfe, so zieht an einen andern Ort. Von dem Mädchen aber will ich Euch das erzählen, was ich selber weiß. Hertlin heißt sie und ist die Tochter des Königs Drusian von Portugal; dem nahm ich sie, denn ich wollte sie zum Weibe haben; doch noch weigert sie sich des, ich hoffe aber, daß sie mir bald gehorchen 25 wird." Da griff Dietrich zum Schwerte und donnerte den Kleinen gewaltig an: „Der Vater Hertlins sitzt in Leid und Sorge, die Mutter ist vor Gram gestorben, und du Unhold hältst die Jung= frau wider ihren Willen gefangen?"

Was weiter geschah, sagt kein Lied, wohl aber meldet eine 30 alte Nachricht, daß Dietrichs erstes Weib Hertlin hieß und daß es dieselbe war, die er dem Zwerge Goldemar abgewann.

---

31. Wohl dieselbe, welche im Eigenot S. 207, Z. 32 vorkommt. — Vgl. auch die Ein= leitung zum Goldemar.

IX. Sigenot.

1　Woltent ir, herren, nu gedagen,
　　ich wolte iu vröindiu mære sagen
　von grôzem ungeverte,
　daz her Dieterîch nie meit
　von Bern. vil mengen strît er streit:　　　5
　wan daz in got ernerte,
　sô kunde ez niemer sîn ergân.
　er reit dick eine ûz Berne
　durch mengen ungevüegen tan.
　daz mugt ir hœren gerne:　　　　　10
　liep unde leit im dâ geschach.
　er sluoc vil mengen degen tôt:
　dar nâch er Ecken stach.
2　ein schilt den vuorte er vor der hant.
　dô vant er einen wîgant　　　　　15
　slâfende in dem walde:
　der was der aller küenste man
　der daz leben ie gewan.
　do erbeizt der degen balde,

Wolltet ihr, Herren, jetzt schweigen, ich wollte euch merk=
würdige Geschichten erzählen von großer Mühsal, die Herr Dietrich
von Bern stets aufsuchte. [5] Manchen Streit kämpfte er; wenn
ihn nicht Gott gerettet hätte, hätte es nimmer geschehen können.
Er ritt oft allein aus Bern durch viele wilde Wälder. [10] Das
mögt ihr willig hören; Gutes und Böses geschah ihm da. Er
schlug manchen Degen tot; nachher erstach er den Ecke.

Einen Schild führte er an der Hand. [15] Einst fand er
einen Kämpfer schlafen im Walde, der war der allerkühnste Mann,
der je ins Leben kam. Nun sprang der mutige Degen vom Pferde,

als er in verrest sach, zehant
sin huot im sêre glaste.
sinen voln er schiere bant
ze eines boumes aste,
als er in under ougen sach.   5
er wahte in harte unsanfte:
des uns daz mære jach.

als er ihn von fern sah, gleich glänzte ihm sein Helm sehr.
Sein Roß band er bald an eines Baumes Ast, [5] als er ihn
besehen hatte. Er weckte ihn sehr unsanft: so erzählt uns die
Geschichte.

Der Schläfer war der Riese Sigenot; wie der erwachte und
sich umsah, rief er mit lauter Stimme zornig aus: „Du bist der
Berner; du hast den Löwen und den Adler im Schilde, auch den 10
Helm meines Vetters Grin sehe ich auf deinem Haupte. Fürwahr,
es geht dir an das Leben zur Rache für meinen Verwandten, den
du erschlugst.“ Da erwiderte Dietrich: „Du könntest mich in Ruhe
reiten lassen; denn das weiß ich wohl, ich weckte dich nimmer
wieder, wenn ich dich auch täglich schlafend fände.“ Doch ehe noch 15
das letzte Wort gesprochen war, hatte der Riese schon den Berner
zu Boden geschlagen und sagte: „Du sollst keinen Mann mehr
im Kampfe bestehen, dafür will ich sorgen.“ Dietrich, der wehr-
los am Boden lag, antwortete: „Aus Bosheit erschlug ich deinen
Vetter nicht, sondern weil sein Weib mich ungefüge gepackt und 20
auf eine Bank gedrückt hatte; da kam Hildebrand dazu, mein
alter Meister, der riet mir, beide zu töten, wenn ich mein Leben
retten wollte.“
Der Riese hörte gar nicht mehr zu, sondern ergriff seine
Beute und schleppte sie einen ganzen Tag lang durch finstre Tannen- 25
wälder, bis er zu dem einstigen Besitze seines Vetters Grin kam;
dort warf er den Berner in eine tiefe Kluft, die voll bösen Ge-
würmes war. „Weh mir,“ rief da der Gefangene, „das ist mein

11 ff. Anspielung auf eine in der deutschen Dichtung nur bei Albrecht von Kemenaten
(hier und im Ecke 211, 1.) vorkommende Sage, die umständlicher in der Thidrekssaga (C. 16. 17)
erzählt wird: Dietrich und Hildebrand überwanden einen Riesen Grin oder Grim und
dessen Frau Hilde, dann raubten sie einen dem Riesen gehörenden Schatz, darunter auch
den kostbaren Helm Hildegrim. — Der Name dieses Helms ist aus denselben Bestandteilen
zusammengesetzt wie Kriemhild (Grimhild) und bedeutet nichts anderes als Kampfhelm;
dann ist aber auch zweifellos, daß die ganze Sage aus einer Etymologie des Wortes
entstanden, also wertlos ist.

Ende; wenn es doch nur mein alter Hildebrand wüßte, der rettete mich.“ „Dafür will ich schon sorgen,“ sagte Sigenot, „wenn mir der alte Meister in den Weg kommt, soll es ihm auch gut gehn.“ Damit trollte sich der Riese und ging gerades Wegs nach Bern. Aber schon auf halbem Wege traf er, den er suchte. 5 Denn Hildebrand war seinem Herren nachgeritten und trauerte nun sehr, als er dessen Roß angebunden gefunden hatte, allein an einem Baume.

Als der Riese näher kam, fragte ihn Hildebrand nach seinem Herren; so erfuhr er denn das ganze Unglück; wie er aber seinen 10 Namen nannte, schlug der andere gleich auf ihn ein; doch so leicht ging es diesmal nicht, denn Hildebrand wehrte sich tapfer, bis ihm der Riese das Schwert aus der Hand schlug und ihn ohne Umstände am Barte in die Höhe zerrte. So schleppte der Unhold den grauen Kämpfer zu der Bergeshöhle, in welcher Dietrich 15 lag; vor derselben hing dessen Schwert; wie das Hildebrand erblickte, riß er sich mit Verlust seines Bartes los, ergriff die Waffe und hieb wütend auf den Riesen ein, der seine eigene Waffe, eine gewaltige Keule, vergessen hatte. Erst schlug er ihm die linke Hand samt dem Schilde ab, dann stach er ihn ins Knie und 20 zuletzt in die Brust: da stürzte der gewaltige Mann zu Boden.

Als Hildebrand an den Eingang der Kluft kam, rief er herunter: „Ist hier einer unten, der von Bern stammt? Wenn du es bist, Dietrich, so sage mir doch, warum du allein ausgeritten bist; du hast doch der Mannen genug, die gern mit dir reiten.“ 25 Da bat ihn Dietrich, daß er ihn heraufholen möchte; er sollte aus Stücken seines Gewandes ein Seil drehen und zu ihm herniederlassen. Hildebrand that es, aber das Seil riß, als der Gefangene zur Hälfte emporgekommen war.

Nun war an keine Hilfe zu denken. Hildebrand klagte laut 30 und Dietrich, der schwer zerschlagen am Boden lag, rief hinauf: „Fahr heim, alter Freund, und rette dich selbst; grüß mein Weib und meinen Bruder Diether, die laß dir empfohlen sein.“

Da rannte der Alte verzweifelnd umher, bis er einen Zwerg schlafend fand, den er zornig am Barte raufte. „Du sollst mir 35 den Berner retten helfen,“ schrie er den Kleinen wütend an. „Den Berner?“ fragte der, „ist das der König von Bern? Wie kam der hierher?“ Hildebrand erzählte ihm alles. „Nun,“ sagte der Zwerg, „wenn er noch seinen Panzer hat, wollen wir ihn schon

aus der Wurmhöhle retten. Da drüben liegt eine lange Leiter,
die dem Grin gehörte; die sollt Ihr holen."

Damit kehrten sie zur Höhle zurück und bald stand Dietrich
lebend vor seinen Rettern, aber die Zeit, die er unten verbracht
hatte, schien ihm mehr als dreißig Jahre gewesen zu sein. Jetzt 5
erfuhr er erst, daß sein Waffenmeister den Riesen erschlagen hatte
und wie es dabei zugegangen war. Dann dankte er dem Zwerge;
Eggerich hieß dieser, und war ein angesehener Herzog in seinem
Volke.

<blockquote>

44　　Hie mite schieden sî von dan,　　　　　10
　　　her Dietrîch und der wîse man,
　　　hin gèn der stat ze Berne.
　　　dâ wurden sî enpfangen wol
　　　mit vröuden, als man herren sol
　　　enpfân und sehen gerne.　　　　　　　　15
　　　sus klagten sî ir ungemach
　　　den rittern und den vrouwen,
　　　daz in in dem walde geschach
　　　und wie sî muosten schouwen
　　　grôze nôt, von der sî schiet　　　　　　20
　　　her Hiltebrant ûz sorgen.
　　　sus hebet sich Ecken liet.

</blockquote>

[10] Damit schieden sie, Herr Dietrich und der alte Mann,
hin gen Bern. Dort wurden sie gut empfangen mit Freuden,
wie man den Herrn [15] empfangen und gern sehen soll. So
klagten sie ihr Ungemach den Rittern und den Damen, daß ihnen
im Walde geschehen war, und wie sie große Not erfahren mußten,
[20] von der sie Hildebrand errettete.

Hier fängt das Eckenlied an.

X. Eckenlied.

2 Ez sâzen helde in eime sal,
si retten wunder âne zal
von ûz erwelten recken.
der eine was sich her Vâsolt
(dem wâren schœne vrouwen holt),   5
daz ander was her Ecke,
daz dritte der wild Ebenrôt.
si retten al gelîche
daz nieman küener wær ze nôt,
den von Bern er Dieterîche: 10
der wær ein helt übr alliu lant.
sô wær mit listen küene
der alte Hiltebrant.
3   hern Ecken dem was harte leit
daz man den Berner vil gemeit   15
da lobte vor in allen.
er sprach ʽwiest den liuten geschehen?
nu hât man doch von mir gesehen

Es saßen in einem Saal Helden, welche von Wundern ohne
Zahl redeten und von auserwählten Recken. Der eine war Herr
Fasolt [5] (dem schöne Frauen hold waren), der zweite war Herr
Ecke, der dritte der wilde Ebenrot. Sie redeten all' zusammen,
daß keiner im Kampfe kühner wäre, [10] als Herr Dietrich von
Bern; der wäre ein über alle Länder berühmter Held. Ebenso
wäre mit Klugheit kühn der alte Hildebrand.

Dem Herrn Ecke war sehr leid, [15] daß man den rüstigen
Berner dort vor ihnen allen lobte. Er sagte: „Was ist den Leuten
denn geschehen? Man hat doch von mir manchen niederstürzen

vil mengen nider vallen
durch den hürnesch tôt versêrt:
ir möht der rede erwinden.
nâch im erstriche ich, swar er kêrt,
diu lant: ich muoz in vinden   5
und striteclîche im bî gestân.
er tuot mich lîbes âne,
ald sîn lop muoz zergân.
5   diu welt ist wunderlich gemuot,
sô einer dicke dez beste tuot,   10
daz man sîn lop niht mizzet:
daz ist mir hiute und iemer leit
daz man sîn lop sô hôhe treit
und mînes gar vergizzet,
daz tuot mir wê und müeget mich.   15
swer sîn nu wol gedenket,
daz wizzent daz der swachet sich
und hât mich sêre gekrenket.
ez ist mir hiute und iemer leit
daz man niht in den landen   20
daz beste von mir seit.’
7   dô sprach der wilde Ebenrôt
‘er sluoc vil lasterlîchen tôt

sehen, durch den Harnisch auf den Tod getroffen. Ihr könntet
die Rede unterlassen. Nach ihm durchsuche ich, wohin er auch
geht, [5] die Länder; ich muß ihn finden und ihm mit Kampf
nahe kommen. Er nimmt mir das Leben oder mit seinem Ruhme
ist es zu Ende. Die Welt ist wunderlich gesonnen; [10] wenn
einer gerade das Beste thut, daß man doch seinen Ruhm nicht
schätzt. Das ist mir heut und immer zuwider, daß man seine
Thaten so erhebt und meine ganz vergißt; [15] das thut mir
weh und ärgert mich. Wer seiner jetzt lobend gedenkt, das wisset
wohl, der setzt sich herab und kränkt mich sehr. Es ist mir heut
und immer unangenehm, [20] daß man nicht in allen Landen
das Beste von mir erzählt.“
    Darauf sagte der wilde Ebenrot: „Er schlug schändlich die

23 ff. Vgl. S. 206, Anm.

vrô Hilten und hern Grînen
umb eine brünne, die er nam.
die truoc er lasterlîchen dan.
sîn lop daz muoz im swînen,
daz er ob allen küngen hât: 5
jô hœre ichz hart ungerne.
ez wart sô vrümic nie diu tât
hern Dieterîchs von Berne,
als ir e von im hânt vernomen:
und wære Grîne erwachet,   10
er wær nie dannân komen.'
8   dô sprach sich der herre Vâsolt
'ich bin im weder vînt nóch holt.
ich gesach in nie mit ougen:
die aber den helt ie hânt gesehen,   15
die hœre ich im daz beste jehen.
diu rede ist âne lougen
daz er der küenste ist ze nôt,
der ie den touf enphienge.
nu sagent mir, her Ebenrôt,   20
wâ im ie missegienge,
ald zeigent mir doch einen man
der im bî sînen zîten
noch ie gesigte an.'

Frau Hilde und Herrn Grin tot wegen eines Panzers, den er
ihnen nahm. Die trug er schändlicherweise von bannen. Sein
Ruhm soll ihm schwinden, [5] den er vor allen Königen hat;
von dem höre ich sehr ungern. So tapfer war die That des
Herrn Dietrich von Bern nicht, wie ihr früher von ihm gehört
habt; [10] denn wäre Grin erwacht, er wäre nie von bannen
gekommen."

Darauf antwortete der Herr Fasolt: „Ich bin ihm weder
Feind noch Freund. Ich sah ihn nie mit meinen Augen. [15] Die
aber den Helden je gesehen haben, die höre ich über ihn das
Beste reden. Das steht außer Zweifel, daß er der Kühnste im
Kampfe ist, von allen, die je getauft wurden. [20] Jetzt sagt
mir, Herr Ebenrot, wo es ihm je schlecht ging, oder zeigt mir
doch einen Mann, der ihn bei seinen Lebzeiten schon besiegte."

So haderten die drei noch lange weiter; denn Fasolt wollte
es sich nicht abstreiten lassen, daß Dietrich ein wackerer Held wäre,
Ebenrot aber hielt ihn für einen feigen Mörder, der nur Wehrlose
überfalle, und Ecke beschloß, die Wahrheit durch eigene That zu
erfahren. Wenn er aber noch einige Bedenken gegen das Wage= 5
stück hatte, so wurden diese ganz verscheucht durch den Zuspruch
der drei Königinnen, denen die Recken ihren Dienst geweiht hatten.
Diese begannen nämlich auch den Berner zu loben und besonders
eine von ihnen, Frau Seeburg, stachelte den jungen kaum zwanzig=
jährigen Helden an, ihr zu versprechen, daß er den berühmten 10
Mann tot oder lebend vor sie bringen wollte. Dazu schenkte sie
ihm noch die Rüstung, welche einst Ortnit getragen, als ihn die
Lindwürmer fraßen, die dann Wolfdietrich später einem Kloster
vermachte. Das war eine gewaltig große Rüstung, aber dem
riesigen Ecke paßte sie wohl. Als er diese Gabe empfangen hatte, 15
schwur er noch einmal, der Königin Willen zu erfüllen und den
Berner herzubringen, denn Frau Seeburg vermochte kaum ihre
Ungeduld noch zu zügeln. Das hörte ein alter fahrender Mann,
der weit in der Welt herumgekommen war, und sagte: „Ihr thut
unrecht, daß Ihr aus Übermut gegen den Berner streiten wollt; 20
bedenkt, er ist ein milder freigebiger Mann; Gott möge es ver=
hüten, daß Ihr ihn besiegt!" „Kennst du ihn?" rief da die Königin.
„Ja," sagte der Alte, „er ist stark und einem Löwen gleich, ein
gewaltiger Kämpfer."

Nichts vermochte den jungen Recken zu hindern; Helm und 25
Panzer legte er an, dazu das Schwert; Schild und Speer nahm
er in die Hand, doch kein Roß bestieg er: zu Fuß wollte er von
dannen, denn ein Roß, meinte er, vermöchte ihn nicht im Streite
zu tragen. Das war der Königin leid, denn sie fürchtete, daß
die Welt sie darum tadeln würde, wenn sie ihren Kämpfer un= 30
beritten hinaussendete. Doch Ecke begehrte Urlaub und damit
sprang er von dannen.

So wanderte er lange durch den Wald. Nach manchem
Tage kam er zu einem Einsiedler und fragte ihn, wie weit bis
Bern wäre. Als er hörte, daß es noch zwölf Meilen wären, 35
beschloß er, die Nacht in der Waldhütte zu bleiben, und fragte
seinen Wirt aus, wie es in Bern zuginge. Der mußte dort wohl

12f. Vgl. Ortnit 23, 8 und Wolfdietrich 65, 26. 79, 18.

Bescheid, auch sagte er ihm, daß der Herr des Landes jetzt dort zu finden wäre. Die Nachricht trieb den streitlustigen Recken, schon vor Tagesanbruch davonzugehen.

In Bern flohen die Leute von den Straßen, als der wilde Mann durch das Thor gekommen war; mancher blieb auch staunend stehen, denn der Glanz des Panzers, den der Fremde trug, leuchtete durch die ganze Stadt. Endlich fing Ecke an zu rufen: „Wo ist Dietrich von Bern? Ich suche ihn seit langer Zeit, denn edle Frauen haben mich nach ihm gesandt, die ihn gerne sehen möchten." Als er so manches Mal gerufen hatte, hörte auch Hildebrand den Lärm und ging hin, das Wunder zu besehen. Der redete den jungen Helden höhnisch an: „Einen schönen Panzer habt Ihr, nur besser gekleidet müßtet Ihr sein, ein Roß könnte Euch auch nichts schaden. Aber was wollt Ihr eigentlich hier?" Da sagte ihm Ecke seine Absicht, mit Dietrich zu kämpfen. Hildebrand erwiderte: „Mein Herr ficht nur mit ehrlichen Reitern; er müßte viel Zeit übrig haben, wenn er sich mit Lotterbuben abgäbe." Darüber wurde Ecke so zornig, daß er den Alten übel behandelt hätte, wenn er mit ihm allein gewesen wäre; doch erfuhr er nun wenigstens, daß der Berner nach Tirol geritten war. Ohne Gruß lief er davon, nur hörte er noch, wie ihm Hildebrand nachrief: „Wenn Ihr mit Dietrich fertig seid, so kommt wieder nach Bern, ich möcht' es auch gern mit Euch versuchen."

Als er über Trient in die Tiroler Berge gekommen war, sperrte ihm ein wildes Ungeheuer, halb Mensch, halb Roß, den Weg, doch bald erschlug er es; dann fand er einen schwerverwundeten Mann, der ihm mit kläglicher Stimme erzählte, daß der Berner ihn so übel zugerichtet hätte. Als Ecke die Wunden besah, meinte er, das könnte nimmer eines Menschen Hand gethan haben, sondern der Blitz hätte ihn getroffen. Doch der Verwundete erzählte: „Helfrich von Lune ist mein Name. Wir waren unser vier und kamen vom Rheine, um den starken Dietrich zu bekämpfen; drei hat er erschlagen, an denen ist wenig gelegen, denn sie waren feige und wehrten sich nicht. Doch auch ich bin dem Tode verfallen." Nun fragte ihn Ecke aus nach des Berners Kampfsitten und versprach ihn zu rächen; dann verband er ihm seine Wunden und hob ihn auf sein Streitroß, das noch in der Nähe umherlief.

69   Èrst seit von Lûne Helferîch
     wie· zwêne vürsten lobelîch
     im walde zsamen kâmen,
     her Ecke und ouch her Dieterîch.
     die riuwent beide sament mich,   5
     wan sî dan schaden nâmen.
     sô rehte vinster was der tan,
     dâ si an ander vunden,
     her Dietrich und der küene man
     wol an den selben stunden.   10
     her Ecke der kam zuo gegân:
     er lie dâ heime rosse vil,
     daz was niht wol getân.
70   der tan der wart durliuhtet fîn:
     ir härnesch gap sô liehten schîn   15
     alsam ein brehendiu sunne.
     swar sî dâ kêrten in den walt,
     die zwêne küene helde balt,
     dâ schein ez sam dâ brunne:
     sô schône lûhte Hiltegrîn,   20
     der was gar valsches âne;
     hern Ecken heln gap widerschîn,
     der lûhte niht nâch wâne.

Jetzt erzählt Helferich von Lune, wie zwei ruhmreiche Fürsten im Walde zusammen kamen, Herr Ecke und Herr Dietrich. [5] Die bedaure ich beide, denn sie nahmen dabei Schaden. Ganz finster war der Tannenwald, wo sie einander fanden, Herr Dietrich und der kühne Mann [10] zu derselben Zeit. Herr Ecke kam herzugegangen; er ließ daheim viele Rosse, das war nicht wohl gethan. Der Tann wurde schön erleuchtet; [15] ihr Harnisch gab so hellen Schein, wie die glänzende Sonne. Wohin sich in dem Walde wandten die beiden kühnen, tapfern Helden, da glänzte es, als ob es brannte. [20] So schön leuchtete Hildegrin, der ganz ohne Tadel war. Herrn Eckes Helm strahlte einen Glanz entgegen, der

<hr>

1. Der Dichter giebt den Helferich als seinen Gewährsmann oder seine Quelle an; er kann nur meinen, daß der oben kurz vorher erwähnte Verwundete dem Kampfe zugeschaut habe. Derselbe Name kommt übrigens in der Virginal, aber unter Dietrichs Freunden vor, ebenso im Biterolf. — Daß der Dichter sich an dieser Stelle selbst nennt, wie Laßberg annahm, ist wenig wahrscheinlich. — 20. Vgl. S. 206, Anm.

    ir liuhten daz was sô getân,
    als man zwên volle mæne
    sæh an dem himel stân.
71 her Dietrich wând daz Hiltegrîn
    dâ gap ir beider helme schîn,   5
    dô er sô schône erlûhte:
    er bran alsam ein kerze klâr.
    sins vîndes wart er nie gewar,
    der loufende ûf in dûhte.
    wie dicke er sprach zem helme sîn   10
    'wie bistu hînt geschœnet!
    dem smide muoz zergân sîn pîn,
    des hant dich hât gekrœnet:
    des wünschet im mîn zunge gar.
    sô du ie elter wirdest,   15
    sô wirst ie liehter var.'
72 hie mite hât in der rise ergân.
    loufende sô hôrt er den man
    wol rosseloufes verre.
    gânde er in der brünne spilt: 20
    swenn der halsperc ruorte den schilt,
    sô hôrte in ie der herre
    er sach in gwâfent zuo im gân.
    dô sprach der Bernære

nicht gering war. Ihr Leuchten war so beschaffen, als ob man zwei Vollmonde am Himmel stehn sähe.

Herr Dietrich glaubte, daß Hildegrin [5] allein beider Helme Glanz hervorbrächte, da er so schön leuchtete; er brannte wie eine helle Kerze. Seines Feindes wurde er nicht gewahr, der laufend auf ihn zukam. [10] Wie oft sagte er zu seinem Helme: „Wie bist du heut so geziert! Der Schmied möge Freude erleben, des Hand dich so herrlich gemacht hat; das wünsche ich ihm. [15] Je älter, desto heller wirst du.“

In dem Augenblicke hatte ihn der Riese erreicht. Laufen hörte er den Mann in der Entfernung, wie eine Rennbahn lang ist. [20] Leicht ging er einher in der Rüstung; wenn der Panzer den Schild berührte, hörte ihn stets der Herr. Er sah ihn gewaffnet zu sich herankommen. Darauf sagte der Berner: „Ich

'ich solte iuch, herr, mit gruoze enphân,
obz iuwer wille wære.
nu sagt mir war ist iu sô gâch?
wer hât iuch her gesendet?
wie loufet ir mir nâch?'   5
73   er sprach 'wan hât mich her gesant
und hân erstrichen vrömdiu lant
nâch hern Dietrich von Berne:
dem hôrte ich ganzer tugende jehen.
er solte schœne vrouwen sehen: 10
daz tæte er lîhte gerne.
ich seite im von drin künegîn,
sint edel unde rîche.'
'mänic Dietrich mac ze Berne sîn:
meint ir den Dietrîche   15
dem Dietemâr da Berne lie
und ândriu sîniu eigen,
den vint ir an mir hie.'

möchte Euch, Herr, mit Gruß empfangen, wenn es Euch recht
wäre. Nun sagt mir, wohin habt Ihr es so eilig? Wer hat
Euch her gesendet? [5] Lauft Ihr etwa mir nach?"

Er antwortete: „Man hat mich her geschickt und ich habe
fremde Länder durchwandert nach Herrn Dietrich von Bern. Von
dem hörte ich viel Ruhmwürdiges erzählen. [10] Er soll jetzt schöne
Damen kennen lernen, das thut er vielleicht gern. Ich möchte ihm
von drei Fürstinnen erzählen, die edel und vornehm sind."

„Mancher Dietrich mag in Bern sein; [15] meint Ihr aber
den Dietrich, dem Dietmar Bern hinterließ und sein andres Eigen=
tum, den findet Ihr hier an mir."

Kaum hatte Ecke das vernommen, als er auch schon über
den Schild rief: „Dann habe ich dich gesucht! Kehr um, daß ich   20
mit dir kämpfen kann, denn zu Fuß vermag ich nicht dich zu
erreichen!" Dietrich sah den jungen Helden ruhig an und fragte
ihn nach der Herkunft seiner Waffen, denn auf die Herausforderung
wollte er gar nicht antworten. Ecke war betroffen, aber die Hoheit
des gewaltigen Berners bewog ihn, seinen Wunsch zu erfüllen.   23
Als er nun von seinem Panzer und Helm erzählt hatte, pries

er zuletzt noch sein Schwert, das schon viele tapfere Männer ge-
tragen hätten, von allen Schwertern das beste wäre es. Da sagte
Dietrich, daß er gegen so treffliche Waffen nicht streiten würde;
doch Ecke geriet in Wut, denn er merkte wohl, daß der Berner
den Kampf vermeiden wolle, und versuchte ihn auf jede Weise
zu reizen. Endlich verwünschte er den Berner und nannte ihn
einen feigen Wicht, auch vermaß er sich, daß Gott ihn selbst lieber
zu Boden werfen und dem Gegner helfen sollte, als daß der
Streit unterbliebe.

Bei diesen letzten Worten stieg Dietrich ruhig vom Pferde
und sprach: „Wenn du mir Gott zur Hilfe überläßt, dann ist
es um dich geschehen. Ich sehe wohl, du willst nicht leben."

Da freute sich Ecke über die Maßen, als er seinen Feind
vor sich stehen sah, denn nun glaubte er des Sieges sicher zu
sein; mit Grimm stürzte er auf ihn zu, und wahrlich, er war
kein verächtlicher Kämpfer, doch daß auch Dietrich seinen Ruhm
wohl verdiente, das merkte er bald.

Als die ersten Schläge gefallen waren, graute der Morgen
und die Vögel begrüßten den jungen Tag mit fröhlichem Ge-
sange. Das achteten die Kämpfer nicht, denn der Klang ihrer
Waffen übertönte das liebliche Gezwitscher.

Die Sonne stieg höher und erfüllte den Tannenwald mit
sengender Glut, müde sanken die Arme der Streitenden, noch
wich keiner. Herr Dietrich hatte den zerhauenen Schild weg-
geworfen und barg sich vor den Schlägen Eckes hinter den Zweigen
der nächsten Bäume.

Schon senkte sich das glänzende Tagesgestirn im Westen
wieder den Bergen zu, da erlahmte Dietrichs Kraft, daß er manchen
Schritt rückwärts thun mußte und auch das Roß aus den Augen
verlor, das er in der Nähe angebunden hatte. Doch mit dem
weichenden Tage wuchs wunderbar seine Kraft, denn jetzt über-
kam ihn die wilde Kampfesglut, von der die Dichter viel singen
und sagen. Ecke erschrak. „Wovon kommt dir jetzt die Stärke,
während ich immer matter werde? Ist es nicht, als ob noch ein
Mann in dir säße und dir streiten hülfe?" In dem Augenblicke
erhielt er von Dietrichs Schwerte einen Schlag, der ihn zu Boden
streckte. „Noch mahne ich dich," sagte der Sieger, „daß du vom
Kampfe abstehst. Denn was nützt es dir, für hochgeborne Frauen
zu fechten? Sie spotten dein und lachen, wenn einer von uns

den Tod findet." Aber Ecke hatte sich von der Betäubung erholt und schlug aufs neue los; nun sah Dietrich wohl, daß er des Gegners Panzer nimmer durchbohren könnte; deshalb warf er das Schwert weit fort und stürzte sich mit Kraft auf ihn, um ihn ringend zu überwältigen. Als er ihn nach langer Mühe bezwungen 5 hatte, forderte er ihn auf, sich zu ergeben und ihm ewige Treue zu schwören. Ecke wollte aber lieber sterben, als besiegt den Kampf= platz verlassen. Da war es um ihn geschehen: Dietrich ergriff das Schwert und durchstach ihn, daß das Blut in Bächen auf die Erde rann. 10

Wie er nun aber den Besiegten langsam verenden sah, da jammerte ihn sein Tod, weil er noch gar so jung war. „Die Welt wird mich tadeln," sprach er, „daß ich den jungen Fürsten erstach, als er wehrlos am Boden lag. Doch was hilft nun das Klagen? Zum Zeichen wenigstens, daß ich ihn erschlug, will ich 15 ihm die Waffen rauben." Damit begann er dem Sterbenden die Rüstung abzuziehen und wollte sie selbst anlegen, doch der Brust= harnisch war ihm zu lang, so daß er ihn kürzen mußte.

Nun setzte er sich aufs Roß und wollte von dannen, aber Ecke erwachte noch einmal und rief ihm kläglich nach, er sollte 20 ihm als letzten Liebesdienst den Gnadenstoß geben, denn sterben müßte er doch, aber vorher noch lange Qual erdulden. Da schlug ihm Dietrich das Haupt ab und band es an den Sattel, dann sagte er düster: „Jetzt reite ich zu den Königinnen, die dich ge= sandt, und will ihnen deinen letzten Gruß bringen." 25

Im Walde nahe bei einer Quelle fand er eine schlafende Frau liegen; ein heilkundiges Meerweib war es; er weckte sie und ließ sich von ihr die Wunden verbinden. Als er ihr sagte, wohin er wolle, warnte sie ihn vor mannigfaltigen Gefahren, die ihm auf der Fahrt und in der Burg der Königinnen drohen 30 würden.

So ritt er weiter manche Meile. Als er eines Tages durch einen weglosen Wald zog, hörte er ein wildes Kreischen, das kam von einem jungen Weibe, welches auf ihn losstürzte und ihn flehentlich um Hilfe bat, denn der grimme Fasolt verfolge sie. 35 Wie sie nun hörte, daß Dietrich erst vor kurzem einen schweren Kampf bestanden hätte, erkannte sie an der Rüstung, daß er den Ecke erschlagen, und warnte ihn vor dem nahenden Feinde, denn Fasolt sei Eckes Bruder.

Bald kam der Verfolger. Doch als er auf den einhauen wollte, der ihm seine Beute entrissen hatte, bemerkte er Dietrichs schwere Wunden und sagte, daß ihm diese das Leben retteten, denn mit einem Kraftlosen streite er nie. Darüber zürnte der Berner gewaltig, doch das Weib hinderte ihn am Kampfe und Fasolt war schon fortgeritten mit der Drohung, ihn zu töten, wenn er je seiner wieder gewahr würde.

Als Dietrich mit dem Weibe allein war, sagte diese: „Seid froh, daß er im dunklen Walde nicht gemerkt hat, wessen Rüstung Ihr tragt, denn dann wäre es um Euch geschehen gewesen. Bezwingen könnt Ihr ihn nicht, Ihr seid noch zu sehr verwundet. Zeigt her, ich will Euch die Wunden pflegen."

So sorgte sie für ihn und auch für sein Roß, dann wachte sie die Nacht durch, während er schlief. Am Morgen hörte sie, daß Fasolt wieder im Walde jagte, und versuchte deshalb den Berner zu wecken. Doch dem hatte die lange Reise so die Kräfte geraubt, daß er totengleich am Boden lag und ihre Rufe nicht hörte. Schon sah sie Fasolts Hunde durch den Tann laufen, da endlich erwachte er aus dem festen Schlafe und sprach: „So, nun bin ich neu gestärkt, jetzt sagt, warum Ihr mich gewecht." „Fasolt kommt," sagte die Frau im höchsten Schrecken, „eilt, daß Ihr ihm entflieht." Doch das war nicht nach Dietrichs Sinn. Als das Weib nun sah, daß der Held den Feind erwarten wollte, befahl sie ihn und sein Leben dem allmächtigen Gott und eilte von dannen, doch leider gerade auf dem Wege, den auch Fasolt ritt. Da schrie sie laut und Dietrich folgte ihr. „Gestern habe ich Euer geschont," brüllte der Riese, „kommt Ihr mir heute wieder in den Weg, so ist es Euer Ende!" Mit den Worten riß er einen Ast vom Baume und schlug auf Dietrich los. Doch irrte Fasolt, wenn er glaubte, mit einem Schwächling zu thun zu haben, denn der Berner gab ihm zwei gewaltige Hiebe über den Kopf, daß der Schädel ganz kahl wurde und die beiden Zöpfe, welche Fasolt trug, zu Boden fielen. Da bat er um sein Leben und schwur dem Sieger Gehorsam.

Als sie darüber ins Gespräch gerieten, hörte Fasolt, daß Dietrich schon einen Kampf ausgefochten hatte, vor wenig Tagen. „Wie schade," sagte der Riese, „daß Euch nicht mein Bruder Ecke begegnet ist; der suchte Euch." „Giebt's zwei Ecke?" fragte Dietrich. „Einen habe ich erschlagen; sieh her, ich trage seinen

Panzer." Jetzt erst bemerkte Fasolt seines Bruders Waffen und sagte mit grimmer Wut: „Dann hast du ihn hinterlistig erschlagen, im ehrlichen Kampfe konntest du ihn nicht besiegen, auch ist der Panzer nirgend durchbohrt."

Über diese Worte gerieten die beiden aufs neue aneinander, 5 doch zum zweitenmale fiel Fasolt und wieder ließ ihm Dietrich das Leben. Nun mußte er als Knecht dem Sieger folgen.

So kamen sie zu einer Burg, die den Brüdern Ecke und Fasolt gehörte, jetzt mußten die Burgmänner dem Berner Treue schwören. Dann gelangten sie zur Behausung des gefürchteten 10 Unholds Eckenot, der auch ein riesiger Mann war. Der glaubte wegen des Panzers erst in Dietrich den ihm wohlbekannten Ecke zu erkennen, doch bald belehrte ihn der Berner eines anderen und schlug ihn zu Boden, als er sich deshalb an ihm vergreifen wollte. Weiter führte Fasolt seinen Herrn in tückischer Absicht 15 auf eine Wiese, wo die Mutter und Schwester der Brüder ihre Wohnung hatten. Wie die erfuhren, was geschehen war, stürzten sie sich in blinder Wut auf den Mörder ihres nächsten Verwandten, doch zu ihrem Unheil; denn Dietrich erschlug sie beide, erst die Mutter, dann die Tochter, aber es kränkte ihn sehr, daß er mit 20 Weibern kämpfen mußte.

Noch öfter brachte Fasolt den starken Helden in Lebensgefahr, ohne daß dieser ahnte, daß es mit Vorbedacht geschah.

Endlich kamen die beiden an den Hof der drei Königinnen, welche den Ecke zu der gefährlichen Fahrt bewogen hatten. Am 25 Eingange ihrer Burg standen zwei wunderbare Bildsäulen, geharnischten Männern gleich, die auf jeden einschlugen, der an ihnen vorbei wollte. Das wußte Fasolt und führte seinen Begleiter mitten durch sie hin; nur mit Mühe entrann Dietrich hier dem Verhängnis, aber das war Fasolts letzte Tücke: von Dietrichs 30 Schwert getroffen sank er leblos nieder.

Im Saale saßen die drei Königinnen mit stattlichem Gefolge, am höchsten thronte Frau Seeburg. Da trat ein gewaltiger Krieger vor sie und sprach: „Ihr habt begehrt, von Bern Herrn Dietrich zu sehen; schaut her, hier steht er. Und hier der Gruß von dem 35 Boten, den ihr nach ihm gesendet!"

Damit rollte Eckes Haupt vor ihre Füße.

XI. Das Buch von Bern

ober

Dietrichs Flucht.

Welt ir nû hœren wunder,
so künde ich iu besunder
diu starken niuwen mære.
lât iu niht wesen swære,
5   ob ich iu sage die wârheit   5
(daz enhabent niht vür leit)
von einem edelen künege hêr:
Dietwart sô hiez er.
dem dient vür eigen Rœmisch lant
10   und muoste im warten allesant   10
schône mit gewalde.
im dienten helde balde
vil unde mêre
durch die grôzen êre,
15   der er phlac in sînem rîche.   15
er lebte sô hêrlîche,
daz man im jach des besten
von vriunden und von gesten

Wollt ihr jetzt Wunderbares hören, so verkünde ich euch
besonders die große Neuigkeit. Laßt es euch nicht unangenehm
sein, [5] wenn ich euch die Wahrheit sage (das nehmt mir nicht
übel) von einem berühmten edlen Könige, welcher Dietwart hieß.
Dem gehörte das römische Reich [10] und mußte ihm ganz dienen
mit seiner Kriegsmacht. Ihm gehorchten tapfere Helden in großer
Zahl, wegen des großen Ruhmes, [15] den er in seinem Reiche
hatte. Er lebte so herrlich, daß ihm Freund und Feind das Beste

in sîner blüenden jugende.
20   swaz man uns von tugende
ie gesagte mære,
des was der êrbære
ein gimme und ein adamant: 5
dâ von er wîten was erkant.
25   er lebte in reinen blüenden tagen,
als wir die wîsen hœren sagen,
sô gar ân alle schande.
vride was in sînem lande,   10
und tet ouch niewan daz beste.
30   swaz er ze tugenden weste,
dar zuo was sînem herzen ger.
ez gelebet hôher künec niemêr
sô hêrlîch noch sô schône.   15
er warp nâch prîses lône
35   noch mêr danne ie künec getæte.
dar an was er sô stæte,
daz man im niwan êren jach
alles daz im ie geschach.   20
sîner ougen spiegel was diu zuht.
40   des hete diu êre zuo im vluht
und minnet in naht unde tac
durch daz er ir sô schône phlac.
Alsô lebte Dietwart (daz ist wâr)   25

nachsagten in seiner Jugendblüte. Was man uns von Tüchtigkeit
je erzählt hat, in dem allen war der Ruhmreiche [5] ein Edel-
stein und Diamant; dadurch war er weit berühmt. Er lebte in
großem Glücke, wie wir die Weisen sagen hören, ganz ehrenvoll.
[10] Frieden war in seinem Lande, er selbst that nur das Beste.
Was er von Tugenden kennen lernte, danach strebte er. Es lebte
nimmer ein hoher König [15] so herrlich noch so schön. Er be-
mühte sich Ruhm zu erwerben, mehr als je ein König that.
Darin war er so beständig, daß man ihn nur rühmen konnte,
[20] in allem, was je bei ihm geschah. Seiner Augen Spiegel war
der Anstand. Darum hatte die Ehre bei ihm ihren Aufenthalt und
liebte ihn Tag und Nacht, weil er sie so gut bewahrte.
[25] So lebte Dietwart (das ist wahr) in steter Tugend

160 in blüenden tugenden drîzec jâr
unz er gewuohs vil nâch ze man.
dô was ein site alsô getân:
er wære junc oder alt
oder swie er wære gestalt, 5
165 arm oder rîche,
man liez in sicherlîche
nimmer gewinnen wîbes teil
noch versuochen solh meil,
daz minne wære genant. 10
170 der site was dô übr alliu lant.
daz wert man man und wîben.
des muosten starc belîben
die liute bî den jâren.
man sach ouch si gebâren 15
175 vil vrœlîche unde wol.
die liute wârn dô tugende vol.
sît der site ist hin getân,
180 daz man die vrouwen und die man
ê ir tage ze einander gît, 20
des ist diu werlt bî dirre zît
an manegen sachen gar ze kranc,
daz er haben muoz undanc
185 der uns den site brâhte
und sîn von erste gedâhte. 25

dreißig Jahr, bis er zum Manne heranwuchs. Damals herrschte
folgende Sitte: es mochte einer jung oder alt sein, [5] gestaltet
wie er wollte, arm oder reich, man ließ ihn gewiß nimmer mit
einem Weibe Bekanntschaft machen, noch solche Schändlichkeit kennen
lernen, [10] die Minne heißt. Dieser Brauch war in allen Ländern.
Das verwehrte man Männern und Weibern. Deshalb konnten die
Leute in der Zeit kräftig bleiben. [15] Man sah sie auch sich
benehmen fröhlich und gut. Die Leute waren damals tugendhaft.
Da jetzt diese Sitte abgeschafft ist und man die Frauen und Männer
[20] vorzeitig zu einander kommen läßt, davon ist die Welt in
dieser Zeit in vielen Dingen gar zu übel bestellt; der sei dafür ver-
dammt, der uns den Brauch einführte [25] und zuerst daran dachte.

10. Der Minnedienst, in seiner Ausartung, wird von den späteren Dichtern oft getadelt.
Vers 13. 14 entspricht auffällig einigen Ausdrücken in Tacitus' Germania.

Als Dietwart König von Rom war, herrschte also noch über-
all Tugend und Gerechtigkeit; er selbst übertraf darin alle andern.
Da er nun ein Mann geworden war, ließ er sich mit andern
jungen Helden wehrhaft machen und übernahm die Leitung seines
Reiches. Jetzt versammelte er den Rat seiner Getreuen und sprach 5
zu ihnen: „Ihr seht, daß ich in reifem Alter bin; es wird Zeit,
daß ich ein Weib nehme; ratet nun, ob ich es thun soll und
welche Jungfrau mir geziemen möchte.“

Die Ratgeber schwiegen lange; endlich begann einer: „Euern
Plan billigen wir wohl, aber wo werden wir eine Jungfrau 10
finden, die Euer würdig ist?“ Ein anderer erwiderte: „In allen
Ländern, durch die ich reiste, habe ich viele schöne und sittsame
Frauen gefunden; aber keine kann sich vergleichen mit König
Ladiners Tochter. Minne heißt sie, ihr Land Westenmeer, wo
sie mit ihrem Vater in der Stadt Valdanis wohnt. Gewinnt 15
Ihr diese, so habt Ihr ein Weib, das Eurer hohen Geburt ziemt.
Weiß aber einer etwas Besseres, so möge er es sagen.“ Da
stimmten alle freudig bei und Dietwart erwählte edle Boten,
welche in das ferne Land zu König Ladiner ziehen und dem die
Werbung vortragen sollten. Starcher, Arnold, Baldewin und 20
Erewin hießen die tapfern Männer; stattlich rüstete sie Dietwart
aus und gab ihnen ein starkes Schiff und kundige Seefahrer mit
für die weite Reise. Doch trug der König große Sorge um ihr
Leben, und viele Thränen vergoß er bei ihrer Abfahrt.

> Ûf der burc ze Valdanis   25
> begunden die liut alle wis
> ab den zinnen schouwen,
> ritter unde vrouwen,
1105
> und nam si michel wunder,
> waz schiffes so besunder   30
> in die habe wære bekomen
> 'nû hete ich gerne vernomen,
> welher hande volc ez wære.

[25] Auf der Burg Valdanis begannen die Leute aller Art
von den Zinnen zu schauen, Ritter und Frauen, und nahm sie
sehr Wunder, [30] was für ein Schiff so sonderer Art in den
Hafen gekommen wäre. „Jetzt hätte ich gern vernommen,“ sagte
der König, „welcher Art Leute es sind. Entweder ist es eine

1110   einweder ez diutet mære
         oder ez sint koufliute.
         daz besehe wir wol noch hiute.'
           die boten sigelten in die habe.
         ir anker ûz zuo dem stade   5
1115   hiezen si dô schiezen.
         niht mêre si das liezen,
         si giengen ûz an daz lant
         und sâzen nider allesant.
1145   si hiezen von den schiffen tragen   10
         die guoten samît durchslagen,
         cleider von Trôjande,
         ûz der heiden lande
         die allerbesten sîden,
1150   die mohten wol gelîden   15
         die hôhen boten rîche.
         die cleiten sich hêrlîche
         und ouch ir geselleschaft.
         si heten guotes grôze craft.
         zehant si sich do wanden   20
1165   ûf gên der veste.
         nû wolt diu sunne ze reste
         und ouch ze gemache nider gân
         si riten schœniu castelân.
           daz ingesinde under dem tor   25

Gesandtschaft oder es sind Kaufleute; das erfahren wir wohl noch heute." Die Boten segelten in den Hafen. [5] Ihre Anker ließen sie in den Grund sinken. Dann beeilten sie sich, an das Land zu gehen, und ließen sich dort nieder. [10] Sie befahlen aus den Schiffen zu holen gute gezierte Samtgewänder, Kleider aus Trojand, aus der Heiden Land die allerbesten Seidenstoffe [15] konnten wohl mit sich führen die hohen mächtigen Gesandten. Sie kleideten sich stattlich und ebenso ihre Begleiter. Sie hatten großen Vorrat von guten Sachen. [20] Sogleich begaben sie sich hinauf nach der Feste zu. Jetzt wollte die Sonne gerade zur Rast und Ruhe nieder gehen. Sie ritten schöne Rosse. [25] Die Herren vom Hofe ließen es sich nicht nehmen, unter

1170 innerthalbe und dâ vor
      die liezn in niht versmâhen
      si begunden vaste gâhen
      gegen den werden gesten.
      ez wârn vil nâch die besten   5
1175 die der künic mohte hân.
      hie mite wart daz niht verlân
      (vil rehte sult ir merken daz)
      die geste wurden baz dan baz
      von dem ingesinde enphangen.   10
1180 dô kom ouch dort her gegangen
      manic hôher burgære,
      die wolten vrâgen umb diu mære.

dem Thor, innerhalb und außerhalb, rasch den werten Gästen
entgegenzueilen. [5] Es waren gewiß die Besten, welche der König
hatte. Dabei wurde das nicht versäumt (das mögt ihr euch recht
merken), daß die Gäste überaus gut [10] von dem Gefolge
empfangen wurden. Dann kam auch heran mancher vornehme
Burgmann; die wollten sich alle nach der Neuigkeit erkundigen.

Nun führte man die Boten vor den König; als sie von
diesem Erlaubnis erhalten hatten, ihren Auftrag auszurichten, 15
sprach Erewin: „Der König vom römischen Reiche entbietet Euch
seinen Gruß und läßt Euch bitten, daß Ihr ihm Eure Tochter
zum Weibe gebet." Labiner erwiderte: „Meine Tochter verweigere
ich ihm nicht; aber wenn er sie haben will, so mag er kommen
und selbst um sie werben. Zum nächsten Sommer erwarte ich 20
ihn. Auch das sagt ihm noch: ich habe nur zwei Kinder, diese
Tochter und einen Sohn; die erben mein Reich und alles, was
ich hinterlasse."

Mit dem Bescheide zogen die Gesandten von dannen, doch
nicht ohne Gabe; denn der edle König ließ es sich nicht nehmen, 25
sie wohl zu bewirten und reich zu beschenken.

Als sie zur Heimat zurückgekehrt und kaum in den Hafen
gekommen waren, lief das Volk allenthalben aus Neugier zu=
sammen; sie rasteten aber nur kurze Zeit, dann stiegen sie zu Rosse
und eilten nach Rom, wo gerade ihr Herr weilte, der schon sehn= 30
süchtig ihrer harrte. „Herr," rief ihm Erewin entgegen, „Ihr
könnt froh sein, denn alles geht, wie Ihr es gewünscht; Euch

sendet seinen Gruß der König von Westenmeer und ladet Euch
ein, zu ihm zu kommen, wenn es Euer Wille ist, seine Tochter
zum Gemahl zu haben."

Da ließ Dietwart eilig Schiffe rüsten und ein stattliches Gefolge
sammeln; dann fuhren sie ab in der schönsten Zeit des Jahres, im Mai, 5
und hofften bald das ferne Land zu erreichen; aber das war ihnen
nicht beschieden, denn mancher mußte vorher sein Leben verlieren.

Als sie nämlich eine Weile gefahren waren, erhob sich ein
gewaltiger Sturm, der sie weit ab vom Wege trieb. Nach vielen
Mühen fanden sie ein einsam Eiland; dort hieß der König ankern 10
und die Segel niederlassen. Wie sie nun fröhlich am Gestade
saßen und sich des geretteten Lebens freuten, erscholl plötzlich ein
greuliches Gebrüll wie von einem wilden Tiere; bald kam es
näher: ein Lindwurm war es, groß und stark, dem Feuer aus
dem ungefügen Rachen strömte. Da ergriff alle entsetzliche Furcht, 15
nur wenige traten dem Ungeheuer entgegen, doch nicht zu ihrem
Heile. Der erste, welcher von dem Feueratem sein Leben ließ,
war der gute Tibalt, und mit ihm dreißig andre Männer. Der
König hatte sich gleich gewaffnet, aber die Glut, die der Wurm
verbreitete, trieb ihn nach kurzem Kampfe rückwärts, daß er in 20
das Meer fliehen mußte; doch schnell erholte er sich und nun be=
gann ein langes hartes Streiten, bis Dietwart dem Tiere einen
solchen Streich versetzte, daß es heulend zum Walde eilte und
bald tot niedersank. Doch auch der König lag noch lange be=
wußtlos am Boden; seine Leute trugen ihn in das Schiff und 25
meinten, daß er nimmer genesen würde.

Als sie nach drei Tagen das Ziel ihrer Reise erreichten, gab
die Freude Dietwart solche Kraft, daß er aufsprang, als wäre er
nie siech gewesen.

So kam denn alles zu einem guten Ende; König Ladiner 30
gab Dietwart seine schöne Tochter Minne zur Gemahlin; das
neue Paar zog heimwärts über See und wurde vom ganzen Volke
herrlich empfangen. Lange lebten sie fröhlich mit einander, aber
von ihren Kindern blieb nur eins am Leben, Siegeher, der seines
Vaters Reich erbte, als dieser alt und müde gestorben war. 35

Siegeher heiratete Amelgart, die Königstochter von der Nor=
mandie. Zwei Kinder hatten sie: eine Tochter Sieglind, die wurde

36 ff. Nach dieser Genealogie ist Siegfried gleichaltrig mit Dietrichs Urgroßvater,
während in der übrigen Sage Dietrich und Siegfried Zeitgenossen sind.

die Gemahlin König Siegmunds von den Niederlanden und hatte
einen Sohn, den starken Siegfrid, den später Hagen erschlug;
Siegehers Sohn aber war Ortnit, von dem viele Wunder erzählt
werden.   Denn als er die Tochter eines heidnischen Königs ge-
heiratet hatte, da sandte der böse Heide grimme Lindwürmer in 5
Ortnits Land, die alles verwüsteten und endlich auch dem Könige
das Leben raubten.   Das verlassene Weib versprach dem ihre
Hand, der den Gemahl rächen würde; das that Wolfdietrich, ein
gewaltiger Held aus Griechenland, und die Königin erfüllte ihr
Versprechen.   Sie hatten einen Sohn, Hugdietrich, der die Sieg- 10
minne von Frankreich zum Weibe nahm und das Reich seinem
Sohne Amelung hinterließ.

Amelung hatte drei Söhne, die waren leider sehr ungleich:
zwei waren tugendhaft, Diether und Dietmar, aber der dritte war
ein böser Mann; das ist der ungetreue Ermenrich, der schlechteste 15
aller Menschen der je geboren ward.   Leider blieb er am Leben,
während seine guten Brüder bald nach dem Vater starben, der
unter alle drei das Reich gerecht geteilt hatte.

Diether hinterließ sein Erbe zwei Söhnen, den jungen Har-
lungen, die der treue Eckehart erzog; aber kaum war der Vater 20
gestorben, da ließ der tückische Ermenrich die jungen Fürsten fangen
und aufhängen.   Den Rat hatten ihm zwei schlimme Gesellen
gegeben, Sibeche und Ribstein, welche ihn noch zu vielen andern
bösen Thaten verleiteten.

Der dritte Bruder, Dietmar, hatte sein Reich, als er starb, 25
zwei Söhnen gegeben, Diether und Dietrich; der eine war noch
ein Kind, aber den andern hatte der alte Waffenmeister Hilde-
brand zu einem starken Jünglinge erzogen.   Bern, das heute
Verona heißt, war die Hauptstadt seines Landes.

Eines Tages sagte Sibeche zu seinem Herrn: „Das Land 30
der Harlunge habt Ihr, aber sicher ist Euch weder dies, noch
Euer eigener Besitz; denn solange der starke Dietrich von Bern
lebt, müßt Ihr immer sorgen, daß er Euch eines Tages mit Ge-
walt in das Land kommt.“   „Für den Rat danke ich dir,“ sagte
der König, „aber lieber wäre mir noch, du sagtest mir, wie ich 35
ihn fangen könnte, denn so leichtes Spiel, wie mit den Harlungen,
werde ich mit dem nicht haben.“   Da offenbarte der schändliche

---

3. Ortnit, vgl. oben Nr. I. — 8. Wolfdietrich, vgl. oben Nr. II.

Sibeche den argen Plan. „Herr," begann er, „sendet einen
Boten nach Bern und laßt Euerm Neffen sagen, daß Euch der
Tod der jungen Harlunge reue; zur Buße wolltet Ihr nach
dem heiligen Lande ziehen, und während Ihr fern wäret, sollte
er Euer Land behüten. Seid sicher, dann kommt er zu Euch. 5
Thut er's aber nicht, nun, so braucht Gewalt und fallt ihm in
das Land."

Der König erstaunte über den tückischen Plan, doch beschloß
er ihm zu folgen und ließ den Grafen Randolt von Ankona
rufen, der nach Bern als Bote gehen sollte. Heimlich offenbarte 10
ihm Sibeche die bösen Absichten und Randolt schwieg dazu, im
Herzen aber dachte er anders.

So ritt er von Ermenrichs Hof; als er nach Raben kam,
das heute Ravenna heißt, fand er dort Dietrichs treue Mannen
Saben und Friedrich. Die hieß er sich eilig rüsten, um das Land 15
vor Ermenrich zu bewahren.

	Da mit der bote danne streich.	
	der reise er nie tac entweich	
	unz er ze Bern reit in die stat,	
2750	als man mir gesaget hât.	20
	er huop sich dâ mit schiere,	
	Randolt der ziere,	
	in den hof ûf den sal.	
	dâ hete michelen schal	
2755	der junge künec von Berne.	25
	der sach den boten gerne.	
	'gote willekomen, Randolt!	
	von rehte so bin ich dir holt'	
	sprach der recke Hildebrant.	
2760	'sag an, mærer wigant,	30

Damit ging der Bote von dannen; die Reise unterließ er
keinen Tag, bis er zu Bern in die Stadt ritt, [20] wie man
mir gesagt hat. Es begab sich darauf bald der stattliche Randolt
auf dem Hofe in den Saal. Dort hatte große Gesellschaft
[25] der junge König von Bern. Er sah den Gesandten gern.
„Grüß Gott, Randolt, mit Recht bin ich dir wohl gewogen,"
sagte der Recke Hildebrand. [30] „Sag an, berühmter Held,

weist iht mære od wie gehabstû dich?'
'der mære bringet, daz bin ich.'
    hie mite bat man ûz gân
    die man dâ in niht wolde hân.
2765   Randolt der sweic niht mêr,   5
    er sprach 'dir enbiutet her
    Ermrîch der veter dîn
    (daz habe ûf den triuwen mîn),
    daz dû sô dû schierste maht
2770   (daz habe ebene in dîner aht)   10
    zuo im balde rîtest,
    und hüete daz dû iht bîtest
    vür den tac morgen.
    ich sage dir unverborgen,
2775   mit swelhem end dû kumest dar,   15
    (daz habe gewisse vür wâr)
    sô hâstû guot und lîp verlorn.
    bezzer ist diu reise verborn
    denn ob dû lidest den tôt:
2780   sô müesten immer haben nôt   20
    swaz der dînen liute sint.
    nu belip hie, Dietmâres kint.

bringst du eine Neuigkeit, oder wie geht es dir sonst?" „Ich
bringe eine Neuigkeit."

Damit ließ man alle herausgehen, die man nicht dabei haben
wollte. [5] Randolt schwieg nicht mehr, sondern sagte: „Dir
entbietet Ermenrich, dein Oheim (das glaube auf meine Ver-
sicherung), daß du, sobald du kannst [10] (das merke genau), zu
ihm reitest, und hüte dich, daß du nicht länger wartest als bis
morgen. Weiter sage ich dir ohne Hehl: [15] auf welche Weise
du auch dahin kommst (das glaube ganz gewiß), du hast Besitz
und Leben dort verloren. Besser ist die Reise unterlassen, als daß
du den Tod leidest. [20] Davon hätten immer alle die Kummer,
welche deine Unterthanen sind. Nun bleib hier, Sohn des Dietmar;

2. Die Antwort scheint eine stehende Redensart bei der Ankunft an einem fremden
Orte gewesen zu sein; genau ebenso sagte Walther von der Vogelweide, als er nach langer
Abwesenheit Wien wieder sah (56, 14):
        Ir sult sprechen willekomen:
        der iu mære bringet daz bin ich.

nû hân ich dir die wârheit
rehte und ebene geseit.
2785 nû sende, vürste starke,
al umbe ûf dîne marke.
besetze dîne veste: 5
daz ist dir daz beste.
dû hâst wol vernomen an dirre vrist
2790 wie dir dîn lîp verrâten ist.
dâ mite müez dich got bewarn.
ich wil mit dînen hulden varn 10
heim ûf mîne marke.
habe ûf mir' sprach der starke
2795 'daz ich dir bî wil gestân
und slehtes, herre, durch dich lân
man guot unde wîp: 15
durch dich wâge ich guot und lîp.'
dâ mite der bote dannen streich,
2800 der reise er nie zît entweich
unz er Ermrîchen vant.
er huop ûf unde seite zehant, 20
des doch ze Bern nie wart gedâht.
'herre, ez ist im vür brâht:
2805 dar nâch schaffet swie ir welt.
diu sippe diu ist ûz gezelt
zwischen iu unde sîn. 25

jetzt habe ich bir die Wahrheit ganz und gar gesagt. Jetzt sende
mächtiger Fürst, umher in deine Lande. [5] Beseße deine Festen
das ist bir das Beste. Du hast jetzt wohl vernommen, wie du
verraten bist. Damit möge dich Gott behüten. [10] Ich will mit
deiner Erlaubnis bavonziehen, heim in mein Gebiet. Vertrau auf
mich," sagte der Rüstige, „daß ich dir beistehen will und gänzlich,
Herr, deinetwegen verlieren [15] Mannen, Besitz und Weib. Um
dich wage ich Gut und Blut."
Damit ging der Gesandte davon; die Reise unterbrach er nicht,
bis er Ermenrich fand. [20] Er begann und sagte gleich, wovon
doch zu Bern nichts erwähnt war: „Herr, es ist ihm vorgetragen;
danach handelt, wie Ihr wollt. Mit der Verwandtschaft ist es
aus [25] zwischen Euch und ihm. Er kommt nicht, Herr." Nun

er kumet her niht, herre mîn.'
nû wurden diu mære schiere kunt.

2810 in des huop sich bî der stunt
der küene Randolt von dan:
er wolte Ermrîchen niht gestân.
do der ungetriuwe wart gewar,
daz der von Berne wart so gar

2815 gewarnet dirre mære,
dô wart im harte swære.
do gebôt er eine hervart
daz nie dehein grœzer wart
ûf Rœmischer erde.

2820 vil manegen recken werde
die gewan Ermrîch
ze helfe ûf Dietrîch.
    nû hebt sich nôt und ungemach.
durch untriuwe daz geschach.

2825 daz ist diu êrste swære,
dâ mite der Bernære
des êrsten begunde heben an
ê er gewuohs zeinem man.
Ermrîch daz golt rôt

2830 allen den recken bôt,
und swer ez nemen wolde,
den richte er mit solde.
des wart vil michel sîn her.

wurde die Geschichte bald bekannt. Indes machte sich sofort der
kühne Randolt davon, [5] denn er wollte dem Ermenrich nicht
beistehn. Als der Ungetreue gewahr wurde, daß der von Bern so
ganz in der Geschichte gewarnt war, da wurde er sehr mißmutig.
[10] Dann schrieb er eine Heerfahrt aus, daß nie eine im römischen
Reiche größer wurde. Manchen tüchtigen Recken gewann Ermenrich
[15] gegen Dietrich zur Hilfe.

Jetzt beginnt Not und Leid; aus Untreue geschah das. Das
ist das erste Unglück, mit dem der Berner [20] zuerst zu schaffen
hatte, ehe er in das Mannesalter kam. Ermenrich bot das rote
Gold allen Recken, und wer es nehmen wollte, [25] den machte
er mit Sold reich. Davon wurde sein Heer groß. Nun ritt

nü reit er slehte âne wer,
2835 dâ er bejagen wolte ruom,
ze Spôlit in daz herzentuom.
dâ tete er schaden starke.
ze Ankône ûf der marke 5
dâ wuoste er liute unde lant.
2840 er hiez werfen an den brant.
dâ bruofte er nôt und ungemach.
daz gestuont unlange dar nâch
unz man seit diu mære. 10
die unbillîchen swære
2845 die kômen inz lant überal,
dô der schade sô wîte erschal,
den vremden und den gesten,
den hôhen und den besten 15
den behagte ez allen niht wol
2850 (sît ich iu die wârheit sagen sol),
diu untriwe die Ermrîch
begie an hern Dietrîch.
umb dise grôze geschiht 20
dar ûf ahte Ermrîch niht:
2855 er hete sichs bêdenthalp bewegen.
er liez daz lant œde legen
mit roube und mit brande:
nieman in des wande. 25

er gerade ohne Widerstand dorthin, wo er Ruhm erwerben wollte,
in das Herzogtum Spoleto. Dort that er großen Schaden. [5]
In der Mark Ankona verwüstete er Land und Leute und befahl
Brände anzurichten. Dort brachte er Not und Ungemach hervor.
Es dauerte danach nicht lange, [10] bis man die Kunde weiter
brachte. Die ungerechten Gewaltthaten wurden weit und breit
bekannt. Als der Schade so weit herumerzählt war, da war weder
Freund noch Feind, weder hoch noch niedrig, [15] dem, wenn
ich euch die Wahrheit sagen soll, die Untreue Ermenrichs gefiel,
die er an Herrn Dietrich beging. [20] Um diesen großen Vorwurf
kümmerte sich Ermenrich nicht; er war ganz gleichgültig dagegen.
Er ließ das Land veröden durch Raub und Brand; [25] niemand

14 f. Die wörtliche Wiedergabe des Gegensatzes „Fremde und Gäste, Hohe und Beste"
würde für uns keinen verständlichen Sinn haben.

Rœmisch lant er allez vür sich nam,
2860   dar umb het er deheine scham.
            er brante unz an Meilân,
            er tôte wîp unde man:
            der mort was im gar ein wint.   5
            daz rach got allez an im sint.
2865   nôt unde wâfen clagen
            daz geschach allez bî den tagen.
            Ermrîchen des niht verdrôz.
            ditze unbilde grôz   10
            und ouch diu ungebære,
2870   daz wart ein gengez mære
            von armen und von rîchen.
            dem herren Dietrîchen
            het dannoch nieman geseit   15
            den mort und daz herzenleit.
2875   nu gevriesch der herzoge Saben
            diu mære hin ze Raben,
            ez læge Ermrîch und manic man
            vor der stat ze Meilân,   20
            als ez ouch leider wâr was.
2880   nieman vor im genas.
            nû ist mir daz vür wâr geseit
            Ermrîch swuor einen eit
            daz er nimmer wolde ûf gehân   25
            od im wurde Berne undertân.

wehrte ihm das. Das römische Gebiet riß er ganz an sich, darüber
machte er sich kein Gewissen. Er brannte bis gegen Mailand, er
tötete Mann und Weib, [5] das Morden war ihm eine Kleinig=
keit. Das rächte Gott alles später an ihm. Ach= und Wehgeschrei
erhob sich in den Tagen. Das machte Ermenrich keinen Kummer.
[10] Dieses große Unrecht und die Bedrückung wurde ein allgemeines
Gespräch von arm und reich. Dem Herrn Dietrich [15] hatte
damals noch niemand das Morden und den Jammer mitgeteilt.
    Nun erfuhr der Herzog Saben die Geschichte in Raben, es lägen
Ermenrich und viele seiner Mannen [20] vor der Stadt Mailand,
wie es auch leider richtig war. Niemand rettete sich vor ihm. Nun
ist mir das als wahr gesagt, daß Ermenrich einen Eid geschworen,
[25] er wollte nimmer aufhören, bis ihm Bern unterthan würde.

So begann der endlose Kampf. Dietrich erfuhr die Schreckens=
kunde erst durch Volknant, den der Herzog Saben eilig gen Bern
gesendet hatte. Der besonnene Hildebrand wollte erst nicht glauben,
daß Ermenrich schon ein großes Heer beisammen hätte, aber Volknant
wußte, daß es achtzig Tausend wären, und beschwur die Berner 5
Helden, schnell Hilfe herbeizuschaffen. „Nur nicht zu eilig," sagte
Hildebrand, „wir wollen uns schon so vorsehen, daß es Ermenrich
übel bekommt."

Während der Rede kam die Kunde, daß ein fremdes Heer
vor Bern aufzöge; da glaubte Dietrich, es seien schon die Feinde, 10
und hieß schnell die Stadt verwahren. Aber unterdessen kamen
ganz gemächlich auf den Burghof geritten zwei wohlbekannte Ge=
sellen, Helmschart und der starke Wolfhart, die meldeten, daß es
alles gute Freunde wären, ein starkes Heer, das sich aufgemacht
hätte, sobald die Kunde von Ermenrichs Treulosigkeit erscholl. 15

Indessen waren die Fremden in die Stadt gezogen und
wurden gut bewirtet; aber lange Rast gab es nicht, denn der
Feinde Heer war nahe.

Als nun Dietrich verkünden ließ, daß er ausziehen und
Ermenrich angreifen wollte, da begann groß Klagen und Weinen 20
in der ganzen Stadt; Mütter und Gattinnen trauerten um das
Liebste, was sie besaßen, um Söhne und Männer, die nun in den
Kampf, vielleicht in den Tod, ziehen sollten. Zuletzt trat König
Dietrich unter das Volk und sprach: „Ist hier einer, dem ich
je unrecht gethan habe, der vergebe es mir um Gottes willen; 25
ich weiß nicht, ob ihr mich jemals wiederseht." Da wurde der
Jammer noch viel größer, aber alle riefen aus einem Munde:
„Nie habt Ihr uns Übles gethan, möge Gott Euch seinen Frieden
schenken!"

Es war schon tiefe Nacht, als Dietrich mit den Seinen in 30
der Ferne das dumpfe Geräusch des feindlichen Heeres hörte; da
riet Hildebrand, Späher vorauszuschicken, um des Gegners Stärke
zu erkunden. Dietrich sandte den Alten selbst, dazu Volknant,
Erewin und Helmschart; aber was die sahen, freute sie wenig.
Als sie zurückkehrten, sprachen sie: „Herr, der Feinde sind zuviel, 35
Ihr könnt sie nicht bezwingen; kehrt um und suchet andern Rat."
Da rief der hitzige Wolfhart: „Von Umkehr ist nicht die Rede;
wohlauf, Helden, wir wollen sie anrennen; was thut's, ob ihrer
sechzig gegen einen von uns stehen?"

Dietrich ergriff schweigend die Fahne und sprach: „Wer
mir helfen will, dem will ich's lohnen; jetzt geht es an die Feinde."
Als sie vorwärts ritten, kam ein Reiter heimlich zu Dietrich;
es war Hunolt, der hatte sich zum Heere Ermenrichs geschlichen
und brachte die erwünschte Kunde, daß alle im festen Schlafe 5
lägen. Jetzt war der Kampf beschlossen; den Pferden wurden die
Sporen in die Seiten gesetzt, die Schwerter in beide Hände ge-
nommen, laut erscholl der Kampfruf Dietrichs. Das hörten Ermen-
richs Leute mit wenig Behagen, wild liefen alle durcheinander.
„Waffen her! Harnisch her! Rosse her!" so erscholl es durch die 10
Menge, aber wenige konnten widerstehen, als die Berner stürmend
in das Lager brachen. Der wenigen einer war Rienolt von Mai-
land, der mit einer kleinen Schar auf Wolfhart traf; aber es
war sein letzter Streit, denn der wilde Gegner durchschlug ihm
den Helm, daß der Kopf auseinanderklaffte. Kaum war er ge- 15
fallen, da trabte eine andere Reiterschar heran, die Heime führte.
Die stürzten sich auf Wolfharts Mannen; doch sehr reute sie die
Fahrt, denn ihrer viele wurden erschlagen.
Das war Ermenrichs letzte Wehr. Flüchtig verließ er das
Schlachtfeld, das der Seinen viele bedeckten, tot und verwundet; 20
nicht wenige fielen auch gesund in der Berner Hände, darunter
Ermenrichs eigener Sohn Friedrich.
Als Dietrich siegreich nach Bern zurückgekehrt war, erhob
sich allenthalben große Freude; nur der König war betrübt, weil
er den Recken, die ihm geholfen hatten, nicht die Schätze geben 25
konnte, die er ihnen einst versprach, als sie auf sein Gebot zu-
sammengekommen waren. Denn das wußte er wohl: wenn er
nicht das gegebene Wort hielt, würde in künftigen Tagen keiner
ihm wieder Hilfe leisten wollen. Da tröstete ihn Hildebrand.
„Herr," begann er, „wenn Euer Schatz nicht ausreicht, so nehmt 30
unser Gut, soviel Ihr wollt." „Auch das meine," sagte Bertram
von Pola; „ich habe in meiner Stadt viel Gold und Kostbarkeiten
liegen, die könnt Ihr holen lassen."
Nun war alle Not vorbei. Dietrich rüstete eine Schar tüchtiger
Männer aus, um die Schätze sicher herbeizubringen, denn die Wege 35
waren noch aller Orten unsicher. Hildebrand sollte sie führen,
auch Wolfhart und Dietleib von Steier waren dabei und mancher
andere wackere Degen. Bertram von Pola ging selbst mit, um
das Gut sicher zu geleiten.

Nû hebt sich alrêst diu vreise.
vervluochet sî diu reise
3645   die si tâten umb daz guot:
des wart sît trûriger muot,
über al Rœmisch marke   5
wart ez beweinet starke,
becleit tiefe und sêre.
3650   der Bernær al sin êre
umb dise eine reise vlôs,
dar umbe er lant und guot verkôs.   10
dô die boten hôchgemuote
strichen nâch dem guote,
3655   daz wart gesagt Ermrîche.
dô sande er heimlîche
vümf hundert sîner man,   15
die tiursten die er mohte hân,
und begund daz mit in an tragen,
3660   als ich iu kan wol gesagen.
'nû rîtet iuwer strâze.
habt daz in iuwer mâze'   20
sprach der künic Ermrîch,
'daz ir iuch leget heimlich
3665   in eine huote zuo den wegen.
swann ir die Dietrîches degen
sehet zuo rîten,   25
sô sult ir niht bîten,

Jetzt beginnt erst recht das Unheil. Verflucht sei die Reise, die sie um den Schatz unternahmen; daraus entstand viel Trauer, [5] im ganzen römischen Lande wurde es sehr beweint und tief beklagt. Der Berner verlor all sein Ansehn wegen dieser einen Reise; [10] durch sie kam er um Land und Besitz. Als die tapfern Boten nach dem Schatze zogen, wurde das Ermenrich mitgeteilt. Dieser sandte heimlich [15] fünfhundert seiner Mannen, die besten, welche er hatte, und besprach das mit ihnen, wie ich es euch wohl sagen kann. „Jetzt reitet eure Straße, [20] habt darauf acht," sagte König Ermenrich, „daß ihr euch heimlich in einen Hinterhalt am Wege legt. Wenn ihr Dietrichs Degen [25] heranreiten seht, dann sollt ihr nicht warten, sondern rennt

irn rennets an und nemet daz guot.
3670 vaht die recken hôchgemuot
und bringet die mit iu her.
des habe wir vrumen immer mêr
und wizzet dazz uns wol ergât. 5
swen uns Dietrîch gevangen hât,
3675 die werdent ledic sicherlich.'
den rât den riet Ermrîch.
die recken strichen dâ mit dan.
Witege was ir houptman. 10
si gâhten naht unde tac,
3680 als ich iu wol bescheiden mac,
unz si ze Bôle quâmen,
dâ si daz guot nâmen.
    nû hœret waz uns sagt daz liet. 15
der tievel, der nie guot geriet,
3685 vuogt in ein lâge bî der stat:
als uns daz buoch gesaget hât,
dâ burgen si sich inne
mit sô starkem sinne, 20
daz ir nieman wart gewar.
3690 in der zît dô heten gar
Dietrîches boten genomen daz golt,
als manz dannen vüeren solt
gegen Berne ûf durch Isterrîch, 25

sie an und nehmet den Schatz. Fangt die kühnen Recken und bringt
sie mit euch her. Davon haben wir immer Nutzen; [5] wisset,
daß uns das zu statten kommt. Wen uns Dietrich gefangen hat,
die werden sicher los und lebig." Den Rat gab Ermenrich; damit
zogen die Recken von dannen, [10] Witege war ihr Hauptmann.
Sie eilten Tag und Nacht, wie ich euch wohl sagen kann, bis sie
nach Pola kamen, wo sie den Schatz wegnahmen.
    [15] Nun hört, was uns das Lied weiter erzählt. Der
Teufel, der nie Gutes sann, verschaffte ihnen einen Hinterhalt bei
der Stadt, wie uns das Buch erzählt; darin verbargen sie sich
[20] so klüglich, daß ihrer niemand gewahr wurde. In der Zeit
hatten gerade Dietrichs Gesandte das Gold genommen, um es von
bannen [25] gen Bern durch Istrien zu bringen, damit es der

als ez der herre Dietrich
3695   den recken geben wolde
allez samt ze solde.
als die soumære
geladen wâren swære,   5
dô nâmen urloup zehant
3700   her Amelolt und her Hildebrant.
si schieden dâ mit ûz der stat
gegen Berne ûf daz rehte phat.
si vuoren âne sorgen   10
unz an den vierden morgen:
dô wârens mit dem guote komen,
3710   als ich vür wâr hân vernomen
ze Muntigel zuo der veste.
si wolden haben reste   15
nâch ir arebeite.
si hiezen vil bereite
3715   entladen ir soumære.
nû hebent sich diu mære.
si wânden sîn âne schaden.   20
dô ir soumære wârn entladen
in selben ze leide
3720   si hiezen ûf die heide
ir viuwer balde machen.
si lâgen in den sachen   25
daz si niht heten swære.

Herr Dietrich alles den Recken zum Solde gäbe. Als die Last-
tiere [5] schwer geladen waren, nahmen gleich Abschied die Herren
Amelolt und Hildebrand. Sie schieden damit aus der Stadt gen
Bern den rechten Weg.

[10] Sie zogen ohne Sorgen bis zum vierten Morgen weiter;
dann waren sie mit dem Schatze gekommen, wie ich für wahr
gehört habe, an die Feste Muntigel. [15] Dort wollten sie Ruhe
halten nach ihrer Mühe. Sie hießen rasch ihre Lasttiere abpacken.
Jetzt beginnt die Geschichte. [20] Sie glaubten ohne Schaden
zu bleiben. Als die Lasttiere entladen waren, ließen sie zu
ihrem Unheil auf dem Felde ein großes Feuer machen. [25]
Sie lagen in der Meinung, daß ihnen nichts Übles drohte.

        hie mit disem mære
3725   dô kômen ir viande,
        als si der tievel sande.

In dem Augenblicke kamen ihre Feinde, gerade als wenn sie der
Teufel schickte.

Was nützt es weiter, über das Unheil zu klagen? Ohne
Waffen saßen die Berner am Boden, als Ermenrichs Mannen 5
über sie her stürzten und alles zu Boden schlugen; was leben blieb,
wurde gefangen, nur Dietleib von Steier entrann, um die Schreckens=
kunde nach Bern zu bringen. Da raufte Dietrich sein Haar und
klagte laut, nicht um das Gold, sondern um die Recken, die er
verloren hatte, die besten, die ihm je treu waren. Mit ihm klagte 10
ganz Bern.

Als die Gefangenen zu Mantua vor Ermenrich gebracht
wurden, sagte der arge König: „Mit euch ist's aus, euch lasse
ich alle hängen.“ Dem erwiderte Hildebrand: „Denkt vorher daran,
daß Dietrich Eurer Leute viel in seiner Gewalt hat, dazu Fried= 15
rich, Euern Sohn.“ „Um den schere ich mich wenig,“ rief der
König, „wenn ich mich nur rächen kann für die Schmach, die ihr
mir bereitet habt, als ich fliehend vom Schlachtfelde weichen mußte.“
„Nun,“ sagte Hildebrand, „thut, wie Ihr wollt; doch so viel Zeit
könntet Ihr uns noch lassen, daß wir nach Bern senden und 20
Dietrich unsere Not wissen lassen; ich glaube sicherlich, daß er
große Lösung für uns bieten wird.“

Bei diesen Worten erwachte Ermenrichs unersättliche Gier,
denn er bedachte, daß dies eine gute Gelegenheit sei, leichten
Kaufs seinen Neffen Dietrich aus dem Erbe zu drängen. „Gut,“ 25
sagte er daher, „giebt er mir Bern und Raben gutwillig, dazu
Rom, Pola, Mailand und alles, was er besitzt, dann lasse ich
euch vielleicht los; anders kommt keiner von euch davon.“

Während des war ein Bote Dietrichs gekommen; es war
Dietleib, der dem Kampfe entronnen war; der fragte den König 30
nach dem Preise, um den die Gefangenen ledig werden sollten.
Noch staunte er über die unerhörte Forderung, da trat ein alter
Kämpfer Ermenrichs vor, Wate, ein grimmiger Mann, und sagte:

- -

16. Die Sage schreibt Ermenrich die Absicht zu, wie seine andern Verwandten so
auch seinen Sohn zu verderben, alles auf Sibeches Rat. — 33. Wate, ein Mann dieses
Namens kommt außer in Dietrichs Flucht noch in der Kudrun vor.

„Also Ihr seid der Dietleib, von dem so viel Wunder erzählt
werden? Mich lüstet, Euch im Kampfe kennen zu lernen!" „Das
kann Euch werden," rief der andere, „wenn Ihr wollt, sogleich."
Doch davon wurde nichts, sondern beide mußten den Kampf auf
gelegenere Zeit verschieben, denn Ermenrich drängte den Boten
zur Rückkehr in seines Herren Stadt.

Dietrich hörte die Forderung seines schändlichen Oheims mit
trübem Sinne und wünschte lieber zu sterben, als solche Schmach
zu erleben; die andern Recken rieten ihm auch, er sollte die Ge=
fangenen opfern, denn es sei besser, daß wenige litten, als daß
das ganze Land verloren ginge. Doch Dietrich entschied: „Wären
mein alle Länder, die wollte ich verlieren, ehe ich meine Getreuen
in der Not lasse. Wer will nun Bote sein zu Ermenrich, der
ihm meinen Willen verkündet? Alle, die ich ihm gefangen habe,
sollen los sein, dazu mein ganzes Land will ich für meine treuen
Mannen hingeben."

Als Ermenrich durch Jubart von Lateran die Kunde erhielt,
ward er über die Maßen froh, und noch mehr, als ihm seine
Streiter entgegenkamen, die bei Dietrich Gefangene gewesen waren,
darunter sein eigener Sohn.

Da Ermenrich nun wußte, daß ihm Dietrich nicht mehr
widerstehen würde, zog er raubend und brennend auf Bern zu.
Das hörte der Herr des Landes mit großer Trauer, aber niemand
wußte Rat gegen das Unheil. So rüsteten sich denn die Berner
Helden zum Abzuge, denn alle wollten ihren König in die Fremde
begleiten, um den Jammer ihres Landes nicht mehr zu sehen.
Noch einen letzten Versuch machte Dietrich, den habsüchtigen Gegner
zur Milde zu bewegen; er ging selbst hinaus, fiel Ermenrich zu
Füßen und bat, er möchte ihm, wenn er auch alles nähme, doch
Bern lassen, seines Vaters Stadt. Die Bitte fand nur taube
Ohren. „Mach eilig, daß du aus meinen Augen kommst," sagte
der Nichtswürdige, „denn wenn ich dich ergreife, dann rettet dich nicht
Gold noch Silber vom Tode; ich laß' dich an den nächsten Baum
hängen, den ich finde." „Nun denn," erwiderte Dietrich, „so laß
mich mit den Meinen von dannen reiten." „Hoho," lachte Er=
menrich, „reiten? Zu Fuße sollst du abziehen, und wer dir dabei
folgen will, dem wehre ich's nicht."

So mußte Dietrich das Erbe seiner Väter lassen und räumte
die Stadt, in der er erzogen war; groß Weinen und Klagen

scholl hinter ihm her, besonders von den Frauen und Kindern,
deren Gatten und Väter ihrem Herren in das Elend folgten.
Aber noch war nicht das Schlimmste bekannt; denn als Ermenrich
sah, daß nur die Männer auszogen, da sagte er zornig: „Alles,
was Dietrich anhing, auch Frauen und Kinder, räumen die Stadt. 5
Zu Fuß sollen sie von bannen ziehen, wie ihr Herr." Als
Dietrich den jammervollen Zug sah, an dessen Spitze Hildebrands
Gattin Ute schritt, sagte er: „Nie soll mich wieder jemand lachen
sehen; nur eins bitte ich, daß mir Gott so langes Leben giebt,
daß ich diese Frevelthat rächen kann an dem Übelthäter, der alles 10
verschuldet."

Doch dauerte Ermenrichs Übermut nicht lange; denn als die
Vertriebenen erst wenig Meilen gewandert waren, begegnete ihnen
ein Reitertrupp; es waren Eckewart und Amelolt, die hatten mit
ihrer Schar die Feinde überfallen und Garda erobert; jetzt kamen 15
sie gerade zu guter Stunde, denn Dietrich konnte ihnen die
Weiber und Kinder überlassen, um so schneller aus Ermenrichs
Nähe zu kommen.

Die Berner zogen durch Istrien über das Gebirge hin; als
sie nach Gran kamen, ergriff Dietrich das ganze Gefühl seines 20
Schmerzes; er rang die Hände, wenn er die traurigen Gestalten
seiner fünfzig Genossen sah, und rief kummervoll: „O weh über
das Elend der Fremde! Du bist sehr trübe anzuschauen! Wohin
sollen wir uns jetzt wenden? Wir haben nicht Geld noch Gut,
niemand wird uns aufnehmen." Zwar tröstete ihn Hildebrand, 25
doch Dietrichs Kummer ward nicht geringer.

Zur Nacht herbergten sie in eines Kaufmanns Hause; als
sie am andern Morgen aufstanden, sah Hildebrand einen Boten
vorüberreiten, den er fragte, von wannen er käme. „Von Etzeln=
burg," war die Antwort; „die Königin Helche will heute hierher 30
kommen, mit ihr Markgraf Rüdeger." Das war dem Alten eine
frohe Botschaft.

Als die Königin der Hunnen einritt, erblickte man neben ihr
außer dem Markgrafen auch Eckehart, den treuen Hüter der Har=
lungen, und Dietleib von Steier: beide waren auch vor Ermen= 35
richs Wut ins Hunnenland geflohen. Dietrich wollte sich vor
diesen verbergen, aber Eckehart hatte ihn erkannt und eilte in das
Haus, ihn zu begrüßen. Das war eine große Freude! Indessen
kam auch Rüdeger und hieß alle willkommen. Aber die brachen

in großes Klagen aus, und Dietrich erzählte die traurige Ge=
schichte, wie er, um seine Mannen zu retten, das Land hatte
räumen müssen. Da ließ es sich der Markgraf nicht nehmen, aus
eigenen Mitteln die armen Wanderer neu auszurüsten mit Pferden,
Kleidung und Waffen. Dann eilte er zur Königin und erzählte
ihr die neue Mär, daß der starke Dietrich sein Land verloren
hätte; das betrübte die Königin sehr; als sie aber hörte, daß der
flüchtige Herrscher in Gran weile, schickte sie den Markgrafen
eilend ab, um ihn samt allen Genossen zu holen.

So kam Dietrich ins Hunnenland, wo er seitdem manches
Jahr weilte, in Gram und Kummer. Zwar nahm ihn die Königin
freundlich auf und Etzel ließ ihn nach seiner Burg kommen und
erwies ihm alles Gute; aber den Schmerz über sein verlorenes
Glück überwand er nie. Um ihn zu trösten, versprach der Hunnen=
herrscher, ihm ein Heer zu rüsten, damit er seine Feinde strafen
könnte; doch das würde noch lange Zeit gedauert haben, ehe eine
solche Kriegsmacht beisammen war.

Eines Tages sprengte ein Reiter in Etzels Hof; zwölf Tage
und zwölf Nächte war er geritten, um erwünschte Nachricht zu
bringen. Als Rüdeger, der ihn zuerst sah, ihm näher trat, er=
kannte er ihn gleich: es war Amelolt von Garda, der seinen Herrn
Dietrich suchte, denn keiner sollte früher die Kunde vernehmen.
„Herr," rief er ihm entgegen, als der Gesuchte aus dem Hause
trat, „gute Botschaft bringe ich: wir haben Bern erobert, dazu
Bozen und das Innthal und manches andere Stück; jetzt ist's
Zeit, daß Ihr heimkehrt!" Nun mußte Amelolt erzählen, wie das
zugegangen war.

„Eines Tages," begann er, „ritt Ermenrich von Bern fort,
wo er sich immer aufgehalten hatte; das wußte ich und ritt mit
einer Schar dorthin, die Ermenrichs Feldzeichen aufgezogen hatte.
Am Stadtthor hielt uns keiner auf, denn alle meinten, ihr König
hätte uns zurückgesandt. So kamen wir in die Straßen und
schlugen die Besatzung nieder; jetzt hat Alphart die Stadt in
guter Hut."

Froh rüstete sich nun Dietrich zur Heimfahrt, mit ihm zog
ein stattlicher Heerhaufe, nicht bloß der Seinen, sondern auch der
Hunnen. Ungefährdet kamen sie nach Bern, aber die Kunde von
dem Geschehenen war längst zu Ermenrich gedrungen, der eilig
ein mächtiges Heer rüstete, um weiterem Verderben zu wehren,

denn große Städte fielen in Menge ab und wandten sich wieder
zu ihrem rechten Herren. Die erste davon war Mailand; hier
sammelte Tidas treue Mannen Dietrichs und schickte ihm Nach=
richt durch einen wohlbekannten Recken, Volknant; doch meldete
der auch gleich, daß Ermenrich heranziehe und weit umher das 5
Land verwüste.

Da galt es denn, nicht lange zu säumen. Dietrichs Haufe
war noch klein, aber ein starkes Hunnenheer war unterwegs und
Helche sandte noch einen Boten besonders, der davon Dietrich ge=
wisse Kunde bringen sollte. 10

Am andern Tage nahten große Reiterscharen der Stadt,
keiner wußte, ob es Freund oder Feind wäre; als aber die Vor=
dersten nahe genug gekommen waren, erkannten die Berner erfreut
den Markgrafen Rüdeger. Das hob allen den Mut; aber von
Mailand kam schon wieder ein Bote und bat bringend um Hilfe, 15
denn die Feinde bestürmten die Stadt und groß Unglück stand
bevor, wenn sie verloren ging.

Als das Heer bereit war, wurden die Fahnen angebunden
und der Zug ging gegen Mailand; doch bevor sie in die Nähe
der Stadt kamen, hielt Dietrich einen Kriegsrat mit den Seinen 20
und den Führern der Hunnen. „Im offnen Kampfe," sagte er,
„werden wir uns kaum mit den Feinden messen können, dazu sind
wir noch zu wenig. Ich rate, daß wir einen Trupp aussenden,
der das feindliche Lager beschleicht; wenn es möglich wäre, möchten
wir es mit einem Überfall versuchen." Dem stimmten alle bei 25
und Hildebrand wurde mit tüchtigen Kämpfern abgesandt, den
Anschlag auszuführen.

Während diese Schar von ferne das große Heer Ermenrichs
betrachtete, hatten sich auch von drüben zwei Recken mit starker
Mannschaft aufgemacht, um dasselbe gegen die Berner zu ver= 30
suchen. Witege und Heime waren es, die dem Berner irgendwo
Schaden thun wollten; aber Hildebrand hatte ihre Ratschläge be=
lauscht und ritt eilend zurück, um seinem Herrn die Gefahr zu
melden. Der Schreck über die große Zahl der Feinde hatte den
alten tapfern Mann so verzagt gemacht, daß er riet, davon zu 35
ziehen und den Kampf zu meiden. Als ihn jedoch Wolfhart wie
gewöhnlich ungezogen anfuhr und meinte, er würde wohl wenig
Feinde gesehen haben, da erst erzählte er von Witege und Heime
mit ihren Mannen. Nun galt es, schnell der Gefahr zu begegnen;

Dietrich ließ einen starken Heerhaufen zusammenbringen, um den ankommenden Feinden einen Hinterhalt zu legen. Kaum war das ausgeführt, da kam neue Kunde. Auch Alphart hatte des Gegners Lager besehen und dabei eine Stelle gefunden, an der jeder Angriff gelingen mußte. Dorthin wurde eine zweite Schar gesendet; 5 die dritte blieb stehen, wo das Heer gelagert hatte. So begann das nächtliche Morden; Ermenrichs Mannen waren unsanft geweckt; Heime und Witege trauten ihren Augen kaum, als sie von großer Übermacht angerannt wurden, doch wehrten sie sich, wie tapfere Männer müssen. 10

Der sturm und der starke strît
der werte unz ûf vruoimbizzît.
daz velt und daz breite wal
daz ran mit bluote über al.
6515 si vâhten grimmicliche 15
beidenthalp gelîche.
dâ was wan ach unde nôt.
daz ê was grüen, dô wart ez rot
von maneges mannes bluote.
6520 dô sturben helde guote. 20
daz starke Ermriches her,
des kom vil wênic iht ze wer
àn Strîther' von Tuscàn
und von Spôlit Tûriàn
6525 und Heime der mære. 25
die drie vürsten lobebære
die vuorten sehs tûsent man,
die werten daz wal und den plân

Der Sturm und der große Streit währten bis zur Zeit des Morgenimbisses. Der Boden und das weite Schlachtfeld troffen überall von Blut. [15] Sie fochten grimmig auf beiden Seiten. Dort war nur Ach und Weh. Was vordem grün war, jetzt ward es rot von manches Mannes Blute. [20] Damals starben gute Helden.

Von dem starken Heere Ermenrichs kam wenig mehr zum Widerstande, als Strîther von Toscana, Turian von Spoleto [25] und der berühmte Heime. Die drei ruhmreichen Fürsten führten sechstausend Mann, welche die Walstatt und den Kampf-

sô rehte vreislîchen.
6530 die vrumten Dietrîchen
vil manegen creftigen schaden.
dâ was craft wider craft geladen.
beidenthalp si sich werten.　　　　　5
ûf die helme si dô berten.
6535 daz bluot durch diu hersnier spranc.
in die köphe dô erclanc
vil manic bitterlîcher slac.
sich cluben die helme unz in den nac.　　　　　10
man sach dâ bresten den herten stâl.
6540 die von swerten nie gewunnen mâl,
die wurden des tages verschert:
ich meine die brünnen hert,
dâ durch wunden wurden geslagen.　　　　　15
ich wil iu noch mêre sagen.
6545 owê, welch nôt dâ ergie!
man hôrte die wê schrien hie.
si genuogt des strîtes niht ouch.
der tunst ûz ir lîbe rouch　　　　　20
gelîche in der gebære,
6550 sam ob ein walt wære
gezündet an mit viuwer.
si gulten harte tiuwer
den solt mit tôdes ende.　　　　　25

platz ganz grimmig verteidigten. Diese thaten dem Dietrich manchen
großen Schaden. Dort war Kraft gegen Kraft gestellt; [5] auf
beiden Seiten wehrten sie sich und schlugen auf die Helme. Das
Blut drang durch die Kopfkappen. An den Köpfen erklang manch
bittrer Schlag. [10] Die Helme spalteten sich bis in den Nacken.
Man sah dort springen den harten Stahl. Die, welche von
Schwertern noch nie Wunden erhielten, wurden an dem Tage doch
zerhauen, nämlich die harten Panzer, [15] durch welche Wunden
geschlagen wurden. Noch mehr will ich euch sagen. Weh! welche
Not gab es dort! Man hörte viele hier Weh schreien; sie waren
mit dem Kampfe auch nicht zufrieden. [20] Ein Dunst ging von
ihrem Leibe aus, gleich in der Weise, als ob ein Wald mit Feuer
angezündet wäre. Sie vergalten sehr hoch [25] den empfangenen

6555	umb disen mort got schende	
	den künic Ermrîchen!	
	des wünsche ich herzenlichen.	
6605	ez was nû wol ûf mitten tac.	5
	als ich vür wâr sagen mac,	
	dô was sunderbære	
	Tidas der mære	
	komen ûz der stat ze Meilân	
6610	mit zwelf tûsent sîner man.	
	die sach an den zîten	10
	Ermrîch zuo rîten	
	und daz volc vaste zuo ziehen.	
	dô gie ez an ein vliehen.	
	mit Ermrîch nieman entran.	
	aller der er ie gewan	15
	der beleip nieman dâ gesunt.	
6630	ez wart geachtet bî der stunt,	
	alz wir daz buoch hœren sagen,	
	Ermrîchen wurden dô erslagen	
	sehs und vümfzic tusent man,	20
	der kom nie deheiner lebendic dan.	

Sold durch den Tod, der ihnen hier ein Ende machte. Wegen dieses Mordes möge Gott immer in Schande bringen den König Ermenrich! Das wünsche ich herzlich.

Es war nun gegen Mittag. [5] Wie ich es als sicher sagen kann, war dann besonders der berühmte Tidas aus der Stadt Mailand mit zwölftausend seiner Mannen gekommen. [10] Die sah zu der Zeit Ermenrich heranreiten und das Volk sehr herbeiziehen. Jetzt ging es an das Fliehen. Mit Ermenrich entrann niemand. [15] Von allen, die er angeworben, blieb keiner dort unverwundet. Es wurde geschätzt an dem Tage, wie wir in dem Buche lesen, daß dem Ermenrich damals erschlagen wurden [20] sechsundfünfzigtausend Mann, von denen keiner lebend davon kam.

Als der Kampf beendet war und Dietrichs Streiter müde am Boden ruhten, zählte man, wie viele der Berner verloren waren; leider waren es nicht wenige und besonders eins brachte großen Kummer über alle: Dietleib von Steier fehlte, den seit 25

langer Zeit keiner mehr gesehen hatte. Während man ihn noch
suchte, kam ein Reiter dahergesprengt und rief: „Wollt ihr den
härtesten Kampf sehen, der je gefochten wurde, so kommt dort in
das Thal, da ficht Dietleib von Steier mit Wate, der ihn einst
herausgefordert, als er von Dietrich zu Ermenrich gesendet war." 5
    Alle eilten und fanden es, wie der Bote gesagt; doch durfte
sich keiner einmischen, wo es sich um beider Kämpfer Ehre handelte.
Nur mit Worten ermunterte bald Dietrich bald Wolfhart den
schon ermüdeten Dietleib, bis dieser endlich seinem Gegner den
Helm bis ins Hirn durchschlug, doch erhielt auch er noch zuletzt 10
einen Hieb, der ihn wie tot zu Boden streckte. Bald aber erhob
sich Dietleib, um wieder auf den Gegner zu stürzen, allein der
hatte schon geendet.
    Bei aller Freude verdroß es Dietrich sehr, daß der tückische
Ermenrich wieder entronnen war; denn das wußte jeder, solange 15
dieser lebte, würde er mit seinem großen Schatze immer wieder
neue Recken werben, um seinen Neffen zu bekämpfen. Darum
forschten auch alle eifrig nach dem Ort, wo der Unhold sich ver=
borgen hatte. Endlich erfuhr man es: er war zu Raben, wo er
eine kleine Schar um sich gesammelt hatte, darunter seine bösen 20
Ratgeber Sibeche und Ribstein. Wutschnaubend eilte der Berner
dorthin und schloß die Stadt ein; am andern Tage ließ er stürmen,
aber die Mannschaft wehrte sich tapfer, denn Ermenrich hatte ihnen
die erfundene Nachricht sagen lassen, daß am nächsten Tage ein
großes Heer sie befreien würde. In der Nacht aber entfloh der 25
Lügner mit seinen schändlichen Gesellen nach Bologna.
    Als die Männer in Raben bei Tages Anbruch weder das
versprochene Heer noch ihren König sahen, gingen sie hinaus zu
Dietrich und ergaben sich ihm. Der verzieh ihnen, was sie ihm
gethan hatten; dann kehrte er nach Mailand zurück, denn Ermen= 30
rich war weiter geflohen, als er ihm folgen konnte.
    Jetzt hatte er wieder die Sorge, wie er seine Getreuen be=
lohnen sollte, denn er besaß weder Silber noch Gold. Diesmal
fand sich dafür bald Rat.
    Dietrich hatte von den Feinden viele gefangen, darunter 35
auch manchen vornehmen Mann; daß Ermenrich die um Geld
lösen würde, war gewiß. Darum schenkte Dietrich jedem wackern
Degen einen Haufen Gefangener; das Lösegeld sollte der Lohn
sein. Dann sandte er zu Ermenrich und ließ ihm die Gefangenen

anbieten. Der besann sich auch nicht lange und schickte reiche
Lösung; so wurden alle frei, bis auf einen, den Dietrich nicht
loslassen wollte. Das war Witege, der früher manches Jahr dem
Berner treu gedient, aber für vieles Gold zu Ermenrich gegangen
war. Jetzt hatten dem Dietrich die Mannen geraten, er sollte 5
ihn wieder in Gnaden aufnehmen und ihm ein Lehen geben.
Das that er auch und verlieh ihm Raben, doch mußte Witege
feierlich schwören, dem Berner nie wieder untreu zu werden. Zum
Zeichen seiner Gnade schenkte ihm der König noch ein gutes Roß,
Schemming, das er künftig in seines Herrn Dienste reiten sollte. 10
— Leider ahnte der Berner nicht, was dadurch später geschah.

Zu Mailand blieb Tidas als Hüter und zu Garda Amelolt,
aber Bern erhielt der unverzagte Elsan. Dann zog Dietrich mit
dem Hunnenheere fort, um dem Könige Etzel und seiner Ge-
mahlin für die Hilfe zu danken. 15

In der Etzelnburg war große Freude, als die Hunnen wieder
heim kamen; dann ging es ans Erzählen, wie es dort zugegangen
war, und Etzel gab große Feste zu Ehren der Amelungenhelden.
Manch Ritterspiel wurde aufgeführt und Zeitvertreib jeder Art
den Gästen bereitet. 20

Als so einige Zeit vergangen war, begann Etzel eines Tages
zu Dietrich: „Ihr seid jetzt in reifem Alter und solltet ein Weib
nehmen, denn Euer Land bedarf einer Königin." Dietrich er-
widerte: „Das kann nicht geschehen, denn meine Lande sind leider
so verwüstet und verheert, daß ich keinen Hofhalt haben kann." 25
Nun redete die Königin Helche: „Darum macht Euch keine Sorge;
ich meine, daß Ihr meiner Schwester Tochter heiraten sollt, die
schöne Herrat, die ist reich genug, daß Ihr eigenen Gutes ent-
raten könnt." Dietrich erschrak, denn er hatte nicht geahnt, daß
ihn der kluge Hunnenkönig auf diese Weise fesseln würde; darum 30
sagte er nach einigem Bedenken: „Ich will das mit meinen Ge-
treuen besprechen; was die mir raten, werde ich thun."

Damit ging er von dannen zu seinen Freunden, die er bei-
sammen fand und Rüdeger unter ihnen. Der sagte, als Dietrich
den Willen Etzels erwähnt hatte: „Bedenkt Euch wohl, ehe Ihr 35
Nein sagt; ohne Etzels Heer werdet Ihr in Eurem Lande wenig
ausrichten können." Der Meinung stimmte auch Hildebrand zu,

22 f. Daß Dietrich, wie Albrecht von Kemenaten erzählt, schon verheiratet war, ist
dieser Dichtung unbekannt. Vgl. oben S. 204.

so daß der Berner endlich seufzend sagte: „Was man nicht ver=
meiden kann, soll man geschehen lassen."

Am andern Tage gab Etzel ein großes Mahl. Als alle
Gäste versammelt waren, erhob sich Rüdeger und trat vor die
Königin. „Edle Fürstin," sagte er, „der Herrscher von Bern be= 5
gehrt Eure Nichte zum Weibe." Darüber wurde Helche unmäßig
froh und gleich verlobte Etzel die Herrat mit Dietrich; Helche
schenkte der Braut viel Reichtümer und dazu Siebenbürgen, ihr
eigenes väterliches Erbe.

Ob diesem Ereignis herrschte Fröhlichkeit am ganzen Hunnen= 10
hofe, nur dem Berner war dabei nicht wohl zu Mute. Da war
es ihm denn ganz recht, daß er plötzlich aus dem allgemeinen
Freudentaumel gerissen wurde durch die Nachricht, Eckewart sei
angekommen im Auftrage Amelolts von Garda und habe ihm
etwas Wichtiges zu melden. Aber wie entsetzte er sich, als er 15
die furchtbare Kunde vernahm: Witege war abtrünnig geworden
und hatte dem Ermenrich die Stadt Raben überliefert, in der
dann alles, Männer, Weiber und Kinder, ermordet war.

Darüber versank Dietrich in tiefe Trauer. Die Festgesell=
schaft wunderte sich, daß er, dem doch alles galt, so lange schon 20
sich ihnen entzogen hatte; aber allmählich kam die böse Nachricht
auch in den Saal und vor Etzel. Der konnte anfangs die Sache
nicht begreifen; als aber Dietrich selbst vor ihn trat und alles
noch einmal erzählte, schwur der Hunnenherrscher gleich, ihm zu
helfen, gegen wen es auch sein möge. 25

Vom Heiraten war nun weiter nicht die Rede, von Waffen
und Kampf hörte man desto mehr. Als sich die erste Erregung
gelegt hatte, fragte Etzel, wo Ermenrich läge und ob er denn
überhaupt ein Heer hätte. „Herr," begann da Eckewart, „ich habe
bei Spoleto selbst seine Kriegsmacht gesehen und kann Euch ver= 30
sichern, daß ich nie ein so gewaltiges Heer gesehen habe. Wie
er das zusammengebracht hat, begreife ich nicht." „Wundert dich
das?" sagte Dietrich. „Er hat den Schatz der Harlunge und dazu
den meines Vaters Dietmar; wer zweier Könige Reichtum hat,
braucht nicht zu sorgen, woher er Kämpfer nehmen soll." „Mag 35
er die Schätze haben," warf Etzel dazwischen, „diesmal sollen sie
ihm nicht nützen. Das Heer, welches ich senden werde, soll ihm
die Wege weisen."

Damit war des Redens genug und Etzel ließ die Heerfahrt

in allen seinen Landen verkünden. Helche gab große Reichtümer
her, damit Dietrich die Genossen belohnen konnte, denn sie sagte
zu ihm: „Wenn die Deinen auch treu und willfährig sind, er=
halten sie guten Lohn, so ist es noch besser. Leicht werden sie
widerspenstig, wenn du ihnen nichts zu geben hast." 5
Den Fürsten steht es wohl an, wenn sie ihre Treuen be=
lohnen, denn wer Leute zum Kriege braucht, dem können die Ge=
zwungenen wenig nützen, freiwilliger Dienst ist besser. Jetzt sieht
man aber nur erzwungenen Gehorsam. Die Fürsten, welche sich
bemühen sollten, ihren Rittern zu helfen, thun viel mehr, um sie 10
zu verderben. Dafür möge Gott ihr Gut ihnen nehmen und ihre
Seele der Teufel.
Wenn ein Ritter auf seiner Burg sitzt, dann kommt oft ein
Bote und fordert ihn auf, bei Hofe zu erscheinen; deshalb ver=
kauft und verpfändet der Ritter seine Habe, um höfische Kleidung 15
zu beschaffen. Ist er nun gut damit versehen, dann kommt ein
anderer Bote und spricht: „Das Hoffest ist abgesagt, es giebt
einen Kriegszug; eilt Euch dafür zu rüsten." — So geht des
Ritters Hab und Gut zu Grunde, die Armut zieht bei ihm ein.

	Dise wernde swære	20
8000	hât Heinrich der Vogelære	
	gesprochen und getihtet.	
	ir sît vil unberihtet,	
	ir grâven vrîen dienestman.	
	ich sihe wol daz man iu niht gan	25
8005	guotes noch der êren.	
	man wil iu verkêren	
	iuwer reht alle tage.	
	ez ist wâr daz ich iu sage.	
	man setzet die geste	30
8010	ûf iuwer erbeveste	

[20] Diese ewige Bedrängnis hat Heinrich der Vogler gesagt
und gedichtet. Es ist um euch übel bestellt, ihr Grafen, Freiherrn
und Lehnsmannen. [25] Ich sehe wohl, daß euch weder Gut noch
Ehre gegönnt wird. Man sucht euer Recht euch täglich zu verdrehen.
Wahr ist, was ich euch sage. [30] Man setzt Fremde auf euer Erbe

6 ff. Solche Klagen über die Schlechtigkeit der Fürsten sind im vorgerückten 13. Jahr-
hundert sehr häufig, aber stets ein Kennzeichen späterer Dichtung.

und müezet ir dar zuo sehen.
swaz iu des immer mac geschehen,
dar umb türret ir niht sprechen wort
od ir sit alle mort.

8015 sit ich iu, grâven vrîen dienestman,
mit melden niht gebüezen kan,
sô gê übr iuch der gotes segen
und ringe iur lîp ûf allen wegen!
        Ich wil mîn altez mære
8020 von dem Bernære
rehte wider heben an,
wie ez umbe in ende nam.
ir habet ê wol vernomen,
wie ez her ist bekomen,
8025 wie her Dietrîch von den Hiunen schiet
und waz im vrou Helche riet
und wie si im daz guot gap.
vil manegen wîslîchen rât
riet im diu küniginne rîch:
8030 des sagt ir gnâde her Dietrîch.

und ihr müßt das mit ansehen. Was euch davon auch geschieht, ihr dürft doch kein Wort darüber sprechen, sonst ist es um euch geschehen. [5] Da ich euch Grafen, Freien und Lehnsmannen mit Worten nichts nützen kann, so walte über euch Gottes Segen und mindre euer Leib in jeder Weise.

Ich will meine alte Geschichte [10] von dem Berner wieder anfangen und erzählen, wie es mit ihm ein Ende hatte. Ihr habt früher wohl gehört, wie es bisher zuging, [15] wie Herr Dietrich von den Hunnen zog und was ihm Frau Helche riet und wie sie ihm den Schatz gab. Manchen weisen Rat gab ihm die mächtige Königin, [20] wofür ihr Herr Dietrich Dank sagte.

So nahmen denn die Berner Helden noch einmal Abschied von den Hunnen und ritten gen Gran, wo das Heer sich sammelte; mit ihnen Etzel, der ihnen noch ein Stück Weges das Geleite geben wollte. — Durch Istrien ging der Zug weiter, doch Etzel wandte wieder um zu seiner Burg.

Von Pola kamen die Einwohner samt Ermenrichs Besatzung

dem Hunnenheere entgegen, um sich Dietrich zu unterwerfen, der ihnen den Abfall verzieh.

Zu Padua lag Ermenrichs Sohn Friedrich mit starker Macht und gedachte Dietrichs Mannen zu unbedachten Kämpfen zu ver= locken; aber denen war jede vorschnelle Begegnung mit den Feinden verboten. Nur Wolfhart machte sich mit einer kleinen Schar heim= lich davon, um den Gegner zu überfallen; das glückte auch, denn Friedrich mußte mit schwerem Verluste fliehen und den Feinden manchen Gefangenen lassen, darunter einen, dessen sich der Sieger sehr freute, nämlich Sibeches Sohn. Den ließ Wolfhart gleich vor der Stadt aufhängen.

Als das Heer weiter zog und nach Raben kam, gab es einen schrecklichen Anblick; dort lagen noch die Leiber der Kinder und Frauen, die der nichtswürdige Ermenrich ermordet hatte. Dietrich ließ sie alle begraben. Da er den Gegner hier nicht fand, rückte er weiter, denn er hörte, daß der feindliche König zu Bologna weile. Dort sahen sie auch das mächtige Heer.

Als dann die Hunnen sich im Angesicht der Feinde gelagert hatten, hielt Dietrich einen Kriegsrat; in diesem sagte Rüdeger: „Mein Vorschlag ist, wir teilen das ganze Heer; der eine Haufe umgeht die Feinde, der andere bleibt hier; morgen, wenn es Tag wird, laßt uns mit frohem Mute den Streit beginnen." So ge= schah es denn auch; die Schar, welche die Feinde umging, führte Dietrich selbst, den Befehl über die Zurückbleibenden gab er Diet= leib von Steier.

Mit wildem Geschrei und dem lauten Getöse des Heerhornes stürzte der Berner in der Gegner Reihen, die noch des Kampfes in so früher Stunde nicht gewärtig waren; mit gleichem Ungestüm drang auch Dietleib vor, der bald mit Dietrich zusammenstieß. Dann wandten beide wieder um und schlugen nach allen Seiten tiefe Gassen in die Feinde.

So ging der Tag mit furchtbarem Morden hin; am Abend wollte Dietrich Waffenruhe gebieten, doch Wolfhart widerriet es: das würde den Feinden nur Zeit zum Sammeln geben. Der Kampf währte also auch in die Nacht hinein, und als die Sonne wieder aufging, fochten noch immer hier und da einzelne Haufen. Mit dem neuen Tageslichte kehrten alle, die schon müde abgelassen hatten, auf das Schlachtfeld zurück, auf dem noch viele wackere Helden den Tod fanden.

Als auch der zweite Tag Ermenrichs Heer keinen Sieg brachte,
floh der schändliche Anstifter des ganzen Unheils und mit ihm
viele seiner tapfern Kämpfer, aber auch die feigen Ratgeber Sibeche
und Ribstein. Hinter ihnen her jagten in rasender Eile Dietrichs
Mannen, allen voran Eckehart; doch konnten sie es nicht hemmen, 5
daß die meisten Flüchtigen in das feste Bologna gelangten, darunter
der König und Sibeche; den dritten Schandgesellen aber fing
Eckehart, nämlich den Ribstein, und schlug ihm das Haupt ab
zum Lohne für den Mord der Harlungen.

Zuletzt harrte der Sieger noch eine traurige Arbeit, denn 10
das Feld lag weit und breit voll von Verwundeten und Toten;
unter diesen fand man auch manchen Fürsten: Eckewart, Amelolt,
Helmschart und Jubart; aber den größten Schmerz machte es
Dietrich, als er auch den jungen Alphart unter den Gefallenen sah

	er sprach 'owê, nû hân ich gar	15
	wunne und vreude verlorn,	
9910	sît mîne recken ûz erkorn	
	alle hie nû tôt sint.	
	ich armer Dietmâres kint!	
9920	owê, was ich nû vloren hân	20
	an dir, getriuwer Alphart!	
	ich was mit dir vil wol bewart	
	aller mîner êren,	
	swar ich hin wolde kêren:	
9925	der triwe muoz ich nû âne sîn.	25
	owê des werden lîbes dîn,	
	der nû die erde bouwen sol!	
	nû wirt mir nimmermêre wol	
	unz an mîne leste stunt.'	
9930	Alpharten kuste er an den munt:	30

[15] Dietrich sprach: „O weh, jetzt habe ich ganz Wonne und
Freude verloren, da meine auserkorenen Helden nun alle hier tot
sind. Ich armer Sohn Dietmars! [20] O weh, was habe ich an
dir verloren, treuer Alphart! durch dich war ich wohl beschützt in
allen meinen Ehren, wohin ich mich wenden wollte; [25] der Treue
bin ich nun beraubt. O weh über deine edle Gestalt, die nun der
Erbe zu teil werden soll! Jetzt werde ich nimmer froh bis an meine
letzte Stunde." [30] Alpharten küßte er auf den Mund und sagte:

'owê, hôhgetriuwer lip!
dîne tugende müezen elliu wîp
immer weinen unde clagen,
swâ si hœrent von dir sagen.'
  hie mit kômen ouch gegân   5
10000   beide vriunde unde man,
von den ein clage sich dâ huop,
dô man die tôten begruop.
si wunden die hende
und clagten manegen ende: 10
10005   sô griffen sich die in daz hâr,
sô lâgen dise vür tôte gar,
jene sich ze dem herzen sluogen,
dô sis ze dem grabe truogen,
der den vater, sô der daz kint.   15
10010   si wâren reht von weinen blint.
  nû sul wirz lâzen ende hân.
dô man mâge unde man
die küenen und die werden
bestatte zuo der erden,   20
10065   owê, dô rûmte jæmerlich
daz wal der herre Dietrich.
si riten daz ende nider
die rehten strâze hin wider
gegen der stat ze Meilân.   25
10070   als ich vür wâr vernomen hân,

„O weh, treuer Mann! Um deine Tüchtigkeit müffen alle Frauen
immer weinen und klagen, wo fie auch von dir erzählen hören."
  [5] Damit kamen auch herbei Freunde und Mannen, von
denen fich eine Klage erhob, als man die Toten begrub. Sie
rangen die Hände [10] und klagten in mancher Weife; einige rauften
fich die Haare aus, andere lagen wie tot da, andere fchlugen fich
vor die Bruft, als fie zu Grabe trugen [15] diefer feinen Vater,
jener feinen Sohn. Sie wurden ganz vom Weinen blind.
  Jetzt follen wir es zu Ende gehen laffen. Als Verwandte und
Mannen, kühn und tapfer, [20] zur Erde beftattet waren, räumte
bekümmert Herr Dietrich die Walftatt. Sie ritten in der Richtung
gerades Wegs [25] nach der Stadt Mailand. Wie ich's als wahr

dô si wârn bekomen dar,
dô bat her Dietrîch vür wâr
Rüedegêr den guoten,
den reinen wolgemuoten
10075 und ouch alle Ezeln man
durch sînen willen dâ bestân
daz si ruowe phlægen
und in gemache lægen.
ir wart mit vlîze wol gephlegen.
dô ruoweten die müeden degen
10085 unz an den ahzehenden tac.
wes her Dietrîch dô phlac,
daz wil ich iuch wizzen lân.
　　Berne unde Meilân
besatzt her Dietrîch zehant
und rûmte dâ mit Rœmisch lant.
10115 gegen den Hiunen vuor er
und der marcgrâve Rüedegêr:
dô bevalch er Garte
dem küenen Eckeharte.
　　Nû hât ein ende dez mære.
10120 hin vuor der Bernære
zuo den Hiunen in daz lant.
boten gâhten alzehant
hin ze Ezelburc (daz ist wâr).

gehört, als sie dorthin gekommen waren, bat Herr Dietrich den
guten Rüdeger, den edlen tapfern Mann, [5] und alle Leute
Etzels, um seinetwillen dort zu bleiben, damit sie Ruhe hätten
und gemächlich lägen. Sie wurden wohl verpflegt. [10] Darauf
ruhten die müden Degen bis zum achtzehnten Tage. Was Dietrich
damals vornahm, das will ich euch jetzt wissen lassen.

Bern und Mailand [15] besetzte Herr Dietrich sogleich und
verließ damit das römische Gebiet. Zu den Hunnen fuhren er und
der Markgraf Rüdeger. Damals übergab er Garba [20] dem
kühnen Eckehart.

Nun hat die Geschichte ein Ende. Hin zog der Berner in
das Hunnenland. Boten eilten gleich [25] hin zur Etzelnburg

si seiten Ezelen gar
10125 lieb und leidiu mære,
wie ez ergangen wære
beidiu ze schaden und ze vrum.
nû ist es komen an daz drum 5
des buoches von Berne.
10130 Ezel hôrte gerne,
daz der Bernære
an dem sige wære.
in der zît dô daz geschach, 10
hie mit man ouch komen sach
10135 den herren Dietrîche.
Ezel der vil rîche
hie mit samt vroun Helchen gie,
dâ er die herren wol enphie. 15
Ezel den von Berne
10140 sach dâ harte gerne.
dô wart vrâgen niht verlân:
wie ez umb den strît was ergân,
des sagte dô her Dietrîch. 20
er bat die küneginne rîch
10145 sîne lieben recken clagen
und alle die dâ wârn erslagen.
daz beweinte si vil sêre.
waz touc der rede mêre? 25

(das ist wahr). Sie sagten dem Etzel angenehme und unangenehme
Kunde, wie es gegangen war sowohl im Guten wie im Bösen.
[5] Jetzt ist es zum Schlusse gekommen mit dem Buch von Bern.
Etzel hörte gern, daß der Berner im Siege war.
[10] In der Zeit als das geschah, sah man auch den Herrn
Dietrich ankommen. Etzel, der Mächtige, ging samt Frau Helche
dorthin, [15] wo er die Herren gut empfing. Den von Bern sah
Etzel dort sehr gern. Dann wurden die Fragen nicht versäumt,
wie es mit dem Streite gegangen war; [20] davon erzählte
Herr Dietrich nun. Er bat die mächtige Königin, seine lieben
Recken zu beklagen und alle, die dort erschlagen waren. Das
Unglück beweinte sie sehr. [25] Was nützt die Rede weiter?

si clagten in ir muote
10150　　die edelen recken guote
und swer ûf dem wale dâ verschiet.
hie mit endet sich daz liet.

Sie beklagten in ihrem Gemüte die edlen guten Recken und alle,
die auf der Walstatt dort verschieden.
　Damit endet das Lied.

XII. Alpharts Tod.

Wenn Dietrich mit den Seinen im Hunnenlande in langen
dunkeln Winternächten die Helden beklagte, die er im Kampfe
mit Ermenrich verloren hatte, trauerte er doch um keinen so sehr
wie um den jungen Alphart. Das war ein Jüngling gewesen, schön
wie der Lichtgott und tapfer im Streite; um ihn klagten alle am 5
meisten und besonders, weil keiner recht wußte, wie er gestorben
war. Viele meinten, daß ihn Reinher von Paris oder Biterung
von England erschlagen hätte, der dafür wieder den Tod von
Dietrichs Hand gefunden; aber im Gotenvolke lebte eine andere
Kunde, von der ein altes Lied also meldet. 10

Als Ermenrich beschlossen hatte, seinen Neffen Dietrich zu
bekriegen, sandte er seinen Lehnsmann Heime nach Bern, um die
Absage zu bringen. Nachdem der seine Botschaft ausgerichtet,
machte ihm Dietrich schwere Vorwürfe, daß er zu solchem Dienste
dem ungetreuen Ermenrich die Hand böte, denn beide waren lange 15
Jahre Waffenbrüder gewesen. Wie nun aber Dietrich gar hörte,
daß Heime auch im Kampfe gegen ihn auftreten wollte, schalt er
ihn einen Meineidigen, den er im Kampfe aufsuchen und strafen
wollte; aber jetzt sollte er eilen und sich der Rache seiner einstigen
Genossen entziehen. 20

Als der Bote über die Zugbrücke davon geritten war, hielt
der König Rat mit den Seinen, wie er der drohenden Gefahr
begegnen sollte.

1—10 ist eine von mir erfundene Einleitung, um den Alphart, der sonst ganz ver-
einzelt steht, an die übrigen Gedichte des Dietrichskreises anzuknüpfen. — Der Name des
Helden ist zusammengesetzt und Alp=hart zu sprechen.

85 'Ir sult daran gedenken' sprach der küene man,
'als iu mîn vater Dietmâr in güete ie habe getân.
ir straht im iuwer hende und hânt im triwe gegeben.
dar an sult ir gedenken die wîle unde ir hânt daz leben.
86   der mir nû in disen nœten welle bî gestân,   5
mit dem sô wil ich teilen swaz mir mîn vater hât lân.'
dô sprâchen si dô alle die ûz erwelten degen
'wir wellen bî iu, hêrre, wâgen lîp unde leben.'
87 'nû lône iu got von himele! und gebent mir iuwern rât
ze mîner grôzen swære, wandez mir kumberlîchen stât.   10
wie sol ich gebâren?' dô sprach Alphart
'dâ sult ir gein in senden einen re ken ûf die wart.'
88 'wen sol ich gein in senden?' sprach hêr Dietrîch.
'daz sult ir mich' sprach Alphart, 'ich wer ez endelîch,
ich tar wol bevinden des keisers gelegenheit.'   15
daz er die wart wolt suochen, daz was den Wülfingen leit.
89   dô sprach Wolfhart der küene 'lieber bruoder mîn,
nû lâz ein andern recken noch hiute wartman sîn.

„Ihr sollt daran gedenken,“ sagte der kühne Mann, „wie
gut euch mein Vater Dietmar stets behandelt hat. Ihr recktet
ihm eure Hände empor und habt ihm Treue geschworen. Daran
sollt ihr denken, solange ihr das Leben habt. [5] Wer mir jetzt
in diesem Kampfe beistehen will, mit dem will ich teilen alles,
was mir mein Vater hinterlassen hat.“ Darauf antworteten sie
alle, die auserwählten Degen: „Wir wollen mit Euch, Herr, Leib
und Leben wagen.“

„Das lohne euch Gott im Himmel! Jetzt gebt mir euern
Rat [10] in meiner großen Not, denn es geht mir übel. Wie
soll ich es beginnen?“ Darauf antworte Alphart: „Zuerst sollt Ihr
gegen sie einen Recken zum Auskundschaften senden.“ „Wen soll
ich gegen sie senden?“ erwiderte Herr Dietrich. „Mich,“ sagte
Alphart, „ich versehe die Stelle gut; [15] ich getraue mir wohl
des Kaisers schwache Seiten zu erforschen.“ Daß er auf die Warte
wollte, war den Wölfingen unangenehm.

Darauf sagte der kühne Wolfhart: „Lieber Bruder, laß einen

---

12. Wenn die feindlichen Heere sich nahestanden, zogen vornehme Krieger auf Vor=
posten, wie wir sagen würden; nach den Nibelungen z. B. Siegfried im Sachsenkriege.
Der mhd. Ausdruck dafür, die Warte (eigentlich das Ausschauen), kann durch keinen nhd.
ersetzt werden.

làz uns ûz den Wülfingen nemen ein versuochten degen.
du bist ein kint der jàre, einen andern làz der warte phlegen.'
90 des antwurt im mit zorne der junge Alphart
'du enganst mir keiner èren, bruoder Wolfhart,
daz ich hie heime belibe als ein armez wîp.   5
sô hat man iuch vür recken und aht ûf mich ze keiner zît.
91 ich wil ûf die wart rîten' sprach der küene man.
'daz wizze, bruoder Wolfhart, niemen michs erwenden kan.
ich wil mîn heil versuochen' sprach der helt balt.
'ich wil noch hiute sterben ichn werd zeim recken gezalt.' 10
92 dô sprach Alphart der junge 'ich hieze niht ein degen,
waz solte ich tragen wâfen, wâgt ich niht lîp unt leben!
gote ich wol getrûwe, daz iender lebe ein man,
der mir alterseine ze strîte müge gesigen an.'
97 dô sprach der vogt von Berne 'lieber Alphart,   15
ich lân dich alterseine ungerne ûf die wart.
aller recken bærde sint gein dir ein wint:
der sinne und der jâre bistû leider noch ein kint.
98 swer in herten stürmen alle zît vehten wil'
sprach der vogt von Berne 'und tribet er sîn vil,   20

andern Recken heute Wartmann fein. Laß uns aus den Wölfingen
einen erfahrenen Degen aussuchen. Du bist noch ein Jüngling,
einen andern laß die Warte besorgen."
    Darauf antwortete zornig der junge Alphart: „Du gönnst mir
keine Ehre, Bruder Wolfhart, [5] damit ich hier zu Hause bleibe
wie ein schwaches Weib. Dann hält man euch für Recken und
achtet mein zu keiner Zeit. Ich will auf die Warte reiten," fuhr
der kühne Mann fort, „das wisse Bruder Wolfhart, niemand kann
mich daran hindern. Ich will mein Heil versuchen," sagte der
tapfre Held, [10] „ich will lieber noch heute sterben, wenn ich nicht
als Recke geachtet werde." Weiter sagte der junge Alphart: „Ich
hieße nicht ein Degen, wozu sollte ich Waffen tragen, wenn ich
nicht Leib und Leben wagte! Zu Gott habe ich das Vertrauen, daß
nirgend ein Mensch lebt, der allein im Streite mich besiegen kann."
    [15] Darauf sagte der Herrscher von Bern: „Lieber Alphart,
ich lasse dich allein ungern auf die Warte. Aller Recken Tapferkeit
dünkt dich gering; du bist an Verstand und Jahren leider noch ein
Kind. Wer in harten Stürmen alle Zeit fechten will," [20] sagte

witze unde sinne wære im beider not.
ez wundet dicke ein wîser ein starken tumben in den tôt.'
99   dô sprach Alphart 'hêrre, ir sult mich wizzen lân,
sol einer nâch dem andern an mich ze strîte gân,
alsô ez von alter her reht ist gewesen,   5
in stürmen und in strîten getrûwe ich harte wol genesen.
100   ich wil ûf die wart rîten durch mîne degenheit.
swer mir daz nû wendet, daz ist mir immer leit.'
also rett der küene 'mîner sterke ich nie gewuoc,
einem nâch dem andern gibich tûsenten strîtes gnuoc.'   10
101   dô sprach Hilbrant der alde 'her neve, ir sint ein kint,
und enwelt niht wizzen rehte wer die recken jenhalp sint:
der keiser von Rôme hât sînen solt gegeben
den tiursten in der werlde sô si nû hânt daz leben.'
102   'desn sult ir niht geruochen' alsô sprach Alphart,   15
'deste williclîcher wil ich ûf die wart.'
alsô antwurt der küene dem alden Hildebrant.
er hiez im balde bringen ros harnasch und gewant.

der Herrscher von Bern, „wenn er damit sich viel abgiebt, dann ist
ihm sowohl Klugheit als auch Erfahrung nötig. Es verwundet
oft ein Erfahrener einen starken Unerfahrenen auf den Tod."
    Hierauf antwortete Alphart: „Herr, Ihr sollt mich wissen
lassen, ob einer nach dem andern mich angreifen wird, [5] wie
es von alters her Recht gewesen ist; in dem Falle glaube ich
in Sturm und Streit wohl bestehen zu können. Ich will aus
Kampfeslust auf die Warte reiten. Wenn mir einer das ver-
eitelt, so ist mir das immer leid." So redete der Kühne weiter:
„Von meiner Stärke machte ich nie viel Aufhebens, [10] aber
wenn einer nach dem andern kommt, dann gewähre ich Tausenden
Streites genug."
    Darauf sagte der alte Hildebrand: „Herr Vetter, Ihr seid
ein Kind und wollt es nicht glauben, wer die Recken drüben sind.
Der Kaiser von Rom hat seinen Sold den Vornehmsten in der
Welt gegeben, die jetzt am Leben sind."
    [15] „Darum sollt Ihr Euch nicht kümmern," sprach Alphart,
„um so freudiger will ich auf die Warte." So antwortete der
Kühne dem alten Hildebrand. Er hieß bald für sich herbeibringen
Roß, Harnisch und Gewand.

116 mit umbegurtem swerte er zuo dem rosse gie.
dar ûf saz er balde, urloup er enphie.
'wære ez nû mit willen des lieben herren mîn,
die warte wolte ich suochen nâch den grôzen êren sîn.'
117 dô was Alphart der junge ûf sîn ros bekomen. 5
dô hete er umbe und umbe schôn urloup genomen.
er reit mit guotem willen verre vür die stat.
nâch im manic schœne vrouwe segente, diu im heiles bat.

Mit umgegürtetem Schwerte ging er zu dem Rosse, auf das
er sich schnell setzte; dann nahm er Abschied. „Geschähe es nun
mit dem Willen meines lieben Herrn, so wollte ich die Warte
aufsuchen, um große Ehre zu erwerben."

[5] Jetzt war der junge Alphart auf sein Roß gekommen;
dann hatte er nach allen Seiten freundlich Abschied genommen.
Er ritt mit frohem Mute fern hin aus der Stadt. Ihm wünschte
Glück nach manch schönes Weib, die um Heil für ihn betete.

Nun hielt der junge Held fern vom Heere seines Herrn
auf einsamem Hügel Wache und schaute aus, ob der Feinde einer 10
käme, Dietrichs Heer aufzusuchen. Bald nahte ein stattlicher Reiter
mit achtzig Genossen, es war Wülfing, ein Herzog in Ermenrichs
Lande. Ihn fragte Alphart nach seinem Begehr; und als er
hörte, daß der Fremde komme, um dem Berner Schaden zu thun,
da forderte er ihn zum Kampfe auf, doch sollten die andern Reiter 15
fern bleiben. Das gewährte Wülfing, aber zu seinem Unheil,
denn bald lag er am Boden, den Speer in der Brust. Nun
stürzten seine Mannen herbei, um seinen Tod zu rächen, doch einer
nach dem andern fiel von Alpharts starker Hand. Nur acht ent=
rannen und kamen blutend in Ermenrichs Lager. Der Kaiser 20
hieß sie willkommen; doch als er die traurige Kunde vernahm,
daß Wülfing mit den Seinen gefallen, fragte er schmerzbewegt:
„Wie viele waren es, die euch übermannten?" „Herr," erwiderten
die blutigen Kämpfer, „nur einer war es, doch ihn kannte keiner;
denn er führte einen Schild, weiß mit einem goldenen Löwen; 25
Dietrichs Wappen war nicht an ihm zu sehen!" Da klagte der
Kaiser in grimmem Schmerze: „Weh mir, so war es nicht Dietrich,
mein Neffe, sondern fremde Helden helfen ihm im Kampfe und
von den Meinen wagt keiner, dem starken Recken zu begegnen.

Ich biete euch Gold und Silber, auch edle Steine; schaut her,
das alles soll dem werden, der jetzt hinreitet und den fremden
Streiter auf der Warte besteht!" Lange schwiegen die umstehenden
Kämpfer; endlich sprach Witege: „Herr Kaiser, Euer Gold mag
Euch bleiben, aber ich will hinreiten und mir den kühnen Helden   5
besehen, denn die Schmach soll uns keiner bieten." Schnell waffnete
er sich und ritt von bannen.

209   Als er ûf daz gevilde kom von dem here hin dan,
       do begunde sêre grûsen den ûz erwelten man.
       dô dructen in die ringe, dem helde wart sô heiz,   10
       daz im ûf der heide grüene durch die ringe dranc der sweiz.

210   er sprach ʽgot von himele, wie ist dem herzen mîn,
       od waz mac ûf die warte hiute komen sîn?
       ich solt die reise lâzen' dâht der werde man.
       daz ros warf er umbe und sach daz her wider an.   15

211   er dâhte in sînem muote her wider als ein helt
       ʽdû muost nû liden smerzen, sît dich hât ûz erwelt
       ûz ahzic tûsent mannen der keiser lobesam.
       dâ wirt êre begangen od ez muoz mir an mîn leben gân.'

212   über daz gevilde wart Witegen alsô gâch.   20
       ûf sô macht sich Heime und reit sich Witegen nâch,
       der wolt sich hân gerochen an dem kindeschen man.
       Heime hielt undr eim schaten bis Witege von dem sige kam.

Als er auf das Gefilde fern von dem Heere gelangte, begann
sehr zu grausen den auserwählten Mann. [10] Es drückten ihn die
Panzerringe, dem Helden wurde so heiß, daß ihm auf der grünen
Heide der Schweiß durch den Panzer drang. Er sagte: „Gott im
Himmel, wie ist mir denn zu Mute oder was mag auf die Warte
heute gekommen sein? Ich unterließe besser die Fahrt." So dachte
der tapfre Mann [15] und wandte das Roß herum, so daß er das
Heer wieder ansah. Dann gedachte er in seinem Sinne wieder als
Held: „Du mußt die Qual jetzt leiden, da dich aus achtzigtausend
Mann der ruhmreiche Kaiser ausgewählt hat. Dort wird Ehre
erworben oder es muß mir an das Leben gehen."

[20] Über das Gefilde eilte Witege fort. Auf machte sich auch
Heime und ritt dem Witege nach, der sich an dem jugendlichen
Manne rächen wollte. Heime wartete im Schatten, bis Witege
von dem Siege käme.

213 dô kam der helt Witege geriten ûf daz wal.
dâ vant er vil der tôten ligen über al.
als in Alphart der junge von verren ane sach,
'dort komt des keisers diener, wæn mir lieber nie geschach.'

214 den helm bant er zem houpte zuo der selben stunt, 5
er staphte gein im schône in einen tiefen grunt.
Witege vrâgte in mære, ob er im kunde gesagen,
ob er der ritter wære, der die helde hæte erslagen.

215 'jâ ich' sprach Alphart. 'saget mir, degen hêr,
wie getürret ir gein recken iuwer sper geleiten mêr? 10
ez ist iu ze verwîzen, ir sît ein triwelôs man,
jane weiz ich niht der leide diu iu mîn hêrre habe getân.

216 ir swuoret im ze stunden, helt, den iuwern eit.
den hânt ir gebrochen, deist allen recken leit.
iu hât der von Berne und alle sîne man 15
dâ her bî allen zîten ie des besten vil getân.

219 hâstû niht gemerket, wie gezimet recken daz,
daz man in heizt meineidec? er gewinnt der werlde haz,
daz man in sêre schildet der dâ brichet sînen eit.
ich gibe dir des mîn triuwe, ez wirt der sêle dort vil leit. 20

Nun kam der Held Witege auf die Walstatt geritten. Dort
fand er viel der Toten herum liegen. Als ihn der junge Alphart
von ferne erblickte, sagte er bei sich: „Dort kommt des Kaisers
Diener, ich glaube, daß mir nie Lieberes geschah."

[5] Den Helm band er aufs Haupt in derselben Zeit, er ritt
ihm langsam entgegen in einen tiefen Grund. Witege fragte ihn,
ob er ihm sagen könnte, ob er der Ritter wäre, der die Helden
erschlagen hätte.

„Der bin ich," sprach Alphart, „doch sagt mir, berühmter
Degen, [10] wie waget Ihr es, gegen Recken noch Euern Speer zu
erheben? Des muß man Euch schelten, Ihr seid ein treuloser Mann.
Ich weiß nicht, was Euch mein Herr zuleide gethan hat. Ihr
schwuret ihm vor Zeiten, Held, einen Eid. Den habt Ihr ge-
brochen, das ist aller Recken Kummer. [15] Euch hat doch der von
Bern und ebenso alle seine Mannen seitdem zu allen Zeiten stets
das Beste gethan. Verstehst du das nicht, wie es einem Recken ansteht,
daß man ihn meineidig nennt? Der erwirbt den Haß der Welt, so
daß man ihn sehr verwünscht, der seinen Eid bricht. [20] Ich gebe

220   dù bist an ganzen êren vor allen recken tôt
und muost ouch vor den vrouwen stên dicke schamerôt.'
alsô sprach vermezzentlîche Alphart der junge man
'keinem wol gêrten recken mahtû niht gelîchen an.'

221   sô sprach der helt Witege (der was ein küener man)
'wie lange ûf dirre heide sol ich ze bîhte stân?
des muoz engelden einer von des andern strît.
nû saget, küener recke, werder ritter, wer ir sît.'

223   'hætestû rehte sinne, dû liest dîn vrâgen sîn'
sprach Alphart der junge 'nâch dem namen mîn.
jâ ziuhe ichz an dich selben, wurdestû ervalt,
sô müest man mich erkennen' sprach Alphart der helt balt.

224   dô sprach der helt Witege 'daz wær mir harte leit
und müest mich immer riuwen swâ man ez von mir seit.
ich hân noch ie von mînen kintlîchen tagen
in stürmen unde in strîten den prîs ritterlîch betragen.

225   ir sint dort al eine ich bin al eine hie.
mit alsô scharphen worten wart ich gestrâfet nie

bir davon die Versicherung, das wird der Seele im Jenseit sehr
leid werden. Du bist an deiner Ehre bei allen Recken tot und
mußt auch vor den Frauen stets schamrot stehn." Weiter redete stolz
Alphart, der junge Mann: „Keinem ehrenhaften Recken kannst du
dich mehr gleich stellen."

[5] Darauf antwortete der Held Witege, der auch ein kühner
Mann war: „Wie lange soll ich auf dieser Heide Strafpredigten
hören? Dafür muß einer durch des andern Schwert büßen.
Jetzt sagt mir, kühner Recke, werter Ritter, wer Ihr seid."

„Wärst du bei Sinnen, so unterließest du dein Fragen nach
meinem Namen," [10] sagte der junge Alphart. „Ich verschiebe es
bis dahin, daß du niedergeworfen bist, dann wird man mich schon
kennen lernen," sagte Alphart der kühne Held.

Darauf antwortete der Held Witege: „Das wäre mir ein
großes Leid und müßte mir immer Schmerz bereiten, wenn man
das von mir erzählte. [15] Ich habe noch immer seit meiner
Jugend Tagen in Kampf und Streit ritterlich Ruhm erworben.
Ihr steht dort allein, ich bin allein hier. Mit so scharfen Worten
wurden mir nie Vorwürfe gemacht, zu keiner Zeit, solange ich

bi allen minen ziten sît ich mîn leben gewan.
ob ich iu daz vertrüege, sô hieze ich weiz got niht ein man.
227 der wider daz reht nû spræche, der hæte unrehten sin.
man sprach mir ie daz beste swar ich komen bin.
daz wil ich noch behalten,' sprach Witege der helt, 5
'sît mich der rîche keiser ûz ahzic tûsent hât erwelt.
228 der küeneste und der beste sol ich undr in sîn.
deste gerner wil ich wâgen noch hiut daz leben mîn
al durch des keisers êre, wan er mirz selbe gebôt:
sô setze ich ûf die wâge mînen lip vür in in den tôt.' 10

lebe. Wenn ich Euch das hingehen ließe, wäre ich, weiß Gott,
kein rechter Mann. Wer Ungerechtes sagt, der hat keine rechtliche
Gesinnung. Man sagte von mir immer das Beste, wohin ich
auch gekommen bin. [5] Das werde ich auch jetzt bewähren," sagte
der Held Witege, „da mich der mächtige Kaiser aus achtzigtausend
erwählt hat. Der Kühnste und Beste sollte ich unter ihnen sein;
desto lieber will ich noch heut mein Leben wagen um des Kaisers
Ehre, denn er selbst gebot es mir. [10] So stelle ich für ihn mein
Leben aufs Spiel."

Damit endete beider Rede und der Kampf begann; zuerst
mit dem Speere, doch merkte Witege bald, daß er darin seinen
Meister gefunden hatte: sein Speer zerbrach, ihn selbst stach Alphart
vom Pferde. Nun griffen beide zu den Schwertern, aber Witege
fuhr damit nicht besser, denn bald hagelten die Schläge so dicht 15
auf seinen Helm, daß er selbst taumelnd zu Boden sank und
seinen Leib nur mühsam unter dem großen Schilde barg. Jetzt
wäre es Alphart ein Leichtes gewesen, den Wehrlosen zu durch=
bohren, aber das wehrte ihm sein edler Sinn: zu seinem eigenen
Verderben; denn indessen hatte Heime Zeit, aus dem Schatten 20
des Baumes zu treten, der ihn deckte, und zwischen beide Kämpfer
zu stürzen. „Nicht zum Streite komme ich," rief er Alphart ent=
gegen, „sondern ich will Frieden; darum sagt mir zuerst Euern
Namen oder nehmt den Helm ab, daß man Euch erkennt!" „Das
sei ferne von mir," erwiderte der junge Held; „wie wolltet Ihr 25
denn diesen Streit schlichten?" „Nun," meinte Heime, „wenn Ihr
ruhig nach Bern reitet und wir zu Ermenrich und sagen, wir hätten
keinen Helden auf der Warte gefunden, dann ist alle Not zu Ende."

„Da sei Gott vor," war Alpharts letztes Wort, „laßt Jhr
mir Witege nicht als Gefangenen, so wird der Kampf nimmer
geendet."

Heime trat zurück, denn nach ehrenhafter Kämpfer Art, das
wußte er wohl, durfte er Alphart den Preis des Sieges nicht 5
rauben; aber da begann Witege, der noch am Boden lag, Heime
zu beschwören: „Denke daran, daß wir uns Treue geschworen
haben; überläßt du mich dem hier, dann geht es mir an das
Leben." „Wahr ist's," sagte Heime, „daß ich dir Hilfe schuldig
bin; aber bedenke das auch: erschlagen wir zwei den einen jungen 10
Helden, dann ist es mit unserm Ruhm und unserer Ehre auf
immer vorbei." „Was gilt mir der Ruhm, wenn ich das Leben
lassen muß," war Witeges Antwort, „und dann erwäge auch
noch, daß es dir wie mir gehen wird, wenn er mich erst er=
schlagen hat."   15

Nach diesen Worten sprang Heime vom Pferde, forderte
noch einmal Alphart zum Frieden auf und verlangte wieder seinen
Namen; denn fast glaubte er, daß der Fremde Dietrich selbst
wäre; doch Alphart weigerte sich zu antworten. Darüber er=
grimmte Heime und zog das Schwert; aber ehe er zum Schlage 20
ausholte, warnte ihn Alphart vor der Schmach, die ihn wegen
der Schandthat treffen würde. Zu spät! Während Heime auf
ihn eindrang, hatte sich auch Witege erhoben und seine Waffen
wieder ergriffen; aber Alphart erwehrte sich mannhaft beider.
Als er jedoch seine Kraft schwinden fühlte rief er ihnen zu: 25

279   ʻwelt ir mich ermorden als einen armen cneht
       Witege unde Heime, ir brechet gotes reht.
       ez geschach nie mêr daz zwêne einen sint an gegàn:
       welt ir ez an mir heben, des müezt ir immer laster hìn.ʼ
280   dô sprach der helt Heime der degen unverzeit   30
       ʻhœrstû daz, geselle Witege? er hât uns wâr geseit.

„Wollt ihr mich ermorden wie einen geringen Knecht, Witege
und Heime, so versündigt ihr euch an Gott. Es geschah nie,
daß zwei einen angriffen; wollt ihr es bei mir beginnen, davon
habt ihr ewig Schande."

[30] Darauf sagte der Held Heime, der unverzagte Degen:
„Hörst du das, Genosse Witege? Er spricht die Wahrheit. Du

dû solt von mir entwichen, ich wil in eine bestân.'
'owê nein,' sprach Witege,   'du kennest rehte niht den man.'
283 alsô sprach Witege Wielandes barn
'Heime, trûtgeselle, swaz wir in mugen gesparn,
daz kumet uns ze schaden an unser beider leben.   5
dû wilt allez mir entwichen: ez ist ein ûz erwelter degen.'
293 an liefen si in bêde als si tâten ê.
dô geriet sich verwen gras und der grüene clê.
Witigen gesmîde wart nie so guot,
Alphart der junge im ein tiefe wunden dar durch sluoc.   10
295 den schilt warf er ze rücke, den er vor hende truoc.
wie rische si Alphart beide vür sich nider sluoc!
swelhen er mohte erlangen, der muost ûf den plân
von dem slage vallen, sô starc was der junge man.
297 si stuonden gein einander als vînt gein vinde tuot.   15
si brâhten in die nœte den ritter hôchgemuot.
do begunde lûte ruofen der kindische degen
'noch bestêt mich besunder! mîn junger tôt si iu vergeben.
298 geruochet ritters êre hie an mir begân,
Witege unde Heime, ir zwêne küene man.   20

sollst von mir zurücktreten, ich will ihn allein bestehen." „O nein,"
antwortete Witege, „du kennst den Mann wenig." Weiter sagte
Witege, Wielands Sohn: „Heime, lieber Genosse, wenn wir ihn ver-
schonen, [5] so kommt es uns an unserm eignen Leben zum Schaden.
Soviel du auch dagegen redest, er ist ein auserwählter Degen."
    An liefen sie ihn beide, wie sie vorher thaten. Da begann
sich zu färben das Gras und der grüne Klee. Witeges Panzer
war nicht so fest, [10] daß ihm nicht der junge Alphart eine tiefe
Wunde hindurch schlagen konnte. Den Schild warf er auf den
Rücken, den er in der Hand trug. Wie schnell sie Alphart beide
vor sich zu Boden schlug. Wen er von ihnen erreichen konnte,
der mußte auf den Boden von dem Schlage fallen, so stark war
der junge Mann.
    [15] Sie standen gegen einander, wie Feinde thun. Die beiden
brachten den tapfern Kämpfer in große Not. Da begann laut
zu rufen der jugendliche Degen: „Bekämpft ihr mich noch jetzt
einzeln, so sei euch mein früher Tod verziehen. Handelt ritterlich
an mir, [20] Witege und Heime, ihr kühnen Männer. Wird einer

muod iuwer ein, der ander springe in den strit.
des hânt ir immer êre, vergeben sî iu mîn leste zît.'
299 dô sprach der helt Witege 'ez wirt dir niht sô guot.
bestüende ich dich besunder, ich müeste vergiezen bluot.'
an liefen si mit zorne den kindischen man.
von Heimen dem recken er grôzen schaden dô nam.
300 al die wîl diu liste in dem helme lac
und si von swertes ecke het gewunnen keinen slac,
dô vaht âne sorge Alphart der junge man,
die negele sich dô lôsten und sprungen von der crône dan. 10
301 Alphart der junge gap Witegen einen slac,
daz er ûf der heide grüene vor im gestrecket lac.
Heime daz swert enblôzte mit ellenthafter hant:
er sluoc in durchz gebende daz er ûf der liste erwant.
303 weiz got wie jæmerlîchen er durch daz bluot sach! 15
dem edelen recken nâhte dô sîn ungemach.
an liefen si in beide mit ellenthafter hant,
si valten in nidere mit den wunden ûf daz lant.
304 sô vermuoten si in bêde daz er werelôs lac
und ûf der heide grüene niht mêre strîtes phlac. 20

von euch müde, so springe der andre in den Streit. Davon habt
ihr immer Ruhm; vergeben sei euch dann mein Ende."
    Darauf antwortete der Held Witege: „Das wird dir nicht
beschert. Bestände ich allein dich, so könnte ich das Leben verlieren."
    [5] Mit Wut liefen sie den jugendlichen Kämpfer an; von
dem Recken Heime empfing er schwere Beschädigung. Solange der
Kamm noch auf dem Helme saß und von der Schwertschneide keinen
Schlag erhalten hatte, so lange focht ohne Sorge der junge Alphart;
[10] doch dann löften sich die Nägel und sprangen von dem Kegel ab.
    Der junge Alphart gab dem Witege einen Schlag, daß er
auf der grünen Heide vor ihm hingestreckt lag. Heime zog das
Schwert mit starker Hand und schlug ihn durch den Helmbusch,
daß der Hieb im Kegel sitzen blieb. [15] Weiß Gott, wie jämmerlich
Alphart durch das niederfließende Blut blickte! Dem edlen Recken
nahte nun sein Unheil. An liefen ihn beide mit kräftiger Hand,
sie schlugen ihn nieder, verwundet, auf das Land.
    Sie hatten ihn beide so ermüdet, daß er wehrlos lag
[20] und auf der grünen Heide nicht ferner stritt. Doch weiß

nun weiz ich doch niht rehte, waz Witege an im rach,
daz er im zuo dem slitze ein swert durch sinen lip stach.
305 er reip ez in im umbe und sneit im abe sîn leben.
do begunde lûte rüefen der kindische degen
ʽphuch ir zagen bœse, ir êrelôse man   5
. . . . .ʼ
dô viel der junge degen in die bluomen rôt.
467 nû hât diz buoch ein ende und heizet Alphartes tôt.

ich nicht, was Witege an ihm zu rächen hatte, daß er durch die
Panzeröffnung ein Schwert ihm in den Leib stach. Das drehte
er um in ihm und schnitt ihm den Lebensfaden ab. Dann begann
laut zu rufen der jugendliche Degen: [5] „Pfui, ihr schändlichen
Feiglinge, ihr ehrlosen Männer . . .“

Dann fiel der junge Degen in die geröteten Blumen. Jetzt
hat das Buch ein Ende und heißt Alpharts Tod.

XIII. Die Rabenschlacht.

1 Welt ir in alten mæren
    wunder hœren sagen
von recken lobebæren,
sô sult ir gerne dar zuo dagen.
von grôzer herverte,   5
wie der von Bern sît sîniu lant erwerte
2 vor dem künege Ermrîche,
daz tuon ich iu bekant.
der wolte gewalticlîche
ertwingen Rœmischez lant: 10
Bâdouwe Garte und Berne,
daz wolte er allez einic hân vil gerne.
3 dem tete er wol gelîche,
als mir ist geseit.
dem herren Dietrîche   15
vrumte er manic starkez leit.
mit roube und mit brande
wuoste er in in eigem sînem lande.

Wollt ihr in alten Geschichten Wunder erzählen hören von ruhmreichen Recken, so sollt ihr gern dabei schweigen. [5] Von einer großen Heerfahrt, wie der von Bern später sein Land vor dem Könige Ermenrich bewahrte, davon erzähle ich euch. Der wollte gewaltig [10] das römische Gebiet sich aneignen: Padua, Garda, Bern, das wollte er alles gern allein haben. Danach handelte er, wie mir gesagt ist. [15] Dem Herrn Dietrich fügte er großes Leid zu. Mit Raub und Brand verwüstete er ihm sein eigenes Land.

1—3 ist dem Anfang der Nibelungen nachgeahmt.

6 der künec von Rœmisch rîche
   bestuont wan einec jâr
   (daz wizzet sicherlîche)
   nâch dirre hervart (daz ist wâr)
   in Hiunischen landen.   5
   in rouwen sîn man die dà wârn bestanden.
7 vür die selben stunde
   als ich vernomen hân,
   kom nie ûz sînem munde,
   alsô mir ist kunt getân,   10
   guot wort von Ermrîche.
   swaz ieman tet, er gehabt sich trûrecliche.
12 dô sich des niht wolde mâzen
   der herre Dietrîch
   noch sîn weinen lâzen   15
   sô rehte unmæzlîch,
   daz begunde merken sêre
   vrou Helche diu milde und diu hêre.

Der König vom römiſchen Reiche verweilte nur ein Jahr
(das glaubt ſicher) nach dieſer Heerfahrt (das iſt wahr) [5] im
Hunnenlande. Ihm bereiteten Kummer ſeine Mannen, die dort
geblieben waren.

Bis auf dieſe Zeit, wie ich gehört habe, kam nie über ſeine
Lippen, [10] wie mir geſagt iſt, ein freundliches Wort über Ermen-
rich. Was auch einer anſtellte, er blieb traurig.

Als ſich darin der Herr Dietrich nicht mäßigen [15] noch
ſein übermäßiges Weinen laſſen wollte, begann darauf mit Kummer
zu achten die freigebige erhabene Helche.

Eines Tages ſandte die Königin den Markgrafen Rüdeger,
um Dietrich nach dem Grunde ſeines Schmerzes zu fragen. Da 20
ſagte der Held von Bern: „Ich klage noch immer um meine
Helden, die ich im Kampfe verloren habe; aber jetzt betrübt es
mich doppelt, daß Ermenrich wieder mein Land verwüſtet und ich
es ihm nicht wehren kann.“ „Iſt das Euer einziger Gram?“ fragte
Rüdeger. „Dann könnt Ihr Euch leicht tröſten, denn Etzel hat be- 25
ſchloſſen, zum Frühjahr Euch ein neues Heer zu rüſten.“

4. Nämlich der letzten in Dietrichs Flucht.

Das deutſche Heldenbuch.   18

Das war Etzels Wille und viele andere Helden gelobten die Mitfahrt. Doch zuvor erinnerte die Königin an das Verlöbniß, das Dietrich mit ihrer Nichte Herrat gemacht hatte, und der Berner war auch bereit es zu erfüllen. So wurde denn eilig die Hochzeit ausgerichtet. 5

In derselben Nacht hatte Helche einen bösen Traum: sie sah einen wilden Drachen in ihre Kammer fliegen, der ihre beiden Söhne ergriff und zerriß. Vor Schreck erwachte sie.

Wenige Wochen nach der Hochzeit war das Heer zur Ab= fahrt bereit. Da traten Etzels Söhne Ort und Scharf vor den 10 Vater und baten ihn mitreiten zu dürfen: nicht zum Kampf, denn dazu, das wußten sie wohl, waren sie noch viel zu jung. Dem widersprachen Helche und auch Etzel heftig, doch der Söhne Bitten und Dietrichs Schwur, für der jungen Fürsten Leben Bürge zu sein, bewogen endlich den zögernden Hunnenkönig nachzugeben, 15 zumal auch Dietrich zum erstenmale seinen jungen Bruder Diether mit auf die Fahrt nehmen wollte.

Als das Heer über die Berge kam, erfuhr Dietrich, daß sein Feind bei Raben läge; dahin ging der Zug, doch sperrte ihnen Padua den Weg, welches Ermenrichs Leute besetzt hatten. Dort 20 gab es einen kurzen Kampf, dann ging es weiter nach Bern. Als hierher die Nachricht kam, daß das starke Heer der Feinde nicht gar weit von der Stadt läge, riet Dietleib, die drei jungen Fürsten zurückzulassen, und Rüdeger meinte, daß der alte Elsan sie behüten sollte. Der schwur dem Berner einen hohen Eid, die 25 jungen Herren nimmer aus seiner Hut zu lassen.

So zog denn Dietrich ruhig von dannen gen Raben; aber kaum hatte er den Rücken gewandt, da machten sich die jungen Königssöhne an ihren Hüter Elsan und bestürmten ihn mit Bitten, sie doch ein wenig aus der Stadt reiten zu lassen, hier sei es 30 gar zu einsam und öde. „Das würde eine schöne Geschichte werden," erwiderte der Alte, „erführe das mein Herr Dietrich; und wäre euch auch nichts Böses geschehen, ich kenne ihn genug und weiß, wie zornig er werden kann. Kurz und gut, es wird nichts daraus." „Aber lieber Elsan," begannen nun alle wie aus einem Munde, 35 „wir wollen ja gar nicht dem Heere nach, nur die Gegend wollen wir besehen. Und was Dietrich betrifft, so wollen wir das schon auf uns nehmen; wer sollte es ihm denn auch sagen?" Der andre schüttelte das graue Haupt; aber endlich, man weiß ja, was die Jugend vermag, beschwaßten sie den alten Mann, daß er Ja sagte; aber er selbst wollte mitreiten.

Fort stürmten da die drei jungen Gesellen, und ehe der Alte die steifen Glieder gerührt hatte, waren sie zur Burg und Stadt hinaus. Als dann endlich Elsan hinterdrein ritt, fand er ₅ sie nirgends mehr; laut rief er, keiner antwortete; wahnsinnig jagte er hin und her, aber ein dichter Nebel lagerte sich auf dem Gefilde. Jetzt war er ratlos, wo sollte er seine Schüßlinge suchen, wo waren sie hingeraten?

> 363 Nu hœret vremdiu mære,	₁₀
> 	diu tuon ich iu kunt;
> 	und merket sunderbære,
> 	waz ich iu sage an dirre stunt
> 	von den jungen künegen rîchen.
> 	die brâht niht guotes leider sicherlîchen	₁₅
> 364 	ûf eine unrehte strâze
> 	dâ hin vür Raben nider.
> 	diu truoc si in der mâze
> 	dâ in geschach vil leide sider.
> 	dâ nâmen si den ende	₂₀
> 	von des ungetriuwen Witegen hende.
> 367 	die edelen künege hêre
> 	muosten ir rîten lân.
> 	si heten gestrichen sêre.
> 	do begunde ouch vaste sîgen an	₂₅
> 	diu naht in ze leide.
> 	si beliben alle drî ûf der heide.

[10] Jetzt hört seltsame Dinge, die ich euch kund thue, und merket sorgfältig, was ich euch jetzt von den jungen mächtigen Königen sage. [15] Die brachte leider kein guter Zufall auf einen unrechten Weg nach Raben zu; der führte sie so, daß ihnen später viel Leid dort geschah. [20] Dort fanden sie das Ende von des untreuen Witege Händen.

Die edlen hohen Fürsten mußten ihr Reiten einstellen; sie waren weit abgeirrt. [25] Nun fing auch die Nacht an sehr hereinzubrechen, ihnen zum Unheil. Sie blieben alle drei auf der Heide.

372 wol ze vruoimbizzit
do kômen si geriten
ûf eine schœne heide wît.
nù vernemt mit guoten siten,
da erbeiztens ûf der heide,
her Diether und vroun Helchen süne beide.

373 si trahten vil besunder
'jâ herre, wâ muge wir sîn?'
'des hât mich michel wunder'
sprach Diether 'ûf die triuwe mîn.
wir sîn missekêret,
uns hât diu wîsheit unrehte gelêret.'

374 hie mit disen sachen
begunde ez werden lieht,
sich begunde der nebel ûf machen.
des hân ich missesaget nieht,
vil heiter schein diu sunne.
'nu vreu ich mich' sprach Scharphe 'dirre wunne.'

375 'wâffen, heiliger Crist'
sprach Orte zehant,
'wie rehte schœne hie ist
ditze hêrlîche lant!
owê, vogt von Berne,
ir muget wol hie wonen immer gerne.'

Zur Frühmahlszeit kamen ſie auf eine ſchöne weite Heide
geritten. Nun hört aufmerkſam weiter. [5] Dort ſtiegen ſie auf
der Heide von den Roſſen, Herr Diether und die beiden Söhne
der Frau Helche. Sie überlegten ſich ſorgſam: „Ja Gott, wo
mögen wir ſein?" „Das wundert mich ſehr, meiner Treu," [10]
ſagte Diether, „wir ſind verirrt, uns hat die eigene Klugheit
unrecht belehrt."

Indeſſen begann es hell zu werden; [15] der Nebel fing an
ſich zu heben. Das iſt wirklich, wie ich es ſage: heiter ſchien die
Sonne. „Jetzt freue ich mich," ſagte Scharf, „über die Wonne."
„Heiliger Gott," [20] ſagte auch Ort ſogleich, „wie ſo gar ſchön
iſt hier dies herrliche Land. Herrſcher von Bern! Ihr könnt hier
wahrlich immer gern wohnen."

376　In den selben zîten,
　　　als man mir sagte sint,
　　　dô sâhen dort her rîten
　　　den starken Witegen diu kint.
　　　er was in komen ze nâhen!　　　　　　　5
　　　si sprâchen wider einander dôs in sâhen
377　'ja herre got der guote,
　　　wer mac jener recke sîn,
　　　der mit so vrevelem muote
　　　dort haldet? trûtgeselle mîn,　　　　　10
378 welle wir zuo im rîten?
　　　er gebâret rehte sam er welle strîten.
379　er haldet under schilde
　　　mit manlîcher wer.'
　　　do erblihte ouch in der milde,　　　　　15
　　　owê, der junge Diether.
　　　do begunde er siuften tougen,
　　　im wurden sêre trüebe sîniu ougen.
382　'mir mac wol wesen leide'
　　　sprach der lobesan.　　　　　　　　　20
　　　'der dort haldet ûf der heide,
　　　der hât mir leide getân.
　　　sold ich mich an im rechen,
　　　daz tæte ich gerne: waz mac ich mêr sprechen?'

In der Zeit, wie mir geſagt iſt, ſahen dort herreiten die Jünglinge den ſtarken Witege. [5] Er war ihnen ſehr nahe ge= kommen! Sie ſagten einer zum andern, als ſie ihn ſahen: „Guter Gott, wer mag jener Recke ſein, der in ſo verwegenem Sinne [10] dort hält? Lieber Genoſſe, wollen wir zu ihm reiten? Er benimmt ſich gerade, als ob er kämpfen wollte. Er ſitzt hinter dem Schilde mit mannhafter Haltung."

[15] Nun erblickte ihn auch der freundliche junge Diether; der begann heimlich zu ſeufzen, ihm wurden ſehr trübe ſeine Augen. „Mir kann wohl Leid geſchehen," [20] ſagte der Ruhmwürdige; „der dort auf der Heide hält, der hat mir viel Übles gethan. Könnte ich mich an ihm rächen, das thäte ich gern; was ſoll ich weiter reden?"

383   'nû vrâge ich dich vil verre'
       sprach Orte der degen,
       'Diether, lieber herre,
       wer ist der recke vil bewegen?
       wil dû uns in nennen,
       er komt sô hin niht, wir suln in an rennen.'
384   mit manegen herzenleiden
       sprach Diether zehant
       ze sînen herren beiden
       'er ist Witege genant.
       hey, sold er von mîner hende
       iezuo hie kiesen den ende!'
385   'nû sî wir junge recken'
       sprach Scharphe zehant.
       'wir sulen an den kecken
       und houwen sînes schiltes rant.
       wir müezen mit im strîten,
       und getar er unser ûf der heide erbîten.'
386   her Witege der rief sêre,
       dô er diu kint ersach,
       der edele recke hêre
       vil unvorhtlîchen sprach
       'nu sagt mir, recken mære,
       sît ir gesinde von dem Bernære?'

„Jetzt frage ich dich dringend," ſprach der Degen Ort, „lieber Herr Diether, wer iſt der ſtattliche Recke? [5] Willſt du ihn uns nennen, er kommt nicht ſo davon, wir wollen ihn angreifen."

Mit großer Trauer ſagte Diether ſogleich zu ſeinen beiden Herren: [10] „Er heißt Witege. Hei, wenn er doch von meiner Hand hier jetzt das Ende finden könnte."

„Wir ſind doch junge Recken," ſagte Scharf ſogleich, [15] „wir müſſen uns an den Verwegenen machen und ſeinen Schild zerhauen. Wir wollen mit ihm ſtreiten, wenn er es wagt, uns auf der Heide zu erwarten."

Herr Witege rief laut, [20] als er die Jünglinge ſah; der vornehme berühmte Recke ſagte furchtlos: „Sagt mir doch, ihr ſtattlichen Recken, ſeid ihr vom Gefolge des Berners?"

387 'des werdet ir wol inne'
sprach Diether zehant.
'war tât ir iuwer sinne,
dô ir verkouftet unser lant?
daz arnet ir vil sêre,   5
ir müezt noch drumbe geben lîp und êre.'
389 'ir redet kintlîche'
sprach Witege al zehant.
'waz bestêt iuch Rœmisch rîche?
varet wider in Hiunisch lant!   10
und strâfet mich niht sêre,
od ir schouwet Hiunisch lant nimmermêre.'
390 'owê, zage ungetriuwer,
wie tarstû sô offenbâr
gestrâfen künege tiuwer!   15
daz muostû arnen vür wâr.'
mit kintheit si dô sâzen
ûf diu ors, der zageheit si vergâzen.
391 eine strâzes nider ruhten
über ein tiefez tal,   20
diu scharphen swert si zuhten.
owê, dô nâhent in ir val!
gegen Witegen si dô randen,
si vuorten bariu swert an ir handen.

„Das werdet Ihr bald erfahren,“ antwortete Diether, „wo
ließet Ihr Eure Vernunft, als Ihr unser Land verkauftet? [5]
Das sollt Ihr schwer büßen, Ihr müßt dafür Ehre und Leben
lassen.“

„Ihr redet kindisch,“ erwiderte Witege; „was geht euch das
römische Reich an! [10] Zieht ins Hunnenland zurück! Macht mir
keine Vorwürfe weiter, sonst seht ihr das Hunnenland nimmer wieder.“

„Untreuer Feigling, wie wagst du es so offen, [15] edle
Könige zu schelten! Das sollst du fürwahr büßen.“

In unerfahrener Weise setzten sie sich darauf auf die Rosse,
Feigheit war ihnen fremd. Einen Weg zogen sie herab [20] über
ein tiefes Thal und zückten die scharfen Schwerter. O weh! Da
nahte ihnen das Verderben! Gegen Witege rannten sie darauf,
sie führten bloße Schwerter in ihren Händen.

393   als Witege der starke
     diu kint her rîten sach,
     dô gurte er sînem marke:
     vil baldeclîchen daz geschach.
     der recke vil vermezzen   5
     der kom mit zorne ûf sîn ors gesezzen.
394   er dâhte in sînem sinne
     'da ist et niht anders an.
     ê daz ich iu entrinne,
     ez muoz mir an daz leben gàn.'   10
     dô nam er Schemmingen
     ze beiden sporn, dô liez er dar clingen.
395   gelîch einem degene
     bungieren dô began
     Scharphe der bewegene   15
     reit den starken Witegen an.
     mit grimmigem muote
     zuhte daz swert der junge degen guote.
397   Witege der hêre
     rante Scharphen an   20
     mit einem scharphen gêre.
     er traf, als ich vernomen hàn,
     den jungen künic rîchen
     ûf sîne brust, daz wizzet sicherlîchen.

Als der ſtarke Witege die Jünglinge heranreiten ſah, gürtete er ſein Roß; eilig geſchah das. [5] Der verwegene Recke ſetzte ſich zornig auf ſein Roß. Dabei dachte er in ſeinem Sinne: „Das wird nicht anders gehn. Ehe ich euch entrinne, [10] ſoll es mir an das Leben gehn.‟ Dann ſpornte er den Schemming auf beiden Seiten und ritt vorwärts.

Gleich einem geübten Kämpfer begann [15] der tapfere Scharf zu fechten und griff den ſtarken Witege an. Mit grimmem Mute zog das Schwert der junge wackere Degen. Der ſtattliche Witege [20] rannte den Scharf an mit einem ſcharfen Speere. Er traf, wie ich gehört habe, den jungen mächtigen Fürſten auf die Bruſt, das glaubt gewiß.

13 ff. Der Dichter nimmt an, daß die drei jungen Genoſſen nur nach einander das zwiſchen ihnen und Witege liegende tiefe Thal durchreiten und deßhalb einzeln in den Kampf kommen.

401 nû seit uns daz mære
    wie wol her Scharphe streit.
    swie starc her Witege wære
    und swaz man wunders von im seit,
    doch sluoc im zwô wunden   5
    vroun Helchen sun, her Scharphe bî den stunden.
402 dirre grôze smerze
    der tet Witegen wê
    und lac im in dem herzen.
    nû sult ir vernemen mê.   10
    Mimmingen er zuhte,
    an den jungen Scharphen er dô ruhte.
404 daz ich iu nû bescheide,
    daz ist diu wârheit.
    gelîche si trâfen beide,   15
    Witege und Scharphe, als man seit.
    der künec von Hiunisch rîche
    der lac dâ tôt, daz wizzet sicherlîche.
406 ê daz der künic rîche
    kom tôt ûf daz lant,   20
    daz wizzet sicherlîche,
    daz swert mit ellenthafter hant
    het er geriden vaste:
    er sluoc ûf den helm daz viuwer dar ûz glaste,

Nun sagt uns die Geschichte, wie gut Herr Scharf stritt. Wie stark Herr Witege auch war und wie viel Wunder man von ihm erzählte, [5] dennoch schlug ihm zu der Zeit zwei tiefe Wunden Herr Scharf, Frau Helches Sohn. Dieser große Schmerz reizte den Witege und ging ihm zu Herzen. [10] Jetzt sollt ihr mehr hören. Er zückte den Mimming und machte sich an den jungen Scharf. Was ich euch jetzt sage, ist die Wahrheit. [15] Gleichmäßig trafen beide, Witege und Scharf, wie man erzählt. Der Fürst aus Hunnenland lag tot, das glaubt gewiß.

Bevor der mächtige König [20] tot auf den Boden fiel, das glaubt sicher, hatte er mit kraftvoller Hand das Schwert ge= schwungen; er schlug auf den Helm, daß Feuer daraus glänzte

407　daz die herten spangen
　　　brâsten sunder wanc.
　　　er moht sîn niht erlangen,
　　　sîniu maht diu was ze kranc.
　　　iedoch schôz Witege der starke　　　　　5
　　　mit dem slage nider von dem marke.
410　Mit grimmigem muote
　　　rante her Orte dar.
　　　daz kom im niht ze guote
　　　leider sît, daz ist wâr.　　　　　　　10
　　　dô saz ûf Schemmingen
　　　her Witege mit manlichen sinnen.
411　dô hete er bar in der hant
　　　Mimmingen daz edel swert.
　　　her Orte ûf Witegen kom gerant.　　　　15
　　　dâ wart strîtes gegert.
　　　ahî, wie sich beide werten!
　　　mit grimme si ûf die helme berten.
414　Orte der mære
　　　habte Witegen vaste an,　　　　　　　20
　　　er sluoc im slege swære.
　　　der sweiz im durch die brünne ran.
　　　vil dicke weint der guote
　　　sînen bruoder Scharphen mit trûrigem muote.

und daß die harten Schienen ohne Umstände sprangen. Er konnte den Gegner nicht fassen, seine Kraft war zu gering. [5] Doch stürzte der starke Witege durch den Schlag nieder vom Rosse.

Mit grimmigem Sinne stürzte Herr Ort herbei. Das geschah leider nicht zu seinem Glücke, [10] das ist wahr. Nun setzte sich auf den Schemming Herr Witege wieder mit Kampfesmut. Jetzt hatte er blank in der Hand den Mimming, das edle Schwert. [15] Herr Ort kam auf Witege zugestürzt, dort ward Kampf gesucht. Ah! wie beide sich wehrten! Mit Grimm schlugen sie auf die Helme.

Der edle Ort [20] griff Witege tapfer an und schlug ihm schwere Schläge. Der Schweiß troff ihm durch den Panzer. Sehr beweinte der Gute mit traurigem Sinne seinen Bruder Scharf.

415   als der helt Witege sach,
daz er niht moht komen dan,
mit grimmegem muote er dô sprach
als ein unverzagter man
'owê, künec von Hiunisch rîche,   5
ir habt getân hiute vil kintliche.
417   ich slahe iuch vil ungerne,
daz sult ir vür wâr hân.
ich vürhte den vogt von Berne,
dem ir ze helfe sît verlân.   10
und hæt ir guote sinne,
so entwichet ir mir kurzlîch von hinne.'
418   'wærlîch, mordære,
ez muoz dîn tôt nû sîn.
du erarnest sunderbære   15
den vil lieben bruoder mîn,
der hie tôt lît ûf der heide
daz kumt dir noch hiute ze leide.'
419   'neinâ, künic rîche,
nû lâz dînen zorn,   20
und gedenke sicherlîche,
ez ist ein schedel baz verkorn
dann ob sîn wirt ie mêre.
belibestû gesunt, deist dînem vater ein êre.'

Als der Held Witege ſah, daß er nicht vorwärts kommen
konnte, ſagte er mit grimmigem Sinne als unverzagter Mann:
[5] „Fürſt aus dem Hunnenlande, Ihr habt heute ſehr kindiſch ge=
handelt. Ich erſchlage Euch ungern, das mögt Ihr glauben. Ich
fürchte den König von Bern, [10] deſſen Schutz Ihr übergeben ſeid.
Hättet Ihr das richtige Verſtändnis, ſo entwichet Ihr bald vor mir
von hinnen."

„Wahrlich Mörder, es muß jetzt dein Tod ſein. [15] Du
büßeſt ſicher für meinen lieben Bruder, der hier tot auf der Heide
liegt. Das iſt heute noch dein Verderben."

„Nein, mächtiger König, [20] laß ab von deinem Zorn
und denke ja daran: es iſt ein Schädel beſſer verſchmerzt, als
daß ihrer mehr an die Reihe kommen. Bleibſt du leben, das
iſt deinem Vater zum Ruhme."

420   'bœswiht aller tugende,
    zwiu wænstû, daz ich sî?
    der mir in mîner jugende
    immer solde wonen bî,
    dâ hâstû mich von gescheiden.   5
    mir muoz mîn leben immer mêre leiden.'
421   daz swert ze beiden handen
    nemen er began.
    zesamne si geranden.
    zwei ûz erweltiu kastelân   10
    mit nîde si dô twungen.
    si sluogen ûf die helme dazs erclungen.
423   si triben einander umbe
    ein harte lange stunt.
    Orte der tumbe   15
    mahte Witegen drier wunden wunt.
    daz half in lützel leider!
    Etzel muost sich ânen ir beider.
426   'noch moht irz allez lâzen'
    sprach Witege zehant.   20
    'ez kumet iu niht ze mâzen,
    wirt iu mîn grôzer zorn bekant,
    sô slahe ich iuch entriuwen.
    so ez danne geschiht, waz hilfet mich mîn riuwen?'

„Schändlicher Geselle, wozu, glaubst du, bin ich vorhanden? Der mir in meiner Jugend stets ein Genosse sein sollte, [5] von dem hast du mich getrennt. Mir wird das Leben immer kummer= voll sein."

Das Schwert begann er in beide Hände zu nehmen. Sie rannten zusammen. [10] Zwei auserwählte Streitrosse trieben sie voll Haß gegen einander. Sie schlugen auf die Helme, daß sie klangen. Sie jagten einander herum eine lange Zeit. [15] Der junge Ort versetzte dem Witege drei Wunden. Das half ihm leider wenig! Etzel mußte sie beide verlieren.

„Noch könnt Ihr alles enden," [20] sagte Witege, „es kommt Euch nicht zu statten, wenn Euch mein großer Zorn kund wird; dann erschlage ich Euch gewiß. Aber wenn es geschehen, was nützt mir dann die Reue?"

427 'ich sol dich bringen inne
 wes ich willen gên dir hàn.
 dû kumest sô niht hinne,
 dû vil ungetriuwer man.
 dû giltest mir ûf der heide
 mînen bruoder an dem ich mir sihe vil leide.'
428 Underdiu was ûf daz marc
 komen Diether.
 dar treip der edele vürste starc
 mit vil manlîcher wer.
 do bestuonden si in beide
 die jungen künege, Witegen ûf der heide.
432 vor unde hinden
 liefen si in an.
 im wart von slegen swinden
 zewâre nie sô wê getân
 sam von den jungen herren.
 daz kom in leider sît ze grôzen werren.
435 owê der leiden mære,
 diu zwischen in geschach!
 dar umbe ist mir vil swære.
 Witegen wart von grimme gâch.
 des muoste enkelten sêre
 von Hiunisch lant der junge künic hêre.

5

10

15

20

„Ich will dir beibringen, wie ich gegen dich gesonnen bin.
So kommst du nicht von hinnen, treuloser Mann. [5] Du büßest
mir auf der Heide meinen Bruder, durch den ich großen Kummer
habe.“

Unterdessen war auf das Roß auch Diether gekommen. Dort=
hin jagte der eble starke Fürst [10] mit mannhaftem Sinne.
Nun bekämpften die jungen Könige beibe den Witege auf der
Heide. Von vorn und hinten griffen sie ihn an. [15] Ihm
war von schnellen Schlägen nie so übel geschehen wie hier von
den jungen Herren. Das gereichte ihnen leider später zu großem
Schaden.

Weh über den leidigen Handel, [20] der dort zwischen ihnen
stattfand! Darüber habe ich immer Kummer. Witege wurde
vor Grimm wütend; das hatte übel der junge schöne König von

436   mit dem guoten swerte,
     daz Witege dô truoc,
     Orten er dô gerte.
     krefticliche er dar sluoc,
     mit manlîcher hende   5
     sluoc er den künic nider unz ûf die zende,
437   durch daz hirne nidere
     und durch den drüzzel dan.
     daz beweinte tiure sidere
     manic Etzelen man.   10
     owê, ze lebene er niemer phlac:
     er sluoc in durch daz houbet daz er tôt gelac.
438   von Hiunisch lant der herre
     von dem orse schôz
     ûf daz lant vil verre.   15
     daz was ein unbilde grôz.
440 do gelâgen si ûf der heide,
     nû sint si tôt, vroun Helchen süne beide.
441   Diethern von Rœmisch lande
     wart von herzen leit.   20
     er nam daz swert ze hande,
     dar lief der degen unverzeit.
     ûf Witegen er dô berte,
     mit grimme sich her Witege dô werte.

Hunnenland zu entgelten. Mit dem guten Schwerte, das Witege damals trug, trachtete er nach Ort. Kräftig schlug er dorthin, [5] mit mannhafter Hand gab er dem Könige einen Schlag durch das Hirn herab auf die Zähne und tiefer bis zur Kehle. Das beweinte tief seither [10] mancher von Etzels Mannen. Mit dem Leben war es vorbei; er durchschlug ihm das Haupt, daß er tot liegen blieb.

Der Fürst aus Hunnenland stürzte vom Rosse [15] fernhin auf den Boden. Das war ein groß Verbrechen. Jetzt lagen sie auf der Heide; nun sind beide Söhne der Frau Helche tot.

Dem Diether aus dem Römerreich [20] wurde traurig zu Mut. Er nahm das Schwert zur Hand, hin lief der unverzagte Degen. Auf Witege schlug er los, doch mit Grimm wehrte sich

443 si vrumten gremlîche
       ûf einander manegen slac,
       dâ von Diether der rîche
       leider sît tôt gelac.
       si begunden zürnen beide,   5
       si trâten ein langez phat ûf der heide.
444   Dietheren harte sêre
       sîner herren tôt betwanc.
       dem jungen recken hêre
       daz bluot ûz den ougen spranc.   10
       jâ geschach im nie sô leide,
       ân do er von Witegen selb starp ûf der heide.
446   mit grimmigem muote
       liefen si an einander an.
       die edelen helde guote   15
       wârn von den orsen gestân.
       ir slege hullen vaste,
       daz viuwer rehte von ir ougen glaste.
450   nû wil ich iu bescheiden
       hie an dirre zît: 20
       zwischen in beiden
       werte lange der strît,
       unz daz der tac wolde
       scheiden hin, als er tuon solde.

auch Herr Witege. Sie gaben erzürnt einander manchen Schlag,
wovon der mächtige Diether leider nachher tot liegen blieb. [5]
Sie begannen beide zornig zu werden und traten eine lange Spur
aus auf der Heide.

Den Diether ſchmerzte ſehr ſeiner Herren Tod. Dem
jungen Recken [10] drang Blut aus den Augen. Nie iſt ihm
Schlimmeres geſchehen, außer als er ſelbſt durch Witege auf der
Heide ſtarb.

Mit grimmigem Sinne liefen ſie einander an. [15] Die eblen
tapfern Helden waren von den Roſſen geſprungen. Ihre Schläge
tönten laut, das Feuer erglänzte ſehr aus ihren Augen.

Jetzt will ich euch mitteilen: [20] zwiſchen ihnen beiden währte
der Streit lange, bis der Tag Abſchied nehmen wollte, wie es

451 swie kint her Diether wære,
er tete doch Witegen wê.
mir seit vür wâr daz mære,
(nû ruochet ir vernemen mê)
starker wunden viere   5
sluoc Witegen Diether der ziere.
452 daz muote Witegen sêre,
er warf den schilt ûf daz lant.
Witege der degen hêre
nam daz swert in beide hant.   10
ze einander si dô ruhten,
diu scharphen swert si dô mit zorne zuhten.
453 Witege mit grimme
lief Diethern an.
owê, dô wac in ringe   15
Diether der vürste wolgetân.
verteilet si dem swerte!
er traf in an der stat, dâ er sîn gerte.
455 daz swert durch daz ahselbein
und den lîp nider wuot.   20
zwîvel ist des dehein,
ez was unmâzen guot.
daz was ein grôzer smerze:
er sluoc enzwei leber und herze.

billig war. Wie jugendlich auch Diether war, er that dennoch
dem Witege weh. Mir sagt fürwahr die Erzählung und ihr mögt
es jetzt vernehmen: [5] vier starke Wunden schlug dem Witege
der schlanke Diether. Das schmerzte Witege sehr; er warf den
Schild zu Boden. Witege, der berühmte Degen, [10] nahm das
Schwert in beide Hände. An einander traten sie, die scharfen
Schwerter schwangen sie dann mit Zorn.

Witege lief mit Grimm Diethern an. [15] Da kam ihm
kraftlos vor Diether, der schöne Fürst. Verflucht sei das Schwert!
Er traf ihn an der Stelle, nach der er gezielt hatte: das Schwert
sauste durch die Schulter [20] nieder in den Körper. Das ist
sicher, es war über die Maßen vorzüglich. Das gab einen großen
Schmerz, er schlug auseinander Leber und Herz.

456 owê der grôzen schande,
diu Witegen wart bekant!
der künec von Rœmisch lande
sprach ûz dem tôde sâ zehant
'owê, bruoder Dietrîche, 5
ich gesihe dich nimmermêre sicherlîche!'
460 disen grôzen smerzen
weinen dô began
mit allem sînem herzen
Witege der ungetriuwe man. 10
dô kuste er an den stunden
Diethern in alle sîne wunden.
461 'und solde ich dich noch heilen
von aller dîner nôt,
got müeze mir verteilen, 15
dar umbe wolde ich ligen tôt.
nû muoz ich sicherlîche
alliu lant rûmen vor Dietrîche.'
463 er gie ze Schemmingen
und wolde rîten dan. 20
an allen sînen dingen
geswichen im diu craft began.
dô wart im êrste leide,
er muost sich nider legen ûf die heide.

Weh über die große Schmach, die dem Witege zu teil wurde!
Der König vom Römerreich sagte noch im Tode: [5] „O weh,
Bruder Dietrich, ich sehe dich sicherlich nimmer wieder!"
Über diesen großen Jammer fing an aus ganzem Herzen
[10] der untreue Witege zu weinen. Dann küßte er gleich dem
Diether alle Wunden und sagte: „Könnte ich dich noch aus aller
Not erlösen, [15] Gott möge mich verdammen, dafür wollte ich gern
sterben. Jetzt muß ich sicherlich alle Länder vor Dietrich räumen."
Er ging zum Schemming [20] und wollte von dannen reiten.
In jeder Weise begann ihm die Kraft auszugehn. Jetzt wurde
ihm noch viel übler, er mußte sich nieder legen auf die Heide.

Als Dietrich von Bern gegen Raben gezogen war, hatte er 25
bald Ermenrichs Heer gefunden; das war groß und stark, doch

Das deutsche Heldenbuch.   19

die Berner und die Hunnen hatten es schon am ersten Tage
überwunden. Am zweiten flohen die Mannen Ermenrichs nach
allen Seiten auseinander, manchen Toten ließen sie zurück, doch
auch der Hunnen waren viele gefallen. Dafür entschädigte sie
ein guter Fang, denn Sibeche war in Eckeharts Hände gefallen. 5

Wie nun am Abend die Sieger von der langen schweren
Arbeit ruhten, sah Dietrich plötzlich den alten Elsan daherreiten;
böse Ahnung beschlich ihn. „Wie geht es," rief er, „den jungen
Hunnenfürsten und meinem Bruder?" „Herr," sagte Elsan be-
kümmert, „ich weiß es nicht; mir sind sie aus den Augen gekommen, 10
doch — ich hoffe es — es ist ihnen nichts geschehen." Das
sagte er mit wenig Vertrauen, der Berner aber hieß alle, so müde
sie waren, aufbrechen, um die Verlorenen zu suchen.

Indessen kam die schreckliche Kunde, Helfrich trat in den
Kreis und brach vor Schmerz zusammen, dann sprach er tonlos: 15
„Wißt ihr nicht, was geschehen? Die jungen Könige liegen erschlagen
auf der Heide, dazu Euer Bruder Diether!"

Da sagte Dietrich kein Wort, er sprang aufs Roß und
stürmte von dannen. Bei Raben auf dem Sande fand er die
Toten und warf sich auf sie, um ihn sammelten sich die treuen 20
Mannen. Lange lag er lautlos, endlich brach er in fürchterliche
Klagen aus, verfluchte sich und sein Geschick und begehrte zu sterben.
Dann gedachte er Etzels und der Helche, die ihre Kinder verloren
hatten und ihn als den Mörder verwünschen würden, denn er
hatte für ihr Leben gebürgt. Zuletzt besann er sich auf sein eigen 25
Geschick: nun war ihm für immer des Hunnenkönigs Huld ver-
loren, und ohne sie, das hatte er nur zu oft erfahren, konnte er
nimmer sein Land vor Ermenrich behüten.

Doch als der erste Schmerz ausgetobt hatte, gedachte er auch
des Mörders und schwur ihm Rache. Wild stürzte er sich auf 30
die beiden Söhne der Helche und kehrte sie um und wieder um,
die Wunden zu beschauen.

„Jetzt weiß ich," rief er dann tobend, „wer das gethan hat:
ich kenne Mimmings Schärfe! Verfluchter Übelthäter, ich wünschte,
ich hätte dich hier, das wäre das Ende deiner Schandthaten!" 35
Nun erst erinnerte sich der Berner, daß er auch den eigenen
Bruder verloren hatte, und das drohte ihn von neuem in den
Abgrund des Schmerzes zu stürzen. Aber da erhob sich plötzlich
ein wildes Geschrei: Witege, der in der Nähe noch erschöpft am

Boden gelegen hatte, war aufs Roß gestiegen, um seinem Ver=
hängnis zu entgehen. „Auf, auf, Herr von Bern!“ riefen alle
laut, „dort reitet, der diesen Mord beging!“

Vorbei war das Klagen, nur Zorn beherrschte ihn, auf das
Roß setzte er mit einem Sprunge, nach eilte er dem Flüchtigen.
Viele der Berner und der Hunnen waren vor ihm bereit und
jagten über das Gefilde, keiner vermochte dem grimmigen Dietrich
zu folgen.

Hin flog Witege über die Heide, mit ihm sein Oheim Rienolt,
der ihn in der letzten Not nicht verlassen wollte. Laut rief
ihnen der Berner nach: „Halt an, Witege; bist du ein Mann
und ein Held, so steh mir Rede und gieb mir Rechenschaft für
deine Thaten.“ Doch Witege war taub für alle Reden, rasend
jagte er vorwärts. Wieder begann der Verfolger: „Erzähle doch,
was haben dir die jungen Fürsten gethan, daß du sie erschlugst?
Sprich, wehrten sie sich tapfer? So halt doch einmal! Bedenke,
ich bin müde und erschöpft, und wenn du mich auch erschlügst,
welch' Ruhm würde dir werden! Bern und Mailand würdest du
erwerben, und Rom dazu, denn das sicherlich gäbe dir dein Herr
zum Lohne.“

Als Witege aber auch hierauf nicht hörte, sondern immer
weiter eilte, sagte Rienolt: „Wahrhaftig, es ist eine Schmach, daß
wir fliehen. Was kann uns beiden der eine Mann Schaden thun?“
„Nein Oheim,“ erwiderte Witege, „verloren sind wir, wenn wir
bleiben.“ „Du bist ein Feigling,“ schalt Rienolt, „es werde daraus,
was da wolle, ich fliehe nicht weiter.“ „So bleib denn, wie du
willst,“ war Witeges letztes Wort, „leid thut es mir, daß ich dich
verlieren soll, doch es muß sein.“

Weiter stürmte Witege, Rienolt sprang vom Pferde, den
Sattelgurt fest zu ziehen, auf saß er wieder und sprengte dem
Berner entgegen; dem stach er die Lanze in den Panzer, denn
Dietrich hatte weder Speer noch Helm noch Schild. Zum Schwerte
griff daher der wilde Kämpfer und durchschlug dem Rienolt mit
einem Schlage Helm und Kopf.

Fern über die Ebene hin war Witege geritten, doch das
half ihm wenig gegen Dietrichs Zorn. Bald hatte ihn der Ver=
folger wieder ereilt und verhöhnte ihn nun, weil er zu furchtsam
wäre, seines Oheims Tod zu rächen. So nahe war dem gejagten
Wilde jetzt Dietrich gekommen, daß nur eines Rosses Länge sie

trennte. Jetzt war Witege ans Meer gelangt, jetzt hatte ihn der Berner ereilt, da —

Vor seinen Augen verschwand der starke Witege, ein Meerweib erbarmte sich sein und zog ihn zu sich samt seinem Rosse; da ruht er nun aus in des Meeres Fluten, fern von Kampf und Streit.

Herrn Dietrich schlugen die kühlen Wellen schon um die Brust, da erst ward er gewahr, daß der Feind, den er so furchtbar haßte, auf ewig seinem Grimme entzogen war.

Um wandte er nun das Roß und kehrte langsam wieder zu der Stelle, wo seine Helden noch trauernd um die erschlagenen Fürstensöhne standen. Da begann Helfrich: „Was nützt das lange Klagen? Wir sollten lieber davon ziehen und weiter unseres Geschickes gedenken." Mit Gewalt führten sie da den edlen Dietrich von dannen.

König Ermenrich war nach Raben geflohen und hieß die Stadt wohl bewahren. Vor den Thoren entbrannte der Kampf aufs neue; als aber Dietrich mit seinen Mannen die Schar der Feinde zurückgeworfen hatte, wollten diese sich hinter den Mauern bergen. Deshalb ward ein Thor geöffnet, doch zugleich mit den Fliehenden kamen Dietrichs Genossen in die Stadt und in allen Straßen erhob sich ein gewaltiger Streit, den nur die Dunkelheit endete.

Um Mitternacht floh ein einsamer Reiter aus einem abgelegenen Thore; es war Ermenrich, der die Seinen in der letzten schrecklichen Not verließ und ihre Treue mit Undank lohnte.

Die Stadt aber loderte bald in hellen Flammen auf, Häuser und Türme stürzten zusammen, denn Dietrichs Grimm kannte keine Grenzen.

Als nun alles still war und die Heere Dietrichs langsam der Heimat zuzogen, wollte auch Rüdeger wieder ins Hunnenland. Jetzt sagte Dietrich zu ihm: „Ich wage nicht mit dir zu ziehen, zu sehr habe ich Etzel betrübt und seine Gemahlin Helche; den Jammer kann ich nicht anschauen. Sag ihnen die Wahrheit, wie es geschehen ist, und dann melde auch mir, wie sie am Hunnenhofe ihr Leid überwunden haben."

---

3 ff. Eine nordische Überlieferung (Grimm, Heldensage 209 f.) hat diese poetische Schilderung von Witeges Tod so gröblich mißverstanden, daß sie ihn durch das Meerweib gerettet und später von Dietrich auf einer Insel erschlagen werden läßt.

Eines Tages stand die Königin Helche mit ihren Frauen
im Garten, um sich der schönen Blumen zu erfreuen; da sah sie
zwei edle Rosse daherlaufen und sagte beklommen: „Wie wird
mir denn? Sind das nicht die Tiere, welche meine Söhne zur
Fahrt in Dietrichs Land bestiegen? Dort kommt auch Rüdeger 5
mit allen Genossen, die wir aussandten, nur meine Söhne sehe
ich nicht. Sag an, Rüdeger, was ist es, was geschah?" Als
aber die Königin sah, wie Rüdeger weinend die Hände rang, da
brach sie erstarrt zusammen, denn nun wußte sie, was geschehen
war; dann raffte sie sich wieder auf und rief dem Markgrafen 10
gellend zu: „Treib keinen Spott mit mir, erzähle, wo sind meine
Söhne." Rüdeger begann: „Ich will Euch die Wahrheit nicht
verschweigen, denn Ihr erfahret sie doch, früher oder später. Eure
beiden Söhne sind erschlagen, sie liegen zu Raben auf der Heide."

Nun begann die Königin furchtbar um die Verlorenen zu 15
klagen und keiner vermochte sie zu trösten. Als aber Frau
Herrat kam, herrschte sie diese an: „Aus meinen Augen! Fort!
Verflucht sei der Tag, wo ich deinem Gatten zum erstenmale
gnädig war, verflucht die Stunde, in der ich ihn zuerst gesehen
habe!" Darauf sagte der Markgraf: „Was Ihr dem Berner vor= 20
werft, ist nicht billig; er ist am Tode Eurer Kinder unschuldig;
ich weiß wohl, er stürbe gerne, könnte er sie wieder ins Leben
bringen. Hört an, was ich selbst gesehen. Nicht Ort und Scharf
liegen allein bei Raben, auch Dietrichs eigener Bruder, der junge
Diether, ist mit ihnen erschlagen. Als er sie nun alle drei am 25
Boden sah, vergaß er des eigenen Bruders, nur um Eure Söhne
klagte er. Er warf sich über sie und küßte ihre Wunden; Haar
und Haut riß er sich vom Leibe. Die Klage werde ich nie ver=
gessen; nicht seinem Bruder galt sie, nein Euren Söhnen!"

Dadurch wurde die unglückliche Frau milder gestimmt und 30
bereute, dem Berner so geflucht zu haben. „Reit hin," sagte sie
sanft zu Rüdeger, „und laß ihn wissen, daß ich ihm verziehen habe;
ich will ihn wiedersehen und ihm hold sein, wie im ersten Jahre,
da ich ihn gesehen."

In der Zeit war Etzel herbeigekommen, der den Markgrafen 35
grüßte und nach dem Ausgange des Krieges und nach seinen
Söhnen fragte; doch wich er entsetzt zurück, als er die traurigen
Gesichter aller sah. „Was ist mit meinen Söhnen!" rief er bebend.
Nun sagte man auch ihm die Wahrheit. „Weh mir," schrie er

jetzt in grimmem Zorne, „das habt ihr verſchuldet, die mich beredeten, die Söhne dem treuloſen Dietrich zu überlaſſen, der hat ſie ver= raten!“ „Deſſen beſchuldigt ihr ihn mit Unrecht,“ ſagte Rüdeger; „erſchlagen hat ſie Witege, während wir mit Ermenrich ſtritten. Dem alten Elſan hatte ſie Dietrich übergeben, dem iſt dafür das 5 Haupt abgeſchlagen.“

Als nun der König auch weiter hörte, wie Dietrich um den Verluſt klagte, ſchmolz ſein Grimm und er verzieh ihm das Unheil, das nicht durch ſeine Schuld geſchehen. Doch viele Überredung koſtete es noch, bis ihn ſeine Mannen dazu brachten, daß er der 10 Königin beiſtimmte, die den Dietrich wieder an den Hof rufen wollte.

> 1132   Etzel sprach mit hulden
> alsam ein helt guot
> 'sit ir in saget ze unschulden,
> swaz dann vrou Helche mit im tuot,   15
> daz tuon ouch ich vil gerne.
> nû sage mîne hulde dem von Berne.'
>
> 1133   Rüedegêr wart vrô der mære.
> niht langer er dô beit,
> nàch dem Bernære   20
> gegen Berne er dô balde reit.
> dà vant er Dietrîchen,
> er sagt im die hult von Hiunisch rîchen.
>
> 1134   nàch grôzer herzenswære
> wart her Dietrich hôchgemuot.   25
> hie mit disem mære
> reit gegen Hiunen der helt guot.
> ze Etzelburc sicherlîchen
> bràht Rüedegêr den herren Dietrîchen.

Etzel ſprach gnädig als guter Held: „Wenn ihr ihn für ſchuldlos erklärt, [15] was dann Frau Helche mit ihm vorhat, das thu' auch ich gern. Jetzt melde meine Gnade dem von Bern.“

Rüdeger ward froh der Kunde und ſäumte nicht länger; [20] er ritt zum Berner eilig nach Bern. Dort fand er Dietrich und verkündete ihm die Gnade des Hunnenkönigs.

Nach dem großen Kummer [25] wurde Herr Dietrich wieder froh. Auf die Nachricht ritt der gute Held ins Hunnenland. Zu Etzel brachte Rüdeger ſicher den Herrn Dietrich.

1135   hie kômen mit schalle
beide junge und alt,
die Etzeln recken alle.
si enphiengen den helt balt.
ûf den sal gie her Dietrîche:
dô gruozte in trâge Etzel der rîche.

1136   her Dietrîch bôt sîn houbet nider
Etzeln ûf den vuoz.
daz erbarmte vroun Helchen sider.
in ir grôzen unmuoz
begundes weinen sêre.
si moht die barmung angesehen niht mêre.

1137   der herre Dietrîche
zuo Etzeln dô sprach
'edel künic rîche,
rich an mir dînen ungemach
und dîn liebe süne beide!
von mînem leben dû mich iezuo scheide!'

1138   Etzel in ûf zuhte,
sprechen er began,
an sich er in druhte,
'swaz dû mir leides hâst getân,
des soltû haben hulde
jâ gibe ich dir an mînen kinden keine schulde.'

Hier kamen in Freuden zuſammen alle Recken Etzels, jung und alt. [5] In den Saal ging Herr Dietrich; doch grüßte ihn der mächtige Etzel läſſig.

Herr Dietrich ſenkte ſein Haupt auf Etzels Fuß, das ſtimmte Frau Helchen weich. [10] In ihrem großen Kummer begann ſie ſehr zu weinen, ſie konnte das Elend nicht länger mit anſehn.

Herr Dietrich ſagte darauf zu Etzel: [15] „Edler mächtiger König, räche an mir dein Unheil und deine beiden lieben Söhne! Nimm mir jetzt das Leben!“

Etzel hob ihn empor, [20] er begann zu ſprechen, an ſich drückte er ihn: „Was du mir zuleide gethan haſt, dafür ſollſt du Verzeihung haben. Ich meſſe dir keine Schuld wegen meiner Söhne bei.“

1139   'genàde lieber herre!'
        sprach her Dietrîch.
        'dîn triwe sih ich nû verre,
        dû tuost an mir nû küniclîch.
        nu geloube mir diu mære,   5
        ich gelige tôt od ich riche dîne swære.'
1140   hie mit gewan hulde
        der herre Dietrîch.
        si vergàben im sîn schulde
        Etzel und die küneginne rîch.   10
        vrô wart der Bernære.
        hie mit hat ein ende ditze mære.

„Dank, gnädiger Herr!" ſagte Dietrich. „Deines großen Zu=
trauens werde ich gewahr; du handelſt königlich an mir. [5] Jetzt
glaube mir: ich bleibe tot liegen oder ich räche deinen Kummer."

Hiermit gewann Herr Dietrich Verzeihung. Es vergaben ihm
ſeine Schuld [10] Etzel und die erhabene Königin. Froh wurde
darüber der Berner.

Damit hat dieſe Geſchichte ein Ende.

XIV. Ermenrichs Tod.

Obgleich es dem Berner im Hunnenlande ganz gut erging, dachte er doch noch oft daran zurück, wie großen Schaden und Leid ihm Ermenrich, sein Oheim, alle Zeit zugefügt hatte. Da er aber des listigen und schlauen Fürsten mit offener Gewalt nirgend habhaft werden konnte, so kehrte er einst heimlich nach Bern zurück mit wenigen Begleitern und erfuhr von Frau Ute, Hildebrands Gemahlin, daß der hinterlistige Mann auf einer seiner Burgen weile und nur dreihundertfünfzig Mann bei sich habe.

In dunkler Nacht zog Dietrich aus, mit ihm nur elf Recken; als sie schon ihrem Ziele nahe waren, sahen sie einen Galgen am Wege, den der König Ermenrich hatte für seinen Neffen erbauen lassen für den Fall, daß er ihn jemals in seine Gewalt bekäme. Das reizte den Zorn der Helden, die bald wütend an dem Thore der Burg zu toben begannen. „Was wollt ihr?" rief der Thor= hüter heraus. „Wir wollen deinen Herren fragen, für wen er den Galgen draußen erbaut," war die Antwort.

Als Ermenrich vernommen hatte, daß Dietrich mit wenigen Begleitern vor der Burg sei, glaubte er die günstige Gelegenheit gefunden zu haben, um ihn samt seinen Genossen zu verderben. Im Übermut befahl er daher, das Thor zu öffnen; aber kaum war das geschehen, da stürzten auch die Berner herein und mordeten, was ihnen unter die Klinge kam, mehr als dreihundert Mann, bis sie vor den König selbst kamen, der bestürzt über die wilde Kampfeswut nicht ans Fliehen dachte und von einem gewaltigen Hiebe Dietrichs zerschmettert lautlos zu Boden sank.

XV. Etzels Hofhaltung

oder

Der Wunderer.

———

Oft und lange weilte Dietrich mit seinen Genossen an dem gast=
lichen Hofe des Hunnenkönigs, und manche tapfere That, die
er hier verrichtet, melden die Lieder der alten Sänger; so zog er
auch einst aus, um der Herausforderung des Polenfürsten Wenzel
Folge zu leisten, der sich selbst für den stärksten aller Helden   5
hielt; aber siegreich wie immer kehrte der Berner heim.

Daß er auch wenngleich mit traurigem Herzen an der Be=
kämpfung der Burgunderkönige teil nahm, davon erzählt das große
Gedicht von der Nibelungen Not; aber das war viel später, in
der kummervollen Zeit, als Kriemhild Rache suchte für den Tod   10
ihres ersten Gatten, des schönen stattlichen Helden von den Nieder=
landen. Solange die Königin Helche lebte, war nur Freude und
Glück an Etzels Hof, und die Tage vergingen allen in Ruh und
Frieden. Nur einmal wurde die Fröhlichkeit der Recken in übler
Weise gestört; das ging so zu.   15

Als der König einst auch mit den Seinen in der Burg
vergnügt beisammen am Mahle saß, kam flüchtig eine schöne
Jungfrau in das Gemach, in welchem Etzel weilte, und bat ihn
flehend um Schutz gegen einen wilden Mann, der Wunderer ge=
nannt, welcher sie fressen wollte; aber der König scherzte, daß er 20
dem Hungrigen, wenn er käme, bessere Speise geben wollte. Noch

---

3—6 ist der Inhalt eines nur als Bruchstück erhaltenen eigenen Gedichtes Dietrich
und Wenezlan angedeutet. Dies und die ganze Einleitung bis Zeile 15 ist also mein Zusatz.

einmal bat das Mädchen und bringender, er sollte wenigstens die
Thore schließen lassen, damit der Unhold nicht herein könnte;
wieder spottete Etzel, die Thore seiner Burg ständen immer offen,
da könnte jeder herein. Zum drittenmal flehte jetzt die Fremde,
der König möchte selbst sie gegen den Angreifer verteidigen; darauf 5
erwiderte Etzel ernsthaft: „Ich fechte nie; gefällt es Euch aber, so
sucht hier unter den Helden in meinem Sale einen, der Euch stark
genug dünkt, den Feind zu bestehen."

Die Jungfrau sah forschend die Umsitzenden an; da ihr
aber die Gabe verliehen war, jedes Menschen Herz zu durchschauen, 10
so erkannte sie bald, daß keiner der Nächsten für das Wagestück
kühn genug wäre; nur Rüdeger konnte den Kampf wagen, doch
der sagte, er habe keine Lust, weil er schon alt sei und Weib
und Kinder daheim hätte. Während sie ihn noch mit Bitten
bestürmte, erklang draußen des wilden Jägers Horn; bald liefen 15
auch seine Hunde schnobernd im Saale umher, und schon ertönte
donnernd seine Stimme, denn er begehrte Einlaß von den Thor=
wächtern, die jetzt sich vergebens bemühten die Brücke zu sperren.

In der Angst floh die Jungfrau in den nächsten Sal, wo
die Berner speisten. Als sie hier den stolzen Dietrich erblickt 20
hatte, wußte sie gleich, daß nur dieser sie retten könnte. Während
sie ihm bebend ihr Geschick erzählte, trat der Verfolger in die
Thür und forderte mit rohen Worten die Beute, die ihm von
Rechts wegen gehörte. „Ist sie Euer," erwiderte Dietrich, „so sagt
Ihr mir vielleicht, woher Euer Anspruch stammt." „Das will ich 25
schon sagen," brüllte der Unhold. „Sie war mir zur Ehe ver=
sprochen von meinem Vater, der sie aus ihrer Eltern Hause, als
sie noch ein Kind war, geraubt hat; jetzt da sie herangewachsen
ist, verschmäht sie mich, und darüber bin ich so wild geworden,
daß ich sie auffressen will, denn einem andern gönne ich sie 30
nimmer!" „Nun, nun," sagte der Berner, „so eilt das doch
nicht. Sagt, schöne Jungfrau, wollt Ihr ihn nicht lieber heiraten?"
„Lieber den Tod!" schluchzte das Mädchen. „Er mag mich fressen,
wenn er nicht von mir lassen kann, aber zum Manne nehme ich
ihn nie!"   35

Dietrich bedachte sich nicht lange, sondern griff eilig nach
seinen Waffen und sprach: „Mein Meister hat mir zwar befohlen,
solche Kämpfe nicht zu wagen, ehe ich älter bin; aber hier würde
auch er zufrieden sein."

Damit begann der Kampf, in welchem der Berner nach
langer blutiger Arbeit den Menschenfresser überwand, obgleich auch
er viele Wunden davon getragen hatte.

Dafür dankte ihm die Jungfrau und nannte ihm ihren
Namen: Sälde hieß sie und war eine Königstochter; mit mancher ₅
Wundergabe war sie ausgerüstet.

Nachdem sie Abschied genommen, verschwand sie plötzlich vor
aller Augen, denn auch diese Gabe war ihr zu teil geworden.

XVI. Das Hildebrandslied.

1. Aus dem achten Jahrhundert.
[Text und Übersetzung: Deutsche National=Litteratur I, 145—148.]

2. Aus dem fünfzehnten Jahrhundert.

'Ich solt zu lant ausreiten'
sprach meister Hildebrant,
'das mir vor langen zeiten
die weg warn unbekant;
von Bern in landen waren   5
vil manchen lieben tag,
das ich in dreissig jaren
frau Gut ich nie enpflag.'
  'wolstu zu land ausreiten'
sprach herzog Abelan,   10
'so kom dir bald beizeiten
ein degen also schon;
das ist dort auf des Berners mark
der junge Hildebrant:
werstu santzwelft in harnisch stark,   15
von im wirst angerant.'
  'ist er mit reiten den als wilt
aus seinem ubermut,
ich verhau im bald sein grunen schilt:
es tut im nimmer gut;   20

8. Gut, Ute, Hildebrands Gemahlin. — enpflag = Verkehr hatte. — 9. wolstu,
Wolltest du. — 15. santzwelft, mit elf Genossen.

ich verschrot im sein geschmeide
mit einem schirmeschlag,
das er seiner muter seite
ein jemerliche klag.'
      'nein' sprach Diterich von Beren   5
'Hiltbrant, des ich nit wolt.
las reiten in gar geren:
dem jungen bin ich holt;
und sprich im zu ein freuntlich wort
wol durch den willen mein: 10
ich weis, das er es geren hort,
als lieb als wir im sein.'
      Hiltbrant der sprach mit siten
'werlich, das det mir ant;
sölt ich den degen biten,   15
das wer mir immer schant.
e wolt ich mit im fechten
(des kunt er nit denbern)
mit allen meinen mechten:
villeicht so tut ers gern.'   20
      do nun der alt Hiltbrande
durch den rosengarten ausreit
in d' mark des Berners lande,
kom er in gros arbeit:
wol von dem jungen mit gewalde   25
do wurd er angerant:
'nu sag du mir, du alder,
was suchst in disem lant?
      dein harnisch lauter und helle,
alssam dein zeichen sint: 30
du machst mich, degen schnelle,
mit gesehenden augen blint.
du solst bas haben dein hute,
daheime dein gemach
bei einer heissen glute.'   35
      der alt der lacht und sprach:

---

14. das det mir ant, das machte mir Zorn. — 18. denbern, entbehren (mit
vorgeschlagenem d), hier = vermeiden. — 22. Eine Erinnerung an den kleinen Rosen=
garten? — 31 f. Mit sehenden Augen blind machen (d. h. obgleich die Augen sehen) ist
ein alter formelhafter Ausdruck.

'solt ich daheim beleiben
und haben gut gemach?
vil streitens muss ich treiben:
das machet mich oft schwach;
in Walchen und in Unger   5
geriten manch herfart:
des glaub du mir, du junger,
darum graut mir mein bart.'
'dein bart wil ich ausraufen
(das must du sehen an)   10
das dir das bluot muss laufen
und auf dem harnisch stan.
dein harnisch und dein grünen schilt,
den mustu mir auch geben,
und mein gefangen, ob du wilt,   15
wiltu icht lenger leben.'
'mein harnisch und mein grüner schilt,
der hat mich oft dernert.
der deinen red mich ser befilt:
mir ist leicht glück beschert.'   20
sie lissen von den worten
und griffen in die schwert
wes sie begerten forten,
des wurden sie gewert.
    der jung der gab gar balden   25
so gar ein herten schlag,
dass Hiltprant der alde
von herzen ser derschrak.
zurück sprang hin der junge
zweinzig klaftern mit seim leib.   30
Hiltprant sprach 'disen sprunge,
den leret dich ein weib.'
'lert ich von weiben fechten,
das wer mir immer schand:
ich han von rittern, knechten   35
in meines vaters land,

---

5. Wälschland und Ungarn. — 18. dernert, errettet. — 32. ein weib, seine Mutter,
Hildebrands Gemahlin; vgl. S. 305, 30.

von freien und von grefen
an meines vaters hof
mit swert degen und glefen,
der ich mich noch bekloff.'
der alt tet sinne pflegen   5
wol in dem grünen tan,
bis er dem jungen degen
sein waffen undertran;
er tet in zu im rücken
do er am schmelsten was,   10
und warf in an den rücken
wol in das grüne gras.
'wer sich an ein alten kessel reibt,
der fecht so geren ran.
sag, junger, wie's um dich beleibt;   15
wie sol es dir dergan?
nun sag mir her dein beichte:
dein priester wil ich wesen.
bistu ein Wülfing villeichte,
so mochstu wol genesen.'   20
'Wülfin das sein wolfe,
die laufen in dem holz
in Kriechen der stat Pertolfe
bin ich ein ritter stolz;
mein mutter heist frau Gute   25
ein edle herzogein;
der alt Hiltprant hochgemute,
der ist der vater mein.'
'und ist frau Gut dein muter,
die edel herzogein,   30
so bin ich Hiltprant guter,
der liebste vater dein.'
aufbant er den helm guldein
kust in an seinen munt:
'nu mus sein got gelobet sein,   35
das wir sein beid gesunt.'

---

3. glefen, Speere. — 4. oekloff, befleißige. — 8. undertran, aus der Hand
schlug. — 14. der will gern ramig werden. — 23. Kriechen, Griechenland.

Nun zogen sie selbander der Heimat zu; vor der Burg aber stellten sie sich so, als ob sie eben erst gekämpft hätten und der junge Held Sieger geworden wäre, damit die Mutter nicht über das Unglück des Sohnes betrübt würde; den Alten erkannte sie gar nicht, als er gefesselt das Haus betrat. 5

In seinem helme sasse
verbunden der alt Hiltprant.
darnach gar bald man asse.
der jung löst auf die bant:
'gast, habet kein verlangen 10
und esst, habt guten mut.'
'mein sun, den dein gefangen,
den halt du bas in hut!'
'nun schweig, frau mutter, stille
und lass dein trauren sein: 15
es ist hie gottes wille,
es ist der vater mein.
empfah in tugentleichen,
erbeut im zucht und er.'
'so sag mir, sun vil reichen: 20
von wann bringst du in her?'
'frau mutter, das wil ich sagen:
das geschach doch nechten spot
het er mich schier erschlagen
dann das mir hulfe got. 25
das er mich nam gefangen,
das macht ein schirmschlag:
sonst wer's um mich ergangen;
des ich dir dank noch sag,
das du mich, mutter, lerest 30
den sprung und auch den schlag.
tracht, dast mein vater erest,
wan er meins lebens pflag.
ich han ir vil bestanden
(nie kam mir sein geleich), 35
das sie von meinen handen
all starben jemerleich.'

23. nechten spot, spät in der Nacht.

do man vil freuden pflage
mit aller köstlichkeit,
an dem vierzehnten tage
der alt sich do bereit
und bestellt an dem hofe,   5
was im missfallen was,
mit rittern knechten grafen,
das es darnach stund bas.
    sie het irn hof alleine,
frau Gut und auch ir sun.   10
der alt Hiltprant gemeine,
der must zu hof sein nun
in Lamparten zu Beren,
dahin stund im sein sinn:
er gesegnet sie in eren   15
und reit damit dahin.
    und kam gen Bern geritten.
da was er lieb und wert
und heten kaum erbitten.
sie fragten, was er hert;   20
er sagt, wies gangen were.
des las wir auch darvon
und singen davon nit mere
got wol uns beibestan.
29 lied hat das geticht der vater mit dem sun.   25

3. Aus dem sechzehnten Jahrhundert.

[Text: Deutsche National-Litteratur XIII, 84 f.]

---

5. bestellt, verbessert. — 12. zu hof, bei seinem Herrn. — 13. Lamparten, Lombardei. — 25. lied heißt Strophe; die letzten Worte sind der Titel des Gedichts.